新时代教学方式变革与运用指导

主编：时俊卿　丘苑银　姜晓波　副主编：李俊堂

GEP 广西教育出版社 ·南宁·

图书在版编目（CIP）数据

新时代教学方式变革与运用指导 / 时俊卿，丘苑银，姜晓波主编. -- 南宁 : 广西教育出版社，2021.6（2023.1 重印）
ISBN 978-7-5435-8956-8

Ⅰ. ①新… Ⅱ. ①时… ②丘… ③姜… Ⅲ. ①义务教育-教学方式-教育改革-研究-中国 Ⅳ. ①G522.3

中国版本图书馆 CIP 数据核字(2021)第 108838 号

策划编辑：黄立明　　组稿编辑：黄立明
责任编辑：黄红杰　　装帧设计：李浩丽
责任校对：卢佳慧　　责任技编：蒋　媛

出 版 人：石立民
出版发行：广西教育出版社
地　　址：广西南宁市鲤湾路 8 号　　邮政编码：530022
电　　话：0771-5865797
本社网址：http://www.gxeph.com
电子信箱：gxeph@vip.163.com
印　　刷：广西桂川民族印刷有限公司
开　　本：787mm×1092mm　1/16
印　　张：30.75
字　　数：530 千字
版　　次：2021 年 6 月第 1 版
印　　次：2023 年 1 月第 4 次印刷
书　　号：ISBN 978-7-5435-8956-8
定　　价：68.00 元

编委会

目 录

绪论

中小学教学方式变革与运用指导

2019年6月颁布的《中共中央 国务院关于深化教育教学改革全面提高义务教育质量的意见》（以下简称《意见》）指出，要"强化课堂主阵地作用，切实提高课堂教学质量"，并将优化教学方式列为提高教学质量的首要举措。《意见》进一步强调"坚持教学相长，注重启发式、互动式、探究式教学，教师课前要指导学生做好预习，课上要讲清重点难点、知识体系，引导学生主动思考、积极提问、自主探究。融合运用传统与现代技术手段，重视情境教学；探索基于学科的课程综合化教学，开展研究型、项目化、合作式学习。精准分析学情，重视差异化教学和个别化指导。各地要定期开展聚焦课堂教学质量的主题活动，注重培育、遴选和推广优秀教学模式、教学案例"。

《意见》是在全面总结新世纪课程改革以来我国课程教学取得的成果和经验的基础上，站在新时代中国特色社会主义建设的历史节点上，为全面贯彻党的教育方针，落实立德树人根本任务而提出的深化教育教学改革的方向性、指导性文件。《意见》对优化教学方式提出了新要求，细致梳理和提炼相关教学方式已有的理论与实践成果，有助于促进广大教师在教学实践中以《意见》基本精神为指导，理解并参照使用现有教学方式，启发他们进行适于自身教学的新方式和方法创新。

教学方式在日常使用中是一个较为模糊的概念，需要做界定，以厘清其和相似概念之间的使用范围。

一、教学方式的基本内涵

“方式”一词，在百科辞典中的解释如下：一是说话做事所采取的方法和形式；二是可用以规定或认可的形式和方法。① 从“方式”的定义来看，它基于一定的方法而存在，但内涵要广于方法，除稳定、具体的实践步骤之外，还应包括方法产生的基本理念、解释与信念体系。

教学方式的概念可以在“方式”界定的基础上加以理解。有学者认为：“教学方式本质上是教学战略性思考的外显形态，蕴含着教师的教育哲学、教育理念和价值取向，反映教师的教学伦理准则和教学思想境界。”② 还有学者认为，教学方式包括教的方式和学的方式，“是指教师和学生在教学活动中，为达到教学目标，在培养学生获取科学文化知识、综合能力的过程中，所采取的一系列的教学行为（学习行为）和活动方式、方法的综合”。

还有学者将教学方式的内涵划分为广义与狭义两个层面。其中，广义的教学方式，是指教学过程中，教师和学生为实现教学目的，完成教学任务，运用教学手段而进行的、由教学原则指导的一整套方式组成的、师生相互作用的活动方式的总称，即教学方式包括教师教的方式、学生学的方式，以及教学之间稳定的关联和互动。狭义的教学方式，则特指教师在教学过程中针对学生学习而采取的各种施教方式。

二、教学方式与教学方法

关于教学方式与教学方法的关系，当前研究未能取得一致性的认识。第一种观念认为广义的教学方法与教学方式的意义相同。“教学方法，是在教学过

---

① 孔凡哲，崔英梅．课堂教学新方式及其课堂处理技巧：基本方法与典型案例［M］．福州：福建教育出版社，2011：1-2.

② 康淑敏．信息化背景下的教学方式变革研究［J］．教育研究，2015，36（6）：96-102.

程中，教师和学生为实现教学目的、完成教学任务而采取的教与学相互作用的活动方式的总称。”① “在教学情景中，教师和学生的这种为了教与学而开展的活动方式谓之教学方式（教学方法）。”② 第二种观念认为教学方法包括教学方式。“教学方法既包括了手段和方式，又体现为教学过程结构程序。”③ “‘教学方式’是内含于‘教学方法’范畴之内的下位概念，是教学方法系统的组成部分，是构成教学方法的具体活动和行为。”④“教学方式是运用各种教学方法的技术。任何一种教学方法，都是由一系列教学方式所组成。”⑤ 第三种观念则认为两者有相互交叉而非包含关系。“教学方式和教学方法的关系，与战略和战术虽不尽相同，但有相似之处。在教学上，从整个发展过程的全局考虑，在每一个发展阶段，需要一种基本方法。而且由于教学过程的每一个发展阶段都持续一个相当长的时间，具有一些相对稳定的特点；因此，适合于每一个发展阶段的基本的办法也应该有一定的规定性和稳定性，并且有一定的形式——也就是教学方式。”⑥ “课堂教学方法是指向特定课堂教学目标、受特定课堂教学内容所制约、为师生所共同遵循的教与学的操作规范和步骤。课堂教学方式是构成课堂教学方法的细节，是运用各种课堂教学方法的技术。……教学方法是由若干个教学方式构成的，同一种教学方法可以由不同的教学方式构成；而同一种教学方式也可以运用于不同的教学方法之中。”⑦

三、教学方式的特点

教学方式的概念处在复杂的内涵关联当中。因此，我们需要把握其一般性的特点，才能更为准确地把握教学方式的内涵。

---

① 李秉德．教学论［M］．北京：人民教育出版社，1991：197.

② 杨小微．现代教学论［M］．太原：山西教育出版社，2004：214.

③ 黄甫全，王本陆．现代教学论学程［M］．北京：教育科学出版社，1998：299.

④ 李森，赵鑫．教学方式变革的文化审视［J］．课程・教材・教法，2011（4）：16–22.

⑤ 张武升．教学论问题争鸣研究［M］．天津：南开大学出版社，1994：238.

⑥ 张武升．教学论问题争鸣研究［M］．天津：南开大学出版社，1994：236.

⑦ 孔凡哲，崔英梅．课堂教学新方式及其课堂处理技巧：基本方法与典型案例［M］．福州：福建教育出版社，2011：2.

首先，稳定性。教学方式来自教师教学实践中的积累和反思，是从零散、单一情境的操作中沉淀下来的思想和方法。它在一定程度上揭示了教学活动的基本规律，可以推广到不同情境和知识类型的教学中去，产生稳定的教学效果。

其次，综合性。教学方式的综合性表现在两个方面。第一，教学方式为教师教育方式与学生学习方式的结合。教学方式的形成与发展，是教师施教思想、手段和技巧与学生认识、情感不断调适和默契的过程。在这一过程中，“教师要转变教学观念，改变教学方法，转变教学思想来适应新的教学改革的要求；而对于学生，则倡导学生要主动参与、乐于探究、勤于动手，培养学生搜集和处理信息的能力、获取新知识的能力、分析和解决问题的能力，以及交流与合作的能力”[①]。第二，教学方式为意识与实践相结合的产物。教学方式是教学思维方式与教学行为方式构成的统一体，既是师生对教学过程的观念性反映，也是教学实践的基本样式。[②]

最后，灵活性。教学方式的灵活性也表现在两个方面：一是方法选择的多样性。教学方式的多样性源自实践中操作方法的多样化。应对不同的学科、知识、学生特点，教师积累了各种不同的方法，这些方法经过不断提炼，形成稳定的教学方式，造就了教学方式的多样性。二是适用情境的灵活性。这指的是教学过程中师生会根据自身不同的认知风格和水平、知识类型、教学条件等因素的影响灵活地增减活动步骤，或将多种教学方式中的操作步骤整合起来使用，以达到教学目的。

综上所述，我们认为，教学方式是教学过程中，师生在完成特定的教学任务过程中形成的较为稳定的思维方式和行为操作程序的总和。

四、教学方式变革与新教学方式产生的原因

2001 年新课程改革以来，师生角色的转变，要求教学方式进行调整、拓展和更新。关于教学方式变革的原因，学者的认识主要集中在以下几个方面：

首先，过去的教学方式存在弊端。传统教学方式存在着知识本位的问题，

---

① 靳玉乐．新课程下的教学方式转变［M］．重庆：西南师范大学出版社，2012：1.

② 李森，王天平．论教学方式及其变革的文化机理［J］．教育研究，2010（12）：66-69.

有学者认为集中表现如下：一是重间接经验，轻直接经验；二是重知识记忆，轻理解应用；三是重理论抽象，轻主观体验；四是重学习结果，轻学习过程。①

其次，社会发展的客观需要。学习型社会的到来，使终身教育的理念深入人心。对学校教学的影响表现如下：在教学过程中，必须凸显学生的主体价值和选择，强调学习的自律性，使其终身保持追求自己学习的意愿、动机和习惯，注重培养学生的自我学习能力，学会自己安排组织学习的方法，具备发现问题并自己加以解决的能力等。② 信息技术的发展，使人们获取信息、理解信息的方式发生变革，进而对教学方式有了新的要求。“今天的学习技术不仅拓展了学习赖以发生的时间和空间，而且改变了学习方式。因此，我们正处于一个大的转型中，转向个性化的学习环境，使学习者参与到更完善、更开放的学习之中。”③

最后，课程观转变引起教师观、学生观等教育理念的系统变革。人们对课程的认识逐渐从让学生理解教学的计划、内容等预设的知识，转向让学生主动获得经验。这要求课程教学从知识的分解转向关注如何帮助学生在原有经验的基础上建构新经验。《国家中长期教育改革和发展规划纲要（2010—2020 年）》指出“要以学生为主体，以教师为主导”。这就意味着，教师不再只是一个真理的垄断者和宣传者，而是一个促进者、帮助者，真理的追求者和探索者；而学生是自主学习者，不是被动地接受知识，而是要主动地进行知识的建构。通过自主的知识建构活动，学生的创造力、潜能、天赋等得以发挥，情意得到陶冶，个性得到发展。角色的变化必然带来师生之间教学方式的变革。

因此，为适应社会发展和课程改革的需要，提升教学质量，必须深化教学改革，教学方式必须面向学生身心发展，体现出学生自主建构、合作探究等时代要求。

---

① 余文森．试析传统课堂教学的特征及弊端［J］．教育研究，2001，22（5）：50-52.

② 李森，杨正强．论教师的教学方式及其变革［J］．当代教师教育，2008，1（1）：33-37.

③ 丁钢．新技术与教学方式的转变：学校变革的核心［J］．现代远距离教育，2013（1）：3-7.

第一章

启发式教学

优化教学方式从两个方面进行：一方面，对既有的教学方式进行审视和改造，使其更突出学生的主体地位，更适于教师在教学中自主发展；另一方面，在新的教育思维和理念指引下，结合教育技术，积极探索、试验和总结新的教学方式。两个方面是并行不悖又相互结合的，共同作用于教学质量的提升。

一、启发式教学的内涵

启发式教学是一个指涉较为宽泛的教学方式。《教育大辞典》这样解释，启发式教学是“遵循教学规律，运用各种教学方法，充分调动学生学习主动性、积极性的一种教学类型”①。更具体的定义则体现在师生在教学中的不同任务，启发式教学是“教师在教学工作中依据学习过程的客观规律，引导学生主动、积极、自觉地掌握知识的教学方法”②。

启发式教学的思想历史悠久，孔子提出的“不愤不启，不悱

① 教育大辞典编纂委员会．教育大辞典：第1卷　教育学　课程和各科教学　中小学校［M］．上海：上海教育出版社，1990：200.

② 中国大百科全书总编辑委员会《教育》编辑委员会，中国大百科全书出版社编辑部．中国大百科全书：教育［M］．北京：中国大百科全书出版社，1985：281.

不发”（《论语·述而》）以及古希腊哲学家苏格拉底的“产婆术”都体现出启发式教学的思想。随着社会进步和科学技术水平的提高，人们赋予了启发式教学新的内涵，形成了现代启发式教学。有学者认为，现代启发式教学是针对现代班级授课制，在集体教学当中，教师为学生素质发展，针对现代教育内容，积极、主动地创设情境，采用故事吸引、巧妙设问、操作演示、设疑辩难等多种方法启发学生的思维活动。[①] 除教学目的、内容等方面体现出时代差异外，有学者认为，启发式教学更应该从认识论层面进行更严格的界定。“认知意义上的启发式教学与‘启发式’讲授二者有着本质的区别。认知意义上的启发式教学是一种教学模式或教学方法，其核心是启发，整个过程都体现了启发的意义，本质上反映了教与学的间接性关系；‘启发式’讲授也是一种教学模式或教学方法，其核心是传授（灌输），整个过程都体现了传授（灌输）的意义，本质上反映了教与学的直接性关系。”[②]

二、启发式教学的基本特征

启发式教学的发展跨越了几千年的历史，成为内涵丰富的教学方式。随着教学经验与技术的累积，将会表现出更加多样的组织方式和内容。因此，总结启发式教学的基本特征是我们理解和把握该教学方式的有效途径。关于启发式教学的研究也广泛涉及基本特征的讨论。总体而言，有以下特征：

首先，自主性。自主性是指在教学活动中，学生学习的自觉性、积极性、创造性得到了较好的发挥。它体现在学生对学习的意义有明确的认识，采取主动进取的态度，有克服困难的毅力，有较浓厚的学习兴趣，掌握科学的学习方法，在学习中发挥独创性。[③]

其次，互动性。互动性不是简单的师问生答，而是师生之间彼此协作、探究和商讨，教师与学生“持续地发生交互作用，由此形成‘学习共同体’（learning community）。在这种共同体中，教师与学生、学生与学生彼此之间相互尊重，

① 李慧勤，李红君．现代启发式教学的内涵与实施［J］．中国高等教育，2008（10）：21-23.

② 黄晓磊，黄伟．经验视域下的启发式教学［J］．教育理论与实践，2014，34（26）：9-11.

③ 钟祖荣．启发式教学的特征及实施要领［J］．中国教育学刊，1996（4）：42-43.

展开自由交往和民主对话”[①]。

最后，发展性。教学的重点是以启发为教学指导思想，以综合运用多种教学方法为基本手段，激发学生的学习兴趣，维持学生的学习动机，促成学生长久而持续的学习，促进其主动、生动、活泼的发展。[②]发展性的重要表现是教会学生反思。对学生而言，启发式教学的反思性是学生不断思考和探究的心理过程；启发式教学易于使学生养成一种良好的思考习惯（即反思能力），学生一旦形成了这种反思能力，即使离开了教师的“新经验”，也可通过对社会和生活中经验的不断批判和探究，使自己持续地“生长”。

典型案例

我想说，我想学

深圳市光明区爱华小学　/刘宋洁/

启发式教学根据教学目的、内容、学生的认知水平和认知规律，运用各种教学手段，采用启发诱导办法传授知识、培养能力，使学生积极、主动地学习，以促进学生身心发展。

我理解的启发式教学，就是老师向学生提出有意思、有用的真问题，引起学生关注，学生可能解决不了这个问题，也可能想解决这个问题，但说不清楚，着急发问。学生需要老师帮扶、启发，而不是老师直接满堂灌。问题解决后，老师让学生说说解决这个问题的过程，并总结学生讲的解决方法。

【教学设计】

T：We've learned “Unit 7 In the classroom”，and we can open the door and open the window when we come to school, that can keep us healthy. What else can we open？ Open the...Please make sentences by yourselves.

S1：Open the book.

S2：Open the mouth. Open the eyes.

---

① 张华．课程与教学论［M］．上海：上海教育出版社，2000：359.

② 许双成，张立昌．“道用”殊途：启发式教学新思考［J］．教育理论与实践，2016，36（2）：6–8.

S3：Open the schoolbag.

S4：打开新世界。

T：Open a new world.

S5：打开神秘通道。

T：Open the mysterious passage.

S6：开电脑、开空调……

T：灯、空调、西瓜的“打开”有点不一样，咱们先不讲。

S1（着急）：老师，你讲讲吧，把它写在黑板上。

T：好，先请一位同学开灯、开空调。请看，他打开电源的开关，那电源的开关是怎么工作的呢？想不想看看？（拿出放大镜）看不到电源开关的内部，需要用扫描机器扫描吗？

S：可以拆开来看。

T：非常好，我们看拆开的电源开关里面电路的示意图。

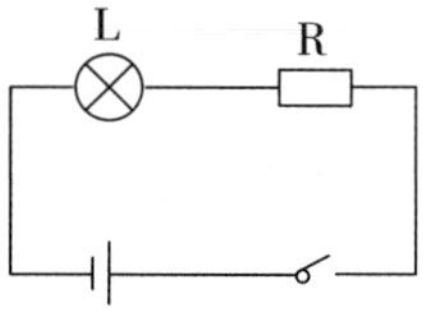

开关两端有接头，合上开关，电路两头接通，就有电了。如果开关的两端不连接，有没有电？

S：没有。

T：如果两根电线接触，一根搭在另一根上面，那么有电了吗？

S：有。

T：开空调，电源开关接通了，一根搭在另一根上面就有电了，用 turn on the air conditioner 还是用 open the air conditioner，哪个比较形象呢？

S：用 turn on。

T：为什么？

S1：因为空调有电，而 open 是用手打开的。

S2（着急举手）：老师，我有个问题，开空调是用手按遥控器，是用手打开的，我觉得是用 open。

T：不是用手打开的就用 open，关键看有没有电，空调、电脑有没有电？

S：有。

T：有没有电源的开关？

S：有。

T：开关是电路的组成部分，电路接通了有没有电？

S：有。

T：再来看看，turn 是什么意思？

S1：转动、扭动的意思。

T：on 是什么意思？

S：在 ×× 上面的意思。

T：转动电源的开关，电路接通了，就有电了，空调、电脑也就开了。用 turn on the air conditioner 还是用 open the air conditioner？

S：用 turn on。

T：Turn on the air conditioner/light/fan/computer. 你发现这些句子有什么规律？

S1：都是有电的。

S2：有电的用 turn on。

T：咱们再完整地讲一遍。

S：这些句子都是有电，有电的用 turn on。

T：其他没电的，比如开门、开窗等用 open。

T：Good，let's read the sentences on the blackboard.

·教学反思

沪教牛津英语深圳版三年级上册 Unit7 内容比较简单，核心句型是"Open/Close the door/window，please.""Look at/Clean the blackboard"。核心单词是"blackboard""door""window"。课堂上可以进行机械训练，让学生会读、说这几个句子，但这样缺乏个性化训练，学生能力得不到全面提升。很多学生有表达的意愿，所以我让学生自己用"Open the"造句，引入旧知，内化新知。学生造了很多句子，比如"Open the mouth/schoolbag/book."，学生还有很多想表达的内容但不会用英语来说，比如打开空调、电脑、平板、电灯……在上课过程中，我说开空调有点不太一样，不是用 open，以后再讲。

没想到学生们很着急，主动想学，可能是因为开空调、开电脑等很实用，也符合学生的认知水平和好动、好玩的年龄特点。因此，我引导启发学生从物理中电源开关的工作原理思考，把 turn on 从物理的角度进行解构。学生第一次接触物理，感到很新奇，也有点难懂，但是没关系，学生在我的一步步引导下，加深了对 turn on 的感悟和认识。最后让学生归纳总结 open 和 turn on 用法的不同，这种开放、重心下移的启发式教学，激发了他们的兴趣和求知欲。

三、启发式教学的基本操作

启发式教学实现的关键在于两点：一是教师有效的提问成功引发学生的关注和思考，二是师生的积极互动推动学生主动、持续的认知、情感、态度和价值观的建构。基于这两个关键点，当前研究形成了不少有效的方法。

（一）明确启发引导的基本流程

针对不同的知识类型和学习要求，启发式教学的操作流程表现出差异性。

第一类，认知模式。

美国教育学家杜威、布鲁纳等人提出的“问题—假设—推理—验证”程序，美国哈佛大学兰本达教授创设的“探究—研讨”教学法，我国学者徐国敏、谢国生等人总结的“启发研究式”，都是先创设问题情境，引发认知冲突，再引导学生提出假设并验证假设的过程。基本流程如下图所示。

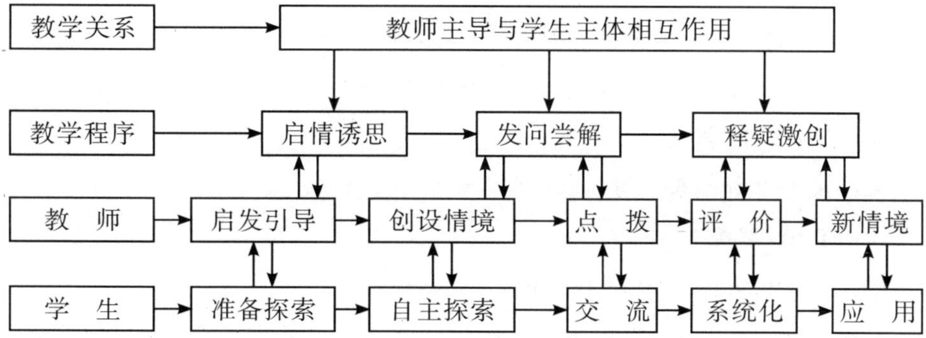

认知模式下启发式教学的基本流程

典型案例

问题引领，启发思维

深圳市光明区爱华小学　/柏姣凤/

《义务教育数学课程标准（2011 年版）》指出，要学会从数学的角度发现问题和提出问题，综合运用数学知识解决简单的实际问题，提高实践能力。可见，问题是数学学习的心脏，问题有助于学生思维的启迪。教师如果能在课堂上牵住“问题”这个牛鼻子，就能很好地引导学生主动提出在学习过程中遇到的难以解决的问题，并通过合作方式去探究，从而形成怀疑—困惑—探究—释疑的思维过程。

1. 创设问题，激发学习需求

在引领学生学习的过程中，没有什么比激发需求、保护好好奇心更重要。学生对未知世界充满了好奇与学习欲望，在教与学中教者应该创设具体、生动的问题情境，激发学生饱满的学习热情。

【教学片段 1】

创设学生到熟悉的儿童乐园游玩的情境，设计在游乐园坐飞机的场景，并规定每架飞机只能乘坐 2 人。

师：4 架飞机可以坐多少人？

生：2+2+2+2=8（人）。

师：如果再增加一架飞机，加法算式怎么写？再增加两架呢？

生：2+2+2+2+2=10（人）；2+2+2+2+2+2+2=14（人）。

师：一共有 16 架呢？

生：16 个 2 加起来，写起来有些多。

师：有 100 架呢？

生：2 加 2 加 2……要写 100 个 2，太麻烦了。

发现要加 100 个 2，用加法算式表示太麻烦，这时就有了更为简便地记录这一过程的需求，那就需要乘法。通过数据的层层增加，激发学生对寻求新运算方法的需求。

2. 质疑求异，引导学生积极自主探索

数学学习对逻辑及推理的要求较高。数学知识必须经过学生的认识加工、思维消化，通过学生的“再创造”活动才能被学生所接受，并纳入其认知结构中，用成人化的逻辑将整理好的知识塞给学生，其结果将适得其反。对抽象性、理论性强的知识，教师可做适度点拨；对实践性、操作性较强的数学知识，应放开让学生参与知识的形成、发生、发展的探索过程，自觉构建认知结构和操作模式。

【教学片段 2】

（1）出示一个用细铁丝围成的圆环。

师：圆环的周长指的是什么？你能量出周长吗？

生：把铁丝剪断、拉直，再用直尺测量出它的周长。

（2）出示一张圆形铁盘。

师：要求这张铁盘的周长，该怎么办？

生：拿出一根绳子绕铁盘一圈，然后量出绳子的长度。

在这个教学片段中，教师恰当的提问犹如一石激起千层浪，让学生沉浸在思考的涟漪中，成为“好知者”“乐知者”，让学生在探索与顿悟中感受思考的乐趣。

3. 任务驱动，促进分工合作交流

未来的社会需要广泛的协作，“合作交流”使学生懂得如何尊重别人，耐心听取别人的意见，从而培养一种良好的合作精神。因此，我们在教与学的过程中，应注意给学生提供协作交流的素材和机会。

【教学片段 3】

播放一段学校门口上学时间 1 分钟内车辆来往的录像。

师：你能统计出学校门口学生上学时 1 分钟内的车流量吗？

学生开始独立统计，抱怨车辆太多开得太快来不及数。

师：有什么方法能解决这个困难？

生：与人合作完成统计。

教师安排合作统计。

学生按小组分工，对出现的不同车辆观察计数，同时分工合作完成计数与记录任务，并做出统计表。

这样的问题情境能培养学生的合作意识，有效激发他们探究的积极性和主动性。学生在合作中理解、掌握了知识，发展了能力，有效地提高了数学学习

的效率。同时，在“问题”的互动下，促进了学生在思维品质、人格特征以及解题方法等方面的优势互补。

4. 回归生活，问题激活解决实际问题能力

我们知道数学缘于生活，要求教学过程中选取的素材贴近学生的实际生活，更好地使学生感受到数学在科学发展、技术进步、生产生活，乃至生命中的价值。

【教学片段 4】

学生已经了解了长方体和正方体堆得稳，圆柱和球不易堆。

师：为什么建房子的砖块是长方体？用圆柱和球会怎样？

生：用长方体容易堆，且堆得稳。用圆柱和球不容易堆。

师：人们一般把车轮做成圆的，做成长方体和正方体的会怎样？

生（哈哈大笑）：车子就走不了呗！

师：足球为什么做成球状？为什么不做成圆柱状呢？

生：做成球状滚得快，做成圆柱也滚得动，但滚得不快。

“问题是数学的心脏。”一个好的问题，能在学习内容和学生求知心理间制造“冲突”，启发学生向思维更深处漫溯。

典型案例

“Sad but Beautiful”阅读课启发式教学设计

济南市历城区初级实验中学　/李铁军/

在设计人教版英语九年级 Unit 9 的 Section B 篇章阅读时，我做到了对启发理念的渗透。《论语》中提到“不愤不启，不悱不发”，学生不到想努力、想明白的时候不要开导他，不到心里明白却说不出口的时候不要启发他。朱熹在孔子的基础上继续倡导启发式教学，并注释“启，谓开其意；发，谓达其辞”。基于此理念，我对这堂课进行了系列化的设计。

· 课前准备

1. 利用周末时间，结合 Unit 9 Section A 的内容，提前安排学生收集和欣赏中国民乐名曲，并做出相应的思维导图或小报告。

2. 安排三名学生精心收集以下三种乐器演奏的名曲。（学生自主探索。）

（1）Erhu：Moon Reflected on Second Spring（《二泉映月》）, New Year's Eve（《良宵》）, Horse Racing（《赛马》）.

（2）Guzheng：High Mountain and Floating Water（《高山流水》）.

（3）Chinese bamboo flute：Purple Bamboo Melody（《紫竹调》）.

· 课堂导入

结合部分学生预习作业的展示，抛出第一个问题。（学生相互交流。）

问题：Can you tell us something about the picture in the passage？

这个问题的设计是想引导学生从“非文字信息”这个角度分析篇章，启发学生对文章进行更深一步的预测。

提出关于文章“Sad but Beautiful”的第一组问题串：

What's the genre（体裁）of this passage？

What's the topic（主题）of this passage？

There are 3 paragraphs in this passage.Read the passage again, and finish 2c on Page 71.

这一系列问题让学生们对课文的理解从体裁的解读、主题的解读以及文章背景知识的解读逐步向文章结构解读过渡。

· 继续设疑

提出第二组问题串：

How much do you know about its author？

A Chinese writer or a foreigner？

And how do you know that？

学生在问题串的导引下，会从第一段的“one of my Chinese friends”这一信息中找出相应的答案。这些问题的设计是想启发学生从内容的解读层面培养提取信息、解决问题的能力。

教师继续设疑提出第三组问题串：

1. 文章的标题定为“Sad but Beautiful”，而不是“Beautiful but Sad”，作者意图何在？

2. 作者认为这首曲子凄美吗？是怎样表达出这种凄美的？用了哪些词语？

3. 在哪些句子中有所体现？

这些问题的设计是想引导学生学会感知文章的遣词造句，比如 moved，sensed，began to understand，sounded so sad 等。我们与其常和学生讲一词多义、小词大义等，不如启发学生自己去感知，让学生在真实的阅读材料中去体会这些词的用法。为什么用 sensed 而不用 knew？为什么用 sounded 而不用 was？学生会从这一系列的细节中感受到语言的美。

·任务设定

结合 P71 任务 2d，请学生用 pain，wounds，sense，pity，praise 填空，使一篇新文章完整。

这个任务的设计是想帮助学生重新建构一篇新文章，让学生在使用以上词汇补全文章的同时，进一步领悟阅读理解的内涵，从而使学生不管是在非文字信息、背景知识、篇章结构方面，还是在词汇和语法方面，都能实现知识与能力的迁移。

典型案例

有效提问，助力教学

——用配方法求解一元二次方程（一）

济南市历城区初级实验中学　/刘爱霞/

·教学目标

1. 会用开方法解形如 $(x+m)^2=n$ $(n \geqslant 0)$ 的方程。

2. 理解配方法，会用配方法解二次项系数为 1 的一元二次方程。

3. 体会转化的数学思想方法。

4. 经历列方程解决实际问题的过程，体会一元二次方程是刻画现实世界中数量关系的一个有效模型，增强学生的数学应用意识和能力。

·教学过程

一、构建动场

一个面积为 15 m^2 的矩形花园，它的长比宽多 2 m，花园的长和宽各是多少？

师：上一节课我们学习了一元二次方程的定义及基本概念，知道方程是解决实际问题的有效工具，现在有一个面积为 15 m^2 的矩形花园，它的长比宽多 2 m，花园的长和宽各是多少？

师：如果设花园的宽为 x m，那么花园的长是多少？

生：是（$x+2$）m。

师：你能列出方程吗？

生：x（$x+2$）=15。

师：你能化为一般形式吗？

生：$x^2+2x-15=0$。

师：前一节课，我们学习了如何求一个一元二次方程的近似解，今天我们就来学习如何求它的精确解。先从几个简单的一元二次方程开始吧。

【设计意图】通过创设问题情境，强化经历列方程解决实际问题的过程，体会一元二次方程是刻画现实世界中数量关系的一个有效模型，增强学生数学应用意识和能力，同时自然过渡到方程的解上。

二、自主学习

求下列方程的根。

（1）$x^2=4$；　　（2）$x^2=0$；　　（3）$x^2+1=0$。

师：你会求解吗？给你 1 分钟试着在学案上完成。

师：做完的请举手。

生 1：（1）的解有两个，分别是 2 和 −2，即对方程两边开平方求得。

生 2：（2）的解有一个，是 0。

生 3：（3）无解。

师：这三名同学回答得都非常正确，请问为什么根的个数会不同？

生（齐答）：因为正数有两个平方根，0 的平方根是 0，负数没有平方根。

师：看来同学们对平方根的相关概念掌握得非常好，基础很扎实，那么你能对下面这个方程直接开方吗？

例 1：解方程 $(x+1)^2=4$。

生：可以。

师：怎么开方？

生：只需将 $(x+1)$ 看作一个整体来求解。

师：谁的平方是 4？

生：2 和 −2。

师：把 $(x+1)^2=4$，即 $(x+1)^2=(\pm2)^2$，写成两个一元一次方程 $x+1=2$，$x+1=-2$，分别求解，得到什么？

生：$x=1$ 和 $x=-3$。

师：我们一起来回顾一下本题的解题步骤，即第一步开平方，第二步写成两个一元一次方程，第三步求解。

（学生说，教师用 PPT 展示。）

师：形如 $(x+m)^2=n\ (n\geqslant0)$ 的一元二次方程，通过开平方将它转化为两个一元一次方程求解的方法，叫作直接开平方法。请同学们将本例题整理到你的学案上。

（学生整理例题，教师板书。）

建模一：形如 $(x+m)^2=n\ (n\geqslant0)$ 的一元二次方程，通过开平方，将它转化为两个一元一次方程求解的方法，叫作直接开平方法。

小试牛刀——解下列一元二次方程：

（1）$x^2=5$；　　（2）$(x+2)^2=3$；　　（3）$2x^2+3=5$。

（找三名学生上黑板板书，然后再找三名学生来分别订正，教师点评。）

【设计意图】由解几个简单的一元二次方程引入，一方面，复习平方根的定义；另一方面，自然地引到直接开平方法的定义和解题步骤上，既达成了教学目标 1，又为后面配方法的学习做好了铺垫。

三、交流探究

师：利用完全平方公式将方程 $(x+1)^2=4$…①的左边展开，得到什么？

生：得到方程 $x^2+2x+1=4$…②。

师：你会解方程②吗？

生：将方程②左边变回方程①即可求解。

师：将方程②左右两边都减 1，得方程 $x^2+2x=3$…③。

那么，你会求解方程③吗？

生：可以先将方程③的两边同加 1，得方程②，再转化成方程①求解。

师（教师指着方程②）：请大家回忆一下，完全平方公式的展开式有几项？

生：有 3 项。

师：方程③等号的左侧有几项？都是哪几项？

生：有两项，分别是二次项和一次项。

师：缺哪一项？

生：缺常数项。

师：这就说明只要找到常数项就可以配成完全平方公式，就可以利用直接开平方法求解一元二次方程。下面就一起来探索如何找常数项吧。

做一做：填上常数项，使之凑成完全平方式。

（1）x^2+12x+______$=(x+6)^2$；　　（2）x^2+6x+______$=(x+3)^2$；

（3）x^2+8x+______$=(x+4)^2$.

生 4：（1）填 6^2。

师：你是怎样求得的？

生 4：将方程（1）的右边展开，与左边对应相等即可求得。

生 5：（2）填 3^2。

生 6：（3）填 4^2。

师：三名同学都回答得非常正确。下面请同学们想一想：

（1）常数项的结构有什么相同点？

（2）常数项和一次项系数有什么关系？

要求：首先独立思考 1 分钟，然后小组交流讨论 2 分钟，稍后每组派代表站立分享，观点相同的就坐下，观点不同的继续站立。（站立分享法）

师：请分享你的观点。

生 7：我们组讨论的结果是常数项的结构都是一个数的平方的形式，常数项等于一次项系数一半的平方。

生 8：我们组认为当二次项系数是 1 时，常数项等于一次项系数一半的平方。

师：这两个组的同学观察得都非常仔细，而第二组的同学更为严谨。这个结论告诉我们，该怎么样找常数项呢？

生：第一步，找一次项系数；第二步，找一次项系数的一半；第三步，找一次项系数一半的平方。

师：这个方程 x^2-6x+______ $=(x-3)^2$ 的一次项系数是什么？

生：-6.

师：它的一半是多少？

生：-3。

师：一半的平方是多少？

生：$(-3)^2$。

师：化简，得到什么？

生：3^2。

师：这个方程 x^2+ax+______ $=(x+$____$)^2$ 的一次项系数是什么？

生：a.

师：它的一半是多少？

生：$\frac{a}{2}$。

师：一半的平方是多少？

生：$\left(\frac{a}{2}\right)^2$。

师：所以两条横线上分别应填什么？

生：左边是 $\left(\frac{a}{2}\right)^2$，右边是 $\frac{a}{2}$。

建模二：当二次项系数为 1 时，等号左边的常数项等于一次项系数一半的平方，即

$$x^2+ax+\left(\frac{a}{2}\right)^2=\left(x+\frac{a}{2}\right)^2。$$

师：请同学们完成练一练。

练一练：

（1）x^2-4x+______ $=(x-$____$)^2$；　　（2）x^2+10x+______ $=(x+$____$)^2$；

（3）$x^2+\frac{3}{2}x+$______ $=\left(x+\frac{3}{4}\right)^2$。

建模三：加上一次项系数一半的平方可以配成完全平方。

【设计意图】配方法的关键是正确配方，要正确配方就必须熟悉完全平方

式的特征。在此通过几道填空题，启发引导学生能够用语言叙述，并充分理解左边填的是“一次项系数一半的平方”，右边填的是“一次项系数的一半”，理解当二次项系数为 1 时，等号左边的常数项等于一次项系数一半的平方，为后面学习掌握配方法解一元二次方程做好充分的准备。

师：这就说明在等号的两边同时加上一次项系数一半的平方，即可配成完全平方式。

师：你能把方程 $x^2+3x=0$ 的左边配成完全平方吗？如何配？

$$x^2+3x=0$$

$$x^2+3x+\_\_\_\_=0+\_\_\_\_$$

加上一次项系数一半的平方

师：要想配方，首先要加上一次项系数一半的平方。这里一次项系数一半的平方是多少？

生：$\left(\frac{3}{2}\right)^2$。

师：等号右边需要加吗？

生：需要，依据等式的性质，即等号两边同加或同减同一个数，等号不变。

师：左边配成完全平方的形式，右边合并同类项，即可得到什么？

生：

$$x^2+3x+\left(\frac{3}{2}\right)^2=0+\left(\frac{3}{2}\right)^2。$$

$$\left(x+\frac{3}{2}\right)^2=\frac{9}{4}。$$

师：提醒大家，要配完全平方式，必须是等号的两边同时加上一次项系数一半的平方。

例 2：解方程 $x^2+8x-9=0$。

师：你能对例 2 的方程左边直接配成完全平方的形式吗？

生：不能。

师：为什么不能？

生：因为 -9 不是一次项系数一半的平方。

师：为了配方方便，我们可以先将常数项移到等号的右边，得到什么？

生：$x^2+8x=9$。

师：接着该怎么做？

生：等号两边加上一次项系数 8 一半的平方，即 4^2。

师：变成什么？

生：$x^2+8x+4^2=9+4^2$。

师：这一步叫配方。将右边配成完全平方的形式，右边合并同类项，得到什么？

生：$(x+4)^2=25$。

师：这一步叫变形。接下来用什么方法求解？

生：直接开平方法。

师：它的步骤是怎样的？

生：开平方，化成两个一元一次方程去解。

师：同学们说，老师写。

（师生共同完成本题的解题过程。）

例 2　解方程 $x^2+8x-9=0$。

解：移项，得 $x^2+8x=9$；

配方，得 $x^2+8x+4^2=9+4^2$；

变形，得 $(x+4)^2=25$；

开平方，得 $x+4=\pm 5$；

写成两个一元一次方程，得 $x+4=5$ 和 $x+4=-5$。

解得 $x_1=1$，$x_2=-9$。

师：让我们再来回顾一下本题的解题步骤，请问为什么要移项呢？

生：因为 -9 不是一次项系数一半的平方，为了配方方便，所以要移项。

师：配方时要注意什么？

生：等号两边要同时加上一次项系数一半的平方。

师：变形时，等号右边要合并同类项。之后就是利用直接开平方法求解。请同学们思考，在解题的过程中，配方的作用是什么？

生：将一般的一元二次方程通过配方转化成为 $(x+m)^2=n\ (n\geqslant 0)$ 的形式，就可以利用直接开平方法来求解。

师：像例 2 这样，通过配成完全平方的方法，得到一元二次方程的根，这种解一元二次方程的方法称为配方法 。请同学们将本例题梳理到学案上。

建模四：配方法解一元二次方程的步骤。

【设计意图】通过对例 2 的讲解，规范配方法解一元二次方程的过程，引导学生充分理解并掌握用配方法解一元二次方程的基本思路，以及关键是将方程转化成（$x+m$）$^2=n$（$n\geq 0$）的形式，总结解题步骤。

师：请同学们试着完成练一练。

练一练：

（1）$x^2-2x=3$；　　（2）$x^2+14x=8$。

（找两名同学板演，稍后另找两名同学订正，最后教师讲评，通过“我来问，你来答”的活动一起回顾配方法的步骤。）

师：请同学们利用所讲的配方法求解最开始时的应用题。

解一解：花园的长和宽各是多少米？　　$x(x+2)=15$

（一名同学上黑板板演，另一名同学订正，最后教师讲评。）

师：我们知道列方程解应用题的步骤是设、列、解、检验、答。这里 x 不能为负数，在做应用题的时候，一定要检验根的合理性。

四、综合建模

师：通过本节课的学习，你有哪些收获？请同学们试着画出思维导图。

（稍后找一名同学上黑板板演，教师可以利用希沃白板展示。）

生 8：通过本节课的学习，我学习了直接开平方法的定义和步骤，即开方—化为两个一元一次方程—求解，也学会了用配方法解一元二次方程的步骤，即移项—配方—变形—开方。

师：还有补充的吗？

生 9：在利用一元二次方程解决实际问题时，要检验根的合理性。

师：两名同学总结得都非常全面，掌声鼓励。还要注意配方时要在等号两边同时加上一次项系数一半的平方。

师：我们学到了什么方法？

生：转化。

师：我们将一元二次方程通过开方降次转化为两个一元一次方程来求解。说到转化，我们并不陌生，你还学过哪些方程是利用转化来求解的？

生：二元一次方程组通过加减消元法或代入消元法转化为一元一次方程来求解。

师：希望同学们学会这种转化的数学思想方法，变未知为已知。

五、当堂检测

师：下面请完成当堂检测。

（要求做完的同学举手示意。教师面批学生的当堂作业，待大部分学生做完时，同桌互换，订正答案。）

1.（针对目标1）方程 $x^2-\frac{1}{3}=0$ 的根是（　　）。

A. $x=\pm\frac{1}{3}$　　B. $x=\pm3$　　C. $x=\pm\frac{\sqrt{3}}{3}$　　D. $x=\pm\sqrt{3}$

2.（针对目标1）方程 $(x-1)^2+4=0$ 的根是（　　）。

A. $x=3$　　B. $x=3$ 或 $x=-1$　　C. $x=\pm3$　　D. 无实根

3.（针对目标2）用配方法解方程 $x^2-4x+2=0$ 时，下列配方正确的是（　　）。

A. $(x-2)^2=2$　　B. $(x+2)^2=2$　　C. $(x-2)^2=-2$　　D. $(x-2)^2=6$

4.（针对目标2）解下列方程：

（1）$x^2+4x=1$；　　（2）$x^2+2x+2=8x+4$。

·教学反思

此教学设计利用启发式教学，自然而然地引导学生突破教学的重难点，提高课堂效率，激发学生的学习积极性，培养学生的创新性思维，让学生能够乐学、愿学、善学数学。

第二类，非认知模式。

该模式主要通过创设教学情境引入教学，如拉扎洛夫的暗示教学、中国教育家李吉林老师的情境教学都是充分利用形象创造具体、生动的场景，激起学生的情绪。这一模式的流程主要有创设情境—主动活动—总结转化。

典型案例

在解构中建构，提升学生知识运用的能力

——4A Unit 7 教学设计

深圳市光明区爱华小学　/叶丽纹/

·教材分析

本课时是沪教牛津英语深圳版 4A Unit 7 第 2 课时，主要内容是通过语篇

的学习掌握现在进行时的构成，以及现在分词构成规则。通过本课的学习，学生能够用现在进行时介绍自己和别人的假期生活。现在进行时对四年级学生来说是一大难点，主要是现在分词的构成方式比较难。语法对学生来说是一大难点，但对学生后续的英语学习有很大的作用。本节复习课通过观察、发现、归纳等方式，总结写作方法和语法规律，并从此由口语输出深入至相关的假期话题进行写作训练，总结提升，最终实现语言知识的综合运用。

· 教学目标

1. 学生能掌握现在进行时的结构及现在分词的构成方法与规则。

2. 通过语篇学习，建构新的写作方法，并能用现在进行时介绍家人的假期生活。

3. 通过完成学习任务，帮助学生巩固和综合运用本单元所学的知识和技能。

· 教学重难点

1. 现在分词的构词规则。

2. 现在进行时的正确运用。

· 教学过程

1. 设境激趣，激活旧知

（1）观看本课核心词汇改编的视频，复习核心词汇和一般现在时的用法。

（2）创设语境，看图提问题。

【设计意图】通过观看视频，激发学生学习的欲望，把学生带入语境中，让学生来提问题，把提问权还给学生，开发学生的创造性思维，培养学生口语表达能力。

2. 火眼金睛，发现规则

（1）观察语篇，学习新知。

师：同学们，请大家认真观察，这些句子都有哪些相同的地方？

生：每个句子都有 be 动词，动词都有 ing。

师：正确，我们一起来小结一下这些句子的结构。

主语 +be+ 动词 ing

这样的句型结构叫现在进行时。为什么在这里要用现在进行时呢？请同学们认真看视频，视频中的每个人都正在做相关的动作，并没有结束，说明他们正在做这件事，所以用现在进行时。

师：再请同学们观察一下，这里的be动词分成了哪些词？主语与哪个be动词搭配？

【设计意图】学生通过教师的启发、点拨，观察到be动词可以分为am，is，are三种形式，并发现不同的主语跟相应的be动词搭配。师生对话中形成思维导图，帮助学生理解现在进行时的构成和使用。

（2）归纳总结，形成规则。

师：接下来请同学们认真观察这些动词，它们都有ing，是这些动词的现在分词。请你给这些现在分词分类，可以分几类？

生：可以分三类，即直接加ing、去掉e加ing、双写末尾辅音加ing。

师：请同学们写出下列动词的现在分词。

生：make，take都是去e加ing，为什么see不是去e加ing？

师：这个问题提得好，我们来看一下它们的发音。

生：哦，明白了，原来是see里的ee发音，而make，take中的e是不发音的，也就是有e结尾不发音的动词才要去掉e加ing。

生：那什么时候才要双写末尾辅音加ing呢？

师：请同学们观察下面的单词，看看构词方式和读音。

生：我们发现这些单词都是重读闭音节单词，倒数三个字母都是辅音＋元音＋辅音。

师：太棒了，现在请同学们把这三种构词方法各用一句话来概括。

【设计意图】通过观察例词，引导学生自主观察、发现现在分词的构词规则，培养学生归纳总结的能力，培养学生举一反三运用知识的能力。

3. 解构文本，建构写作新结构

（1）解构文本，建构新结构。

（2）师生互动，丰富结构。

师：除用fine来形容好天气之外，你还可以用哪些单词来描述天气？

生：beautiful，nice，sunny。

师：表达心情还可以用哪些句子？

生：We are all having a good time. We're enjoying ourselves.

师：Good，看语篇，你发现用英语写作文时是怎样写的？

生：第一段写时间、地点、人物和事情，第二段详细写每个人正在做什么，第三段写游玩的心情。

师：有没有跟语文写作相通的地方？

生：有，用了总—分—总的方法。

【设计意图】通过学习文本、解构文本，在师生互动中建构新的写作思维导图，总结出英文写作的方法，在教师的引导下生成完善的思维导图，为学生的写作提供框架，并给学生提供用词造句的参考，减轻学生英文写作的困难。

4. 制作海报，综合运用知识

（1）制作海报，介绍家人的度假情况。

（2）分享交流，合作学习。

· 教学反思

现在进行时对四年级学生来说是一个难点。本节课的学习充分发挥了学生主体、教师指导的作用，以大问题推进语篇的学习，引导学生通过自主观察、总结现在进行时的结构、现在分词的变形规律，并为学生提供英文写作的框架。在开放互动中生成的新资源，为本课的学习提供了帮助。师生互动中建构新的写作思维导图，也为学生语篇的输出提供了帮助。通过本课的学习，学生开发了创造性思维，培养了自主学习、发现和归纳总结的能力，以小练笔提高综合运用知识的能力，最终形成用英语解决问题的能力。

典型案例

在用中学，方能学以致用

——人教版英语八年级上册 Unit 8 1a—1c 教学设计

济南市历城区初级实验中学　/崔　燕/

《义务教育英语课程标准（2011 年版）》中强调课程从学生的学习兴趣、生活经验和认知水平出发，倡导体验、实践、参与、合作与交流的学习方式。因此，我们的课堂教学应当注重重建学生的生活世界，使教学回归生活。生活化教学，让学生在生活中学，为生活而学，让学生在生活化的情境中提高语言能力，从而激发学生对英语学习的兴趣，由被动学习变为主动学习。

·教学目标

人教版英语八年级上册 Unit 8 1a—1c 的教学目标：

1. 通过听关于制作香蕉奶昔的对话，了解香蕉奶昔的制作步骤及其表达方式。

2. 能够开展如下对话：

—How do you make a banana milk shake？

—First...Next...Then...Next...Finally...

·教学过程

在课前，我给各小组准备了香蕉、牛奶、水果刀、搅拌机、纸杯。学生看到桌子的实物，开始讨论，初步激起了他们的兴趣和好奇心。

1. 问题先行，激发学习需求

Brainstorming：What do you think of when you see the things on the desk？

学生的回答很丰富，主要从以下两个层面考虑。

（1）词汇层面：banana，knife，blender，milk，cup，turn on，cut，peel，pour 等。

（2）话题层面：做香蕉奶昔的步骤。

此环节中，教师在黑板上记录，然后进行补充提问。例如：Do you know how to make a banana milk shake？个别学生举手说步骤：peel the banana，cut up the banana，pour milk，turn on the blender 等。

接下来播放 1b 的录音，学生听别人如何制作香蕉奶昔，了解制作香蕉奶昔的步骤。

2. 在用中学，理解语言知识

根据听到的步骤，小组合作共同制作香蕉奶昔。在制作的过程中，小组成员共同口述制作步骤，加深对各个步骤的理解。学生在实践中学，不仅保持了学习兴趣，还内化了语言知识、提升了语言能力。

3. 学以致用，综合运用知识

课后任务：给家人做奶昔，同时复述制作步骤，有条件的同学录制视频分享。学生在给家人制作奶昔的过程中，做到学以致用、综合运用所学。

· 教学反思

本单元的话题是食物制作，要求学生能正确描述制作步骤，并按照指示完成步骤。通过以上在用中学和学以致用的学习语言和使用语言的过程，学生对香蕉奶昔的制作过程了如指掌，也学会了使用 First，Next，Then，Finally 来描述制作步骤。

（二）掌握提问技巧

提问是启发式教学成功与否的关键。有学者研究了优质问题的特征和标准。沃尔什等提出，优质问题需符合至少四个特征：能够达成一个或更多的教学目标；关注重要的课程内容；能够促进学生在规定的认知水平上思考；清晰地阐明所要问的内容。[①] 因此，教师提问前要进行精心的设计和准备。提问应该注意以下四点：

一是要在学生有疑惑或思维出现矛盾，以及出现注意力不集中时及时发问。

二是问题要注意开放性，保证可以有三四种答案，分别让三四名学生作答。[②]

三是注意等待学生应答的时间。有学者将其划分为“等待时间 1”与“等待时间 2”。前者是学生回答之前的停顿，基于学生思考和教师观察学生举动的实践。有研究发现该时段停顿 3 秒或更长时间会比停顿过短更能激起学生的思考、谈话与辩论。[③]“等待时间 2”是学生给出答案后与教师继续讲课之间的时间。教学中应留出一定的时间给学生进行反思和整理。

四是要注意追问和助答。追问是引发学生思维拓展、促进学生认识和情感

---

① 沃尔什，萨特斯. 优质提问教学法：让每个学生都参与其中［M］. 刘彦，译. 北京：中国轻工业出版社，2009：20.

② 荷烈治，哈尔德，卡拉汉，等. 教学策略：有效教学指南（第八版）［M］. 牛志奎，译. 北京：中国人民大学出版社，2011：181.

③ ROWE M B. Wait time：slowing down may be a way of speeding up!［J］. Journal of Teacher Education，1986，37（1）：43-50.

全面提升的必要步骤。追问要求学生为自己的观点提供依据，或在拓展的问题情境中探寻新的解决方案，引发学生对自己的回答进行反思及继续思考。① 在追问的过程中要给予学生必要的引导和提示，这称为助答。助答可以是言语或非言语形式，帮助学生完整、顺畅地表达观点。具体措施有申明题意、分解难点、转换角度、补充修正、巧用点拨等。

济南市历城区第六中学杨春燕在学校开展的高效课堂验收评选活动中执教的内容是制成一个尽可能大的无盖长方体。她向学生出示这样一个研究性课题：用一张正方形的纸板制成一个无盖的长方体，怎样才能使制成的无盖长方体的容积尽可能大呢？

这个问题对单个学生而言是较难独立完成的，但在学生力所能及的范围内。问题一提出便使学生产生了强烈的合作探索的愿望。杨老师先启发学生独立思考，让他们一边动手操作一边演算。经过 10 分钟后，杨老师再组织学生开展合作交流，深入到每个小组，对学生进行指导，然后让学生在组内交流个人的看法，再由小组长集中每名同学的发现，代表本组与全班同学交流。最终在杨老师的引导和学生的合作下，此问题得到了较为圆满的解决。

教师在课堂上采用自主探究、合作交流的学习方式时，要注意做到四点：第一，分组应该合理；第二，合作讨论应该有足够的时间保证，不能为了形式而讨论；第三，合作应该以个人思考为前提；第四，应该更多地提倡课后的合作交流。课堂时间毕竟是有限的，而且每个人、每个小组的情况都不一样，要想在课堂上保证每个小组成员之间的充分交流几乎是不可能的。教师应该对课堂中的合作交流采取更加谨慎的态度，保证个人思考的空间，切实发挥合作交流有利的一面，同时更多鼓励课后合作交流。

优化课堂教学的有效性是当前深化课程改革的关键和根本要求，同时也符合教育部的规定——减轻学生负担。有效的教学体现在学生的进步和发展上，以学生学习方式的转变为条件，促进学生的有效学习，并且关注学生的情感、道德和人格的养成，这就要求教师不断提升与发展自身专业水平。

---

① 朱丽．如何运用教学方法［M］．上海：华东师范大学出版社，2014：45.

典型案例

焰火燎原，助推学生思辨之门

——《鹿和狼的故事》教学案例

深圳市光明区爱华小学 /缪志娣/

今天，上完《鹿和狼的故事》之后，课堂上的思辨呼声依然萦绕耳际，令我久久不能释怀。我想我该把这堂课记录下来。

我抛出问题："'鹿'究竟死于'谁'手？"让学生围绕此问题进行探究。学生在充分阅读文本之后，汇报看法。

有的学生说鹿死于总统之手，有的学生说死于猎人之手，有的学生说死于鹿自己之手，还有的学生说死于饥饿，也有的学生认为是死于狼之手。学生跃跃欲试，争先恐后地想要发表观点。抓住良好的探究时机，我将问题下放，让学生在小组内进行充分讨论。我也深入各个小组去了解情况，捕捉资源。

以下是小组的汇报。

组 1：我们小组认为鹿死于猎人之手。因为猎人毫无节制地捕杀狼。大多数狼都被残忍地杀死了，导致鹿无节制地繁殖，把能吃的都吃了，把森林的一切都给毁了，最后还产生了各种疾病，只剩下八千只病鹿。

组 2：我们小组不同意第一小组的意见。我们认为鹿死于总统之手，而不是猎人之手。如果不是总统下这个指令的话，猎人就不会不遗余力地去杀狼，那还是基本上能够保持森林中狼和鹿的平衡的。所以我们认为导致鹿死的罪魁祸首是总统。

组 3：我们小组也支持"鹿死于总统之手"的观点。总统不该发出这样的指令，不该为了保护鹿而破坏了自然生态中的食物链，打破了生态平衡，导致悲剧的发生。

组 4：我们小组也同意这个观点。总统保护鹿的初衷是好的，却好心办了坏事，导致这群鹿数量减少。

师：你们的意思是不应该保护鹿吗？

这个问题如一颗石子激起了千层浪。总统该不该去保护鹿呢？很多同学认为不该，差点出现了全班一边倒的局面。

生1：我们不能因为去保护鹿而导致生态失衡。课文中所说的事例就是最好的证明。

生2：如果不保护鹿，鹿就可能全部被狼吃掉，那生态环境中就少了鹿啊。虽然狼一时间多了食物，繁殖得很快，但接下来可能也会因为食物后继缺乏而遭受灭顶之灾。

师：究竟保护还是不保护呢？

生3：我认为不保护可能带来灭种之灾，但保护过度也可能造成生态失衡，所以该有节制地去保护。我想起五年级学过的《钓鱼的启示》：只有在规定的时间内才可以去捕捞鲈鱼，其他时候捕捞则是违法的。同理类推，如果鹿被狼捕杀得太多，那么鹿的物种生存遭受到了严重的威胁。因此，可以适当允许猎人在一定的时间内捕杀一定数量的狼，但不能无节制地猎杀，以确保鹿的生存。虽然狼是鹿的天敌，但也能在一定程度上保护鹿，使鹿群里面的老弱病残得以淘汰，这也是大自然物竞天择、适者生存的法则。

这名学生的言论一出，班上立刻响起了雷鸣般的掌声。毋庸置疑，他们认为这是最好的解决方式。

在“鹿死谁手”的问题上，学生都有了各自独特的理解与深刻的认识：要保护但不能无节制地保护，需针对不同的情况采取不同的措施，原则就是不能随意地破坏生态平衡，而要尊重自然之道。

这是一节集聚生成的课，促进了学生的生长。在课上，教师把质疑、评价、总结的权力下放给学生，让学生在充分讨论之后聚焦火力，引发新的生成，激荡起新的涟漪。虽然有些小组讨论得出的理解并不一定最恰当，但学生都有独立的思想，这点最可贵。不断制造思维的矛盾点，激励学生深入表达，学生的表达能力才会不断得到提升，思维也跟着一起成长。这燎原的思维之火，使学生学得有趣、老师教得有成就。

（三）积极互动的注意事项

启发式教学的师生互动要把握两个方面：一是在教师的引导下调动学生的主动性；二是促进学生平等、深入地进行对话。

1. 在教师的引导下调动学生的主动性

有学者总结了调动学生主动性的六项技术。技术一，设置问题情景。有人常常习惯于直接陈述，其实，简单地变换方式，用问句的形式表述出来，效果会很不一样。技术二，创设竞赛情景、操作情景，将学生带入现实生活情境中。技术三，利用评价反馈，给予表扬批评。技术四，利用典型事例说明，培养正确的学习动机和勤学好问的态度。技术五：教给学习方法，使学生学会学习。会学则爱学，不会学则易厌学。技术六：变换教学方式，多让学生自学、思考、活动、讨论，使其产生兴趣，并给学生充分的时间和机会以发挥其能动性。[①]

典型案例

加法的初步认识教学案例

深圳市光明区爱华小学　/林　丹/

・教学目标

1. 结合熟悉的生活背景和已有的生活经验，经历加法概念的抽象过程，初步认识加法的意义。认识加号，会读、写加法算式。

2. 在探索交流活动中，探索得数是 5 以内的加法的计算方法。

・教材分析

教材在安排这部分内容时分三个层次呈现：一是创设了多个丰富的现实情境，作为学生学习加法的起点，让学生初步认识和理解加法的意义；二是借助动手操作，加深对加法意义的理解；三是找一找生活中的加法原型。

・学情分析

加法对一年级的学生来说可能并不陌生，甚至有一些学生在幼儿园就接触过加法算式。但是对于加号内涵的理解、加法概念的体验，可能不是每个学生都经历过，大部分学生处于似懂非懂的状态当中。

---

① 钟祖荣 . 启发式教学的特征及实施要领［J］. 中国教育学刊，1996（4）：42–43.

·教学过程

环节一：材料感知，认识加法概念的本质内涵。

1. 创设笑笑一只手拿3支铅笔、另一只手拿2支铅笔的情境。

师：你们瞧，笑笑是怎样拿铅笔的？谁能说一说？

（学生观察，说一说笑笑怎样拿铅笔。）

师：笑笑想知道一共有多少支铅笔，她就做了这样的一个动作。请认真看，她的两只手怎么样了？

（学生模仿笑笑的动作。）

师：哎，对了，她的两只手合起来了。她一只手拿着三支铅笔，另一只手拿着两支铅笔，想知道一共有多少支铅笔，就把它们合起来了。谁能模仿笑笑小朋友，也能像她这样说一说、做一做？

师（拿着铅笔问）：一共有多少支铅笔？

生：5支。

师：你是怎么知道有5支铅笔的？哪位小朋友能说说自己的想法？

生：①我用数一数的办法，1，2，3，4，5，一共有5支铅笔。②本来有3支，然后4，5，一共有5支。③3和2合成5，一共有5支铅笔。

2. 创设熊猫图的情境。

师：同学们，请观察这一幅熊猫图，你们发现了什么数学故事吗？

生：有三只熊猫在吃竹子，有两只熊猫在玩皮球。

师：你们能不能自己画一画表示出这些熊猫呢？

师（边巡堂，边点拨）：哎呀，老师看到有一些同学在画熊猫脸呢。其实熊猫太难画了，我们可不可以用一些简单的图形来表示熊猫呢？老师发现一些同学的想法真多呢，有用三角形表示熊猫的，有用圆形表示熊猫的。

3. 展示学生作品。

师：这两位同学的画，你们能看懂是什么意思吗？

生：这些图形都是表示熊猫。

师：哪一幅图更能表示熊猫图的意思呢？

生：第二幅。

师：为什么？

生：因为它隔开了。

师：隔开了有什么好处？

生：隔开了更容易看出哪些熊猫在吃竹子，哪些熊猫在玩皮球。

师：对了，这位同学这样表示，中间隔开一点点，我们就可以清楚地知道哪一部分是表示吃竹子的熊猫，哪一部分是表示玩皮球的熊猫（指导学生用不同的图形表示）。

下面请同学们继续拿出学习单改一改。

师：老师发现有一些同学是这样子画的（呈现三幅横着画的不同图形）。你们能看懂他们的作品吗？

生：能。

师（指着第一幅图）：哪位同学看懂了这幅作品？谁来说一说？

生：3 个圆表示 3 只吃竹子的熊猫，2 个圆表示 2 只玩皮球的熊猫。

师（指着第三幅图）：哪位同学来说一说这幅作品？你看懂了吗？

生：3 个三角形表示 3 只吃竹子的熊猫，2 个三角形表示 2 只玩皮球的熊猫。

师：老师发现大部分同学都是画○表示的（边说边画：○○○　　○○）。老师这样子画（边说边画：/　/　/　　/　/）。

环节二：聚类抽象，产生运算。

师：出示列式，刚才铅笔的故事、熊猫的故事，它们有什么一样的地方吗？这一部分都是 3 个，我们可以用 3 来表示，另一部分都是 2 个，我们可以用 2 来表示。

生：都是 3 和 2，左边都是表示 3 个，右边都是表示 2 个。

（学生边说，老师边记录：3　　2。）

师：在数学上，合起来一共有多少，我们可以用一个加法算式来表示。3 个加 2 个，合起来一共有 5 个，也就是等于 5。这个符号叫作加号，这个算式读作：3 加 2 等于 5。今天我们就一起来认识加法，加号表示什么意思呢？

生：加号表示一共有多少、合起来的意思。

环节三：练习巩固，加深理解。

（教师出示情境图。）

师：哪位同学可以说一说这一幅图的故事？

生：有两只小猫在玩球，又来了两只小猫，一共有 4 只小猫。

师：老师发现有一些同学写 3+2，你们同意吗？

生：不同意，把球算进去了。

师：为什么不能把球算进去？

生：我们是想知道一共有多少只猫，跟球没有关系，所以不能把球算进去，就是 2+2=4，一共有 4 只猫。

环节四：回归具象，意义内化。

（教师出示情境图。）

师：老师发现有同学看图后列了 1+1=2 这个加法算式，你们能读懂他这个算式吗？知道他想表示的是什么故事吗？

生 1：一个盘子和一个盘子合起来一共是两个盘子。

生 2：一张照片和一张照片合起来一共是两张照片。

生 3：一个靠枕和一个靠枕合起来一共是两个靠枕。

教师小结：看来这幅图呀，里面还有很多的数学故事可以写出加法算式。

· 教学反思

从上述教学课堂案例看出，用学生熟悉的情境引导学生在具体情境中体验加法的意义。引导学生用图形表示出情境图的含义，学生思维开始由具象向抽象转变，为进一步抽象出加法奠定基础。利用情境聚类抽象产生加法运算，启发学生在情境里面理解加法算式各部分的含义，更加深刻地理解加法算式的含义。利用 1+1=2 再一次启发学生寻找加法的生活原型，巩固加法的概念。教学过程是受多种因素影响和控制的异常复杂的过程，我们要根据实际教学内容和学生情况，选择适合启发的内容。在教学过程中，我们应该遵循教学规律，有效启发，提高课堂教学效率，激发学生的学习积极性，培养学生的创新性思维。

2. 促进学生平等、深入地进行对话

有学者认为，教师除要树立平等的师生观之外，还要在教学中善于创造“软环境”，即通过感情的相互作用构成的心理环境的综合反映。教师的语言、语调都会对课堂氛围产生直接的影响，一句激励的话、一个恰到好处的表扬都能调动学生思维和情感的积极性。教师要注重体态语的应用、眼神的应用和表情及手势语的运用。① 教师要通过自身的行动给学生传递轻松的氛围，帮助他们融入教学的对话氛围。在此基础上，教师引导学生围绕一个共同的主题展开讨论和交流，引导每个学生发表观点、交流思想、互通有无，在学习过程中表现出一种合作探究的关系。②

典型案例

由“赤裸裸”引发的思考

——《匆匆》教学片段

深圳市光明区爱华小学　/田文秀/

朱自清先生的散文《匆匆》中有这样一句话：“我赤裸裸来到这世界，转眼间也将赤裸裸地回去吧？”教学预设的时候，我猜想学生或许都将“赤裸裸”理解为光溜溜的，或许他们并不能理解后者深刻的内涵。鉴于此，教学的时候，我预设了这个问题。

（出示：我赤裸裸来到这世界，转眼间也将赤裸裸地回去吧？）

师：同学们，请你谈谈对这两个“赤裸裸”的理解。

生：“赤裸裸”就是光光的、没穿衣服的意思啊。每个人出生的时候都是光着身子从妈妈肚子里出来的，死的时候不也是要光着身子火化吗？

师：你认为这两个词语的意思一样。我还想听听别的高见。

……

---

① 靳玉乐．新教学方式的实践艺术［M］．成都：四川教育出版社，2009：17.

② 张增田，靳玉乐．马丁·布伯的对话哲学及其对现代教育的启示［J］．高等教育研究，2004，25(2)：24–28.

生 1：人死了，灵魂就孤独升天，自然赤裸裸的了。（我未置可否。）

生 2：人死了，不能邀朋引伴，只能孤独离去，当然是赤裸裸的了。（我依旧用探寻的眼光寻找。）

生 3：人死的时候，什么也带不走。这辈子赚的钱、买的房，每一样都是不可以带走的，所以是赤裸裸“回去”的。

师：你年纪小小的就知道这样的道理了？那你思考一下，人活一世，看得见的物质的东西留在这世间带不走，还有什么也是带不走的？

生 4（文思雅）：我想，人死的时候平平淡淡、无所作为，没有给社会留下点什么，光光地离去。作者不想这样，所以在责问自己！

师：知我者，文思雅也！

（启发成功！文思雅同学说出了自己的看法。在前面那么多答案之后出现了这样的精彩，我自然点头称是。一石激起千层浪，学生纷纷发表自己的看法。）

生 5：人要活得轰轰烈烈，不能白活这一回！

师：受了朱自清的影响，你变成小诗人啦！

生 6：时间往往只会向勤劳的人微笑！

师：你就是一位哲学家，洞穿人生！小小年纪有如此见地，了不起！这么有哲理，请写到黑板上去，注意署上你的名字哦，因为这是你的独创。

（因为此举，更激发了学生的创作热情，学生纷纷举手，教室里举起了一片“森林”。）

生 7：时间不会等人，所以你要奋马扬蹄，追赶时间！

生 8：我要珍惜时光，在这世上留下哪怕游丝样的痕迹也好！

生 9：聪明的人利用时间，愚蠢的人消磨时间。

生 10：我不能决定人生的长度，但是可以决定人生的宽度！

……

（黑板上密密麻麻地写满了这些孩子创造的“名言”。凡是署上大名的学生一个个神采飞扬。为了强化学生的记忆，我带领大家读起了这些“名言”，特别强调了后面的署名。学生兴致高涨，课文所要表达的人生感悟昭然若揭。）

·教学反思

围绕有价值的问题，抓住交流中的闪光点、稍纵即逝的思维火花，启发引导学生进行思维碰撞，展开真实的对话、交流，使课堂真正成为学生学语习文的舞台，成为教师培育和绽放创新思维之花的沃土。

此例仅是语文课堂教学的冰山一角，教师在预设中洞见学生的难点，在实际教学过程中故意“挑逗”学生，启发学生深入思考。因此，教师应在学生有疑难处给学生搭一座小桥，扶一扶，引一引，引导学生顺利走向思维的通途。

典型案例

循循善诱，辨析机遇

济南市历城区初级实验中学　/孟祥青/

道德与法治课程从初中生的生活实际出发，将初中生逐步扩展的生活作为课程建设与实施的基础；注重与社会实践的联系，引导学生自主参与丰富多样的活动，在认识、体验与践行中促进正确思想观念和良好道德品质的形成和发展。

本课程以认识自我、我与他人和集体、我与国家和社会为主线，对道德、心理健康、法律和国情等多方面的学习内容进行有机整合；与初中生的社会生活、学校生活和家庭生活紧密联系，是对学生在这些领域中的体验、认识和遇到的问题所进行的梳理、加工和提炼。

1. 问题引领，激发学生兴趣

教学片段1：向学生播报第三届中国国际进口博览会（以下简称“进博会”）相关新闻以及播放视频《初识机遇与挑战》。

师：看完视频，你们有什么感受呢？

生：疫情背景下的第三届进博会比第二届成交额多，这对中国既是挑战也是机遇。

生：中国已连续举办了三届进博会，都取得丰硕成果，中国的进博会为什么越办越好呢？

生：我们的人才培养、科技水平、经济实力不断增强。

引导学生认识到，今天的中国百业俱兴，政通人和，社会稳定，综合国力不断提升，我们都应该为今天的中国而自豪，中国的未来会更加美好。但前面的道路依然漫长，未来的中国将如何发展？我们将会面临许多的机遇与挑战。

教学片段 2：多媒体展示三幅图片。

师：这三幅图片分别代表了什么？

生：我国的人才水平、科技水平、经济水平。

师：请结合图表分析我国已具备了哪些更好的发展条件？

生：资金、科技创新、人才培养、基础设施等方面具备良好的发展条件。

师：除上述之外，还有哪些方面具有良好的发展条件呢？

生：生态、文化、政治等方面。

引导学生认识到，经过几十年的发展，我国已在资金、人才、技术、管理经验、基础设施等领域具备良好的积累。正是这些良好的积累使我国有能力、有条件从“中国制造”向“中国智造”转型升级。

2. 质疑求异，引领学生积极自主探索

教学片段 1：中国制造与中国智造。

师：中国制造和中国智造的重要区别是什么呢？谈谈自己对两者区别的理解。

生：中国制造，我们国家充当的角色是产业链末端的世界代工厂——别人的加工厂。中国智造则侧重于强调有中国自主研发创新的产品，依靠创新、质量、绿色、结构优化、人才，打造具有国际竞争力的产品，从产业链中低端向高端转变。中国制造必须努力实现“由大到强”的转变。

（教师播放介绍嫦娥五号的视频，多媒体展示 2020 年中国的“黑科技”。）

师：你们有什么感受？

生：满满的自豪感、骄傲。

师：确实，我们不难发现，中国制造向中国智造转变的过程中，科技创新、人才支撑、资金支持都是关键因素，相信伴随着我国科技创新的不断进步、人才培养的不断加强、综合国力的不断提升，以此为契机，“中国制造 2025”的目标一定能够实现。我们每一名同学都应该努力学习，注重创新，成为中国智造的贡献者。

教学片段 2：关注时事，畅谈国际盛会。

呈现材料：2020 年 11 月 19 日，习近平主席以视频方式出席亚太经合组织（APEC）工商领导人对话会发表的主旨演讲。

师：这体现了我国发展面临什么契机？

生：和平、发展、合作、共赢的时代潮流，为中国的发展提供了良好的外部环境。中国的国际影响力不断提升，许多国家谋求与中国开展合作，这使中国在国际上各个领域有更大的发展空间。

师：有那么良好的内部条件加上外部环境，是否一定就会发展得更好？

生：不一定。

师：为什么？

生：因为……

师：这给了我们什么启示？

生：机遇稍纵即逝，要抓住机遇。

通过循循善诱，引导学生认识到抓住机遇，勇于创新，中国发展才能再上新台阶。坐等观望，犹豫懈怠，错失良机，发展就会陷入被动。这句话不仅仅适用于一个国家、一家企业，对每个人而言也是如此。我们要抓住人生发展的各种机遇，依靠自己的不懈努力，实现自我突破。

3. 合作探究，头脑风暴

呈现材料：中国制造转型升级。

师：请大家以小组合作的方式探究以上三个问题，时间为 5 分钟。

师：如果乔纳森向你们组提出这个问题，那么你们组会如何作答？

1 组：柬埔寨、越南生产成本低，价格便宜……

2 组：东南亚国家劳动力成本低……

师：这种变化将会对我国产生怎样的影响？

3 组：短时间内有不利影响。

师：面对这种变化，中国应采取怎样的措施？

4 组：提高生产效率，增强科技创新能力，转型升级……

通过合作探究，引导学生认识到伴随着我国经济的发展和劳动者素质的提高，劳动力的成本也在不断增加。为降低制造成本，一些传统制造业只能将工厂迁往劳动力成本更低的国家和地区，这就给中国发展带来了极大的挑战，中国制造在新的历史条件下需要向中国智造转型。

典型案例

认识“一线三垂直”模型

济南市历城区初级实验中学 /周 娟/

在试卷讲评中遇到了一道与“一线三垂直”模型有关的数学题，教师在教学设计中以这道题目为起点，不断启发学生思考，使学生逐步理解“一线三垂直”模型的本质，体现了启发式教学的特点。具体过程如下：

出示以下题目。

11.（济南市历城区2019—2020学年八年级上期末考试）（4分）如下图所示，$AE \perp AB$，且 $AE = AB$，$BC \perp CD$ 且 $BC = CD$，请按照图中所标注的数据，计算图中实线所围成的图形的面积 S 是（　　）。

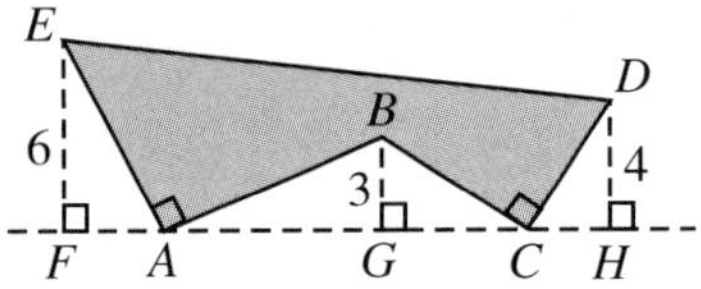

A. 50　　　B. 62　　　C. 65　　　D. 68

师：你能猜想$\triangle EFA$和$\triangle AGB$的关系吗？

生：$\triangle EFA \cong \triangle AGB$。

师：如何证明？

生：$\because AE \perp AB$，$\therefore \angle EAB=90°$．$\therefore \angle EAF+\angle GAB=90°$。

$\because EF \perp AF$，$\therefore \angle EFA=90°$．$\therefore \angle EAF+\angle FEA=90°$。

$\because \angle EAF+\angle GAB=90°$，$\therefore \angle GAB=\angle FEA$。

$\because BG \perp AG$，$\therefore \angle BGA=90°$。

$\because$在$\triangle EFA$和$\triangle AGB$中，$\angle EFA=\angle BGA=90°$，$\angle GAB=\angle FEA$，$AE=AB$，

$\therefore \triangle EFA \cong \triangle AGB$. 同理可证$\triangle BGC \cong \triangle CHD$.

师：全等在解题中有什么作用？

生：$\because \triangle EFA \cong \triangle AGB$，$\therefore AF=BG=3$，$AG=EF=6$。

$\because \triangle BGC \cong \triangle CHD$，$\therefore GC=DH=4$，$CH=BG=3$。

然后用割补法求面积即可。

师：同学们，在图中隐藏着两个等腰直角三角形，你能找到吗？

生：老师，我发现了。只需要连接 EB 和 BD（如下图所示），$\triangle AEB$ 和 $\triangle BCD$ 都是等腰直角三角形。

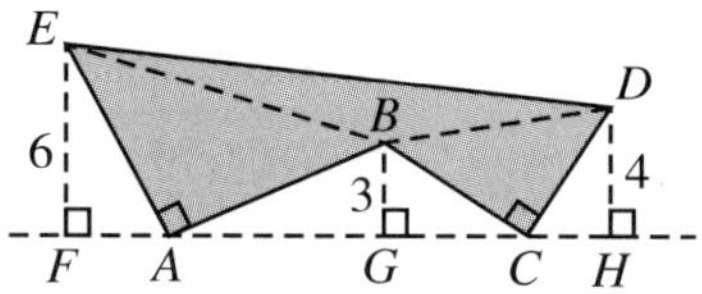

师：同学们，如果老师给出一个如下图所示的等腰直角三角形，你能找到隐藏的一对全等三角形吗？

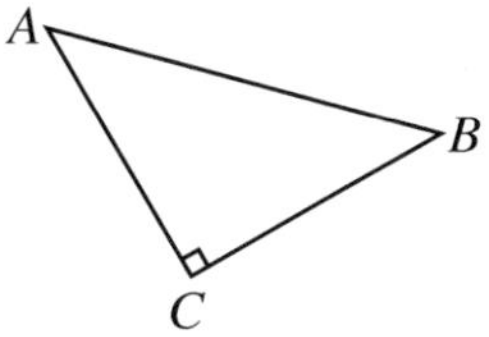

生：只要过直角顶点 C 作直线 l，从底角顶点 A，B 分别作直线 l 的垂线段 AD 和 BE（如下图所示），就可以找到全等三角形了。

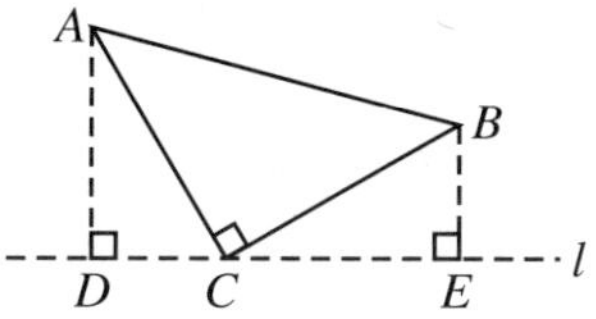

师：为什么要过直角顶点作直线 l 呢？

生：因为证明直角三角形全等需要一组锐角对应相等，证明锐角相等的理论依据是等角的余角相等，所以我想到了过直角顶点构造全等。

师：条件中的等腰直角三角形能换作一般的直角三角形吗？

生：不可以，因为等腰直角三角形中的两腰相等是证明全等的必要条件。

师："一线三垂直"模型是初中几何图形中的重要模型，不仅经常出现在全等图形中，还会出现在平面直角坐标系中。现在我们把等腰直角三角形放入平面直角坐标系中，使它的两个顶点在坐标轴上，一个顶点在象限中（如下图所示），尝试求象限中的点的坐标。

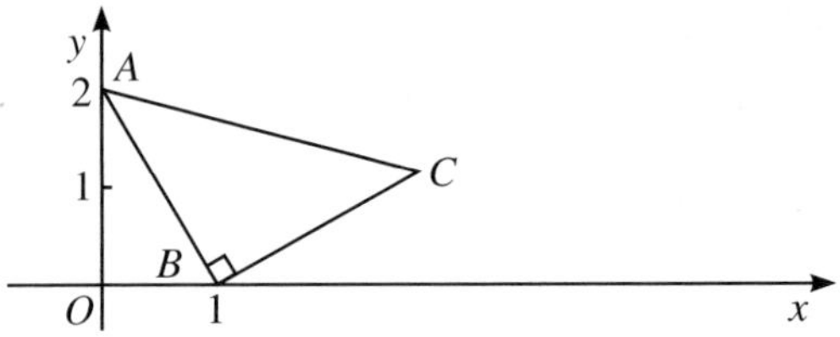

生：过点 C 作 $CD\perp x$ 轴于点 D，就可以构造出全等三角形了。

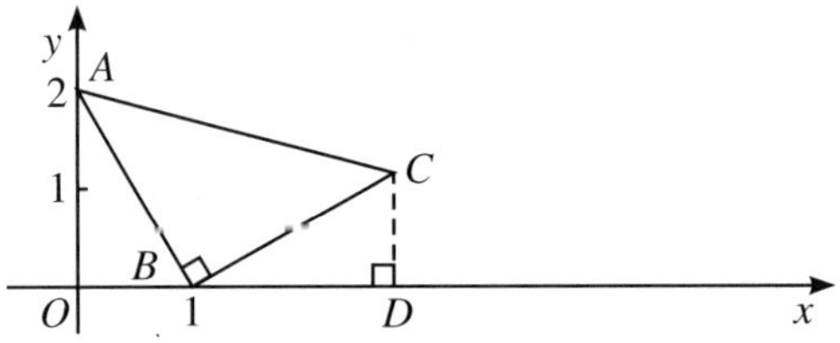

师：同学们通过构造“一线三垂直”，由全等确定线段的长，进而确定了点的坐标，非常好。如果我把直角顶点放到 y 轴上（如下图所示）呢？

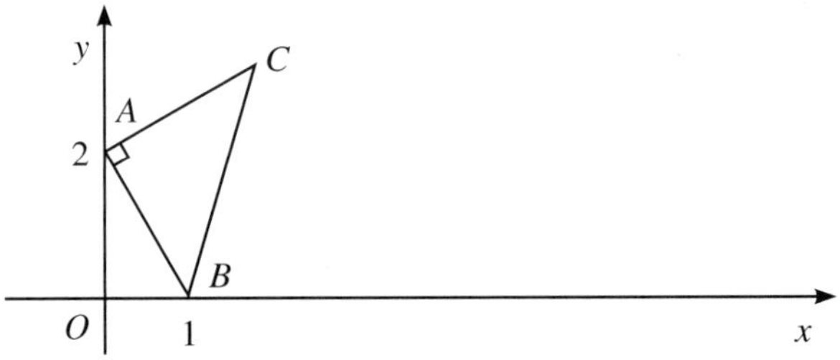

生：过点 C 作 $CD\perp y$ 轴于点 D，构造“一线三垂直”模型（如下图所示），根据全等确定线段的长，再确定点的坐标。

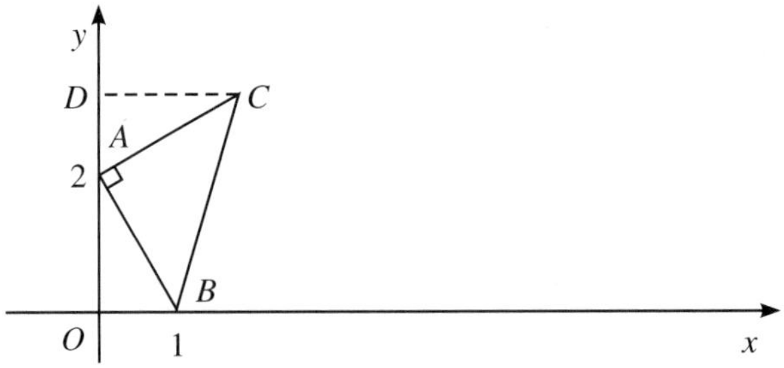

师：我现在要把直角顶点放到象限中（如下图所示），请大家思考如何构造“一线三垂直”模型。

生：过点 C 作 DC 垂直于 x 轴，过点 A 作 $AE \perp CD$ 于点 E（如下图所示），构造“一线三垂直”模型。

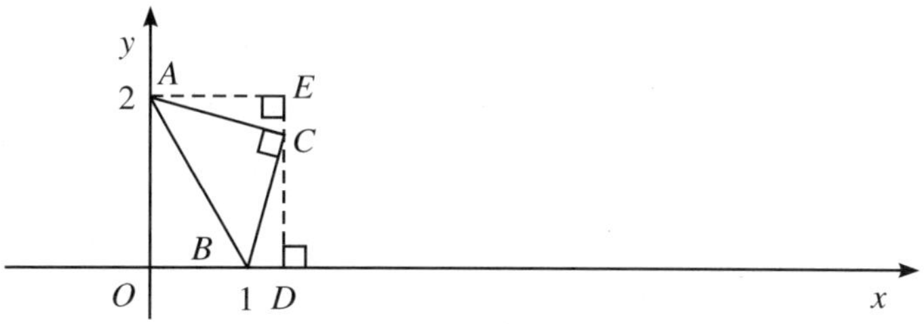

师：等腰直角三角形还有哪些摆放方式？请同学们尝试在平面直角坐标系中画一画，考一考你小组里的同学，看他们能不能求出象限内的顶点坐标。

师：“一线三垂直”模型是一个应用非常广泛的模型，可以应用在三角形、矩形、平面直角坐标系、网格、一次函数、反比例函数、三角函数、二次函数以及圆等诸多中考重要考点之中，掌握好这一模型会使你在中考中技高一筹。

典型案例

兴趣作纽带，生活作桥梁
——记初中地理启发式课堂

济南实验初级中学 /周历媛/

· 设计思路和教学框架

鉴于七年级学生刚刚入校，本课设计以“描述学校的位置”为切入点，聆听学生们的发言，发挥教学机智，将学生的回答顺其自然地导入课程。课堂主体共分为两大板块：一是探寻新知，二是举一反三。全程使用教具地球仪。在第一板块中，通过“布置任务—动手操作—小组讨论—上台展示—查漏补缺—提炼升华”六个环节，结合学生自主学习，教师讲授纬线和纬度。在第二板块中，根据上述学习思路和方法，学生自主制定学习任务单，小组讨论交流，进行经线和经度的学习。最终，在两个大板块的支撑下，学生能够抵达本节课预设的学习目标——能在地球仪上用经纬度精准描述出学校的地理位置。

通过研究课标、研读核心素养、了解课程内容、体会学情和结合实际生活，确定本节课的教学思路和框架，详见下图。

①研究课标：运用地球仪，说出经线与纬线、经度与纬度的划分

②研读核心素养：地理实践力

③了解课程内容：纬线和经线、纬度和经度既是教学重点也是教学难点

④体会学情：刚刚进入初中的七年级学生，活泼、好动，但遵守课堂纪律方面需加强；学生的知识面广，但地理语言不规范、地理思维不系统，课本知识与实际生活相结合的能力有所欠缺。教师语言应更接地气，导入应更具生活性，这样有助于增强学生的兴趣。

⑤结合生活实际：在什么情况下需要描述任一地点的位置，例如，使用共享单车、高德地图……

↓

学习目标：能在地球仪上用经纬度精准描述出学校的地理位置

“经纬线和经纬度”教学思路和框架

·教学过程

本节课借助多媒体技术，使用地球仪，配合课件展示，是由教师牵针引线、以学生为学习主体的一堂课。以下教学过程中呈现的教师活动、学生活动都是现场实际生成的。

教学环节	师生活动	设计意图	阶段性目标
新课导入	师：今天是2018年9月13号星期四，大家进入咱们实验初中已经两周了，相信大家对学校有了基本的了解。怎么样，大家喜欢新学校吗？ 生：喜欢。（得到大部分同学的回应。） 师：因为了解，所以喜欢。谁能来描述一下学校的位置呢？（课件中出示学校门口照片。） 生：我们学校位于经六路与小纬六路交叉路口。 师：这名同学用文字说出了学校的具体位置，非常清晰、准确。在这名同学的描述中，老师听到了“经”和“纬”，这里的“经”	（1）学情分析：刚刚进入初中的学生，对学校的一切感到好奇，容易产生兴趣。	学生了解本节课的学习内容、学习目标和学习工具。

续表

教学环节	师生活动	设计意图	阶段性目标
新课导入	“纬”和咱们今天要学习的内容息息相关，但又存在差别，到底是什么呢？现在留一个悬念。今天啊，老师也带来一种描述学校位置的方法，大家请看。（课件展示1如图1所示。） 师：打开手机软件高德地图，输入学校名字，出来了这样一组数据，一条竖线和一条横线相交，便找到了学校的位置。这组数据为什么能够代表学校位置？手机又是如何定位的呢？让我们一起进入今天的学习——经纬线和经纬度。（课件展示2图2所示。） 生（齐读）：我能在地球仪上，用经纬度精准描述出学校的地理位置。  图1　课件展示1  图2　课件展示2	（2）结合实际：利用生活实例，引入本节课内容，知识落地。 （3）落实新课标和核心素养：充分利用地球仪，注重培养学生的地理实践能力。	
过渡1	教师手持地球仪，带领学生一起回顾上节课内容，复习地球仪上的点和线，加深学生对经线、纬线的印象，为本节课的开展奠定基础。（教师在此环节对地球仪的摆放、转动和描述语言进行规范，提醒学生仔细聆听，为学生上台展示提供范本，渗透地理学科素养。）	加强知识储备，注重地理用语规范。	利用新知识，学习新知识。

续表

教学环节	师生活动	设计意图	阶段性目标
探寻新知——纬线	【动手画一画】 以小组为单位，在地球仪上，用记号笔画出最长的纬线、最短的纬线、两根长度相等的纬线。（如图3所示。） 【上台讲一讲】 上台同学手拿地球仪，向大家展示小组成果，找到最长、最短及长度相等的纬线，并且讲述是如何找到的。（如图4所示。）随后，教师询问其他同学的意见，进一步追问：怎样找到最短的纬线？引导学生自主得出结论：纬线长度由赤道向两极逐渐缩短的变化规律。最后对学生的回答进行具体评价，以肯定、鼓励为主。此环节中，学生普遍存在的问题是对地球两极认识不到位、地球仪摆放不规范等，需要教师加强引导和培养。  图3　小组讨论研究  图4　学生上台讲解	在小组活动中，学生用记号笔在地球仪上画一画、说一说，谈论总结纬线的特点。培养学生语言表达能力及协作能力。	通过动手画一画，切实体会最长、最短、相等的纬线以及纬线的变化规律，并且让学生充分活动起来，符合七年级学情。

续表

教学环节	师生活动	设计意图	阶段性目标
探寻新知——纬度	【动手指一指】 以小组为单位，观察地球仪，要求指出并说出赤道的纬度、南极点和北极点的纬度，长度相等的纬线的度数。 小组讨论时，教师进组倾听并指导。（见图 5。）  图 5　教师进组参与活动 【上台讲一讲】 与上个环节相同，由学生上台讲解纬度大小的变化规律。有了之前铺垫的知识和展示的规范要求，学生驾轻就熟，且讲解完整、准确，座位上的学生也听得明白、听得带劲。课堂纪律有序，学生听讲状态饱满，情绪高涨。（见图 6。） 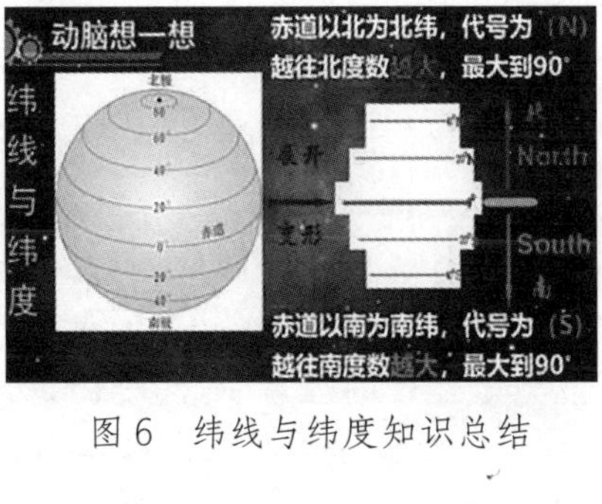 图 6　纬线与纬度知识总结 教师带领学生将上述两个环节的内容进行总结提升，让学生在脑海中构建清晰的科学体系。	运用地球仪，通过小组讨论，进一步研究纬度大小的变化规律。通过第二次上台讲解，逐步培养学生的主人翁精神，将课堂一步步地还给学生。	熟悉运用地球仪，规范使用地理语言，理解纬度的含义，能清晰地说出纬度大小的变化规律。

续表

教学环节	师生活动	设计意图	阶段性目标
学有所成	在课件中，列出学校所在的纬度范围和两幅局部纬线图，让学生根据图中标注的数字，运用纬度的大小变化规律进行判断。给学生1分钟时间思考，邀请学生代表上台指图讲解。（课件展示见图7。） 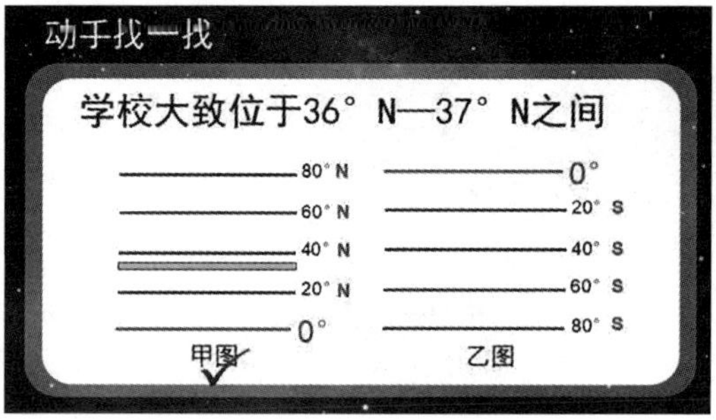 图7　寻找学校的纬度位置范围	有了之前纬线和纬度知识的学习，学生在这个时候就可以回归生活，并且运用所学知识解答，事半功倍。	在平面图上判断出学校的纬度位置。
过渡	师：这样咱们就能找出学校的具体位置了吗？ 生：不能。 师：为什么呢？ 生：还缺一半信息。还有经线和经度呢。 师：确实，如果要确定学校的具体位置，还缺少另一半重要的地理信息。那接下来我们进入第二个板块——举一反三。	适时发问，让学生了解教学进度。	学生能够知道地理位置由纬度位置和经度位置共同组成。
举一反三	1. 以小组为单位，同学们根据纬线和纬度的学习方法观察地球仪，阅读课本P7，自定学习任务单，得出经线与经度的自学结论。（课件中给出的模板任务单见图8。） 2. 学生上台展示，关于经线的性质（经线的形状、长度、指示方向和数量）。学生清晰的讲解，能够容易得到全体同学的认可。	学生透过地理课堂不仅要学习知识，更重要的是掌握举一反三、迁移应用的学习能力。	将学习纬线和纬度规律的方法，迁移用于学习经线和经度，并通过小

续表

教学环节	师生活动	设计意图	阶段性目标
举一反三	3. 难点在于经度性质的讲解和总结。教师带领学生一起通过课件继续探讨，配合展示教师在英国研学时拍摄的照片。照片中教师面朝北方，左脚在西经，右脚在东经，形象、生动。教师鼓励学生时刻用地理眼光观察世界和生活。（见图 9。） 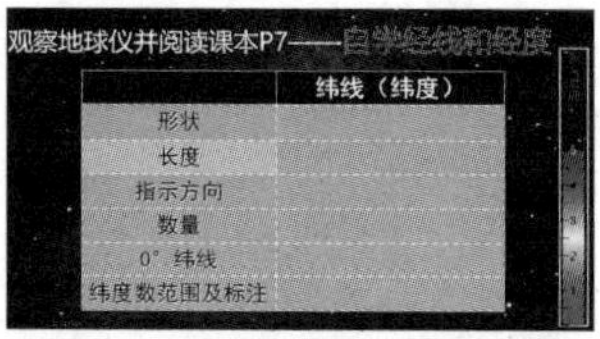 图 8　模板任务单 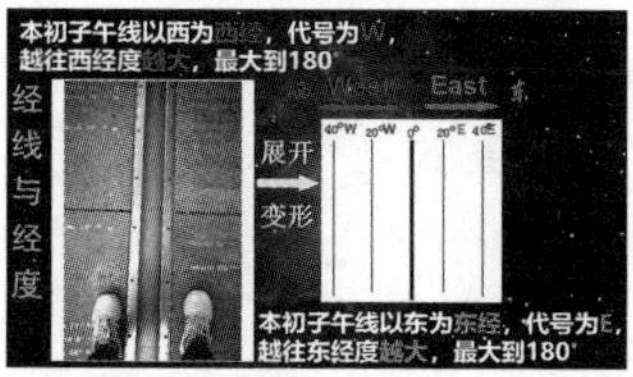 图 9　经线和经度规律总结		组自主活动习得。
学有所成	给出学校所在的经度范围，让学生判断学校经度位置的分布图。	回归生活实际。	能够找出某点的经度位置。
抵达终点	1. 将学校的纬度位置和经度位置相互叠加（十字交叉），得到学校的具体定位。在课件中设计动画播放，让学生实际感受叠加的过程，印象更加深刻。 2. 请你拿起小贴纸，在你的地球仪上贴出学校的具体位置。	让学生体会到本节课知识的实际作用。	能在地球仪上用经纬度精准描述出学校的地理位置。
生活中的地理	实际上，在咱们的实际生活中，经常接触到经纬线和经纬度的知识，比如共享单车。		
结束语	希望大家能够拥有一双发现的眼睛，在生活中不断发现地理的魅力。谢谢大家！		

·反思与不足

2017 年，高中地理学科核心素养的出台，地理实践力赋予了地理学科新的生命，对学生提出了更高的要求，也给一线教师带来了不小的挑战和机遇。本节课基于上述背景，在课堂中不断渗透对地理实践力的培养，寓教于乐；循循善诱，不断启发，不断延伸扩展，给予学生更多的想象空间和施展舞台；与实际生活紧密相连，给予学生更明确、更实际化、更生活化的学习目标。透过课堂反馈，学生收获颇丰。

当然，在实际授课过程中也存在些许问题：由于学生地球仪较小，用贴纸定位的学校位置并不准确；对授课时长把控能力不足，课堂超时约 4 分钟。

典型案例

聚焦问题，启发学生思维

——以 6A Unit 4 为例

深圳市光明区爱华小学　/罗丹梅/

“启发”一词，源自古代大教育家孔子的“不愤不启，不悱不发”，意思是在学生学习的时候，要让学生先认真积极思考，认真思考之后还想不通的，教师可以去启发学生；经过思考并有所领会，但表达不出来的，教师便可以去开导学生。启发式教学也是当今教育发展改革中所遵循的。《深入学习贯彻习近平总书记关于教育的重要论述　奋力开创新时代教育工作新局面》中明确指出：“青少年是价值观形成和塑造的关键时期，要从学生的身心特点和思想实际出发，改进方式方法，深入推动习近平新时代中国特色社会主义思想进教材进课堂进头脑。”根据学生的年龄段及身心特点，教师因材施教，培养学生积极主动的学习思维才是我们要关注的。

在小学英语的课堂教学中，普遍存在的是平铺直叙的灌输式教学。教师在备课的过程中，时常以让学生掌握某个单词、句型或语法知识为主要的教学目标，但却忽略了启发学生的学习思维，忽略了如何帮助学生将分散的知识进行系统的建构，这导致学生学习了 6 年的英语，却很难写出一篇完整的英语作文，学生恐惧英语写作变成了一种普遍存在的问题。因此，在课堂上，教师应提高学生的问题意识，通过一系列有效的课堂活动，给学生提供思考的时间与空间，启发学生针对问题进行思考，从而提升学生的语言综合运用能力。以沪教版英语六年级上册 Unit 4 的写作课为例，我们来谈一谈如何通过聚焦问题，在课堂中启发学生的英语学习思维。

一、发现与提出问题

教学片段：

师：现在请同学们对比一下这两篇题目都是 My neighbours 的作文，与自己的同桌一起讨论，你认为哪篇作文写得比较好？（左边出示一篇普通作文，右边出示一篇优秀作文）

生：我认为右边的这篇写得比较好。

生：我也认为是右边的好。

生：右边的作文写得比较好。

……

师：大家都认为右边的这篇作文写得好，那么和右边的作文相比，左边的这篇作文存在什么问题呢？

生：右边的字数比左边的多。

生：左边的看起来比较乱。

生：左边的用的句子比较短。

……

师：非常好，通过仔细观察、思考，大家发现了许多问题。那么，现在请大家思考一下，如何才能写出像右边这样大家都喜爱的好作文呢？

生：字数要写多一点儿。

生：句子要写长一点儿。

生：不能够写与题目无关的东西。

生：我们还应该分段写！

……

在这个环节中，教师让学生将两篇作文进行对比分析，并引导学生积极思考，激发学生的求知欲，发现其中存在的问题，并适时启发学生的思维，愤而启之，引导学生主动分析。

二、分析与解决问题

教学片段：

师：很好！那现在请大家仔细观察一下右边这篇作文的结构，我们一段一段来分析，文章主要介绍了关于邻居的什么内容呢？

生：文章首先介绍了布朗先生一家是来自英国的。

生：第二段介绍了布朗先生是一名飞行员，布朗太太是一名老师，他们有一个儿子，叫皮特，还有一个女儿，叫爱丽丝。

生：第三段介绍了布朗先生喜欢看书，布朗太太喜欢烹饪，他们的儿子喜欢踢足球，他们的女儿喜欢画画。

生：最后一段作者表示自己非常喜欢布朗先生一家人，认为他们是非常友善的邻居。

师：（教师将学生的回答总结到板书上）好的，现在请同学们将黑板上的内容进行整合分类。（请一个同学到讲台上完成）同学们，大家看一下，当我们把各个方面都整理好，这看起来是什么呀？

生：思维导图！

师：是的，你们真聪明！根据这幅思维导图，我们来总结一下，当我们要介绍自己的邻居时，可以从哪些方面进行介绍呢？

生：个人信息。

生：家庭成员。

生：兴趣爱好。

生：个人感受。

师：非常好，由此可见，我们平时写作文时，可以运用什么方法来让作文避免杂乱，显得更有结构呢？

生：用思维导图！

生：按照主题，从不同的方面介绍。

……

在这个过程中，学生积极思考和尝试解决问题，教师根据学生的状态，在学生已有所领会但表达不清的基础上，及时开导学生，引领学生从不同的角度进行思考，最后让问题得到解决。

三、评析与反思

本节课，首先由学生通过观察，自己发现问题——优秀作文与普通作文的区别，接着分析解决问题，通过讨论、解构文章，最后教师引导，层层递进，启发学生一步步完成。由此可见，在小学英语课堂中，激发学生的求知欲，培养学生的问题意识，启发学生的学习思维是非常重要的。

《学记》中提到“道而弗牵，强而弗抑，开而弗达”，引导学生而不牵着学生，严格要求学生而不使学生感到压抑，启发学生而不代替学生得出结论，这在小学英语学习中也是非常重要的。特别是中高年段，教师应注重启发式教学的应用，培养学生的问题意识，通过发现、聚焦问题，启发学生的英语学习思维，让学生建立系统的语言结构，进行综合的语言输出运用。

第二章

探究式教学

一、探究式教学的内涵

“探究”一词是从科学研究领域引入教育当中的。美国教育学家杜威最早在教学中明确提出了探究方法，他认为探究是儿童的四种本能之一。教育要以儿童经验为中心，通过“做中学”来培养学生主动探索、勇于创新的精神，提高学生解决实际问题的能力。美国教育学家施瓦布继承杜威的思想，最早提出“探究学习”的概念：儿童通过自主地参与知识的获得过程，掌握研究所必需的探究能力；同时，形成认识自然的基础——科学概念，继而培养探索世界的积极态度。随着研究的深入，探究式教学的内涵也逐步扩大。施瓦布认为教师应该用探究的方式展现科学知识，学生应该用探究的方式学习科学内容。为实现这些改变，施瓦布建议科学教师先要到实验室去，引导学生体验科学实验的过程，而不是在教室里照本宣科地教授科学。这就是说，科学教师在向学生介绍正规的科学概念和原理之前，应该先到实验室里做实验，用实验的证据来解释和深化教材中的内容。

大体上看，可以将这些研究划分为两个层次：一个层次指涉更广，将探究式教学视为一种思维方式和行为习惯的培养。如有学者认为，探究式教学除科学探究之外，还包括社会探究、数学探究、技术探究，以及符号和心理探究。[①]更有学者认为“探究的本质是对‘未知’不懈的‘追问’。探究的学与教就是一种理性的探险”[②]。另一个层次则强调在教学过程中对学生探究品格的培养。如有学者认为探究学习可以分为项目中心的学习和问题中心的学习，[③]形成发现型探究、应用型探究、表达型探究、训练型探究。[④]从这个层面来进行教学活动的划分，还有学者将探究学习分为实验性探索、逻辑推理任务、基于测量的研究、工程性设计、技术性设计、开放性研究等。[⑤]

结合当前中小学教学的实际，探究式教学应该把两个层次协同起来，既要从具体的问题或项目出发，引导学生探究具体问题，又要深刻影响和帮助他们建构科学的思维方法和价值观。“探究教学旨在营造以学生为中心的课堂环境，并促进学生从事科学探究活动，借由对自然对象的探索，从中学习科学知识与探究技能，以及发展批判思考问题解决的能力。”[⑥]

二、探究式教学的基本操作

探究式教学基于不同的内容，有不同的组织方式。杜威从学生经验出发，认为探究式教学模式有以下操作：发现、表征、假设、求证、解决问题。美国学者兰本达提出的小学科学探究教学模式分为调查研究、讨论两步。施瓦布则针对生物科学指出探究的步骤包括明确探究范围或对象、形成调查研究的问题、确认调查研究的症结、思索排除困难的方法。

---

① 李亦菲，杨宝山．探究学习与研究性学习的四个误区［J］．中国教育学刊，2002（6）：37–39.

② 任长松．高中新课程与探究式学习［M］．天津：天津教育出版社，2005：31.

③ 陈毓凯，洪振方．两种探究取向教学模式之分析与比较［J］．科学教育月刊，2007（305）：4–19.

④ 李亦菲，杨宝山．探究学习与研究性学习的四个误区［J］．中国教育学刊，2002（6）：37–39.

⑤ 靳玉乐．新课程下的教学方式转变［M］．重庆：西南师范大学出版社，2012：34.

⑥ 孔凡哲，崔英梅．课堂教学新方式及其课堂处理技巧：基本方法与典型案例［M］．福州：福建教育出版社，2011：82.

（一）一般模式

全美科学教育标准针对一般性的探究式教学，提出了基本的教学要素：一是问题的来源；二是证据的搜集；三是根据证据形成解释；四是评价与交流解释。[①] 详见下图。

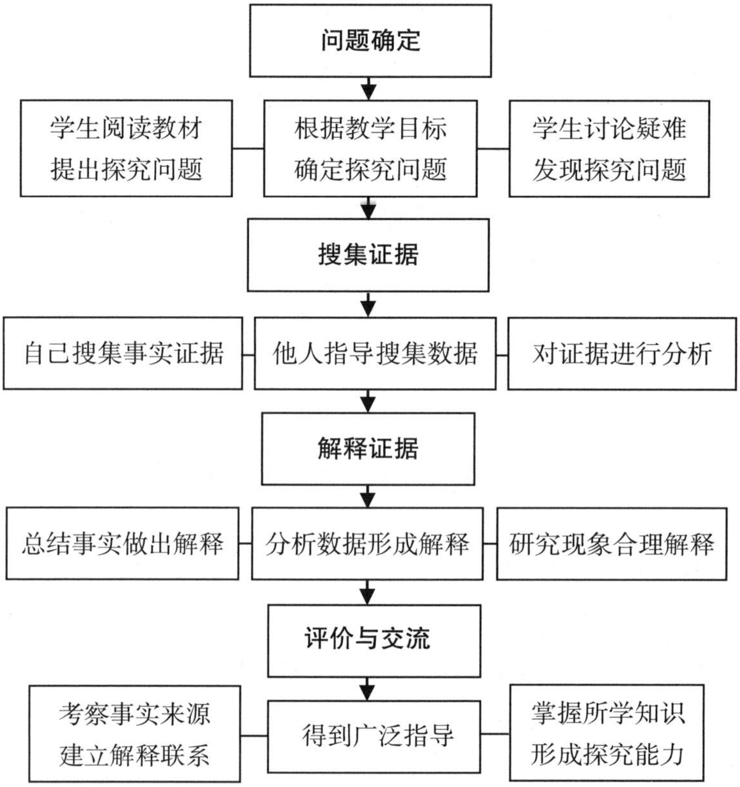

探究学习一般模式流程图

1. 问题确定

提出问题的目的是使学生投入对科学型问题的探索中。在课堂上，提出对学生有意义、有针对性的问题能够丰富学生的探究活动，但是这些问题不应该是深不可测的，而是能够通过学生的观察和从可靠的渠道获得的科学知识来解决的。学生必须掌握解答问题的基本知识和步骤。这些知识与步骤必须是便于检索和利用的，必须与学生的发展水平相适应。一开始提出的问题可以来自学

---

① National Research Council. Inquiry and the national science education standards：a guide for teaching and learning［M］.Washington，D.C.：National Academies Press，2000：24-27.

生、教师、教材、网络、其他资源，或结合起来产生。教师在引导学生识别这些问题上起着关键的作用，有经验的教师能够帮助学生，使他们研究的问题更为集中、深入。例如，学生常常问“为什么”的问题，其中有些问题太大，教师可以把这些问题转变为“怎么样”的问题。这种改变使探究的问题更集中、更深入、更加接近科学，从而把学生导向科学探究，使学生能够体验到又有趣又丰富的调查研究过程。

2. 搜集证据

在探究性学习中，学生要根据实证资料对科学现象进行解释。一是观察，观察植物、动物和石头，描述它们的特征；二是测量，测量温度、距离和时间，认真做记录；三是实验室中的实验、观察和测量，包括在控制条件下的化学反应、物理变化、生物反射等，并将实验过程中的变化和发展情况记录在报告和表格中；四是从教师、教学材料、网络或其他途径获得实证资料，使学生的探究进行下去。与科学探究不同的是，在探究性学习搜集实证资料的过程中，学生能够更多地获得和利用他人的帮助。

3. 形成解释

学生根据实证、逻辑关系和推理，形成对科学问题的解释。这些解释和观点必须与实验或观察得来的实证材料相一致。学生必须尊重事实和规律，以开放的态度面对批评，运用与科学相关的各种认知方法，例如分类、分析、推论、预测等。

所谓解释，指的是在学习新知识的过程中，将自身在自然或实验室观察的结果与已有的知识联系起来，形成超越已有知识和当前观察结果的新的理解。例如，学生可以将观察结果与从其他渠道获得的知识结合起来对月相变化提出自己的解释；运用已有的基本知识经验，以及调查的结果来分析食物与健康的关系；等等。探究性学习与科学探究都能够产生新知识，有所不同的是，学生已有的知识有限，探究性学习所产生的新知识可能只是针对学生本人而言。

4. 评价与交流

学生根据其他解释对自己的解释进行评价与交流，是促使学生掌握知识，并形成探究能力必不可少的一个环节。在这个环节中，学生能通过相互交流比较各自的研究结果，或把他们的结果与教师或教材提出的结果相比较。与科学探究不同的是，学生只要将他们的结果和适应他们的发展水平的科学知识相结合，就达到了探究性学习的目的。

让学生交流他们的研究结果可以为学生提供研究问题、检验实证材料、找出错误的推理，以及根据同一观察资料提出其他不同解释的机会。交流结果能够引入新问题，或者加强在实证资料与已有的科学知识，以及学生提出的解释之间已有的联系。只要是围绕科学型问题的、使学生投入思考中去的、适应特定的学习目标要求的学习过程，即使在这四个环节上有所变化，也可以认为是探究性学习。

美国学者荷烈治则将这些教学要素进一步细分为13个步骤：观察、分类、推断、运用数字、测量、使用空间关系、沟通、预测、进行操作性定义、形成假设、解释数据、控制变量、实验。[①] 在我国，学者认为探究学习要达到三个目标：获得理智和情感体验、建构知识和掌握解决问题的方法。

典型案例

探究式教学案例

——抓住色彩，让场景描写"靓"起来

深圳市光明区爱华小学 /陈晓宁/

·教材分析

人教版语文教材中不乏对田园风光和乡村生活的描写。《乡下人家》《牧场之国》《古诗词三首》《麦哨》中丰富的色彩描写和修辞运用，为场景描写增色不少。如果能将这些描写迁移到学生的写作中，就能提升学生描写自然场景的能力。因此，教师以色彩为主线对本单元课文进行了梳理和整合。

除此之外，人教版语文教材中还含有丰富的色彩场景描写，如《火烧云》《富饶的西沙群岛》《草原》等课文。这里面丰富的颜色表达可以引导学生在使用绿、红、蓝、黄等单一色彩表达的基础上，形成活用色彩表达的思维，提升表达色彩的能力。

---

① 荷烈治，哈尔德，卡拉汉，等．教学策略：有效教学指南（第八版）［M］．牛志奎，译．北京：中国人民大学出版社，2011：226.

·学情分析

本班学生对课文文本比较熟悉，但更多学生关注文本内容，即描写了什么，较少从写法的角度关注文本。另外，他们对场景描写和色彩比较熟悉，对运用色彩和修辞描写场景的练习比较少。

·教学目的

1. 体会场景描写中色彩的表达效果。

2. 运用多种修辞、丰富的色彩表达对某一乡村场景进行具体的描写。

·教学过程

1. 引色彩

（1）请同学们看看这两幅图，你们发现了什么？（色彩让画面“靓”起来了。）

（2）涂上颜料可让画面“靓”起来，如果是诗歌呢？（读《渔歌子》。）

（3）这首词提到了什么颜色？

渔歌子

［唐］张志和

西塞山前白鹭飞，桃花流水鳜鱼肥。

青箬笠，绿蓑衣，斜风细雨不须归。

预设回答：诗歌出现了白、青、绿三种颜色。

2. 感色彩

读读下面的文段，你产生了怎样的画面？（男女生互相读和听，老师范读。）

一条条运河之间的绿色低地上，黑白花牛，白头黑牛，白腰蓝嘴黑牛，在低头吃草。有的牛背上盖着防潮的毛毯。

（学生读后谈感受，发现色彩在场景描写中的重要性。）

3. 探色彩

（1）读下面的文段，想一想还能怎样补充、改写？

前几天，田野里还是芽苞初放。转眼间，到处都是浓阴。油菜花谢了，结出了密密的嫩荚……

（2）再读课文《麦哨》中的文段，与上一文段相比，哪个文段更精彩、更靓丽？你能发现让文段“靓”起来的秘密吗？在小组里进行讨论。

前几天，田野里还是鹅黄嫩绿，芽苞初放。转眼间，到处都是浓阴。金黄的油菜花谢了，结出了密密的嫩荚；黑白相间的蚕豆花谢了，长出了小指头似的豆荚；雪白的萝卜花谢了，结出了一蓬蓬的种子。麦田换上了耀眼的浅黄色新装。

（学生进行回答和交流。）

（3）教师帮助提取写作框架。让习作“靓”起来的方法：加入色彩、修辞。

（4）我们要关注色彩的表达。

如果文段变成“田野里是黄色、绿色的，黄色的油菜花，黑色、白色的蚕豆荚，白色的萝卜，黄色的麦田”，好吗？

（5）颜色的表达是否只有“××色”的单一表达？请看学过的《火烧云》中的文段。

这地方的火烧云变化极多，一会儿红彤彤的，一会儿金灿灿的，一会儿半紫半黄，一会儿半灰半百合色。葡萄灰、梨黄、茄子紫，这些颜色天空都有。还有些说也说不出来、见也没见过的颜色。

（6）颜色词形式多样，请同学们小组合作，根据今天课堂学习的和自己找到的表达颜色的词进行分类，探究一下颜色词怎样搭配。

（学生探讨颜色词的搭配。）

第 1 组：（色 + 叠词）红彤彤、金灿灿；

第 2 组：（色 + 重复）金黄金黄、雪白雪白；

第 3 组：（半色 + 半色）半紫半黄、半黑半红；

第 4 组：（水果 + 颜色）葡萄灰、茄子紫；

第 5 组：（深 / 浅 / 淡 + 颜色）嫩绿、淡蓝；

第 6 组：（典型物 + 颜色）雪白、火红。

生活中还有很多有关颜色的新颖表达，多关注生活，也能进行一番探索。

4. 说色彩

（1）出示两幅图，让学生同桌合作任选一幅“说场景”。

要求：①说清地点，尽可能将场景的丰富色彩表达出来；②运用适当的修辞手法。

（2）邀请个别学生进行分享。

5. 写色彩

（1）出示习作清单

习作清单：①写一个乡村美景；②抓住多种颜色的特点进行描写；③适当运用一种或多种修辞手法。

（2）学生练笔（约 10 分钟）

·教学反思

本节课的教学设计围绕色彩词，从引色彩、感色彩、探色彩、说色彩、写色彩这几个环节进行设计，主题聚焦在抓住色彩写好场景。

在探色彩这个环节主要采用了探究性学习方式，教师引导学生探究颜色词搭配的问题。学生经过探究发现颜色不仅仅只有红色、绿色、黄色、白色、蓝色、黑色等单一的表达，还可以有很多生动、灵活的颜色词搭配方式。因为一名学生的积累和思考是有限的，所以本次探究性学习采用小组合作探究的方式进行。

经过探究学习，学生容易做到的是将颜色词进行大概分类。例如：A. 红彤彤、金灿灿；B. 金黄金黄、雪白雪白；C. 葡萄灰、茄子紫；D. 半紫半黄、半灰半百合色。紧接着，教师让学生探究词语搭配的结构。例如，学生能够发现红彤彤是 ABB 结构，是由一个颜色词加两个形容性叠词组成，类似的还有白花花、绿油油等。这些词一般都是固定搭配，学生在一节课中很难探究的是后面的叠词是如何确定的。学生对茄子紫这种“水果蔬菜 + 颜色”的结构很感兴趣，也容易模仿。例如，学生容易说出香蕉黄、苹果红等词。这也促使学生日常更多地去关注一些典型事物，然后将事物的颜色进行搭配。

一节课的探究性学习可以促进学生探究性思维的发展，而一节课的探究仍是不够的，需要教师在日常学习中培养学生的探究性学习思维，让学生在日常生活中形成一种求真、求实的探究习惯。

典型案例

提问问题　主动探究

——人教版英语七年级上册 Unit 4 Section B 2b 的教学案例

济南市历城区第六中学　/张圣乾/

·教材分析

探究式教学，又称“做中学”、发现法，以学生为主体，让学生通过提问、阅读、思考、讨论等途径去主动探究，自行发现并掌握相应的知识和原理。人教版英语七年级上册第四单元 Section B 2b 是一篇阅读短文，讲述的是 Kate 与 Gina 房间的不同。教学时，教师让学生在自主提问、主动探究中走向深度学习，深切感受 on/in/under 的不同。

·教学过程

1. 自主提问，激发自主探究欲望

（1）布置预习作业，学生提出疑问点，教师梳理归纳学生问题，制作成 PPT。

（2）明确学生是课堂学习的主人，让学生自主发现 on/in/under 的不同。

2. 适时点拨，诱导探究的方向

举例：Kate 与 Gina 房间的不同。

问题一：Kate 与 Gina 房间有什么不同？

问题二：Kate 与 Gina 房间有几处不同？

（1）学生从文章中找到问题一的答案，投影展示。

I'm tidy, but Gina is not.

In our room, my books and tapes are in the bookcase. My keys are in my schoolbag. I have a clock. It's on the desk.

Gina's books are everywhere—on her bed, on the sofa and under the chair. The white model plane is hers. It's under the desk.

（2）学生根据文章内容，数一下两个房间不同之处的数量，从而解决问题二。

（3）教师创设情境，将物品放在不同的位置，让学生深切感受 on/in/under

的不同。

（4）学生小结解决问题的方法：熟读课文。

3. 开放课堂，发掘主动探究潜能

（1）选择感兴趣的问题，根据文章内容和辅助资料，自主探究，独立思考。

（2）选择同类问题的同学形成讨论群，交流彼此的想法，注意发言者音量要小，避免打扰旁人。倾听者要尊重别人的发言，适当提问补充。

（3）小组长整理全组观点，选择小组内的代表在班级里汇报交流成果。

4. 合作探究，主动走向深度学习

（1）学生通过合作探究理解 on/in/under 的不同。

（2）画一张自己的房间示意图并尝试描述自己的房间。

（3）根据自己所画示意图，准确使用 on/in/under 描述自己的房间。

Writing：draw a picture of your room and describe your room（总分结构）.

For example：

The hat is on the bed.

The books are in the bookcase.

I have a clock. It's on the desk.

5. 作业

Polish your writing.

·教学反思

本节课教学注重学生主动发展原则。学习是通过学生的主动行为而发生的。学生的学习取决于他自己做了些什么，而不是教师教了什么。在整个组织过程中，学生提问的角度是多样化的，如从内容上、表达上。学习方式更加多样化，如查阅资料、朗读等。整节课学生始终保持高度的学习热情，在主动挑战自我中走向深度学习。

典型案例

物理探究式教学案例

——科学探究：摩擦力

济南市历城区初级实验中学 /钟素素/

·教学过程

1. 找出问题

用手压在桌面上，将手向前推，这时手相对于桌面向前滑动，受到桌面阻碍手运动的一个力，这个力叫作滑动摩擦力。我们将一个物体在另一个物体表面上滑动时所受到的阻碍物体间相对运动的力叫作滑动摩擦力。我们发现手在桌面上滑动时，有时候感受到的滑动摩擦力大，有时候感受到的滑动摩擦力小，这个滑动摩擦力的大小跟哪些因素有关呢？

2. 引发猜想

师：我们还是以手相对于桌面运动受到的滑动摩擦力为例，用手压在桌面上，如何能使手在向前滑动的时候感受到的摩擦力更大呢？

生：把手用力压在桌子上。

师：为什么这样操作可以增大摩擦力的大小？这说明摩擦力的大小可能跟哪个因素有关呢？

生：滑动摩擦力大小可能与压力的大小有关。

师：当我们在桌子上涂点油再向前推时，会有什么感觉？

生：感觉到摩擦力减小了，因为桌面更光滑了。

师：这时我们可以说摩擦力的大小可能与哪个因素相关呢？

生：接触面的粗糙程度。

师：不用整个手掌，只用几个手指向前滑动，感受到的摩擦力有什么变化？这时我们改变的是哪个因素？

生 1：改变的是手与桌面的接触面积的大小。

生 2：感受到的摩擦力变小了。

生 3：感受到的摩擦力的大小不变。

师：除上面我们的这些猜想，你觉得还有哪些因素可能会影响滑动摩擦力的大小呢？

生1：手快速向前运动和手慢慢向前运动时，感受到的滑动摩擦力的大小也是不同的，速度小的时候，手受到的摩擦力大。

生2：运动速度的大小不同时，摩擦力的大小是一样的。

3. 实验验证

师：我们猜想出了可能会影响摩擦力大小的几个因素，那么它们到底对摩擦力的大小有怎样的影响呢？接下来我们按照小组来运用眼前的器材进行实验探究，看看到底哪些因素与摩擦力的大小有关。

每两名学生一组，开始按照实验步骤进行实验，依次探究各个因素对摩擦力的大小的影响。记录实验数据，并根据实验结果找出与摩擦力的大小有关的因素。

4. 得出结论

学生得出结论，小组交流探讨。

教师与学生共同总结，得出影响摩擦力的大小的因素为压力的大小和接触面的粗糙程度。

·教学反思

本节课以学生的感受为切入点，从生活中的现象入手，对可能影响摩擦力的大小的因素进行猜想。在这个过程中，给学生适当的提示，让他们感受手在桌面滑动受到的摩擦力，这能够让学生直接感受并对比不同因素对摩擦力的大小的影响，对可能相关的各个影响因素有较为直接的体验，有利于学生根据感受进行猜想。最后进行实验设计，通过实验对各个因素进行探究，在实验过程中帮助学生掌握科学的探究方法。

典型案例

生物学探究式教学案例
——绿色植物的呼吸作用

济南市历城区第六中学 /李盈盈/

·教材分析

鲁教版生物七年级上册第二单元是《多彩的生物世界》，其中第一章是《生物圈中的绿色植物》，绿色植物对生物圈的存在和发展起着决定性作用，通过它的生命活动直接或间接地为其他生物提供食物和能量，并对维持生物圈中的碳氧平衡和水循环发挥着重要作用。呼吸作用是第四节的内容，是学生学完绿色植物的光合作用后的内容。绿色植物的呼吸作用是集重点和难点为一体的部分。这一部分知识的学习，能让学生进一步理解植物的光合作用，提升对光合作用和呼吸作用关系的实质性的认识，进而更加了解生物圈中的绿色植物，感悟多彩的生物世界。

·学情分析

学习的群体是历城区第六中学刚刚跨入初中的学生，大部分学生是从历城区第六中学小学部直接升入初中的。在小学，学生已经通过实例，较浅显地了解到植物的呼吸现象，前期有一定的知识储备，但由于城市学生缺乏生产经验，对呼吸作用的实质较难理解，在了解呼吸与生产、生活实际的关系上也存在一定困难。

·教学目标

1. 描述绿色植物的呼吸作用，概述呼吸作用的过程。
2. 举例说出呼吸作用与人类生产、生活的关系。
3. 运用实验的方法独立设计，并完成探究活动。
4. 认同科学研究的严谨和求实，形成实事求是的科学态度。

·教学过程

1. 问题生成

引用一则新闻案例：某农村的张某到地下室拿地瓜，结果离奇死亡。引导学生思考并生成问题：该人死亡的原因是什么？呼吸作用是怎么回事儿？呼吸作用的原料和产物是什么？

2. 猜想与假设

（1）通过层层设疑，引导学生进一步分析、明确问题，学生根据已有的知识、经验和搜集的资料，提出带有推测意义的设想。

师：你在呼吸吗？怎样证明？

生：把手放在鼻孔下面，感受到气息，说明在呼吸。

师：呼吸的原料和产物是什么？

生：吸入氧气，放出二氧化碳。

师：植物的呼吸怎么证明呢？

生：把植物放在一个密闭的空间中，时间长了气体的成分会发生变化，氧气少了，二氧化碳多了，证明植物在呼吸。

师：也就是说植物呼吸作用的问题就转化成了测定气体成分变化的问题，我们如何设计实验来证明呢？

（2）进行信息的搜集与整理，制定探究学习方案。

根据学生的经验和搜集的资料，分小组设计实验方案，实验材料可以来源于实验室，也可以来源于生活。

教师巡视，听取各小组的想法，选择性地提示如何设计对照实验，如何证明氧气减少、二氧化碳增多等关键问题。

小组提出多样的创新实验设计，如用饮料瓶、注射器、洗手液瓶等代替传统的实验装置。学生开动脑筋，大胆设想，积极参与实验设计过程，充分展现实验的设计思想。

3. 假设的检验

分小组对实验方案进行验证，对于课堂中不便于操作的可行方案，鼓励学生课后继续探究。通过分析实验和总结实验结果，检验假设是否成立。

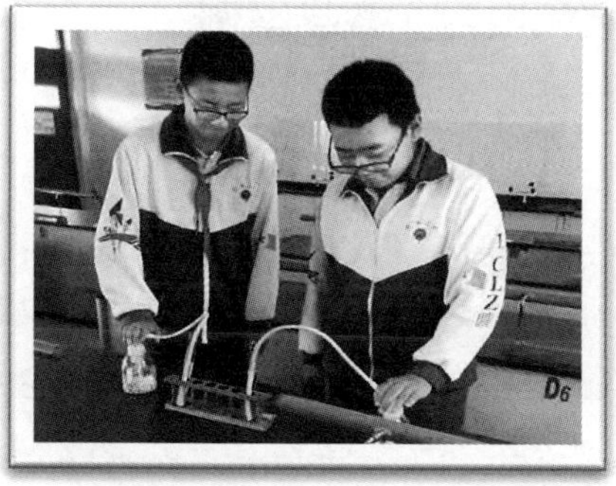

4. 结论与交流

小组代表对研究成果进行汇报交流，各小组比较研究成果、展开讨论、补充完善，直到获得准确的结论，最终归纳出呼吸作用的概念及反应式。

5. 问题延伸

思考：张某在下地窖之前要如何做才能避免悲剧发生？我们学习的呼吸作用对我们的生产、生活还有哪些影响？是不是只有植物的种子才能进行呼吸作用呢？请同学们课后搜集资料或展开实验进行验证。

· 教学反思

本节课的教学设计遵循动态生成的原则，引导学生生成问题、生成假设、生成验证方案，表达交流、比较成果，通过这一系列的动态生成一步步引导学生归纳出一般原理，达成本节课的教学目标。学生既掌握了有关绿色植物呼吸作用的相关知识，又实现了探究性思维的发展。

在解决问题的过程中，不能盲目尝试，而应引导学生根据已有的知识、经验和搜集的资料，提出带有推测意义的设想。教师要做的是给予适当的鼓励和指导。在这一环节，重要的是培养学生的探究能力，而不只是获得正确答案。

因为生物课堂并不是一个封闭的系统，而是与生活进行着不断的延展性交融，所以在最后设计了问题延伸环节，让学生自觉地拓展课堂空间，使探究学习的过程由课内延伸到课外。

典型案例

人教版生物学《昆虫的生殖和发育》教学案例

济南市历城区第六中学 /徐艳利/

在日常生活中，昆虫无处不在，尤其是夏天，蝗虫、知了、苍蝇、蚊子、蝴蝶、蜻蜓等各种昆虫围绕在我们身边。学生对这些生物既熟悉又陌生，能说出他们的名字，认识它们的形态，了解他们的食性、活动空间，但对它们的生殖和发育不知情；知道它们的数量极其多，却不知道为什么如此多。我们学习了人教版生物八年级上册节肢动物以及生物的分类内容，理解了节肢动物门与昆虫纲的联系以及特征的细化。同时，了解了昆虫强大的繁殖能力，以及不同的发育方式无不在体现生物适应环境的生物学观点，为学习生物进化以及生物与环境做铺垫。因此，学好《昆虫的生殖和发育》这一节非常重要。

·教学方案设计

一、导入部分

通过世界各地蝗灾的新闻视频，一方面，形象、直观地使学生认识到蝗虫数量之多，对农作物危害之大，蝗灾控制难度之大；另一方面，通过对蝗灾扩散可能进入我国哪些地区的分析，引导学生关注社会热点，以及培养学生爱国的情怀。提出问题“蝗灾为何会如此严重，难以控制”，从而轻松导入本节课题。

二、昆虫的生殖

先出示大量各种昆虫交尾以及产卵的图片，让学生认识并总结不同昆虫在生殖行为上的共性，然后提出问题：

1. 昆虫如何吸引异性前来交尾？在农业上有何应用？

2. 通过昆虫的生殖行为，总结出昆虫的哪些生殖特点？

3. 昆虫的产卵地点的选择以及产卵的数量有何意义？

分析以上问题，引导学生总结出昆虫生殖的特点，让学生了解引诱剂在农业害虫防治中的作用，认识到昆虫强大的繁殖能力、产卵地点的选择都是为了种族的延续，让学生初步形成生物适应环境的生物学观点。为了回答以上问题，学生阅读课本、分析课本，培养了搜集信息、利用图文信息解决问题的能力。

三、昆虫的发育

以卡通图片“毛毛虫是怎么过河的”导入昆虫的发育，引导学生初步认识毛毛虫和蝴蝶的关系。昆虫的发育是本节课的重点，亦是难点，教师以果蝇的发育和蝗虫的发育为代表进行阐述。

1. 果蝇的发育

兴趣小组课前提前进行果蝇的培养，并记录果蝇发育的每个时期所经历的时间及发生的变化，将探究过程制作成视频资源。课堂上先播放该视频，一方面，可以帮助学生形象、直观地了解果蝇的整个发育过程；另一方面，可以让学生看到兴趣小组的同学在探究过程中认真、严谨的科学态度，意识到差距。同龄人给予的震撼往往比科学家的影响更大，更能激发学生学习的动力，有助于培养科学探究的精神。

将兴趣小组培养的果蝇分到各小组，让学生近距离地观察各时期果蝇的形态，结合视频及课本，解决以下问题：

（1）果蝇的发育过程分成了哪几个阶段？

（2）蛹期内部进行着激烈的组织与器官的重建，体现了细胞的哪项生理活动？

（3）分析成虫和幼虫在形态、食性、运动方式及运动空间方面的不同。

通过设置有层次的问题，一步步引导学生总结出果蝇的发育过程，分析成虫与幼虫在形态、食性、运动方式及运动空间方面的不同，进而总结出完全变态发育的概念。

2. 蝗虫的发育

展示蝗虫生活史的标本，通过问题引导学生进行观察：

（1）蝗虫的发育经历了几个阶段？是不是每只蝗虫都代表了一个阶段？

（2）比较蝗虫的幼虫与成虫的差异。

蝗虫每经历一次蜕皮，体型便增大一些。蝗虫蜕皮五次或六次，具备生殖能力后，才能称为成虫。蝗虫在三龄幼虫期之后开始聚集，且成虫具有飞行能力，因此，灭蝗应在三龄幼虫期。

阅读课本，分析问题，总结出不完全变态发育的概念。

3. 生活中常见的昆虫的发育方式

通过多媒体展示蜜蜂、蚜虫、菜粉蝶、蚕、蜻蜓、金蝉、蟋蟀、瓢虫、玉米螟等多种昆虫的生活史，请学生对照生活史对其发育阶段进行判断。在这个过程中，提出以下问题：

（1）蜻蜓点水是什么行为？

（2）“作茧自缚”“破茧成蝶”分别指的是蚕的哪个时期？

（3）要想提高蚕丝量，应延长哪个时期？如何延长？（课后查阅资料）

（4）从生物学角度分析“春蚕到死丝方尽”这个说法对不对？

设置一个抢答游戏，测试学生的识记程度及反应速度，加深对常见昆虫发育方式的记忆。

4. 列表比较完全变态发育和不完全变态发育的异同

<table>
<tr><th>发育类型</th><th>相同点</th><th>不同点</th><th>举　例</th></tr>
<tr><td>完全变态发育</td><td rowspan="2"></td><td></td><td></td></tr>
<tr><td>不完全变态发育</td><td></td><td></td></tr>
</table>

通过列表比较，加深学生对昆虫发育方式的理解与记忆，突破本节的重难点。

5. 展示蝗虫、金蝉、蜻蜓的蜕皮现象，让学生认识蜕皮

通过“什么时期蜕皮”“会一直蜕皮吗”“蜕下的皮是什么，有什么特点”，引导学生分析蜕皮的原因，并强调“蜕皮”一词的写法。明确金蝉脱壳蕴含的生物学知识是昆虫的蜕皮现象。

四、昆虫与生活的联系

通过各种图片展示昆虫与人类的关系，引导学生得出昆虫的传粉、药用、食用、吐丝制作丝制品等各种有益的方面，以及作为农业害虫的有害方面。农业害虫以菜青虫和蝗虫为例，通过分析菜青虫和菜粉蝶的食性、活动空间、活动方式等，总结出完全变态发育的害虫主要危害期在幼虫期，而以蝗虫为代表的不完全变态发育的农业害虫的成虫食量大、活动范围广、危害更大。

针对害虫提出防治方法，并对不同方法展开辩论，让学生辩证地看待问题，形成批判性思维，同时增强环保意识。

回归本节课导入的问题，学生利用本节所学内容分析作答，最终形成“生物适应环境”的生物学观点。

·教学反思

《昆虫的生殖和发育》主要包括了昆虫的生殖、昆虫的发育以及昆虫与人类的关系三部分内容，其中昆虫的生殖和发育是本节课的重点，昆虫的发育是本节课的难点。在教学过程中，教师突出了教学重难点的地位，尤其是教学难点，利用视频、图片、问题引导、列表总结、学案巩固等方式进行突破，强调生物知识与文学诗词以及与生活、生产的联系，这些联系让学生意识到生物知识无处不在。但是，教师忽视了实物在教学过程中的作用，尤其是对初中学生这个群体的作用。因此，在后续教学中，教师将带领学生培养果蝇，在课堂上对果蝇各时期进行实物观察，以此突破果蝇的发育这一难点内容。另外，利用蝗虫生活史的标本加深学生对蝗虫的发育的认识。在条件允许的情况下，让学生野外捉蝗虫，观察不同类型的蝗虫的形态、活动空间等，以此增强学生学习生物学的热情。同时，将知识落到实处，落到纸上，做到一步一总结，及时巩固。

典型案例

初中生物学课程探究式教学实践

——“遗传的物质基础”教学案例

济南市历城区第六中学 /韩慧敏/

·教学实录

师：同学们听说过克隆吗？2017年世界上首例体细胞克隆猴中中和华华在中国科学院神经科学研究所、脑科学与智能技术卓越创新中心的非人灵长类平台诞生，标志着中国在非人灵长类疾病动物模型研究中处于国际领先地位。下面请同学们观看视频，了解克隆猴的诞生过程。（播放视频，回顾克隆猴的诞生过程。）

师：从视频中我们获知，克隆猴是将猕猴甲的体细胞核注射到猕猴乙的去核卵母细胞中，再将克隆胚胎移植到猕猴丙子宫内。同学们知道克隆猴的性状与甲、乙、丙哪只猴一致吗？

生：甲／乙／丙。

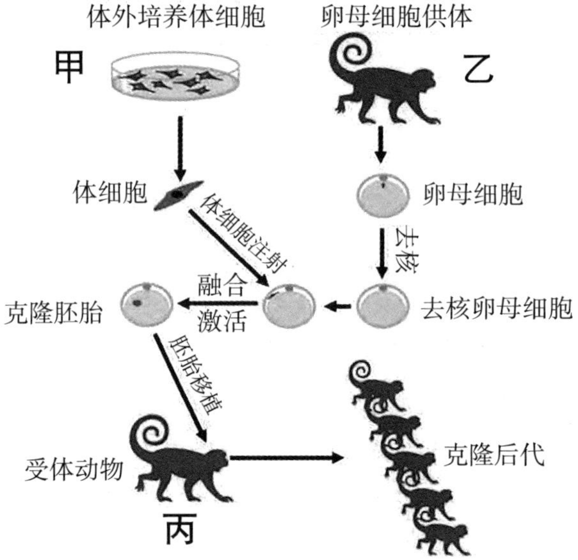

师：请同学们带着这个问题，开始我们今天的学习。先请同学们阅读学案后面的小资料，了解今天的主角——伞藻。

（学生阅读资料了解伞藻。）

伞藻是一种长 2~5 厘米的大型单细胞藻类，也就是说我们所看到的一株伞藻就是一个细胞。图中有两株伞藻 A 和 B，使用不同的颜色以示区分，它们主要由伞帽、柄和假根三部分组成，其中细胞核位于假根中。伞藻 A 的伞帽像一朵菊花，称为菊花形帽；伞藻 B 的伞帽像一把雨伞，称为伞形帽。因为伞藻伞帽的形态差异明显，伞藻种间容易嫁接，且为大型单细胞藻类，易于操作。因此，伞藻是研究细胞学和遗传学的好材料。

师：德国藻类学家黑默林曾经观察到，在自然状态下，将伞帽切除后，短时间内会长出与原来一样的伞帽。根据这一自然现象，他提出问题：伞帽的形态是由柄还是由假根决定的？请同学们猜想，并作出假设。

生：假根决定伞帽的形态 / 柄决定伞帽的形态。

师：科学家黑默林最初认为伞藻的柄离伞帽更近，因此，提出伞藻的柄决定伞帽的形态，并进行了实验验证。下面我们来看一下黑默林的伞藻嫁接实验。

（教师利用教具展示伞藻嫁接实验的过程。）

黑默林选取了一株菊花型伞藻 A 和伞形伞藻 B。第一步，将两株伞藻的伞帽切除。第二步，将两株伞藻的柄切下。第三步，将菊花形伞藻的柄嫁接到伞形伞藻的假根上，将伞形伞藻的柄嫁接到菊花形伞藻的假根上，并将其放在相同且适宜的环境中培养。一段时间后观察实验现象：伞藻 A 长出了菊花形帽，伞藻 B 长出了伞形帽。

师：通过黑默林的实验现象，可以知道由什么决定了伞藻伞帽的形态？

生：由假根决定伞藻伞帽的形态。

师：同学们刚才的假设与实验结论一致吗？黑默林最初的假设就与结果不一致，但即使实验结果与预期不符，也可以得到一定的实验结论，人们认识客观规律的道路总是曲折上升的。同时，我们也应该学习黑默林善于发现问题，进行观察、实验的科学探究精神。

师：我们知道假根中既有细胞核又有细胞质，那么到底是假根中的什么结构控制了伞帽的形态呢？请同学们小组交流，继续作出假设，并设计实验验证。一会儿我们请小组进行分享。

生：假设细胞核控制伞帽的形态。实验方案：将伞藻 B 的伞帽切下，去除细胞核，取出伞藻 A 的细胞核植入伞藻 B 的假根中，观察伞藻 B 新生伞帽的形态。

师：科学家黑默林也做了同样的工作（教师播放伞藻核移植实验视频）。实验现象：一段时间后黑默林发现，伞藻B长出了菊花形帽。由此我们可以得出什么结论呢？

生：细胞核控制伞帽的形态。

师：通过科学家黑默林的伞藻嫁接实验和伞藻细胞核移植实验，我们可以得知细胞核是遗传的控制中心。

师：由此，回到我们课前提出的问题，克隆猴的性状应该与谁一致呢？

生：克隆猴的性状与提供细胞核的猕猴甲一致。

师：细胞核的表面像一个网兜，有许多小孔，网兜只能盛放固体而不能盛放液体，细胞核里面是什么呢？细胞核里究竟蕴藏了什么奥秘，使它能够作为遗传的控制中心？请同学们课后查阅资料，我们下节课一起揭开细胞核的神秘面纱。

·教学案例分析

本教学案例考虑到初中学生思维活跃，有强烈的求知欲和好奇心，结合本节课的教学目标进行设计。

第一，创设问题情境，注重前后呼应。克隆猴是我国近几年的科技成果。课堂从克隆猴的视频入手，帮助学生获得最新的科技前沿信息，并通过讲解克隆猴的诞生过程，引出“克隆猴的性状是由谁决定的”这一问题。利用设疑导入，激发学生的学习兴趣。通过伞藻嫁接实验与伞藻核移植实验，认识细胞核是遗传的控制中心，并在最后回馈到克隆猴的问题，将真实的问题情境贯穿课堂始终。

第二，进行科学探究，总结提炼概念。本节课以实验为线索，发展学生科学探究的能力。利用德国藻类学家黑默林观察到的自然现象提出问题，引导学生尝试进行假设，利用教具演示伞藻嫁接实验，最后根据实验现象引导学生得出实验结论。这个过程可以帮助学生了解科学探究的一般过程。通过讲述黑默林的实验结果与预期不符，也可以得到一定的实验结论的客观事实，引导学生理解人类认识客观规律的道路总是曲折上升的。同时，引导学生学习黑默林善于发现问题，进行观察、实验的科学探究精神。在此基础上，提出“假根中的什么结构控制了伞帽形态”，引导学生小组合作、交流，进行假设并设计实验验证，利用模型演示实验方案。通过两个探究实验，得出实验结论：细胞核是遗传的控制中心。

第三，利用教具演示，变抽象为直观。利用自制教具与视频相结合，演示伞藻嫁接实验和伞藻核移植实验，变抽象为直观，加深学生印象，便于学生理解。

第四，组织合作探究，突破重难点。学生在学习伞藻嫁接实验的基础上，掌握科学探究的基本过程，进而开展小组合作，设计伞藻核移植实验，以此增加学生的课堂参与兴趣，真正做到以学生为主体。利用小组合作探究的方式突破本节的重难点知识，营造生生合作、师生互动的课堂氛围。

第五，设疑导思，课堂延伸。把细胞核表面与网兜类比，引导学生思考：细胞核有什么结构，使其能够作为遗传的控制中心？激发学生兴趣，学生通过查阅资料了解细胞核中有染色体，染色体中的DNA是主要遗传物质，根据本节课的内容进行延伸，为下节课的内容做铺垫。

典型案例

问题探究学习

——人教版英语八年级上册 Unit 10 section B 2b 教学案例

济南市历城区第六中学 /王 苹/

· 理论基础

探究式学习是指学生对教师提前设计好的问题进行自主阅读、思考、讨论、探究来进行的知识学习，从而培养学生解决问题的能力。其中问题的设计要有挑战性、开放性，且难易得当。

· 教材分析

本篇课文主题是青少年遇到问题时，不应埋在心底，应该与他人沟通。课文结构清晰、明了，是总—分—总的结构。首段引出话题，第二段举例，尾段再次点明主题。难度适中，适合学生自主探究学习。

·教学过程

活动一：Lead in

展示 Mary 和 Jade 的微信聊天内容，你发现了什么？

提出新的问题：As a teenager, what kind of problems do you worry about？

活动二：Pre–reading

通过头脑风暴法，让学生说出更多的常见问题。

What other problems do you worry about？

What will you do if you have problems？

（If I have problems, I will...）

组长提问，组员回答。之后组长以口头形式简单汇报本小组的调查结果，教师进行评价。

活动三：Skimming

Read carefully, which statement expresses the main idea of the passage？

If people have problems, they should get advice from an expert.

If people have problems, they should talk to other people.

If people have problems, they should keep them to themselves.

活动四：Scanning

读第一段，思考：What will happen if we don't talk to anyone about our problems？

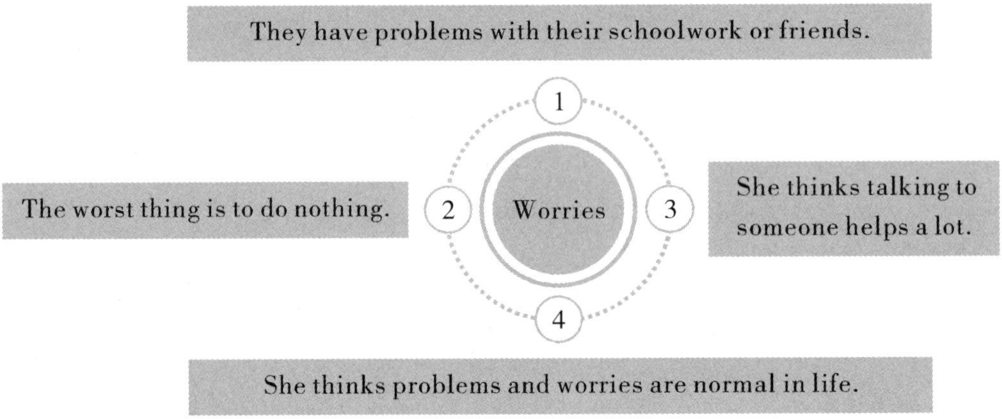

活动五：Laura's story

问题：What's Laura's problem？

What's Laura's solution？

What lesson can Laura learn ?

组内交流。

Laura's story

Problem （问题）	Laura lost her wallet and worried for days. She was afraid to tell her parents about it. She thought if she told her parents, they would be angry.
Solution （解决办法）	She talked to her parents in the end. They were really understanding. 善解人意的 ① Her dad said he sometimes made careless mistakes. himself ② They got her... ③ and asked her to... be more careful
Lesson （教训）	Remember to share problems in the future. 分享

活动六：听取专家的建议

Read Para.3 and decide True or False.

（F）1. It is best not to run away from our problems.

（T）2. To solve problems, the first step is to find someone you trust to talk to.

Students don't need to talk to an expert, their parents are good choices.

（T）4. You're halfway to solving a problem just by talking to someone about it!（be halfway to doing sth. 完成了某事的一半）

Further thinking:

Robert Hunt might be D.

A. a person with a problem　　B. the writer of the passage

C. Laura's teacher　　D. an expert on students' problems

学生自主探究完成。

活动七：Mind map

Read the whole passage carefully，and finish the mind map.

小组探究讨论，完成思维导图。小组长上台汇报。

活动八：Group Discussion

To talk about the problems we have.

进一步探讨学生遇到的问题以及解决办法和结果。

1. Group leaders come to the front and pick a piece of paper.
2. Go back to the seats and have a discussion with group members.
3. Choose one problem and try to talk about it.

小组讨论并派代表做总结报告。

Hello! Everyone! My friend ________ has a problem now. He feels sad these days.

I think he/she should ______________________________.

Maybe he/she can ______________________________.

If he/she ______________________________.

he/she will ______________________________.

作业：Finish the composition on your learning paper.

·教学反思

本篇课文的话题容易引起学生的共鸣。学生在平常的学习、生活中，时常会遭遇各种问题和产生各种烦恼，但沉默不说不是解决办法，与他人交流、沟通才能有效解决。由于话题贴近实际，因此，通过教师设计的问题，从文章大意到段落大意，再到段落的具体内容结构，学生都能有效进行探究。在这个过程中，学生有自主思考，也有小组合作。课堂上，学生讨论自己遇到的问题以及解决措施的积极性较高，形成了积极的学习态度。

典型案例

以问导学　探究获得

——人教版英语七年级上册 Unit 7 Section B 2b 教学案例

济南市历城区第六中学　/王莹英/

·教学思路

英语七年级上册 Unit 7 Section B 2b 是一则服装店的促销广告，丰富了本单元目标语言的使用语境，能锻炼学生把握文章结构、抓取关键信息的能力。本课教学通过设置学生感兴趣、有启发性的问题，层层递进，采用个人、小组相结合的学习方式，让学生在自主提问与探究中进行学习。

·教学过程

Step 1：导入，引出课题

1. 播放一段减价大甩卖的广告

Play a video and then let students write down the words they see and hear.

2. Free talk：Do you like going shopping？ Why？

Step 2：创设情境，提出问题

There is a great sale in the clothes stores and the clothes here are at very good prices. List some clothing items and prices.

T：Do you like them？ Can you guess the prices？

Match each item of clothing with a price.

请几名学生说出自己的答案，与全班分享。

【设计意图】让学生根据生活经验将表格中的衣物与对应的价格匹配。该活动的答案是开放的，旨在激活学生的已有知识，并为后面的阅读做准备。

Step 3：合作探究，解决问题

Kate and her mom want to buy some things in Mr.Cool's clothes store.

1. 借助标题和图片，回答以下问题来预测文章内容

What can you see in the picture？

Where are the clothes？

What's the store name？

2. 听录音，回答以下问题

What do you think the text is about？

The answer may be：It's an ad of Mr.Cool's clothes store.

3. 快速浏览文章，找出以下问题的答案

（1）阅读文章的前两句和最后一句，并猜出文章的文体类型，即促销广告。

（2）快速阅读广告，填写图中的价签。教师引导学生将图中衣物的价格与Step 2 中自己匹配的衣物价格进行比较。

4. 仔细阅读，理解文章的意思

（1）找出生词和不懂的短语，根据上下文，猜测其意思和用法，最后在字典中查阅生词和短语。小组讨论，分享劳动结果，汇总结果，组长记录。教师抽小组展示并点评，让学生跟录音带读，感悟文章。教师再结合文章中的句子引导学生理解生词短语的意思。

（2）细读文章，进行分层。

（3）回答细节问题，更全面、细致地理解全文。

a. What can we buy at Mr. Cool's clothes store？

b. How much are the yellow sweaters there？

c. For boys，what color trousers do they sell？ How much are they？

d. If you want to buy six pairs of socks，how much do you have to pay？

【设计意图】这是整节课的核心部分，包括学生自学、互学互纠、各抒己见等三个环节。师生、生生在交流中互相学习，分享收获。

Step 4：设问练习，巩固知识点

Make some sentences with new words or phrases in the text by themselves.

【设计意图】及时巩固，增强记忆，设置有针对性和可操作性的练习巩固所学。让学生自己设计练习，以培养其发现问题、提出问题的能力。

· 教学反思

1. 问题要有启发性

教师提出的问题要能引起学生探究的兴趣，激发学生的积极性，促进学生积极思考。

2. 注重主体性原则

整个教学中要充分尊重学生的主体地位，发挥学生的主观能动作用，注重学生的自我发展和互相启发。

3. 教师的引导与评价

教师要进行正确、合理的引导和启发，让学生释问，在教学过程中逐步提高学生的创新思维能力，增强英语课堂教学的有效性。点评是问题探究后的重要环节，起到画龙点睛的作用，因为教师的评价将直接影响学生的学习兴趣和学生对知识的掌握程度。

典型案例

反思日常行为，养成良好的生活习惯

——人教版英语七年级上册 Unit 4 Section B 2b 教学案例

济南市历城区第六中学 /孙英琪/

· 教材分析

探究式教学模式是指在教学过程中，要求学生在教师的指导下，通过自主探究的学习方式对当前教学内容的主要知识点进行自主学习、深入探究，并进行小组合作交流，从而更好地达到课程标准中关于认知目标与情感目标要求的一种教学模式。Unit4 Section B 2b 是人教版七年级上册的一篇阅读短文，介绍了一个生活中井井有条的孩子 Kate，她房间的整洁和妹妹（姐姐）Gina 房间的杂乱形成鲜明对比。这篇文章有一定的教育作用，帮助学生反思日常行为，养成良好的生活习惯。

· 教学过程

教师带领学生观看魔术“魔术师和兔子”，吸引学生眼球，引出课题，让学生注意观察视频中魔术帽和兔子的位置，引出单词 in，on，under，让学生对方位词有基本认识。

This is Kate and Gina's bedroom.

问题一：Who is tidy ?

问题二：Is Kate tidy？ Is Gina tidy？

（1）学生从课文中找到问题一的答案。

（2）教师引导学生略读，学生根据字面意思和生活体验，理解 tidy 的含义。

（3）教师创设情境，让学生分析文章信息得出结论。

（4）学生小结解决问题的方法：略读课文、朗读体验、联系生活。

1. 开放课堂，发掘主动探究潜能

（1）选择感兴趣的问题，四人一组，讨论探究问题的答案，组长帮助基础薄弱的组员寻找答案。

（2）教师让完成最快的小组与其他同学分享阅读策略和解题技巧。学生进行自我评价。

（3）小组长整理全组观点，选择小组内的代表汇报交流结果。

2. 合作探究，主动走向深度学习

（1）表达类小组汇报

*How many things can you see from the picture？ Write the words you know for the things in the picture.

*Where are the books？ Where is the clock？

*How do you know that Gina isn't tidy？

①学生根据出示的图片解决前两个问题。

②教师引导合作朗读文章并回答第三个问题。

③小组合作朗读，屏幕展示图片。

（2）情感类小组汇报

* 打开话匣：你房间里的物品都放在什么位置呢？

* 教师布置任务，提出问题：Where is your schoolbag in your bedroom？ Where are your books？ Is your bedroom tidy or not？

*If you are not tidy, what should you do？

①屏幕出示学生房间照片。

让学生根据图片用介词 in，on，under 描述自己房间物品摆放位置。

②教师点拨：你觉得自己的东西摆放得有条理吗？

预设：通过此问题帮助学生反思日常行为，养成良好的生活习惯，做有条理的人。

3. “作业超市”，激励学生主动探究

让学生在“作业超市”任意选购，激发学生主动学习的潜能。

★★作业：根据文本提出自己的思考。

★★★作业：用自己的语言复述文本。

★★★★★作业：仿照文本写出你房间里物品的位置。

· 教学反思

1. 面向全体学生

鼓励学生大胆地使用英语，对他们在学习过程中的失误和错误采取宽容的态度。鼓励学生通过体验、实践、合作、探究等方式发展听、说、读、写的综合能力。为学生提供自主学习和直接交流的机会，以及充分表现和自我发展的空间。

2. 创造合作探究的学习活动

把英语教学与生活情景有机结合起来，创造各种合作探究的学习活动，能促进学生互相学习、互相帮助，体验成就感，发展合作精神。

（二）观察验证模式

该模式是通过探究活动提高学生对所学知识的深层理解和探究能力，从而能够解决实际问题。详见下图。

这就要求学生能够做到以下几个方面：

一是在必要的指导下进行有目的的观测或实验，并对结果进行思考。

二是直接提出问题或通过描述已学知识与所发现的问题的冲突，从而明确提出问题。

三是根据自己已有的知识、经验提出对问题解答的猜测和假设。

四是利用各种信息手段，搜集相关的资料和信息检验假设，或搜集必要的材料设计实验验证假设。

五是作出合乎逻辑的决定，并进行合理的评价。

六是将个人获得的部分信息组合为一个连贯的解答，并与他人交流，考虑他人的评价。

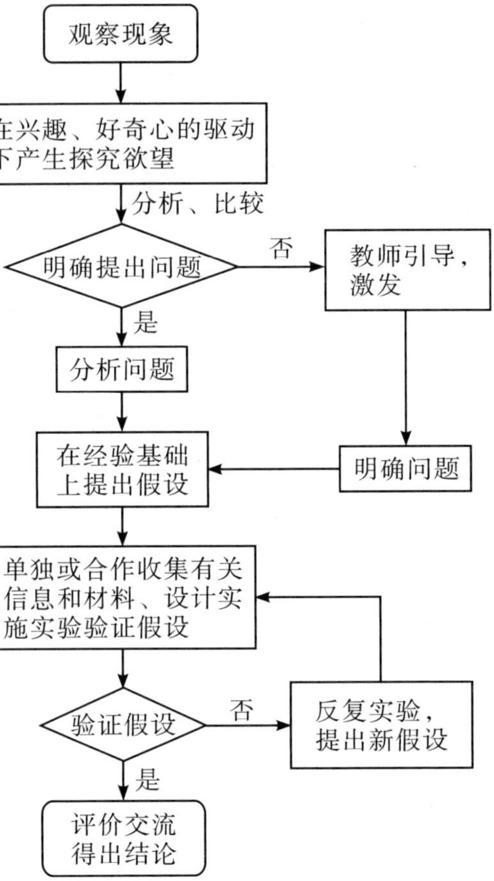

观察验证模式流程图

典型案例

突出学生主体地位，实现课堂有效探究

——小学科学探究式学习教学案例

深圳市光明区爱华小学　/王潇曼/

·教材分析

本文以教科版《科学》六年级上册第二单元第一课《抵抗弯曲》为例，通过创设情境导入，运用实验法、探究—研讨法等多种教学方法和现代多媒体技术手段，开展探究式学习，激发学生的学习兴趣，培养学生提出问题、进行假

设、设计实验、收集证据、处理信息、解决问题的能力。

·主题设计

创设情境，鼓励学生自主探究纸横梁的抗弯曲能力与什么因素有关。

·教学过程

1. 创设情境，导入新课

（1）出示木结构房子、亭台和桥梁的图片，让学生观察和对比。

师：这些建筑的结构是什么样子的？

生：由柱子和木梁构成。

师：房子、亭台和桥梁的结构和板凳类似，由柱子和横梁组成。

（2）出示台风后木结构房子倒塌以及大桥坍塌的图片，让学生观察。

师：木结构房子和大桥经历自然灾害后，它们的柱子和横梁，哪一部分发生了弯曲或断裂？

生：横梁比较容易弯曲和断裂，有些柱子还很坚固。

师：柱子承受的压力可能会把柱子压短、压碎。横梁承受的压力可能会把横梁压弯、压断。柱子下面是顶实的，横梁下面许多部分是空的。横梁和柱子比较，横梁更容易发生弯曲和断裂。

2. 聚焦问题，自主探究

（1）提出问题，进行假设

师：既然横梁更容易弯曲和断裂，研究它的抗弯曲能力就更为重要。请你们讨论一下，横梁的抗弯曲能力与什么因素有关。

生：横梁的材料、横梁的长短、横梁的宽度、横梁的厚度……

师：这节课我们先研究横梁的宽度和厚度与它抗弯曲能力的关系。

（2）设计实验，确定实验方案

出示材料：不同宽度、厚度的纸横梁、垫圈等，学生任选一个因素，制订实验方案。

师：请你利用这些材料，自主设计实验，并填写好实验计划表。

实验计划表

我们的问题	横梁的抗弯曲能力与什么因素有关？
我们的假设	横梁的抗弯曲能力与__________有关。
相同条件	
不同条件	
实验步骤	

学生小组讨论，并完成实验设计。小组上台交流、汇报实验设计方案。教师注意引导学生讨论：在实验中，应控制哪些条件不变以及怎么控制。

（3）分组实验，记录数据

学生根据自身的猜测和计划，领取材料进行实验探究。教师巡视并做必要的指导，包括控制无关变量的方法、垫圈叠放的方法。

（4）评估交流，验证假设

A. 学生将得到的数据记录到黑板上，供全体学生交流、学习。

师：你做的是什么实验？看到黑板上大家的数据，从中你得出什么结论？

生 1：我们假设横梁的抗弯曲能力和它的宽度有关。黑板上大家的数据基本上都是横梁越宽，能放的垫圈个数越多。这说明横梁的抗弯曲能力与横梁的宽度有关。横梁越宽，抗弯曲能力越强。

生 2：我们做的是另外一个实验，探究横梁的抗弯曲能力和它的厚度的关系。从大家的数据中我们发现横梁的厚度增加，它的抗弯曲能力也增强。

B. 教师将学生的数据输入 Excel 软件中，并制成横梁宽度 – 垫圈个数柱状图和横梁厚度 – 垫圈个数柱状图。

师：对比这两个柱状图，你又发现了什么？

生：增加横梁的厚度，更能有效提高它的抗弯曲能力。

小结：横梁的宽度增加，抗弯曲能力增强；横梁的厚度增加，抗弯曲能力大大增强。

·教学反思

在教学导入环节，要通过恰当的方法和材料启发学生提出问题，激发学生的探究欲望。本课的教学片段由生活中常见的建筑出发，用真实的例子，并模拟自然灾害现场，激发学生探究横梁的抗弯曲能力的兴趣。

探究学习过程中，要突出学生主体地位，为学生提供更多自主学习探究的空间，让学生完整经历科学探究的过程。在探究纸横梁的抗弯曲能力这一实验中，学生亲身经历科学的探究过程：提出问题—进行假设—设计实验—进行实验—分析数据—得出结论—表达交流。

此外，现代多媒体技术的发展也为探究式学习的有效开展提供了帮助。借助多媒体技术，通过图片、短视频、现场直播的方式，能让学生的探究过程和结果可视化，方便学生分享与交流。

典型案例

化学酸碱中和反应教学案例

济南市历城区初级实验中学 /王 茹/

· 教学过程

1. 创设情境，导入新课

师：相信同学们都有被蚊虫叮咬的经历，当被蚊虫叮咬后，你们通常怎样做以减轻疼痛呢？

生：涂花露水、风油精，也可以用肥皂水……

师：为什么肥皂水等可以减轻疼痛呢？

（展示拓展资料：介绍蚊虫唾液成分与肥皂水等物质的成分。）

生：蚊虫的唾液为酸性，肥皂水为碱性，两者可以反应，从而减轻疼痛。

师：是的。我们之前学过的氢氧化钠与盐酸是否也会发生反应呢？下面我把氢氧化钠加入盛有盐酸的试管中，大家注意观察现象。

生：并没有什么现象。

师：把氢氧化钠溶液加入稀盐酸中没有明显的现象，说明两者发生反应了吗？

2. 聚焦问题，自主探究

（1）提出问题

师：无明显现象说明一定没有反应吗？

生：有可能没反应，也有可能发生了反应，只是没有明显的现象。

师：利用所学知识，思考如何改良实验，验证两者是否反应。

小组完成实验。

（2）猜想与假设

氢氧化钠与盐酸可能发生了反应，只是没有明显的现象。

（3）设计并进行实验

实验材料：氢氧化钠溶液、稀盐酸、紫色石蕊试液、无色酚酞试液、pH 试纸、试管、表面皿、玻璃棒。

师：请利用所提供的实验材料，设计实验，并填写实验记录单。

实验记录单

实验药品	
实验步骤	
实验现象	
得出结论	

（4）结论与解释

1 组

实验用品	氢氧化钠溶液、稀盐酸、无色酚酞试液、试管
实验步骤	①取适量氢氧化钠溶液于试管中，并向试管中加入无色酚酞试液； ②向试管中逐滴加入稀盐酸，观察现象
实验现象	红色溶液变无色
得出结论	加入稀盐酸后，溶液变成中性或酸性，证明两者发生了反应

2 组

实验用品	氢氧化钠溶液、稀盐酸、pH 值试纸、玻璃棒、表面皿
实验步骤	①先检测氢氧化钠溶液和稀盐酸的 pH 值； ②将等量等浓度的氢氧化钠与稀盐酸混合后，检测混合溶液的 pH 值

续表

实验现象	混合前，氢氧化钠的 pH 值为 10，盐酸的 pH 值为 3；混合后，溶液的 pH 值为 7
得出结论	混合前后 pH 值发生变化，说明两者发生了反应

3 组

实验用品	氢氧化钠溶液、稀盐酸、紫色石蕊试液、试管
实验步骤	①取适量氢氧化钠溶液于试管中，向试管中加入紫色石蕊试液；②向试管中逐滴加入稀盐酸，观察现象
实验现象	溶液由蓝色变为紫色，后变为红色
得出结论	加入稀盐酸后，溶液变成中性至酸性，证明两者发生了反应

学生展示后，教师引导：既然大家都通过改良实验看到了明显的实验现象，那么氢氧化钠与稀盐酸发生了怎样的反应呢？

学生查阅资料，总结酸碱反应的特点与本质。

典型案例

经历科学探究 提高科学素养

——初中物理探究式教学案例

济南市历城区第六中学 /丁连鲁/

义务教育物理课程应综合反映人类在探索物质、相互作用和运动规律等过程中的成果。物理学不仅含有人类探索大自然的知识成果，而且含有探索者的科学思想、科学方法、科学态度和科学精神。物理课程不仅应注重科学知识的传授和技能的训练，而且应注重对学生学习兴趣、探究能力、创新意识以及科学态度、科学精神等方面的培养。

· 教材分析

本节课的内容出自沪科版物理九年级第十二章第三节。教材按照“从生活走向物理，从物理走向社会”的课程基本理念，先通过学生熟悉的自然现象，展示了生活中的汽化和液化现象，然后再通过实验探究水沸腾的条件与特点，总结出了汽化和液化时的吸、放热现象，启迪学生进行思考与探究。

课程标准要求学生经历物态变化的实验探究过程，知道物质的沸点，了解物态变化过程中的吸热和放热现象，用物态变化的知识说明自然界和生活的有关现象。能力目标是能运用物态变化的知识说明水沸腾等现象。

· 学情分析

熔化的实验为本节课的实验操作提供借鉴。本课使物态变化的知识更加完整，并能够为升华与凝华的学习提供基础，使学生对吸、放热的了解更加透彻。

· 教学目标

1. 经历探究水沸腾的过程，了解沸腾现象，知道沸点。

2. 知道汽化有沸腾和蒸发两种方式，能熟练地说出沸腾和蒸发的相同点和不同点。

3. 能说出汽化和液化的概念及其产生条件，知道汽化吸热、液化放热。

4. 会用汽化和液化的知识说明自然界和生活中的有关现象。

· 教学过程

教师在透明塑料袋子中滴入几滴酒精，将袋子挤瘪，排尽空气后用橡皮筋把袋口扎紧，然后放入热水中。请学生观察透明塑料袋的变化。

生：塑料袋马上鼓起。

再次让学生观察酒精的变化。

师：酒精哪里去了？（由液态变成气态。）像这种物质由液态变成气态的现象叫汽化。（板书。）你们还知道生活中的哪些现象也是物质由液态变成气态形成的？

生（讨论，抢答举例）：地上积水变少、晒麦子、湿衣服变干、水烧开等。

师：把这些汽化现象进行分类，酒精挥发、积水变少、衣服变干的现象叫蒸发；水烧开后会变少的现象叫沸腾。（学生理解识记。）汽化的两种形式：蒸发和沸腾。（板书。）

我们分别对这两种形式进行探究，先来看蒸发。

1. 蒸发

（1）蒸发的定义

让学生以酒精“消失”的现象总结蒸发的定义。教师进行补充提问：蒸发对温度有何要求？蒸发现象发生在液体的什么部位？

师：夏天温度高，水能蒸发。冬天温度低，水能蒸发吗？这说明了什么？

学生交流总结：水能蒸发，蒸发得比较慢。这说明蒸发是液体在任何温度下都能发生的，并且是只在液体表面发生的汽化现象。

大家一起讨论得出蒸发的定义：液体在任何温度下都能发生，且只在液体表面发生的汽化现象

（2）影响蒸发快慢的因素

师：哪些方法可以使衣服上的水蒸发得更快（干得更快）呢？

生：晒太阳，摊开，用电吹风吹……

师：为什么干得快呢？

生（讨论后回答）：晒太阳时，温度高；把衣服摊开，蒸发的表面积大；用电吹风吹，加快了衣服表面空气流动，加快蒸发，所以衣服干得快。

师：谁能通过以上研究总结出影响蒸发快慢的因素？

生（交流总结）：液体的温度越高，表面积越大，液面上方空气流动越快，液体蒸发越快。

师：生活中利用这个物理知识的有很多。比如，洗手间的烘手机是如何加快蒸发的呢？（学生进行抢答。）大家知道物理来源于生活，用之于社会。

播放课件：“火洲”里的坎儿井。

师：坎儿井工程可以与长城媲美，它的建设是我国古代劳动人民智慧的结晶。想一想，坎儿井用到了哪些知识？（学生思考回答。）

（3）蒸发吸热

师：在手背上涂酒精，有何感觉？

生：手背感到凉。

师：液体蒸发，是向外界放热，还是吸热？

演示实验：观察蘸有酒精的温度计的示数有什么变化？你认为造成这种现象的原因是什么？

观察：温度计示数降低。

结论：蒸发吸热。

2. 沸腾

师：一杯水放在常温下蒸发完，所需时间很漫长，为了加快进程，你有什么办法呢？

生：加热等。

师：我们可以给它加热，依据你的生活常识，加热到一定温度后，会发生什么现象？

生：水烧开了。

师：我们把这种汽化现象称为沸腾。

教师直接给出沸腾的定义：在一定温度下，液体内部和表面同时发生的剧烈汽化现象。

（1）沸腾的特点

师：如果要对沸腾现象进行研究的话，你会想了解什么？我们就要进行实验了。在实验前大家想一下需要什么实验器材？

生：水、烧杯、酒精灯、铁架台、温度计、计时器。

教师进行补充，还需纸板和石棉网两种器材。

师：为什么要用这两种器材呢？纸板的用途以及盖纸板的目的是什么？

生：缩短实验时间。

师（补充）：对，减少热损失，缩短实验时间。为了缩短实验时间，你还有什么办法呢？

生（思考后回答）：水少一点，水的初始温度高一点。

师：石棉网的用途是使烧杯底部均匀受热。

接下来进行实验，部分学生进行演示，其他学生配合并观察。

第一步，按装置图安装实验仪器；第二步，用酒精灯给水加热并观察；第三步，当水温接近 90 ℃时，每隔 1 分钟记录一次温度，并观察水的沸腾现象。

观察现象，记录数据，并解决下列问题：a. 沸腾前、沸腾时气泡的上升分别有什么变化？ b. 沸腾前水的温度怎样变化？ c. 沸腾后继续加热，水的温度会不会越来越高？

a. 未沸腾时，水的温度是多少？沸腾后，水的温度是多少？

b. 沸腾后继续加热，水的内部出现了什么现象？

c. 沸腾后撤去酒精灯，水还能持续沸腾吗？

这些现象说明了什么问题？

生：停止加热，水不沸腾，说明了水沸腾需要达到一定的温度，且持续吸热。

师（总结沸腾的条件）：水沸腾需要达到一定的温度，且持续吸热。

（2）沸点

在进行数据处理，我们把记下来的数据整理成表格。

时间 /min	0	1	2	3	4	5	6	……
温度 /℃	90	93	97	99	100	100	100	……

师：水在沸腾过程中，虽然继续吸热，但它的温度保持不变，这个温度称为沸点。请同学们阅读几种液体的沸点表，你们发现了什么？

3. 蒸发和沸腾的对比

师：通过观察水的沸腾，知道了水沸腾时的特点。沸腾与蒸发有什么不同之处？又有哪些相同之处呢？

教师适时点拨，让学生概括。

生（讨论、交流后得出）：相同点是蒸发和沸腾都需吸热。

不同点：a. 蒸发是只在液体表面进行的汽化现象，沸腾是在液体内部和表面同时进行的汽化现象。b. 蒸发在任何温度都能发生，沸腾在一定的温度下发生。c. 蒸发是缓慢汽化，沸腾是剧烈汽化。

4. 液化

【实验 1】在两个茶杯内分别倒入开水和冷水，然后盖上杯盖，过一会儿打开杯盖会看到什么？

观察：（1）揭开盛热水茶杯的盖子，会看到杯壁上和盖内有许多小水珠，这是为什么？

（2）在盛冷水茶杯的盖子内没有小水珠为什么？

在此基础上，归纳得出：物质由气态变成液态的过程叫作液化，液化是汽化的相反过程。

思考：在什么条件下气态能变成液态呢？

【实验2】在水槽内加入热水，把放有酒精的袋子放在热水中后取出，观察有什么现象产生。在室温中放置一小会儿，再观察又有什么现象产生。

师（归纳得出结论）：水蒸气遇冷，降低到一定温度，就发生液化现象。不仅水蒸气遇冷会液化，所有气体在温度降到足够低时，都能使其液化。你能解释以下现象吗？

思考：

（1）冬天戴眼镜的人从寒冷的室外进入温暖的室内，镜片会蒙上一层雾。

（2）夏天吃冰棍时，揭开包装纸后，冰棍会冒白气。

（3）打开冰箱门，可看见一团白气。

（4）装冰水的杯子的外壁会“冒汗”。

举例：将气体燃料液化，可使体积减小便于贮存和运输，如液化气的制备，长征系列的部分运载火箭所使用的燃料就是液态的氢和氧。

归纳小结：让学生概括本节课的内容，概括出知识要点。

·教学反思

1. 实验器材较多，应注意实验安全。实验操作时间一定要控制在15分钟以内，更重要的是实验后分析现象和数据，得出结论。这么短时间既要锻炼学生的动手能力，又要培养学生分析数据、归纳总结的能力，因此提高实验的实效性就显得非常重要。

（1）实验前让学生思考烧水时如何判断水沸腾了，从而让学生明确实验任务是观察水沸腾时的现象和温度变化。

（2）实验前要让学生回顾使用实验仪器时的注意事项，特别是温度计和酒精灯的使用。

（3）为了减少水加热的时间，本实验可以做如下的改进：

①用100 mL的小烧杯来加热，水量控制在70 mL左右。

②烧杯上加个光盘做盖子，减少热量损失，光盘中间的孔刚好可以插温度计。

③水的初始温度最好是70 ℃以上，以确保水温能快速达到90 ℃，从而

开始计时。

（4）实验过程中，教师要留意学生的操作，对错误操作要及时指正，并收集有代表性的几组学生数据，以便实验结束后展示给全体学生。

2. 实验结束后展示几组学生数据，让学生分析这几组数据的相同点和不同点。

学生发现几个小组测出的水的沸点都不同。教师让学生思考产生不同的原因是什么，通过学生的回答，发现学生把影响水加热至沸腾的时间的因素和影响沸点的因素混淆。于是，教师引导学生进行以下几点探究。

（1）让测出相同沸点的小组把水杯举起来，看看水量是不是一样，从而证明沸点与水量无关。

（2）让几个测出沸点高低不同的小组比较一下酒精灯的火力，看看是不是沸点高的火力一定大，从而证明沸点与火力无关。

（3）让几个测出沸点高低不同的小组拿他们的温度计插入同一杯冷水中，看测出的温度是不是一样，从而分析实验测出的沸点可能受所用温度计的误差影响。

最后，教师引导学生得出沸点的不同主要是与气压有关，指出只有在标准大气压下，水的沸点才是 100 ℃。结合课本信息窗的内容（海拔越高，气压越低，液体沸点越低，在珠穆朗玛峰上水的沸点只有 73.5 ℃），增加学生的学习兴趣。

典型案例

探究式教学案例——光的折射

济南市历城区第六中学　/孔晓艺/

根据物理新课程标准的要求，教师结合本节课的实际情况，改变过分强调知识传授的倾向，让学生经历科学探究的过程，在探究的过程中学习科学研究方法，培养学生的科学态度、探索精神、实践能力及创新意识。在教学过程中，教师采用创设情境、引导启发、分析讨论、归纳结论等多种教学方法，引领学生学习，展现学生的思维过程，使学生的思维过程得到自然、合理的开发，最终达到学生掌握光的折射知识的目的。

本节课是光的反射的后续课，既进一步讲解了光学的有关知识，又是后面课程的基础，具有承上启下的作用。光的折射学生比较熟悉，也易于调动学生兴趣。学生通过对光学现象的分析，可以丰富知识、开拓思维，掌握光的折射规律，培养密切联系实际、运用科学知识及实验探究来解释自然现象和解决实际问题的能力。

·设置疑问，激发兴趣

演示魔术：空碗出财宝（放在杯底刚好看不见的硬币，加上水后又能看见了）。

利用自制教具，设计叉鱼小游戏，组织学生活动。

师：同学们对以上现象一定很好奇吧，那么我们一起通过光的折射这节课，来揭开它们的神秘面纱吧。

学生进行叉鱼游戏。

生动、有趣的活动激发了学生的学习兴趣。

·提出问题，自主探究

师：为什么有的同学在尝试了几次以后就可以提高叉鱼的命中率呢？这其中有什么物理奥秘？

探究 1：观察光的折射。

多媒体展示，固定激光笔，射出光线照在容器点 P 形成光斑。让学生猜想：容器中加水后，光斑 P 的位置是否不变。

教师演示，学生观察发现光斑位置改变。

师：光斑位置为什么改变了？

生：光从空气射入水中传播方向改变。

师生共同总结光的折射现象，并画出光路图。

探究 2：探究光的折射规律。

师：回想光的反射定律是什么？

生：光反射时，反射光线、入射光线和法线在同一平面内；反射光线和入射光线分别位于法线两侧；反射角等于入射角。

师：光的折射规律是什么？可以类比光的反射定律，大致猜想折射规律。

折射规律和反射定律完全一样吗?(结合之前的学习经验,学生进行分组实验。)

基于光的反射定律,学生对光的折射规律提出了以下的问题:

①折射光线与入射光线、法线的位置关系如何?

②折射角与入射角的大小有何关系?

③折射角随入射角变化的规律是什么?

④光路是否可逆?

⑤让光线垂直界面入射,看到什么现象?

·分组实验,合作探究

小组分工,针对提出的问题设计实验方案,并将实验数据记录在表格中。

1. 光从空气射入水(玻璃)中

实验序号	入射角	折射角	两角的关系
1			
2			
3			
4	0		

2. 光从水(玻璃)射入空气中

实验序号	入射角	折射角	两角的关系
1			
2			
3			
4	0		

·分析交流,得出结论

实验结束后,教师让学生回答实验前提出的问题,对学生所回答的内容进行适当的指导,最后得出正确的结果,写出板书。

1. 三线关系:折射光线和入射光线分别位于法线的两侧;折射光线、入射光线与法线在同一平面内。

2. 角度关系：折射角随入射角的增大而增大；光在空气中的角大于在其他介质中的角。

3. 在折射现象中，光路是可逆的。

4. 垂直入射时，传播方向不发生改变。

·拓展延伸，走向生活

探究3：光的折射现象在生活中的应用。

解释魔术“空碗出财宝”（配合播放光路图），引导学生利用所学的知识加以回答，最后强调看见的硬币是硬币的像。引导学生解释刚才在叉鱼游戏中，为什么同学总是把叉子叉在鱼的上方（配合播放光路图）。

师：同学们学了光的折射知识后，要懂得应用到生活中，在游泳时要特别注意安全。有的同学喜欢游泳，看水只有齐腰深，可下到水中就不止了。这是什么原因？

生：因为光在不同介质中的传播方向发生了偏折，导致了光的折射。

师（总结）：我们已经知道，光是沿直线传播的，其实严格地说，光只是在均匀的介质中才沿直线传播，如果介质疏密不均，光线就不会沿直线传播而会发生折射。海市蜃楼是一种由光的折射产生的现象。（配合播放相关视频。）

讲述一则小故事：有人想难为聪明的一休，搬来一个很高的铁桶，在和一休一样高的桶壁上凿了一个洞，让一休通过洞看桶底的字，无论一休怎样踮脚也没有看到。聪明的一休脑袋一转，想出了办法。你能帮助一休想出办法吗？

·教学反思

本节课难在探究，因为学生初学物理，物理思维还没有形成，更不用说具备实验探究能力了，所以本课的探究范围不能太宽泛，在探究前教师对每个环节都需要进行缜密的思考，考虑学生可能出现哪些问题，然后考虑如何正确地引导。因为有光的反射教学做铺垫，所以本节课学生动手操作降低了一定的难度。在探究三线共面的时候，由于学生的实际操作水平和表达能力有差异，可以考虑师生共同完成。最大限度地通过实验观察与思考，达到探究的目的。但不要花太多的时间进行探究，要为在后面用光的折射规律解释生活中的折射现象和课堂练习挤出时间。通过类比法来研究新规律，能丰富学生的学习方法与手段。把所学知识回归生活，服务于生活，能让学生感受物理这门学科的魅力。

（三）概念转变模式

概念转变模式是教师引发学生的认知冲突，并引导其探究找出问题，得出新的见解的过程。转变学生在科学概念学习前的前概念、错误概念、朴素概念或异类概念的过程是非常困难的。阅读、听讲，甚至解决问题，都对改变直觉观念不是很有效。教师通过有关问题引导学生亲身经历是使学生概念转变的一条有效途径。

这种有效的教学策略主要包含以下几步。详见下图。

1. 引发学生的前概念。学生在对日常生活或自然、社会现象的观察、思考过程中，不知不觉地形成了自己的一些粗浅的观点，教师设计适当的方式让学生将其以某种形式清楚地表达出来。

2. 引起学生的概念冲突。针对学生的前概念，教师可以通过学生亲自动手做的科学实验、教师的科学演示实验或逻辑的推理，使学生发生认知冲突。此时学生渴望明白事实的真相，以解除其疑问。

3. 适当时机引入科学概念，达到概念的替代。当学生因看到其错误概念不起作用（导致预测失败）而受到挫折和挑战时，教师可以通过对实验结果的分析、论证、抽象等，说明学生观点错误的原因，最终引导学生以起作用的经验代替错误概念，调整和纠正他们对周围世界的看法。在这种教学模式中，探究过程主要是针对学生的科学概念的掌握而提出的，但对改变学生的错误观念也是一样有效的。[①]

---

① SU G. Removing preconceptions with a “learning cycle” [J]. The Physics Teacher，1995，33（6）：346-354.

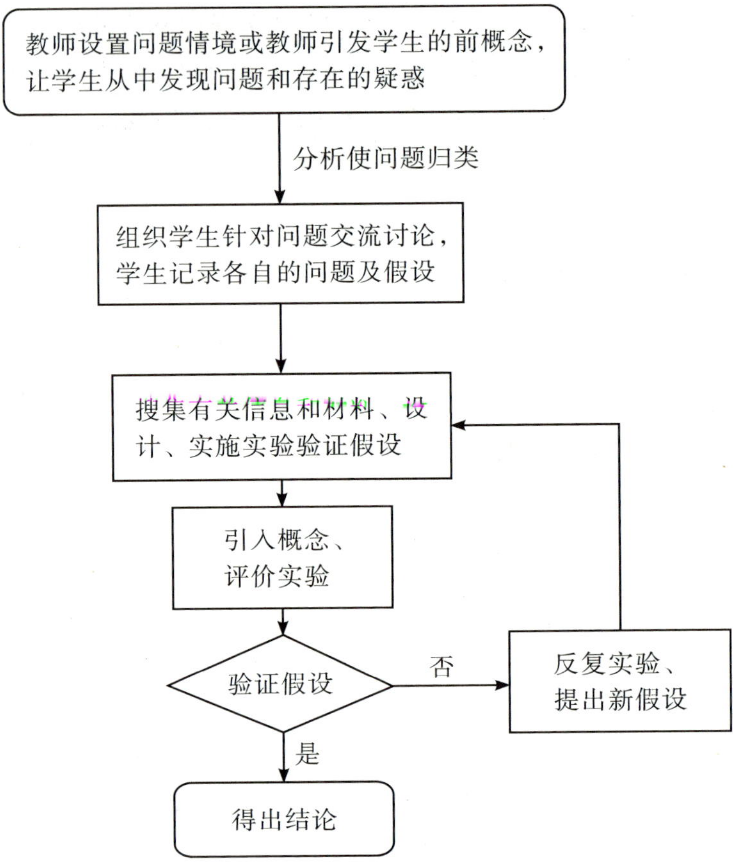

概念转变模式流程图

典型案例

重在探究，自主获得

——探究式数学教学案例

深圳市光明区爱华小学 /李燕红/

数学的知识魅力在于探究，学生经历探究的过程，对问题提出猜想，带着疑惑地去思考，与同伴合作探究，最终自己得出结论。我将选取“探究与发现：三角形边的关系”这节课说说探究式教学方法。

三角形是学生从小就认识的基本图形。孩子们随手都能画出三角形。但是三角形的边究竟存在什么样的关系，学生对此没有任何经验和研究，甚至少有学生会从边这个角度去研究三角形。因此，这节课我引导学生从边的角度入手，换个角度看三角形，让学生在探究活动中发现三角形三边的关系。在课前，为了方便学生探究，我给学生准备了 3 厘米、4 厘米、5 厘米、8 厘米的不同颜色小棒。

1. 激发冲突，提出问题

师：同学们，我们非常熟悉三角形。现在老师让大家拿出小棒围三角形，你要拿几根？

生：三根。

师：现在请你们选用任意三根小棒围成三角形。

学生动手操作。教师呈现能围成和不能围成三角形的两种方法。教师追问学生。

师：我们发现有的同学选的小棒可以围成三角形，有的不能围成三角形，这就奇怪了，都是三根小棒，怎么有的能围成三角形，有的不能围成三角形呢？你有疑问吗？

生 1：我想知道为什么这三根小棒可以围成三角形，而另外三根不能围成三角形。

生 2：对，老师我也有疑问。怎样的三根小棒可以围成三角形？怎样的三根小棒不能围成三角形？

【评析】怎样的三根小棒可以围成三角形？这个问题是学生鲜少考虑的问题。通过学生想当然地认为三根小棒能围成三角形的思维入手，两组不同的小棒激发学生的思考，促使学生自发产生疑问，带着疑问进入探究。

2. 合作探究，自主发现

师：同学们都对“怎样的三根小棒能围成三角形？怎样的三根小棒不能围成三角形”这个问题十分感兴趣。现在老师给你们每个人提供了 3 厘米（红）、4 厘米（黄）、5 厘米（绿）、8 厘米（蓝）长的小棒各 2 根，请你和同桌合作。在合作之前，老师请同学们读一读合作要求。

（1）同桌合作，每次任选三根小棒围成三角形，并完成表格填写。

（2）思考：有些小棒为什么不能围成三角形？能围成三角形的三根小棒的长度之间有什么关系？

实验报告单

实验报告单				
材料：3 厘米（红）、4 厘米（黄）、5 厘米（绿）、8 厘米（蓝）长的小棒各 2 根。				
要求：同桌合作，每次任选 3 根小棒围三角形。				
实验序号	所选小棒的长度 / 厘米			能否围成三角形（能的画“√”，不能的画“×”）
一				
二				
三				
四				
思考：①为什么有的三根小棒不能围成三角形？ ②能围成三角形的三根小棒的长度之间有什么关系？				

学生根据探究实验的要求，同桌合作，每次选用三根小棒，判断能不能围成三角形。

以下列举两张学生完成的实验报告单。

学生实验报告单 1

实验报告单				
材料：3 厘米（红）、4 厘米（黄）、5 厘米（绿）、8 厘米（蓝）长的小棒各 2 根。				
要求：同桌合作，每次任选 3 根小棒围三角形。				
实验次数	所选小棒的长度 / 厘米			能否围成三角形（能的画“√”，不能的画“×”）
一	3	4	5	√
二	5	6	8	√
三	3	3	8	×
四	3	4	8	×
思考：①为什么有的三根小棒不能围成三角形？ ②能围成三角形的三根小棒的长度之间有什么关系？				

学生实验报告单 2

实验报告单				
材料：3 厘米（红）、4 厘米（黄）、5 厘米（绿）、8 厘米（蓝）长的小棒各 2 根。				
要求：同桌合作，每次任选 3 根小棒围三角形。				
实验次数	所选小棒的长度 / 厘米			能否围成三角形（能的画“√”，不能的画“X”）
一	5	8	3	X
二	3	3	4	√
三	4	5	8	√
四	5	5	4	√
思考：①为什么有的三根小棒不能围成三角形？ ②能围成三角形的三根小棒的长度之间有什么关系？				

我把学生的数据按照能围成三角形和不能围成三角形两种情况分类整理，再引导学生思考为什么有的三根小棒不能围成三角形，能围成三角形的三根小棒的长度之间有什么关系。

【评析】教师提供给学生充分的学具，出示探究的要求，放手让学生合作探究。学生在与同伴的操作和交流中，不断得出数据，顺利研究出三角形能围成和不能围成的情况。有了完整的研究过程，学生就越能深入思考。

3. 讨论问题，总结发现

通过对不能围成三角形的几组数据的研究，学生再现摆一摆的过程，解释不能围成三角形的原因。

生 1：我拿的是 3 厘米、3 厘米、8 厘米的三根小棒。我发现把这两根 3 厘米的小棒首尾相接，都没有这根 8 厘米的小棒长，所以，这一组小棒摆不成三角形。

生 2：我拿的是 3 厘米、4 厘米、8 厘米的三根小棒，我摆的时候也发现，3 厘米的小棒和 4 厘米的小棒加起来都没有 8 厘米的小棒长，没办法围成一个三角形。

生 3：我拿的是 3 厘米、5 厘米和 8 厘米的三根小棒，我和同桌感觉这三根小棒好像可以围成三角形又好像不可以，我们不清楚。

底下的学生纷纷表达自己的意见，有的认为可以摆出来，有的认为不行。在同学们的争论中，我让学生想象一下 3 厘米和 5 厘米两根小棒慢慢往下压的过程。学生在想象的过程中，慢慢就有了自己的发现。

生：老师，我发现 3 厘米和 5 厘米的小棒如果加在一起的话，刚刚好就是 8 厘米，和下面的这根 8 厘米的小棒刚刚好平行，所以不能摆成三角形。

通过把摆一摆的过程放慢下来，让学生自己观察，并加以想象。学生自主解决了 3 厘米、5 厘米、8 厘米的三根小棒能不能围成三角形这个问题。

紧接着，我继续追问：什么样的三根小棒可以围成三角形呢？有了前面的探究经验，学生立马可以得出结论。

生 1：老师，三根小棒要长一些。

生 2：老师，这上面两根小棒的长度之和要比第三根小棒长才能围成三角形。

生3：我认为，找出三根小棒，两根短的小棒加起来应该比第三根小棒要长，就一定能围成三角形。

学生在从具体到抽象，慢慢地概括出判断三根小棒能不能围成三角形的依据。

师：是不是只要三根小棒中两根较短的小棒加起来大于最长的小棒，就一定能围成三角形呢？我们还要进行验证。

学生尝试把刚刚能围成三角形的小棒的数量进行计算。在计算中，学生慢慢得出结论，完成对“怎样的三根小棒能围成三角形”的探究。

典型案例

概念探究

——以北师大版数学八年级下册第三章第三节中心对称教学为例

济南市历城区第六中学 /彭年泰/

概念探究课既要关注概念的形成过程，又要让学生在思维上多多历练，其核心是素养的提升、知识的迁移，让学生在探究过程中成为问题的提出者、发现者、分析者、解决者。下面以北师大版八年级下册第三章第三节中心对称教学为例谈谈自己的感受。

首先，创设情境，激发兴趣。教师表演魔术：准备六张花色非中心对称图形的纸牌（如图 1），请学生任意挑选一张。教师不看牌，迅速将牌旋转 180°，接着放回并进行多次洗牌。通过观察，教师迅速找到这张牌。教师多次进行这个游戏后，有些学生兴奋，有些学生沉思。教师适时指出魔术中就隐藏着数学知识，希望学生认真学习本节课，揭开这个魔术的奥秘。

图 1

其次，教师换用几张绘有常见的非中心对称图形的卡片（如图 2）。按照刚才的方式，再变一次魔术。在此次变魔术的过程中，教师放缓动作，提醒学生用数学的眼光观察。这次有的学生看到了教师在放回卡片的过程中，将卡片旋转了 180° 再插入一叠卡片中。这引发了学生深度的思考。有些学生提出这个魔术可能与教师的这个旋转动作有关。

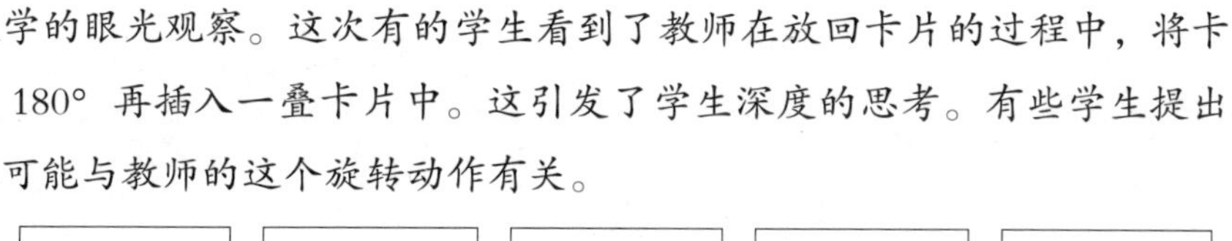

图 2

【设计意图】好的开始是成功的一半，创设魔术情境，激发了学生学习的兴趣，引发了学生的深度思考。魔术情境让学生明白：生活中处处有数学，让学生经历从生活到数学知识的过程，引导学生积极、主动地学习，引发学生学习动机。

再次，利用问题串探究中心对称。

问题 1：如图 3 所示，已知点 A 与点 D 关于点 O 对称。根据定义，你是怎么理解这句话的？请你猜测一下，这三个点会有怎样的位置关系？如果把点 A 和点 D 连接起来，又会得到什么结论？

图 3

问题 2：如图 4 所示，再给出点 B 以及点 B 关于点 O 对称的点 E，连接 BE，还能得出上面的结论吗？如果连接 AB 和 DE，那么这两条线段有怎样的关系？

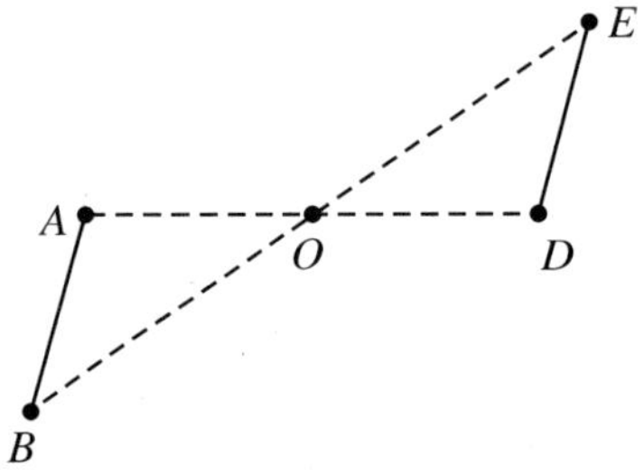

图 4

问题 3：如图 5 所示，给出点 C，尝试作出点 C 关于点 O 对称的点 F，顺次连接 A、B、C 三点与 D、E、F 三点，得到的这两个三角形之间有怎样的关系呢？

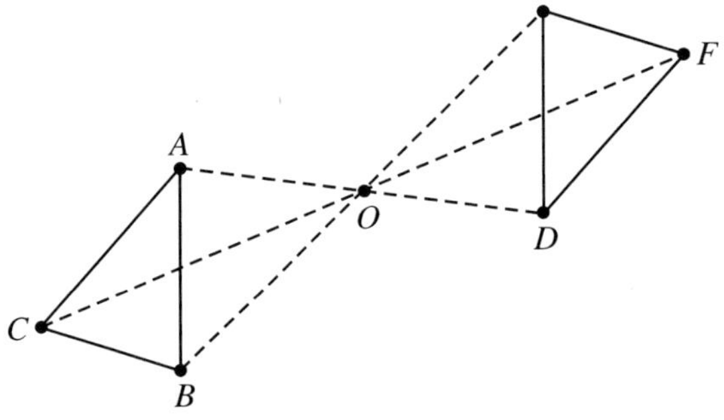

图 5

【设计意图】探究由问题产生，从疑惑与惊奇中开始。教师引导部分学生质疑、思考，借助几何画板演示。学生在上述问题的引导下，一步一步地尝试解决，最终步步完善，由点到线，再到形，最后发现成中心对称的两个图形的性质。

最后，教师在讲完中心对称的定义后进行魔术揭秘。

师：你能说出图 1 的 6 张扑克牌的奥秘吗？

生：老师选用的扑克牌都是非中心对称图形，变魔术前将这些扑克牌按照一定的规律放好了，我们选出的扑克牌在老师放回时被旋转了 180°，这就改变了图形的方向，因此能将它找出。

【设计意图】揭秘环节首尾呼应，促进了学生对知识的深入理解，有利于培养数学思维，使得学生对数学学习更有兴趣，为深度探究搭建平台，更好地加深了对中心对称的理解与应用。

三、探究式教学的注意事项

首先，提出问题。问题不是任意的，是在教师的设计和引导之下提出来的。有学者认为探究的问题必须有以下几个特征：一是具有挑战性。超越学生现有知识，对其智力形成一定的挑战。二是难易得当。这需要学生“跳一跳”才能“摘到桃子”。三是具有一定的开放性。问题答案不唯一，有许多可能的答案。[①] 还有学者进一步讨论了创设问题情境的问题，认为要使学生在创设的问题情境中产生需要解决的问题，并引起学生对问题产生追求的欲念。[②] 在特定的情境中，如观察、实验、案例分析、研究图片等，应引导学生提出科学性的问题。[③]

---

① 朱丽 . 如何运用教学方法［M］. 上海：华东师范大学出版社，2014：110.

② 甄德山 . 教学模式及其管理浅议［J］. 天津师范大学学报，1984（5）：35–40.

③ 柴西琴 . 对探究教学的认识与思考［J］. 课程·教材·教法，2001（8）：16–19.

典型案例

自主提问　主动探究　深度学习

——统编版语文五年级上册《搭石》教学案例

深圳市光明区爱华小学　/薛杨虹/

·教材分析

探究式教学，以学生为主体，让学生自己通过提问、阅读、思考、讨论等途径去主动探究，自行发现并掌握相应的知识和原理。《搭石》是统编版语文五年级上册中的一篇散文，写的是乡亲们摆搭石、走搭石的一幕幕情景，从而感受人们相互帮助、尊老敬老的淳朴民风。《搭石》这一节课的教学设计着重关注学生的疑问点，在疑问点上寻找课堂的生长点，让学生在自主提问、主动探究中走向深度学习。

·教学过程

1. 自主提问，激发自主探究欲望

（1）布置预习作业，学生提出疑问点，教师梳理归纳学生问题，并投影在屏幕上。

（2）明确学生是课堂学习的主人，归纳出多种提问题的角度：内容类、表达类、情感类、常识类、背景知识类。

2. 适时点拨，举一反三，诱导探究的方向

举一：内容类题目解答。

①什么叫搭石？

②什么是“紧走搭石慢过桥”？

（1）学生从课文中找到问题一的答案，投影出示：

进入秋天，天气变凉，家乡的人们会根据水的深浅，从河的两岸找来一些平整方正的石头，按照二尺左右的间隔，在小溪里横着摆上一排，让人们从上面踏着过去，这就是搭石。

（2）教师引导学生通过滚雪球式朗读，从“脱鞋挽裤”感受搭石给大家带来了方便。

（3）学生根据字面意思和生活体验，理解什么是“紧走搭石慢过桥”，从而解决问题②。

（4）教师创设情境，让学生体验走搭石的感觉，深入理解“紧”和“慢”的关系。

（5）学生小结解决问题的方法：熟读课文、朗读体验、联系生活。

3. 开放课堂，发掘主动探究潜能

（1）选择感兴趣的问题，根据课文内容和辅助资料自主探究、独立思考。

（2）选择同类问题的学生形成讨论群，交流彼此的想法。注意发言者音量要小，避免打扰旁人。倾听者要尊重别人的发言，适当提问补充。

（3）小组长整理全组观点，选择小组内的代表汇报交流。

4. 合作探究，主动走向深度学习

反一：表达类小组汇报。

①为什么内容讲的是他们怎样把石头摆上去，而课文标题却叫搭石？不可以叫摆石吗？

②为什么村里的人走搭石那么有序？他们有在一起训练过吗？

③“每当上工、下工，一行人走搭石的时候，动作是那么协调有序！”这里为什么用“！”而不用“。”？

（1）学生根据“摆石”和“搭石”的不同意思解决问题①，在“搭”的组词“搭配”“搭档”中体会村里人走搭石默契配合。

（2）教师引导学生合作朗读描写“一行人走搭石”默契配合的场面的语句。

屏幕出示：

每当上工、下工，一行人走搭石的时候，动作是那么协调有序！前面的抬起脚来，后面的紧跟上去。嗒嗒的声音，像轻快的音乐；清波漾漾，人影绰绰，给人画一般的美感。

（3）联系上下文品读“协调有序”“清波漾漾”“人影绰绰”，感受到村里人互相协助、默契配合的精神，从而解决问题②。

（4）聚焦“！”，学生猜想作者这样运用标点符号的用意，并想象一行人走搭石井然有序的画面，从而解决问题③。

（5）小组合作朗读，屏幕出示文改诗。

（6）小结：入选教材的文章都出自作者的匠心，都是精心推敲过的，值得反复玩味。这就是语文的魅力。学生自己解决了自己提的问题，这就是课堂的收获。

反二：情感类小组汇报。

①为什么作者说“搭石，构成了家乡的一道风景”？

②年轻人为什么总要俯下身子背老人？为什么这是理所应当的？

③为什么作者说“它们联结着故乡的小路，也联结着乡亲们美好的情感”？

④为什么标题叫“搭石”？

（1）学生围绕“搭石，构成了家乡的一道风景”，梳理文章描绘的画面。（预设：老人自愿摆搭石、小伙子背老人走搭石、两个人面对面走搭石。）

（2）屏幕出示“两个人面对面走搭石”片段：

经常到山里的人，大概都见过这样的情景：如果有两个人面对面同时走到溪边，总会在第一块搭石前止步，招手示意，让对方先走；等对方过了河，两人再说上几句家常话，才相背而行。

（3）学生抓住“招手示意”“让”等词语感受整个村子和谐的氛围。（学生将关键词板书。）

（4）屏幕出示“年轻人背老人走搭石”片段：

假如遇上老人来走搭石，年轻人总要俯下身子背老人过去，人们把这看成理所当然的事。

通过对“俯”字的说文解字，感受村里尊老爱幼的传统，从而解决问题②。

（5）教师点拨：学到这里，为什么作者说“搭石，构成了家乡的一道风景”？

预设：风景，一方面包括一行人走搭石、两个人面对面走搭石、年轻人背老人过搭石的画面；另一方面指的是大家互帮互助、谦让、尊老爱幼的美好品质，这也是家乡一道亮丽的风景线。这样解决问题①、③。

（6）学生对比“搭石”“美好的家乡情”，讨论标题拟定的优劣。

预设：《搭石》和之前学过的《桂花雨》都是借物喻情，通过物体或某一件事，读者慢慢去体会其中蕴含的感情。标题太直接了，反而不能吸引读者去阅读。这样解决问题④。

反三：背景知识类小组汇报。

①为什么家乡有一条无名小溪？

②他们不可以搭桥吗？

（1）问题①：

教师点拨：为什么是无名小溪？你猜可能是什么原因？

预设：小溪太多了，数不胜数，就没有名字了。

教师补充资料：刘章爷爷在大山里工作了 13 年，每年都有 200 多天走在搭石上。他在搭石上一遍遍走，一遍遍数，一天走上 64 回，一共踏过了 166 400 多道搭石。

学生推断：搭石很多，表示小溪也很多，所以小溪没名字是很正常的。

（2）问题②：

学生推测：小溪数量多，搭设简易，村里没钱。

教师补充搭石的图片和资料，学生捕捉关键信息，因为水很浅，根本不需要搭桥。搭石作为一种简易通道，随时搭好就可以走，省时省力。

小结：也许有一天，这里真的像有的同学说的那样会架上桥、通上路，也许有一天，搭石在家乡永远地消失了，但是家乡人走搭石的美，会永远地留在我们每一个人的心中。

5. 作业超市，激励学生主动探究

★★作业：爱提问的你，根据老舍的《古井》提出自己的思考。

★★★作业：爱读书的你，阅读《十万个为什么》。

附板书：

搭　石

谦　让

互　助

和　谐

尊老敬老

· 教学反思

1. 整体性原则

由于探究任务和教学时间的限制，在具体设计探究活动的过程时，要站在整体的高度进行全局设计，逐级推进，系统安排。如何用问题串联《搭石》课堂，是一门艺术，需要静心思考。一节课的推进，离不开文本、情感、表达，于是我试着给小问题群命名：内容类、表达类、情感类、常识类、背景知识类、无效问题类。由内容出发引出搭石，关注课文表达，体会走搭石之协调，深挖感情，品味“它们联结着故乡的小路，也联结着乡亲们美好的情感”，最后补充背景知识定格搭石。这样从“写什么”“怎么写”到“为什么写”层层推进，环环相扣，课堂推进逻辑也就不成问题了。

2. 主体性原则

主体性原则是指在整个教学中充分尊重学生的主体地位，发挥学生的主观能动作用，注重学生的自我发展和互相启发。《搭石》这一节课就着重关注学生的疑问点，让学生自己提问自己尝试解决。从独立思考到合作探究，学生始终占据课堂的主导地位，教师只是起从旁点拨、辅助的作用。

3. 主动发展原则

学习是通过学生的主动行为而发生的；学生的学习取决于他自己做了些什么，而不是教师教了什么。在整个组织过程中，学生提问的角度是多样化的，比如从内容上、表达上。这使学习方式更加多样化，如查阅资料、猜测、组词、朗读等，整节课学生始终保持高度的学习热情，在主动挑战自我中走向深度学习。

其次，思考验证的过程要体现出科学性。要掌握科学搜集证据和论证的基本操作：

①要制订出较详细的探究计划，应明确所要搜集的证据以及搜集证据的方法。

②通过多种途径和形式，如观测、实验、调查、查阅文献、观看影视录像、个案追踪分析和上网等，搜集有价值的证据。

③对所搜集的证据进行筛选、归类、统计和列表分析等综合处理，并运用已有知识得出符合证据的结论，对问题进行科学的解释。

典型案例

让学生真实地参与统计的全过程

——参与式数学教学案例

深圳市光明区爱华小学 /李燕红/

学生是课堂学习的小主人，教师是课堂的引导者、组织者。如何引导和组织学生一起参与课堂的教学呢？我以北师大版数学二年级下册“调查与记录”的“评选吉祥物”教学为例进行详述。

1. 选用切实情境，吸引参与

“评选吉祥物”一课是二年级学生第一次接触调查与统计的入门课。在之前的校园生活中，学生经历过班干部竞选的投票、选举过程，积累了一定的生活经验。因为本节课的情境——评选吉祥物与学生的生活相距较远，所以我把情境换成“明天自习课播放什么动画片”，从与学生切身利益相关的情境入手。我选取了学生喜欢的四部动画片《喜羊羊与灰太狼》《熊出没》《大头儿子和小头爸爸》《海绵宝宝》，以图片的形式展示给学生。

师：同学们，明天下午的自习课上，老师想奖励你们，播一部动画片给你们看哦。（出示图片。）

生1（高兴状）：哇。太好啦。老师，我想看《熊出没》。

生2：老师之前播过《喜羊羊与灰太狼》，咱们这次看看《海绵宝宝》吧。

生3：不同意，《大头儿子和小头爸爸》现在很红，我们看这个。

师：同学们都有自己想看的动画片，但是我们只能播一部，怎么办呢？你们意见都不同，播哪部好呢？

学生议论纷纷。

生4：老师，我们投票吧，看看喜欢看哪部动画片的人数多，就看哪部，少数服从多数。

生：同意。

【评析】从播放哪部动画片这一问题入手，牢牢地抓住学生的兴趣。每个学生都有自己的想法，但是只有一台电脑，同一时间只能播一部动画片，这不得不让学生思考解决的办法。

2. 主动参与讨论，解决问题

在全班讨论的情况下，学生们制定了共同的原则——少数服从多数，但是我立马抛出问题："哪一部是最多人喜欢的呢？我们怎样才能知道？" 学生立马积极讨论，说出自己的想法。

生 1：老师，我们可以采用举手的方法，大家喜欢哪一部就举手。

生 2：对，我同意。我们还可以让同学们站队，分成四个队列，喜欢哪一部就站到哪一列，然后数一数人数就可以了。

生 3：老师，站队好像也可以，但是需要的空间要大一些，我们这么多人不好站。

生 4：老师，我也觉得位置太小了，我们像第一名同学说的那样举手吧。（其他学生纷纷同意。）

师：好，就按你们说的，举手决定。在举手之前，你们有没有什么想提醒同学们的呢。（学生讨论。）

生：首先，我们需要请一名同学当计数员，数一数举手的人数；然后，同学们每个人只能举一次手，不能重复举手。

师：好的，那就按照你们说的做吧，请班长帮忙当裁判。

班长当裁判，每次念一部动画片的名字，想看的学生就积极举手。第一部《喜羊羊与灰太狼》，喜欢的学生只有 10 人，数起来很简单。第二部《熊出没》，喜欢的学生很多，班长数了一下，有 22 人。但是立马有小朋友说："我的同桌没想清楚，刚刚班长数的时候，他还没有举手，后来他又举手了。" 班长紧接着重新数，再一次数完，确定是 21 人。第三部《大头儿子和小头爸爸》，喜欢的学生也很多，纷纷举起了手。但是在班长还没数完的过程中，同学们又开始躁动，说道："老师，我的同桌刚刚已经举手了，现在又举了一遍。" 班长也抱怨："老师，有的同学重复举手，有的没举好，我数乱了。"

在一次次重复的过程中，学生积极参与其中，他们是这次活动的决策者，每个人都想表达自己的想法，但毕竟只是二年级的孩子，年龄较小，有的学生考虑不清楚，有的学生重复举手。在多人的情况下，数清楚举手人数也是一种考验。在学生提出的方法中，选用学生自己觉得合理的方式让学生经历统计的过程，虽然烦琐，但是在参与的过程中，学生学会了思考。这个方法能帮助他们解决问题，但是有弊端，难以统计出结果。

【评析】让学生参与统计的全过程，是学习统计与概率的最佳方式。在这个过程中，学生会讨论，会想办法来解决问题。我们尊重学生，巧用他们的智慧解决问题，虽然在过程中会遇到困难，但是这样的一个个矛盾冲突，才能激发学生继续思考：是否还有其他办法解决这个问题。

3. 亲身经历过程，参与决策

在投票的过程中，有的同学一开始的想法是看第一部，过会儿却变卦了；有的同学重复举手，人数一多，班长又不好点人数。这时，老师及时出手相救。

师：看来，举手投票这个方式虽然很快，但是容易出乱子，同学们的投票也会出现干扰，还有更好的办法吗？赶紧支支招。

生 1：老师，我们可以像竞选班干部一样，把自己喜欢看的动画片写下来，然后我们再来数哪个最多。

生 2：老师，这样的方法，同学们的想法就不会受到干扰。

生 3：老师这个办法好，我们赶快写一写吧。

师：看来你们已经迫不及待了，赶紧把你们的想法写下来。那还要想想等会咱们怎么唱票，让咱们一目了然就知道喜欢哪部动画片的人最多。

学生纷纷写下自己最喜欢的动画片，在大家的再次讨论下，决定把四个动画片的名称写下来，首尾相连横着贴出选票，看看哪个贴得最长就是人数最多了。

学生共同推选出了四名同学和一名小主持人，由小主持人念出每张选票，其他四名同学每人认领一个动画片，然后贴出选票。而此时所有学生的眼光都聚焦在黑板上，紧张地等待结果。随着选票的粘贴，数学当中的条形统计图便自然而然地呈现在学生的眼前。

【评析】通过讨论、交流，学生想出了写下投票的方法，从写下选票、唱票、统计的过程中，每名学生都参与其中，这样的学习过程是学生喜欢的。在热烈的氛围中，学生们对投票统计的方法掌握更牢固。

最后，我引导学生数出每一部动画片的投票人数，以及验证人数是不是正确的。投票的结果是《大头儿子和小头爸爸》当选。自习课上播放这部动画片时，在学生的脸上看到不仅是看动画片的快乐，还有通过自己的讨论、交流，真正经历统计的过程，作出决策的这份愉悦。

再次，要在探究中安排学生进行合作。“学生不仅在整个探究过程中适时地与别人交流，不时地记录自己的观察结果、问题、假设，以及各次实验或调查的结果。而且当最终的探究结果得出时，学生要通过口头、书面报告或其他方式，如模型、图表、演示等将其表达出来。”①还有学者认为可让学生通过撰写研究报告或论文，以及举办研讨会等形式交流自己的探究过程和结果。交流中要能够解释探究过程中形成的见解。②

典型案例

探究中见本真

——探究小学生早恋问题教学案例

深圳市光明区爱华小学 /李祝敏/

·理论背景

探究式教学法的主要目的是使学生通过经历探究知识或问题的过程掌握科学的思维方法，以培养解决问题的能力。心理学属于社会科学范畴，学生通过对多个个体的行为或心理现象进行探究，能更科学地了解人的心理活动规律和群体效应，从而避免主观臆断。

·学情分析

小学六年级学生逐步进入青春期，对异性交往变得异常敏感。随着网络信息和影视媒体的发展，早恋现象在小学生中也悄悄萌发，很多学生对恋爱有着非常浪漫的想象，并跃跃欲试。关于恋爱的流言蜚语在班级里传播，这也表明学生对此话题充满兴趣，但又难以进行周全的审视，因此，引导学生对该问题进行深入的探究非常必要。

---

① 郑渊方，廖伯琴，王姗．探究式教学的模型建构探讨［J］．学科教育，2001（5）：1–4，18.

② 杨东．课堂教学的变革：小学参与式教学实践研究［M］．北京：北京师范大学出版社，2010：22–23.

·教学实录

第一课时

（多媒体展示一段QQ聊天记录。）

六（1）班慧慧跟好友琪琪说："最近我班王林和刘艳谈恋爱的事闹大了，听同学说班主任打算找他们聊天，有可能还会告诉他们父母，你猜结果可能会怎样？"

师：大家一起来猜猜，六（1）班王林和刘艳谈恋爱这件事，你觉得班主任和他们父母的态度可能是怎样的？你支持小学生谈恋爱吗？

学生分组讨论，并说出自己的猜想。大部分学生认为父母和班主任肯定不支持；小部分同学觉得有例外，并认为大部分同学支持小学生谈恋爱。

师：大部分同学都支持早恋，大部分的父母和老师都不支持早恋。这是我们的猜想，但猜想不能代表真实，我们不妨到实际生活中去开展调查，看看他们的态度及背后的原因。

学生根据个人兴趣意愿，分为三大探究组，分别探究父母、老师、同学三个群体对小学生早恋问题的态度及其背后的原因。

（多媒体呈现调查方案模板。）

教师介绍调查方案的事项，解答学生的疑问。

学生讨论、制订调查方案，确定调查的具体问题、方式（问卷或访谈）、任务分工。

教师对三个小组的调查方案进行点评和提出修改建议。

（多媒体呈现调查报告的模板。）

教师讲解调查对象、调查方法、调查数据，以及网络和书籍对小学生恋爱问题现状的研究。

学生利用课间或放学时间，面谈或通过QQ、微信方式对调查对象开展调查。

第二课时

三个小组分别汇报调查结果。

教师验证猜想，得出结论。

学生小组讨论，分享探究体验、对结论的感触。

教师与学生共同总结。

·教学反思

早恋问题一直是很多家长和教师遇到的教育难题，常常是家长和教师讲不通，孩子不接受。通过探究式教学法学习探究小学生早恋问题，能帮助青春期学生客观、全面地了解家长、教师、学生的真实态度，既满足了他们的兴趣，又达到了启发引导的作用。虽然结果在意料之中，大部分人不支持小学生早恋，但探究的过程让学生受益：①学生掌握了一系列探究方法，如调查方案的设计、调查报告的书写等；②调查访谈锻炼了学生的沟通能力，增强了他们的自信；③这次调查中，少数家长和教师支持早恋的原因让学生充满兴趣，激发学生做进一步的探究。可以说学生从探究中体验到解决问题的乐趣，又点燃了他们源源不断追求更深入认识的热情。

典型案例

探索发现有理数的减法法则

济南市历城区第六中学 /冷 璐/

·课标要求

1. 经历探索有理数的减法法则的过程，体会有理数的减法与加法的关系；理解有理数的减法法则；能熟练进行整数的减法运算。

2. 在学生能熟练进行整数的加法运算基础上，利用计算温差的情境，探索有理数的减法法则。在探索过程中培养学生由特殊到一般的抽象概括能力，让学生理解有理数运算中加法与减法的关系，体会转化的数学思想。本节课体现的数学概念主要有数感、符号意识、应用意识和运算能力。

·教材与学情分析

一、教材分析

本节课是北师大版数学七年级上册第二章“有理数及其运算”第五节第一课时的内容，是在学习了有理数的加法之后进行编排的，为后面学习有理数的混合运算打好基础，具有承上启下的过渡作用。本节课主要是通过具体情境的设置，使学生在探索过程掌握有理数的减法法则，体会有理数的加法与减法的关系，并应用有理数的减法解决具体情境中的数学问题，加深对有理数运算的理解，建立数感和符号意识，培养学生的数学应用意识以及数学运算能力。

二、学情分析

学生在此之前已经学习过整数的加减法运算，以及相反数和绝对值的内容，为本节课的学习做好了知识基础的铺垫。负数的减法运算对七年级学生来说较为陌生，对学生思维能力和运算能力都有了更高的要求。相对来说，学生对正数相减更易理解。

· 教学重难点

教学重点：利用有理数的减法法则，熟练地进行有理数的减法运算，并能解决实际问题。

教学难点：探索发现有理数的减法法则。

突破策略：从实际温度计的情境出发，计算温差，探索有理数的减法法则，然后利用加法与减法的互逆关系，将减法运算转化为加法，以旧知理解新知，最终将减法法则应用到解决相应的实际问题中去。

· 教学目标

1. 能运用有理数的减法法则，熟练进行有理数的整数减法运算，培养运算能力，渗透转化思想。

2. 能通过有理数的减法运算解决实际问题，培养应用意识。

· 教学过程

一、探究新知

1. 探究任务一：合作探究

问题 1：你能从温度计上看出 5 ℃比 −5 ℃高多少摄氏度吗？用式子如何表示？

列式：____。

问题 2：5+（+5）= ?

结论：____。

【设计意图】问题 1 从计算温度计上的温差入手，使学生明白有理数减法的实际意义，体会数学来源于生活。问题2紧接问题1给出加法运算，启发学生思考，有理数减法与加法运算的关系。观察两式结果进行猜想与讨论，培养学生的合作探究精神。

2. 探究任务二：试一试

计算：

（1）$(+7)-(+10)$；　　（2）$(-10)-(-8)$；

（3）$(+7)+(-10)$；　　（4）$(-10)+(+8)$。

思考：算式（1）和（2）是什么运算？算式（3）和（4）又是什么运算？结果怎样？

【设计意图】通过列举更丰富的有理数加减法计算题，引导学生思考有理数加法与减法的关系，并启发学生通过观察减法运算和相对应的加法运算，体会减法中被减数、减数与差三者在加法运算中的变化，目的在于让学生初步感知“减去一个数与加上这个数的相反数是相等的”。

归纳总结：

有理数的减法法则：减去一个数，等于________________。

表达式为________________________________。

强调：减法转化为加法时，被减数不变，减号变加号，减数变成其相反数。

【设计意图】在经历由特殊到一般的归纳概括之后，师生共同总结出有理数的减法法则，并用符号进行表示，在此过程中发展学生的数学符号意识。

练一练：下列括号内各应填什么数？

（1）$(-2)-(-3)=(-2)+($　　$)$；

（2）$0-(-4)=0+($　　$)$；

（3）$(-6)-3=(-6)+($　　$)$；

（4）$1-(+39)=1+($　　$)$。

【设计意图】强化学生对有理数减法法则的应用，培养学生的数感，使学生在应用中进一步感受加减互为逆运算，培养逆向思维，体会转化的数学思想。

算一算：

（1）$0-8$；　　（2）$(-5)-0$；

（3）$30-0$；　　（4）$0-(-15)$。

总结：

（1）任何数减零________________。

（2）零减去一个数等于________________。

二、例题精析

例 1　计算：

（1）9-（-5）；　　　　　　　　（2）（-3）-1；

（3）0-8；　　　　　　　　　　（4）（-5）-0。

【设计意图】例题教学使学生明确有理数减法运算的步骤和书写格式，培养学生良好的学习习惯。同时，严谨的书写格式也有助于学生对有理数减法法则的理解。

填空：

（1）-4-（-3.2）=-4+________=________；

（2）（-35）-（+12）=________。

三、巩固应用

例 2　世界上最高的山峰是珠穆朗玛峰，其海拔高度约是 8 848 米，吐鲁番盆地的最低海拔高度约是 -154 米。两处高度相差多少米？

例 3　全班学生分为五组进行游戏，每组的基本分为 100 分，答对一题加 50 分，答错一题扣 50 分。游戏结束时，各组的分数如下表所示。

第 1 组	第 2 组	第 3 组	第 4 组	第 5 组
100	150	-400	350	-100

（1）第一名超出第二名多少分？

（2）第一名超出第五名多少分？

【设计意图】体会数学来源于生活又服务于生活，提高学生用有理数的减法解决实际问题的能力。

议一议：在运用有理数的减法解决实际问题的过程中，通常需要经历哪些步骤？

小结：归纳有理数减法在实际应用中的四个步骤。

（1）____；

（2）____；

（3）____；

（4）____。

四、综合建模

通过本节课的学习，谈谈你的收获。

- 有理数减法法则
  - 一般法则
  - 特殊法则
  - 应用

五、当堂检测

1. 计算：

（1）$(-3)-(-7)$；（2）$(-10)-3$；（3）$33-(-27)$。

2. 填空：

（1）$0-12=$________；（2）$(-11)-0=$________；

（3）$(-4)-16=$________。

3. 下列说法正确的是（　　）。

A. 两个数的差一定小于被减数。

B. 若两个数的差为 0，则这两数必相等。

C. 零减去一个数一定得负数。

D. 一个负数减去一个负数结果仍是负数。

六、课后作业

必做：教材习题 2.6 第 1 题、第 2 题的（2）（3）、第 3 题的（1）（2）、第 4 题。

选做：已知有理数 $a<0$，$b<0$，且 $|a|>|b|$，试判定 $a-b$ 的符号。

【设计意图】分层布置作业，体现了“不同的人在数学上得到不同的发展”理念。

·板书设计

2.5　有理数的减法 1. 有理数的减法法则： 减去一个数，等于加上这个数的相反数，即 $a-b=a+(-b)$。 2. （1）$0-b=-b$； （2）$b-0=b$。	例 1 （1）$9-(-5)$ 解：原式 $=9+5=14$ 练习：

·教学反思

有理数的减法与加法互为逆运算，因此，学习减法需要熟练掌握加法。在教学过后，发现学生在学习中存在以下问题：

1. 在减去一个负数时，符号容易出错，涉及负数符号易出错。

2. 在数轴结合的问题、两数差的绝对值、根据差的正负去绝对值、如何去绝对值等方面，学生掌握不好。

典型案例

探索一元一次方程　解决实际问题

济南市历城区第六中学　/魏琳丽/

·课标要求

能根据具体问题中的数量关系列出方程，体会方程是刻画现实世界数量关系的有效模型。掌握等式的基本性质。能解一元一次方程。能根据具体问题的实际意义，检验方程的解是否合理。

本章主要经历了列方程、解方程、用方程的过程，体现了模型思想。在解数字系数的一元一次方程中感受转化思想。经历列方程解决实际问题的过程，增强应用意识。十大核心概念在本节课中突出培养的是学生的运算能力、模型思想、应用意识。

·教材与学情分析

一、教材分析

本章的内容展开线索如下：方程的产生与意义—解方程—方程的应用。方程是刻画现实世界数量关系的有效模型，列方程解应用题的关键是找到等量关系。在寻找等量关系时有时候需要借助图表等。在得到方程的解后，要检验它是否符合实际意义。本节课的“回顾与思考”既能使学生有目的地梳理所学知识，形成知识体系，又能促进学生反思知识获得的过程，形成自己对所学知识较为深刻、独特的见解。学生在此过程中还能提高自己的归纳、概括等能力，形成反思意识。本节课先引导学生形成知识框架，在此基础上再进行相关典型例题的讲解和习题训练，能对本章知识进行灵活运用。

二、学情分析

1. 学习条件分析

（1）必要条件：一元一次方程的概念，求解一元一次方程的基本步骤，能找出实际问题中的等量关系，列一元一次方程解应用题。

（2）支持性条件：模型思想、转化思想。模型思想具体表现在建立方程解应用题，转化思想具体表现在解数字系数的一元一次方程中。

2. 起点能力分析

本章所学习的方程是小学知识的继续和提升。前面用 9 个课时完成了本章的全部学习内容，学生能够说出一元一次方程的定义，会判断一个数是否为已知一元一次方程的解，会解数字系数的一元一次方程，能列一元一次方程解决实际问题。

·教学重难点

本章主要内容是方程的意义、解一元一次方程，应用一元一次方程解决实际问题，并根据具体问题的实际意义，检验结果的合理性。

重点：解一元一次方程及列一元一次方程解应用题。

难点：能灵活地求解较为复杂的一元一次方程；能找出实际问题中的等量关系，列一元一次方程解应用题。

经过本章学习，学生会解较简单的一元一次方程，大部分学生能找到等量关系建立方程。但是在解一元一次方程时仍会出现许多问题，比如去括号、去分母时出现错误，部分学生仍不会分析问题中的数量关系等。

针对这一问题，采取的策略如下：通过解一元一次方程的练习，充分暴露错误，加以纠正，并养成检验方程的解的习惯。通过对题目中的关键语句进行分析来寻找等量关系，并对等量关系进一步分析后列出一元一次方程。

·教学目标

1. 能说出本章的知识结构。

2. 能利用一元一次方程的定义解决问题，体会方程是刻画现实世界数量关系的有效模型。

3. 能说出等式的基本性质；能解一元一次方程。

4. 能列一元一次方程解决实际问题，能根据具体问题的实际意义检验方程的解。

·当堂检测

1. 解方程 $\frac{2x+1}{3}-\frac{5x-1}{6}=1$。

2. 一批夹克按成本价提高50%后标价，后因季节关系按标价的八折出售，每件以60元卖出。这批夹克每件的成本价是多少元？

3. 小彬和小强每天早上坚持跑步，小彬每秒跑4 m，小强每秒跑6 m。

（1）如果他们站在百米跑道的两端同时相向起跑，那么几秒后两人相遇？

（2）如果小强站在百米跑道的起点处，小彬站在他前面10 m处，两人同时同向起跑，那么几秒后小强能追上小彬？

·教学过程

一、自主探究

1. 一元一次方程的概念

（1）一元一次方程的概念

在一个方程中，只含有________，而且方程中的代数式都是整式，未知数的指数都是________，这样的方程叫作一元一次方程。

（2）方程的解的概念

________________________的未知数的值，叫作方程的解。

（3）等式的基本性质

性质1：等式两边同时加上（或减去）____________，所得的结果仍是________。用字母表示：若 $a=b$，则 $a+m=b+m$，$a-m=b-m$。

性质2：等式两边同时乘__________________（或除以同一个不为0的数），所得的结果仍是________。用字母表示：若 $a=b$，则 $am=bm$，$\frac{a}{m}=\frac{b}{m}$（$m\neq 0$）。

2. 求解一元一次方程

（1）移项的概念

移项就是把方程中的某一项__________后，从方程的一边移到另一边。移项是解方程中常用的一种变形，它的理论依据是____________。

（2）去括号的注意事项

①当括号外的因数是负数时，去括号后，原括号内各项的符号要改变。

②因数与括号内多项式相乘时，因数应乘括号内的每一项，不要漏乘。

（3）去分母的方法

去分母时，方程两边同时乘各分母的最小公倍数时，不要漏乘没有分母的项，同时要把分子（如果是多项式）作为一个整体加上括号。

（4）解一元一次方程的步骤

步骤：________、________、________、________、________。

3. 一元一次方程的应用

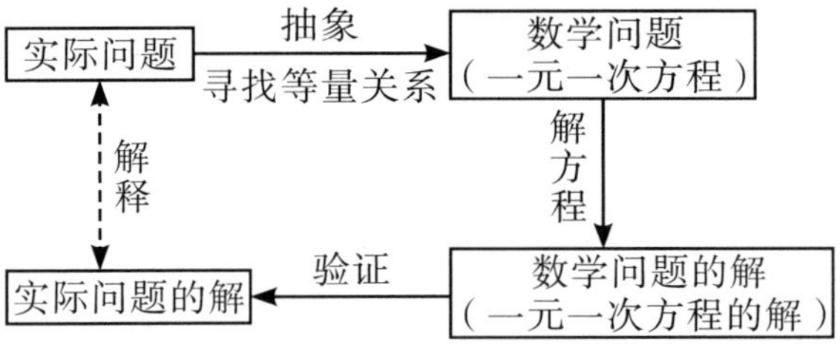

【设计意图】引导学生独立思考，然后与同伴交流，形成本章的内容框架图，提高学生总结、归纳的能力。

一元一次方程的应用：（1）打折销售；（2）追及问题。

活动一：梳理本章有关概念、重点内容、知识应用（时间 5 分钟）

有关概念：____________。

重点内容：解方程。

解方程的步骤：①________；②________；③________；④________；⑤________。

解方程：

$$\frac{1}{6}(3x-6)=\frac{2}{5}x-3。$$

活动二：研究打折销售问题

一件夹克原价 100 元，现由于换季原因进行促销，有如下 3 种购买方案可供顾客选择。

方案 1：买一送一。

方案 2：按原价的六折出售。

方案 3：购物 100 元返 50 元券。

你会选择哪种购买方案？请说明理由。

活动三：研究环形跑道中的追及问题

问题 1：操场跑道一圈是 400 m，小明每秒跑 5 m，小华骑自行车每秒行进 10 m。若两人绕跑道同时同地相背而行，则经过多长时间两人第一次相遇？

拓展：在问题 1 的基础上，经过多长时间两人第二次相遇？经过多长时间两人第三次相遇？

你能发现什么规律？

问题 2：操场跑道一圈是 400 m，小明每秒跑 5 m，小华骑自行车每秒行进 10 m。若两人绕跑道同时同地同向而行，则他俩能相遇吗？若能相遇，则经过几秒钟两人第一次相遇？

拓展：若两人能相遇，则经过多长时间两人第二次相遇？经过多长时间两人第三次相遇？

你又有什么发现？

总结：

在环形跑道问题中，设 $v_{甲}>v_{乙}$，环形跑道长 s m，经过 t s，甲、乙两人第一次相遇，一般有如下两种情形：

①同时同地同向而行；

②同时同地背向而行。

【设计意图】综合运用所学知识，提高对知识的理解和灵活运用的能力。

二、综合建模

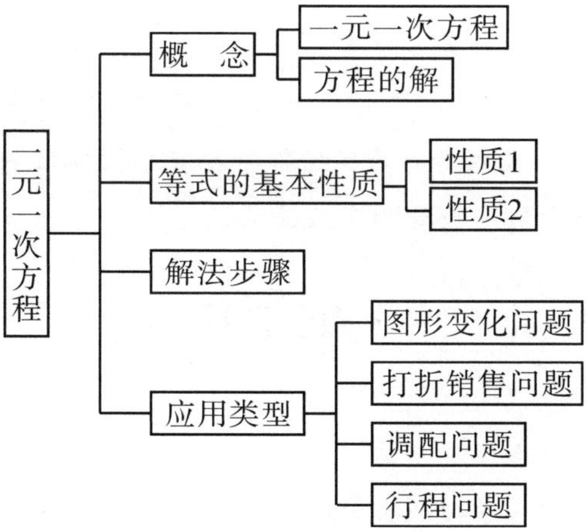

三、课后作业

A 组：课本复习题第 1 题的（3）（6）（7）、4、6、9 题。

B 组：课本复习题第 10、12 题。

· 板书设计

知识结构图	列一元一次方程解决实际问题
解一元一次方程	

典型案例

“科学探究：凸透镜成像”探究式教学设计案例

济南市历城区初级实验中学 / 卢倩倩 /

· 教学背景

《义务教育物理课程标准（2011 年版）》指出，物理课程是一门注重实验的自然科学基础课程。此阶段的物理课程应该注意让学生经历实验探究过程，学习科学知识和科学探究方法，提高分析问题及解决问题的能力。

“科学探究：凸透镜成像”这一节课，是初中物理教学中的难点。将抽象的物理规律与实际操作相结合，注重学生已有的知识与经验，设计逐步递进的问题与实验探究，是优化教学设计的关键，也是提高课堂有效性的途径。该教学设计是本人按照探究式教学的基本操作结合自己授课经验进行的一次案例尝试，以期对探究式教学有一个更加深入的认识。

· 教学设计

一、课程标准

探究并知道凸透镜成像的规律。

可以从两个方面对本节课的课程标准进一步进行解读：

1. 过程性要求

本探究活动要求学生在探究活动中充分体会发现问题、设计实验与制订计划、进行实验与收集证据、评估、分析与论证等要素。可以利用问题线和学习活动，一步步引导学生完成完整的探究体验。

2. 终结性要求

从认知性目标的层次来看，这属于第一层次的了解水平，要求学生通过学习能知道物距与焦距满足不同条件时，凸透镜可以成各种不同的像。利用学习活动设计巩固凸透镜成像知识，并将其与生活紧密相连。

二、教材和学情分析

1. 教材分析

本节课的内容是物理课程标准中一级主题“运动和相互作用”下的二级主题“声和光”中的第五条内容，属于第四章《多彩的光》的第五节。凸透镜成像的规律是光学部分的重要规律之一，是对光的折射的进一步学习，也是将要学习的第六节《神奇的眼睛》的基础。第一课时已经介绍了凸透镜对光的作用，焦距、实像和虚像等基本物理概念，以及凸透镜焦距测量的方法，本节课将对凸透镜成像规律进行探究。

2. 学情分析

学生已经经历了一些探究活动，如探究光的反射定律、探究平面镜成像特点，已具备了一定的观察、实验和分析归纳能力，但发现问题的能力、分析与论证的方法、评估重要性的认识，均需要在本探究活动中进一步加强。

这就要求教师在教学时，创设良好的问题情境，在问题引导、实验过程中加强巡视指导等方式帮助学生培养相应的能力。

三、教学目标和教学重难点

1. 教学目标

（1）能准确读取物距与像距，会区分实像与虚像。

（2）通过实验得出，并记忆当 $u>2f$、$u=2f$、$f<u<2f$、$u=f$、$u<f$ 时凸透镜的成像情况。

（3）通过实验，经历和体验提出问题、设计实验与制订计划、进行实验与收集证据、评估、分析与论证等实验探究全过程，形成严谨的科学态度和协作精神。

2. 教学重难点

（1）凸透镜成像的规律。

（2）凸透镜成像的规律探究过程的引导和实施。

四、教学过程

1. 构建互动场——温故知新

让学生说出小孔成像与平面镜成像有什么不同，从而得出成像特点涉及倒正、大小、虚实等方面，通过回忆已有知识、经验，为本节课的探究做好铺垫。

活动一：体验凸透镜成像

用凸透镜观察同桌的眼睛，让凸透镜逐渐远离同桌的眼睛，你看到的像是怎样变化的？

伸直胳膊，用凸透镜逐渐观察更远的物体，你看到什么样的像？它是如何变化的？

之前的授课只要求学生用凸透镜分别观察远近物体，多数学生只能得到正立放大和倒立缩小两种像。通过这样明确的活动要求，学生还可以观察到倒立放大这种类型的像，而且通过这样简单的观察活动，不仅能汇总得出凸透镜所成的像有哪些类型，还能大致归纳出定性的规律：成正立放大的像时，凸透镜离物体越远，像越大；成倒立的像时，凸透镜离物体越近，像越大。这样对凸透镜成像的规律就有了一个非常全面的定性认识，接下来的探究就可以只关注物距与凸透镜成像情况的关系。

2. 提出问题

根据学生得到的成像情况，结合板书引导学生进行分析，在不同的成像特点间应该有一个临界值，并用其他颜色的粉笔板书在倒立放大与倒立缩小的像之间应该还会有一个倒立等大的实像，在虚像与实像之间也应该有一个临界点。

师：用同一个凸透镜观察远近的物体时是通过改变什么来得到不同的像的？对此我们也有了这样定性的认识，根据刚才的活动，你能根据这一实际情境提出可以让大家进一步深入研究且易于探究的科学问题吗？

学生思考后提出以下问题：

生 1：物体通过凸透镜所成的像有哪些种类？

生 2：凸透镜成不同的像与哪些因素有关？

生 3：凸透镜在什么情况下能成什么样的像？

生 4：凸透镜成像的情况与物距有何关系？

……

将学生的问题在黑板上列举出来，然后分组讨论一下哪个问题更有探究价值。学生通过交流与讨论不仅能最终确定比较好的问题，而且能自主分析知道什么样的问题才是一个好问题。

最终确定要探究的问题：透镜成像情况与物距有何关系？

活动二：演示实验

教师一边演示一边介绍所用到的实验器材名称、讲解物距与像距的概念，演示怎样操作才能在光屏上得到最清晰的像，以及虚像如何形成等。

【设计意图】通过演示实验，将物距、像距、像及像的虚实问题讲解清楚，帮助学生在动手实验前对各个量及实验中经常出现的各种问题进行预估，说清楚具体的解决方案，便于学生能完整、顺畅地进行实验。

在讲授完这些知识后，很多学生已经迫不及待地打开光源，动手操作起来，因此，任务临时改为让学生先动手安装器材，移动光源和光屏，在光屏上找到清晰的像。在学生操作过程中，我通过巡回观察发现他们在操作过程中确实遇到了很多问题，当然也有一些学生顺利地完成了任务。这时我让学生暂停下来，让他们说一下自己遇到的问题，有遇到类似问题并自己解决的，说出自己的解决方法。

生 1：我们组这个凸透镜没法安装到光具座上。

生 2（举起自己的器材边演示边讲解）：你看，这有两个螺丝，一个螺丝拧松后才能将凸透镜安装到光具座上，另一个螺丝拧松后凸透镜才能在光具座上移动。

生 3：我们组找到像了，但成像在光屏最下面了，你们看都看不全了。

生 4：你实验前肯定没调整高度，你得先把光源、凸透镜、光屏安装到光具座上靠近的位置，再把它们调整到同一条直线上，像这样。

师（边演示边说）：这样是不是也在同一条直线上？刚才的描述怎样才更准确一些？

生 5：不是同一条直线，这叫同一高度。

……

通过组际间这样的交流讨论，我发现原本我认为很简单的事情，如拧螺丝这样的问题，对学生来说原来并没有那么容易；而我认为需要重点讲解的问题，如三心在同一高度上的原因及操作，学生通过动手就这样轻松地解决了。

3. 思考验证

活动三：探究凸透镜成像的规律

师：探究凸透镜成像的倒正、大小、虚实与物距有什么关系，我们需要测量什么？观察什么？有哪些注意事项呢？

（在试讲阶段时，这些问题几乎都需要我边演示边讲解，学生才能得到答案；本节课却出乎我意料，学生都争先恐后地将答案讲了出来。）

生 6：测量物距，观察光屏上成像的特点。

生 7：刚才我固定好物距后，还要移动光屏才能找到清晰的像，因此，我认为还要测量像距。

师：测量物距或像距时，是不是直接在光具座上读数即可？

生 8：不是，光具座上的刻度尺是从左到右从零逐渐变大的，物距不能直接读数，还得减去凸透镜所在的位置。

师：这个实验中，有光源、光屏和凸透镜，应该移动什么来改变物距和像距从而找到像呢？

生 9：如果移动凸透镜，那么物距和像距会同时发生改变。因此，最好先把凸透镜固定在中间 50 cm 处，再固定好光源，最后改变光屏的位置找到清晰的像。

师：操作已经非常清晰了，那将凸透镜固定在 50 cm 这样的整数位置，除了有刚才这名同学说的好处，还有什么好处呢？

生 10：方便计算物距和像距！

师：还有一个问题，如何知道像是放大的还是缩小的呢？

生 11：拿刻度尺分别测量一下光源和光屏上像的大小就可以了。

通过这样几个简单的问答互动，原本需要老师逐条讲解的温馨提示就成了刚才问答活动的汇总：

（1）实验前调整光源、凸透镜、光屏三者的中心在同一高度。

（2）实验时把凸透镜固定在中间位置的整刻度线处，方便读数。

（3）找实像时，要让每个灯点的像最小、最亮。

（4）成虚像时，不需要测像距和像高。

（5）实验过程要严谨，把实验数据填写在学案的表格中。

得到数据后，我让学生进行归纳。

当凸透镜成倒立缩小的实像时，物距应该在哪个范围？

生 11：物距应该大于 19.5 cm。

师：其他组的都是这个数据吗？

20 cm，18.8 cm……学生争先恐后地说着。

师：考虑到找像的误差与读数误差，在误差允许范围内这个界限是不是都比较接近 20 cm 呢？

多数学生都说是的，我看到有部分学生皱起了眉头，但又不敢说，我鼓励一个学生说说他的数据，他站起来犹犹豫豫地说道："可能我做错了吧，我们组的数据是物距大于 9.8 cm。"

师：咱不怕出错，实事求是地说就好，有没有跟他们组数据比较接近的？

这时候学生受到了鼓励，有一部分学生纷纷举起手来。

究竟是怎么回事？那些同学做错了吗？我拿出两个焦距不同的凸透镜并排放在眼前，让学生观察两个凸透镜中成的像是否一样，并思考这说明了什么。

学生恍然大悟，原来凸透镜成像不同除与物距有关之外，还与凸透镜的焦距有关。

我为学生补充了实验所用凸透镜的焦距知识后，引导他们对数据进一步分析，从而得出凸透镜成像的规律，如下表所示。我又用动态光路图从理论上解释凸透镜成像的规律。

物　距	像的性质			物、像与透镜的位置	像　距	光屏能否接收到	备　注
u	正立还是倒立	放大还是缩小	实像还是虚像		v		
$u=2f$	缩成一个极小的亮点			异侧	$v=f$	能	测焦距
$u>2f$	倒立	缩小	实像	异侧	$f<v<2f$	能	
$u=2f$	倒立	等大	实像	异侧	$v=2f$	能	像放大与缩小的分界点
$f<u<2f$	倒立	放大	实像	异侧	$v>2f$	能	
$u=f$	不成像						实像与虚像的分界点
$u<f$	正立	放大	虚像	同侧	$\|v\|>u$	不能	

随后是交流讨论环节，学生又提出了当物距在1倍焦距和2倍焦距之间时，成像在了墙壁上，像距没法测量等问题，并大致说了自己的方法：估测。原本打算用一个当堂检测完成本节课，但只剩下3分钟了，于是我又引导学生对本实验进行了进一步的探究：

某物体经凸透镜在光屏上得到一个像。若将透镜上半部分遮住不让光通过，则屏上的像如何变化?

· 教学反思

物理教学要充分调动学生的已有知识、经验，灵活运用课本，将物理知识融入实验教学中。本节课中，通过温故知新、动手看一看、演示实验三个环节，不仅将学生原有的关于光的知识调动起来，还为探究凸透镜成像的特点做好了知识准备。学生用同一个凸透镜观察远近物体，不仅能得到凸透镜成像的特点与物距有关，还得到了成像大小与物距的定性关系，为接下来研究定量关系做铺垫。演示实验更是灵活地将一些繁杂的小知识点融入其中，确保了学生分组实验的高效进行。

这堂课虽然没有按我的预设进行——学生先听完讲解再进行实验，但是顺应了学生的认知特点，允许学生先试错再讨论，最后再拉回到我预设的主题上来，而且实验设计也是通过学生先动手再交流、讨论的方式进行，极大地促进了学生参与实验的积极性。正是这样一个小小的改变，让我看到了我的学生原来如此优秀。他们有自己的想法，也有很强的动手能力，有些知识通过他们的探索得来甚至比我讲授更顺畅。这让我又一次反省自己：不是学生真的学不会，而是我没有给予他们足够信任，没有找到更适合他们的学习方式。

典型案例

探究式教学在初中数学教学中的运用

——最短路径问题教学案例

济南市历城区第六中学 /霍 芳/

探究式教学是以动手操作、自主探索和合作交流为主要形式的教学模式。

与传统教学模式相比，探究式教学更加关注学生的学习过程，激发学生的自主能动性，从而培养学生的自主学习能力。探究式教学转变了以往学生被动学、反复练的学习方式，倡导学生通过自主合作探究获取知识和能力。目前初中数学教学中存在学生自主学习意识差、学习效率低的问题，基于此，将探究式教学运用到初中数学教学中，以期调动学生的主观能动性，提升初中数学教学效率。本文以学习最短路径问题为教学案例，对探究式教学在初中数学教学中的有效运用进行了分析。

· 案例内容

我所选择的案例是人教版数学八年级上册第十三章第四节的课题学习——最短路径问题，下面我将从教材分析、学情分析、教学策略、教学环节、设计意图等几个方面进行设计说明。

· 教材分析

1. 地位和作用

最短路径问题是人教版数学八年级上册第十三章第四节课题学习的内容，虽然是课题学习，但是在初中数学中占有重要地位。它是在学习了轴对称的基础上进行学习的，可以对轴对称、两点之间线段最短、三角形三边的关系等知识加以巩固，同时也是对轴对称知识的提升和应用。此外，学习这部分内容对其他学科有重要意义，对生活实际也有重要的影响。

2. 教学目标

知识与技能：能够用轴对称的知识解决最短路径的数学问题。

过程与方法：在探索最短路径的过程中，探究能力、数学归纳能力、分析问题与解决问题的能力得到提高。

情感、态度、价值观：感悟转化的思想，培养应用意识和探究精神，获得成功的体验。

3. 教学重难点

教学重点：利用轴对称将最短路径问题转化为两点之间线段最短问题，学会从知识内容中提炼出数学模型和数学方法。

教学难点：从复杂的图形中抽象出最短路径问题的基本数学模型。

· 学情分析

1. 认知基础

在七年级已经研究过“两点之间线段最短”“垂线段最短”等最短路径问题，以及有关平移的基本知识，在本章的前面学生也初步掌握了作点关于某直线的对称点的方法，所有这些内容构成了本节课的认知基础。

2. 活动经验

通过初中学段一年多的学习，学生已经有了图形变换以及模型构建的意识，获得了初步的数学化之思维转化这一数学活动的经验，具备了一定的主动参与、合作交流的意识和初步的观察、分析、归纳、猜想和解决问题的能力，但在解决“线段和最短”这一问题上缺乏经验。

· 教学策略

创设具有启发性、学生感兴趣、有助于自主学习和探索的问题情境，使学生在活动丰富、思维积极的状态中进行探究学习；组织学生合作学习，并对合作过程进行引导，使学生朝着有利于知识建构的方向发展。

· 教学环节

1. 情境导入：将军饮马问题

相传，古希腊亚历山大里亚城里有一位久负盛名的学者，名叫海伦。有一天，一位将军专程拜访海伦，求教一个百思不得其解的问题：如下图所示，将军每天从营地 A 出发，先到河边饮马，然后再到河岸同侧的营地 B 开会，应该怎样走才能使路程最短？精通数学、物理学的海伦稍加思索，很快就解答了这个问题。这个问题后来被称为将军饮马问题。同学们想知道海伦是怎么解决的吗？

【设计意图】以数学历史故事引入课题，激发学生的学习兴趣，引发求知欲。

2. 探究新知

活动一：把将军饮马问题抽象为数学问题，先从简单的问题入手。如下图所示，A，B 两点在直线 l 的异侧，在直线上求一点 C 使得 $AC+CB$ 最短。

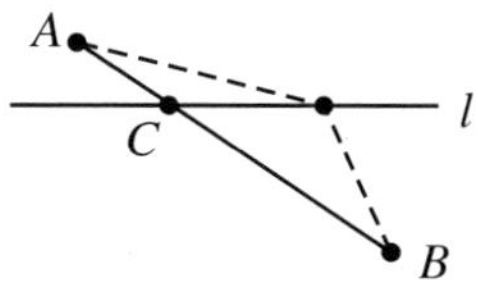

【设计意图】从简单的问题入手，为学生探究后面的问题做铺垫。

活动二：让学生以小组为单位进行思考并讨论——能把同侧 A、B 两点转化到直线的异侧吗？学生分析后，作点 B 关于直线 l 对称的点 B'，连接 CB'，其中 $AC+CB=AC+CB'$（如下图所示），如果 $AC+CB'$ 的和最小，那么 $AC+CB$ 的和就最小。这里需要利用轴对称的性质进行转化，应先让学生再复习一下轴对称的性质。

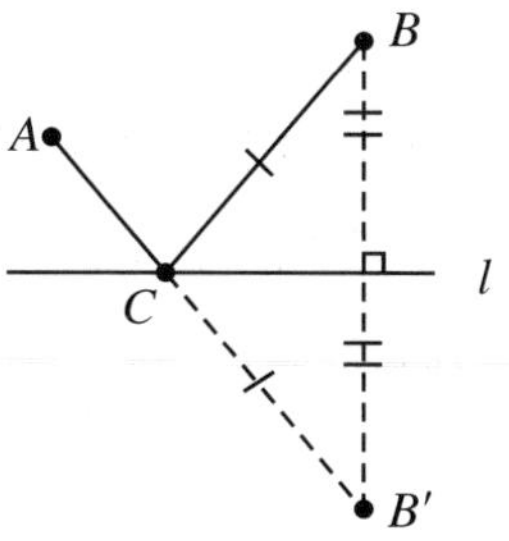

【设计意图】复习旧知识，让学生巩固知识，便于知识的理解和运用。将两点同侧问题转化为前面解决的异侧问题，使问题简单化，利于学生解决较复杂的问题，渗透转化思想。

活动三：证明这条路径是最短的，写出简单的证明过程，最后得出结论，并让学生体会转化思想。

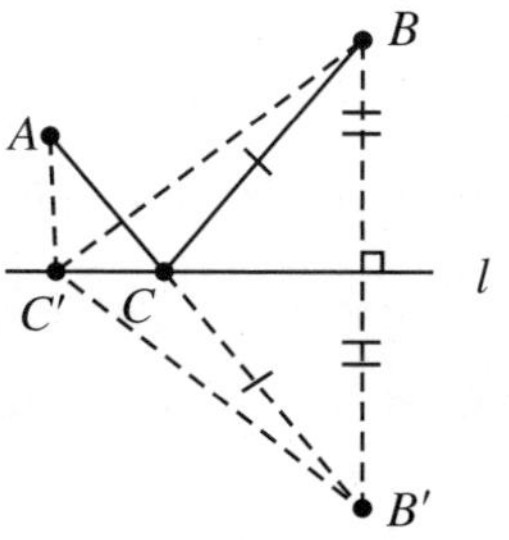

【设计意图】让学生进一步体会数学的严谨性，验证思路的正确性，提高学生的逻辑思维能力，体会转化思想。

3. 同步练习

进行同步练习，使学生学会运用知识，最终再回到生活实际问题中去。如下图所示，A、B 两城镇都在燃气管道的同侧。在燃气管道的哪个位置建气站，可使向两城镇供气所用的输气管线最短？让学生独立完成画图，分析解题思路并在大屏幕展示成果，其他学生纠正补充，教师适时点评。

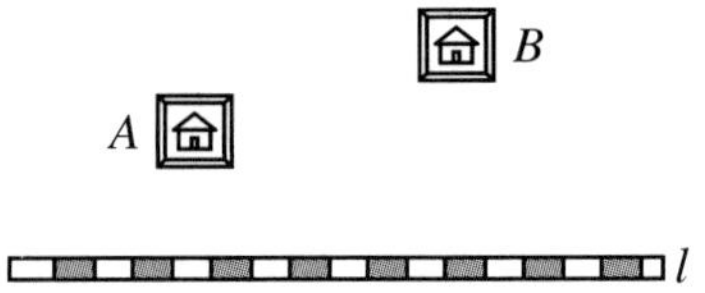

【设计意图】同步练习可以增强学生巩固知识、运用知识的能力，发展学生思维的灵活性。深化对重点知识的理解与运用，提高学生分析问题和解决问题的能力，使学生将知识转化为技能。

4. 课堂小结

学生自己总结最短路径问题的求解过程：建立模型将两点同侧问题转化为异侧问题，其中转化的关键是作对称点，利用轴对称的性质将线段转化，把最短路径最终转化为“两点之间线段最短”来解决。

【设计意图】让学生在反思的过程中，体会轴对称的桥梁作用，感悟转化思想，丰富数学活动经验。

5. 课后作业

分必做题和拓展题两部分，学有余力的同学可以做一做拓展题。

【设计意图】必做题巩固所学知识，强化基本技能，检验学生掌握知识的情况，发现和弥补教与学中的遗漏与不足。拓展题是对学生的一个挑战，培养学生善于思考、勇于探索的精神，是为了使“不同的人在数学上得到不同的发展”。

总之，在初中阶段的教学中尝试以问题引导学生自主合作探究，以情境激发学生自主思考的兴趣，以活动驱动学生自主讨论创新，充分激发学生求知欲，让学生敢于发问、善于思考、勤于探究，势必会帮助学生在探究学习中获取知识和能力，从而有效提升学习效率。

典型案例

“用频率估计概率”探究式教学案例

济南市历城区第六中学　/位　芹/

纵观整个初中阶段，关于概率知识的研究是一个螺旋上升的过程。对统计和概率的学习，可以帮助学生进一步理解试验频率和理论概率的关系，体会概率在生活中的应用，也为高中深入学习概率的相关知识打下坚实的基础。在北师大版数学七年级下册第六章《概率初步》中出现的抛均匀硬币的试验让学生感受到频率的稳定性，并在此基础上体会概率的意义。在北师大版数学九年级上册第三章《概率的进一步认识》中出现的生日问题有理论概率，但是理论概率的计算很困难，这时可以通过多次试验用频率来估计概率。但要在45分钟的课堂中通过大量重复试验来探索结论，时间显然不够，同时课堂纪律的维持、操作试验的具体要求等有时较难达到理想化，而利用Excel使得大量重复试验在课堂中得以实现，其直观的功能、简便的数据输入界面等特征使得初中生易于接受、易于操作。

·教材与学情分析

1. 教材分析

“用频率估计概率”是北师大版数学九年级上册第三章第二节的内容。本节课是在学生已经学习七年级《概率初步》和前一节用树状图或表格求概率的基础上，即学习了理论概率之后，已经具备了对频率稳定性的认识，进一步用试验频率来估计一些较复杂随机事件的概率。根据获得概率的方式，概率问题有三类：第一类问题没有理论概率，只能通过多次试验，用频率来估计它，如七年级下册教材中的掷图钉试验；第二类问题有理论概率，但理论概率的计算很困难，这时也可以通过多次试验来估计；第三类问题有理论概率，且理论概率的计算较简单，如七年级下册所学的等可能事件（古典概型）的概率计算公式和本章第一节介绍的涉及两步试验的等可能事件概率的两种方法——画树状图和列表法。本节教材主要研究的是第二类问题。从整体上来看，初中阶段关于概率知识的研究是一个螺旋上升的过程。这部分内容的学习可以帮助学生进一步理解试验频率和理论概率的关系，体会概率在生活中的应用，也为高中深入学习概率的相关知识打下坚实的基础。

2. 学情分析

学生通过七年级下册《概率初步》的学习，已经对频率的稳定性、用试验频率估计概率有了一定的了解，掌握了求简单的随机事件的概率的一类方法，在前一节又学会了用画树状图和列表法计算等可能事件的概率。本节课研究的生日问题随着人数范围的不断缩小与学生的认知形成强烈的反差。这个问题有理论概率，但是计算很困难，因此要通过多次试验用频率来估计概率。学生在七年级学习概率知识时已经积累了一些活动经验，同时具备了合作交流的能力。本节课预测学生会出现不理解频率和概率的关系（如在历城区三模考试中关于此题的得分率较低）、根据资料分析问题能力欠缺等问题，因此，在教学中要重点关注。

· 教学重难点

1. 教学重点

用试验的方法估计一些复杂的随机事件的概率，理解当试验次数较大时，试验频率稳定于理论概率。

2. 教学难点

（1）对频率与概率之间关系的理解。

（2）试验方案的设计。

· 教学策略

1. 利用计算机模拟试验、学生统计数据等活动，估计一些较为复杂的随机事件的概率，帮助学生理解当试验次数较大时，试验频率稳定于理论概率，从而突出本节课的重点。

2. 借助于计算机 Excel 的图表功能，把试验次数逐渐增加时获得的多个频率，绘成折线统计图，快捷、直观。学生通过亲身经历体验到频率是随着试验次数的变化而变化，依赖于具体的试验，而概率是确定的，从而加深对频率和概率之间关系的理解。对于试验方案如何设计，可以采取小组合作交流的方式，课堂上留出充分的时间让学生合作交流，进行展示，突破本节课的难点。

·教学目标

1. 能用试验的方法估计一些复杂的随机事件发生的概率，进一步体会概率的意义。

2. 理解当试验次数足够大时，试验频率将稳定于理论概率，理解频率与概率的关系。

3. 能利用概率解决一些简单的实际问题，在解决问题中体会概率是描述随机现象的数学模型，发展应用意识。

·教学过程

1. 构建互动场

教师提出问题：我们学过的求概率的方法有哪些？用画树状图或列表法计算随机事件的概率时，要注意哪些问题？

问题 1：400 名同学中，一定有 2 名同学的生日相同（可以不同年）吗？

问题 2：300 名同学呢？

问题 3：可有人说 50 名同学中，就很可能有 2 名同学的生日相同，你同意这种说法吗？

问题 4：你能说出爸妈的生日吗？利用全班同学的生日和爸妈的生日开展现场调查。

如果我们班有生日相同的同学，能否说明“50 名同学中，就很可能有 2 名同学的生日相同”的概率为 1？如果没有，能否说概率为 0？

问题 5：你能试着计算一下问题 4 中事件的概率吗？

师生活动：教师提出问题，学生思考、回答，初步感受本节课要探究的内容。教师要及时板书。

【设计意图】问题 1 从学生熟悉、感兴趣的事物引入，激发学生的学习兴趣。只要学生的解释合理，教师就给予鼓励，如果能够用抽屉原理解释更好。问题 2 缩小范围提出问题，引起学生的思考。问题 3 进一步缩小范围，与学生的认知产生强烈的反差，激起学生探求新知的欲望。问题 4 对学生渗透情感教育，开展现场调查，也是为了让学生感受收集数据、统计数据的过程。问题 5 的设计是让学生感受用树状图进行计算会非常麻烦，从而引导学生通过试验来解决这种复杂事件的概率，用试验频率估计理论概率，顺利过渡到下一个环节。

2. 试验探究

活动一：设计方案，进行试验

（1）设计方案

为了验证上述说法正确与否，我们可以通过大量重复试验，用“50个人中有2个人的生日相同”的频率来估计这一事件的概率。你能设计试验方案吗？

方案一：把全班每个同学所调查的数据写在纸条上，放在箱子里随机抽取。

方案二：全班分成10个小组，把每个小组调查的数据放在一起，打乱次序，随机抽取5个，然后将10个小组的结果放在一起，组成50个数据。

师生活动：教师引导学生从收集数据开始，思考：我们需要收集多少个数据？怎么抽取？是放回还是不放回？如何进行统计？学生小组交流讨论。

【设计意图】教师提出问题，学生大胆设计方案，教师对学生的方案及时指导与鼓励。同时，在设计方案的过程中，学生会感受到这种方案的实施比较费时费力，在课堂上不能保证一定能够完成，因此，我们可以用计算机模拟试验。

（2）试验过程

教师出示模拟试验方案：

产生1~365某一自然数随机数代表生日的方法：利用计算机随机抽取50个数，多次重复试验，并计算出50个数中有重复数字的频率，即50个人中有2个人的生日相同的频率，绘制成折线统计图，从而估计出50个人中有2个人生日相同的概率，此为模拟试验。

两人为一个小组合作完成：

a. 组员1用计算机随机抽取50个数，共抽取50次。

b. 组员1、2观察每次抽取的50个数中是否有重复数字。

c. 组员2用表格记录50次试验中有重复数字的次数。

d. 做完50次试验以后，在教师的电脑上输入统计数据。

附Excel抽取数字过程：

第一步：组员1打开Excel表格，在一个单元格中输入“=RANDBETWEEN（1，365）”，回车，此时随机产生了1~365中的一个整数。

第二步：将鼠标放在单元格右下角，待光标变成“+”时下拉单元格，产生50个随机数。

第三步：选定这50个数值，点击开始—条件格式—突出显示单元格规则—

重复值—确定。组员 2 观察这 50 个数中是否有重复数字。

第四步：选定这 50 个数值，点击菜单栏中数据刷新，进行第二次试验。往下依次刷新，重复试验。

在抽取数字的过程中，可能会出现 50 次试验中全部都是有重复数字的情况，也可能会出现连续两次都没有的情况等，这正反映了随机现象的特点。

师生活动：

教师提出问题：为什么要抽取 1~365 的数字？学生思考交流，然后教师演示一遍抽取数字和查看重复数字的过程，把具体操作步骤展示在大屏幕上。学生对照步骤一步步进行操作，做好观察和记录。

【设计意图】考虑到试验本身的特征和教学的效率最后选择模拟实验，同时也有利于计算机等现代信息技术与数学教学的有机融合。这里教师要让学生明白为什么要抽取 1~365 的数字？如果我们把一年当作 365 天，那么每个人的生日总是属于 365 天中的一天，保证了每人被抽到的可能性相同。因为是在微机室上课，所以能够保证两人为一小组使用电脑，尽可能多地让学生参与抽取数据和统计数据的过程，发展学生的合作交流能力。

活动二：统计数据，估计概率

（1）汇总学生的数据，分小组进行统计分析，计算频率，填写下列表格。

试验总次数	50	100	150	200	250	…
“有 2 个人的生日相同”的次数						
“有 2 个人的生日相同”的频率						

师生活动：学生将数据输入表格后，教师利用计算机计算频率。这里先让学生明确频率的计算公式，提醒学生注意在计算频率时前面试验中出现重复的次数要累加一并计算在内。

（2）利用计算机绘制折线统计图。

师生活动：

教师利用计算机进行操作，学生观察折线统计图。教师提出问题：频率在什么范围内波动？怎样才能使频率逐渐稳定？频率没有达到稳定值时能否估计出概率？

（3）根据表中的数据，估计“50 个人中有 2 个人的生日相同”的概率。

师生活动：

根据上面的数据，学生可能估计概率为 0.98，这里我们不要求学生估计出准确的概率值，而是让学生感受到本问题的概率较大即可。到这里，学生可能还不理解，教师需要进一步解释，中国 14 亿多人口，每个人的生日就是一年中的某一天，把 14 亿人口的生日分别放在 365（或 366）天中，我们就会发现这个相同的概率是很高的。而这正与一开始提到的抽屉原理有些相似。

（4）更进一步认识用频率估计概率。

师生共同总结。

结论 1：在进行大量重复试验时，随着试验次数的增加，事件 A 发生的________会在一个常数附近摆动，这就是频率的________性。此时可以用这个常数估计事件 A 发生的________。

结论 2：频率与概率的区别与联系。频率是变化的值（随着试验次数的变化而变化），概率是确定的值，当试验次数无限增加时，频率与概率无限地接近。

【设计意图】教师恰当引导，让学生自己设计试验方案，并体会方案的严谨性和可操作性。用计算机模拟试验估计理论概率的过程，让学生感知“50 个人中有 2 个人的生日相同”的概率很大，丰富学生的数学活动经验。折线统计图更能反映出频率的走势，使得学生相信用频率估计概率的可靠性。通过一连串的追问，再一次引导学生思考频率与概率的关系，解决学生心中的疑惑，从而突破本节课的难点，帮助学生体会当事件比较复杂不容易求概率时，可以用试验频率求概率，体会转化思想的应用。

数据参考：下面是说明“几个人中至少有两人生日相同”的概率大小表和折线统计图。

试验次数	全部不相同的次数	有重复的次数	频　率
50	1	49	0.98
100	1	99	0.99
150	3	147	0.98
200	3	197	0.985

续表

试验次数	全部不相同的次数	有重复的次数	频　率
250	5	245	0.98
300	5	295	0.983 333 333
350	7	343	0.98
400	7	393	0.982 5
450	9	441	0.98
500	10	490	0.98
550	12	538	0.978 181 818
600	13	587	0.978 333 333
650	13	637	0.98
700	16	684	0.977 142 857
750	16	734	0.978 666 667
800	16	784	0.98
850	17	833	0.98
900	19	881	0.978 888 889
950	20	930	0.978 947 368
1000	21	979	0.979

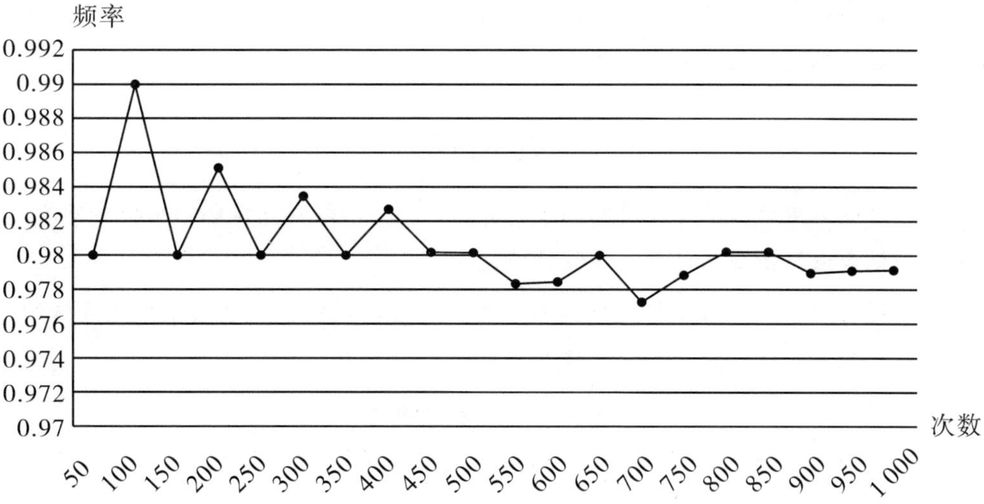

· 教学反思

根据自身的教学实践，借助计算机Excel软件相关功能，在概率教学中适当融入现代信息技术，学生经历数据收集、处理、分析的过程，能够加深对频率和概率之间关系的理解，极大地调动学生的学习兴趣，提高教学的交互性和直观性，帮助学生体会数学来源于生活。

典型案例

引发知识冲突，渴求知识真谛

——三角形内角和定理教学案例

济南市历城区第六中学 /时欣秋/

兴趣是学习最好的老师，在教学过程中若能够引发学生认知冲突，则可以极大地调动学生学习的积极性，从而激发学生学习的强大动力，促使学生自主学习，探求知识真谛，成为课堂真正的主人。教师要认真设计教学环节，引发学生的认知冲突，大胆放手让学生去探究、解决问题。我以三角形内角和定理教学为例，说说我对探究式教学的理解。

本节课是北师大版数学八年级上册第七章《平行线的证明》第五节第一课时的内容，属于图形与几何领域中的三角形板块。小学阶段，学生已经学习过三角形内角和等于180°；七年级时，学生又通过活动再次验证了这一结论。这节课是在活动验证的基础上，进行严格证明。

· 教学目标

1. 能够从剪拼图活动中得到启发，通过添加辅助线找到证明的思路和方法，并能用综合法写出证明过程，发展推理能力。

2. 通过用不同的方法证明三角形内角和定理的过程，感受问题解决方法的多样性，积累解决问题的经验，提升解决问题的能力。

3. 能够运用三角形内角和定理解决相关角的问题。

4. 体会通过合情推理探索数学结论，运用演绎推理证明数学结论，发展合情推理、演绎推理的能力。

·教学过程

一、动手操作，引发认知冲突

活动一：

1. 三角形内角和是多少度？你能说明为什么是 180° 吗？任意一个三角形都是 180° 吗？

2. 你还记得这个结论的探索过程吗？动手看看，你有几种不同方法？（小组合作交流，在黑板展示。）

小组活动的结果大体有三种：

第一种是用量角器量出一个三角形的三个角的度数，然后把它们相加，结果是 180° 。其他小组提出质疑：如果在测量过程当中有误差，那么它们的和可能会比 180° 多或比 180° 少，这样怎么能够准确得到三角形的内角和呢？

第二种是通过三角形的折叠，让三角形三个角的三个顶点汇合到一处，构成一个平角。可是有的小组就提出质疑：汇合之后有缝隙，怎么能说它构成了一个平角呢？

第三种是通过把三角形的三个角剪下来，拼在一起，构成一个平角。这同样也产生了一些误差。

【设计意图】注重学生已有的经验基础，从身边最熟悉的三角板开始到一般三角形，经历从特殊到一般的思维过程，通过上述的小组活动引发学生的知识冲突，让学生在探查以前的概念的同时，发现了其中的问题和存在的疑惑，从而激发学生的学习兴趣，使学生明确本节课的学习任务，在短时间内集中学生的注意力，促进学生积极思考，形成较高的课堂关注。

活动预计：学生在小学和七年级下册已经初步学习过三角形内角和的知识，对定理的内容及通过折纸、测量等验证方法比较熟悉。教师提出的问题看似宽泛，实际上学生根据已有经验，很快能把问题集中到定理的内容和验证方法上，能够比较准确地表达三角形内角和定理及其验证方法。教师需在回顾中引导学生发现，之前验证三角形内角和定理的方法都停留在直观验证的层面上，能不能通过严密的推理证明三角形内角和定理呢？从而明确本节课的学习重点与之前的不同之处，激发学生向更高的学习目标前进。

教师活动：任务驱动，巡视指导。

初中阶段我们不能仅仅满足于直观验证，需要向更高层次发展，能不能通过严密的推理证明三角形内角和定理呢?

3. 证明几何命题的一般步骤是什么?

请分析定理的条件、结论，画出图形并结合图形写出已知、求证。

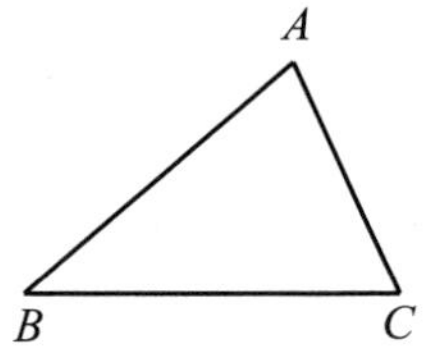

学生活动：结合定理画出图形，写出已知、求证，明确所要解决的问题。

已知：在△*ABC* 中，∠*A*，∠*B*，∠*C* 是三角形的三个内角。

求证：$\angle A+\angle B+\angle C=180°$。

【设计意图】进一步规范命题证明的步骤，树立严谨的学习态度。

活动预计：大部分学生应该能够顺利写出已知、求证，并画出图形，此处可以由学生口答、教师板书，在班上进行规范引领。

二、引导点拨，自探解决方法

活动二：想一想，在△*ABC* 中，如果不能移动角，那么你还有什么方法可以达到同样的效果？看谁想的方法更多？从刚才拼角的过程你能想出证明的办法吗?

【设计意图】引导学生尝试通过证明来说明结论的正确性，发展学生的推理能力。力图在更为丰富多样的证明中，让学生感受到这些证明方法的共性——将角搬到一起；同时，也对学生进行学习方法的引导——遇到问题，要抓住问题的本质，尽可能寻求多样的解决问题的方法，在方法中进一步感受解决问题的方法的本质。用平行线的判定定理及性质定理来推导出新的定理，让学生再次体会几何证明的严密性和数学的严谨性。

三、大胆放手，将课堂还给学生

活动三：与同伴交流证明三角形内角和定理的方法。

方法一：如图 1 所示，过点 *A* 作 $DE \parallel BC$。

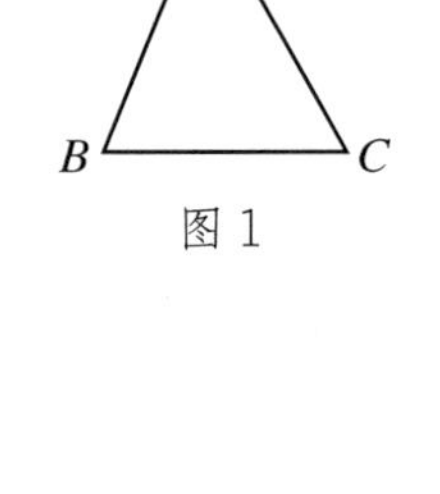

图 1

$\because DE \parallel BC$。

$\therefore \angle DAB=\angle B$，$\angle EAC=\angle C$（两直线平行，内错角相等）。

$\because \angle DAB+\angle BAC+\angle EAC=180°$，

$\therefore \angle BAC+\angle B+\angle C=180°$（等量代换）。

方法二：如图 2 所示，作 BC 的延长线 CD，过点 C 作射线 $CE \parallel BA$。

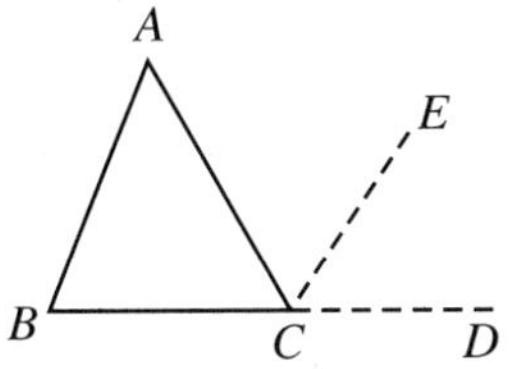
图 2

$\because CE \parallel BA$，

$\therefore \angle B = \angle ECD$（两直线平行，同位角相等），

$\angle A = \angle ACE$（两直线平行，内错角相等）。

$\because \angle BCA + \angle ACE + \angle ECD = 180°$ ，

$\therefore \angle A + \angle B + \angle ACB = 180°$ （等量代换）。

方法三：如图 3 所示，过点 A 作 $AE \parallel BC$。

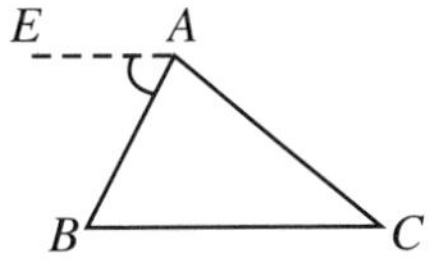
图 3

$\because AE \parallel BC$，

$\therefore \angle B = \angle BAE$（两直线平行，内错角相等），

$\angle EAB + \angle BAC + \angle C = 180°$ （两直线平行，同旁内角互补）。

$\therefore \angle B + \angle C + \angle BAC = 180°$ 。

学生活动：

1. 在独立思考的基础上，探索解决问题的方法，组内交流。

2. 班级展讲，谈自己的证明思路和方法。

3. 三人板演不同的证明方法，其他人选取一种证明方法在导学案上写出证明过程。

【设计意图】通过独立思考、班级展讲，交流学生易想到的证明方法，引领学生在探究过程中体会证明三角形内角和定理的基本数学思想和方法，掌握基本构图，规范证明的步骤以及推理的严密性，培养学生的观察能力、语言表达能力和分析归纳能力，发展学生的抽象逻辑思维。

活动预计：大部分学生根据以前的学习经验，将三角形的三个内角转化成一个平角或一对同旁内角，容易找到其中的一种或两种证明方法，能够将三种证明方法都想到的学生可能很少。此时，组织学生进行班级展讲，补充完善证明方法，归纳出证明三角形内角和定理的方法，这一过程运用了转化的基本数学思想，具体方法是借助平行线转化角。

四、合作探究，得到知识真谛

反思三种方法的共性：①经过三角形的顶点；②作平行线；③实现角的转化，将三个内角转化成平角或同旁内角。

板书：$180°\xrightarrow[\text{平行线}]{\text{转化}}$ 平角 同旁内角

辅助线的定义：为了证明的需要，在原来的图形上添加的线叫作辅助线。在平面几何里，辅助线通常画成虚线。

典型案例

求解二元一次方程组第二课时教学设计

济南市历城区第六中学　/邝春莲/

·课标要求

1. 内容要求

掌握加减消元法，能解二元一次方程组。

2. 能力目标

（1）了解解二元一次方程组的消元思想，初步体会化未知为已知的化归思想，培养学生的数感、运算能力。

（2）选择恰当的方法解二元一次方程组，培养学生的观察、分析能力。

十大核心概念在本节中突出培养的是学生的数感、运算能力。

·教材与学情分析

1. 教材分析

本节课是北师大版数学八年级上册第五章《二元一次方程组》的第二节《求解二元一次方程组》，属于数与代数领域中的方程与方程组板块，要求学生能利用消元思想熟练地解二元一次方程组。本节体现的消元方法有代入消元法、加减消元法，教材安排了2个课时分别完成。本节课是第2课时，要求学生能利用消元思想熟练地解二元一次方程组，体现的消元方法是加减消元法。通过第1课时的学习，学生已经能够解一般的二元一次方程组，但对有些方程用代入消元法解可能比较繁杂。加减消元法是解二元一次方程组的基本方法之一，要求两个方程中必须有某一个未知数的系数的绝对值相等（或利用等式的基本性质在方程两边同时乘一个适当的不为0的数或式，使两个方程中某一个未知数的系数的绝对值相等)，然后利用等式的基本性质在方程两边同时相加或相减消元，体会“化未知为已知”的化归思想。

2. 学情分析

在学习本节课之前，学生已经掌握了有理数、合并同类项、去括号等法则，能熟练地进行简单的整式的加减法运算，知道方程的解的意义，能熟练地求解一元一次方程，了解二元一次方程及其解的意义、二元一次方程组及其解的意义，能通过代入消元法求解二元一次方程组。

·教学重难点

1. 教学重点

会用加减消元法解二元一次方程组。

2. 教学难点

用加减消元法解两个未知数的系数的绝对值不相等的二元一次方程组。在解题过程中进一步体会消元思想和“化未知为已知”的化归思想。

3. 突出重点、突破难点的教学策略

本节课通过自主学习与合作交流，多数学生能学会直接用加减消元法解某一未知数的系数相等或互为相反数时，可以通过两个方程相加减消去一个未知数，从而把二元变成一元，达到消元的目的，把解二元一次方程组变成解一元一次方程。部分学生在学习某一未知数的系数的绝对值不相等的二元一次方程组时，存在障碍。另外，在两式相减时，可能会有不少学生出现符号错误。针对这一问题采取的策略是从简单入手，让学生通过自主学习，合作交流，利用等式的基本性质进行恒等变形，再把变形后的等式相加减，就能把二元变成一元，达到消元的目的。如有符号错误，可复习回顾去括号的知识，加强练习。

·教学目标

1. 会用加减消元法解二元一次方程组。

2. 进一步了解二元一次方程组的消元思想，体会“化未知为已知”的化归思想。

3. 选择恰当的方法解二元一次方程组，培养学生的观察、分析能力。

·当堂检测

1. 二元一次方程组 $\begin{cases}2x-3y=2,\ ①\\2x+y=18\ \ ②\end{cases}$ 的最优解法是（　　）。

A. 由①得 $2x=2+3y$，再代入②

B. 由②，得 $y=18-2x$，再代入①

C. ②－①，消去 x

D. ②×3+①，消去 y

2. 解下列二元一次方程组：

（1）$\begin{cases}3x+5y=21,\\2x-5y=11;\end{cases}$

（2）$\begin{cases}5x+2y=25,\\3x+4y=15。\end{cases}$

·教学过程

一、构建互动场

活动一：解二元一次方程组 $\begin{cases}3x+5y=21,\ ①\\2x-5y=-11。②\end{cases}$

学生在练习本上做，教师巡视、引导、解疑，注意发现学生在解答过程中出现的新想法，可以让用不同方法解题的学生将他们的方法板演在黑板上，然后进行评析，并为加减消元法的出现铺路。

学生可能的解答方法 1：

解：把②变形，得 $x=\dfrac{5y-11}{2}$。③

把③代入①，得 $3\times\dfrac{5y-11}{2}+5y=21$。

解得 $y=3$。

把 $y=3$ 代入②，得 $x=2$。

所以方程组的解为 $\begin{cases}x=2,\\y=3。\end{cases}$

学生可能的解答方法 2：

解：由②，得 $5y=2x+11$。③

把 $5y$ 当作整体，将③代入①，得 $3x+(2x+11)=21$。

解得 $x=2$。

把 $x=2$ 代入③，得 $y=3$。

所以方程组的解为 $\begin{cases} x=2, \\ y=3。\end{cases}$

（此种解法体现了整体的思想）

学生可能的解答方法 3（观察后发现，两个方程中一个含有 $5y$，而另一个是 $-5y$，两者互为相反数）：

解：根据等式的基本性质，①＋②，得 $5x=10$。

解得 $x=2$。

把 $x=2$ 代入①，得 $y=3$。

所以方程组的解为 $\begin{cases} x=2, \\ y=3。\end{cases}$

教师总结：通过上面的练习发现，同学们对代入消元法都掌握得很好，基本上都能够按要求得出二元一次方程组的解（如方法 1），可是也有同学发现方法 2 的解法比方法 1 的解法简单。方法 2 是将 $5y$ 作为一个整体代入消元，体现了代入消元法的核心是代入消元，通过消元，使二元转化为一元，从而使问题得以解决。方法 3 的解法又如何呢？它达到消元的目的了吗？

留些时间给学生观察，注意引导学生观察方程中某一未知数的系数，如 x 的系数或 y 的系数。

引导学生发现方程①和②中的 $5y$ 和 $-5y$ 互为相反数，根据互为相反数的两数之和为零，将方程①和②的左右两边分别相加，然后根据等式的基本性质消去未知数 y，得到了一个关于 x 的一元一次方程，从而实现了化二元为一元的目的。

这就是我们这节课要学习的二元一次方程组的解法中的第二种方法——加减消元法。

目的：让学生在练习的过程中学会思考、分析，通过思考自然得出我们要研究和解决的问题。

设计效果：通过练习、对比、讨论，学生既巩固了已学的用代入消元法解二元一次方程组的知识，又在此过程中发现了新的解二元一次方程组的方法——加减消元法。

说明：如果学生中没有人会使用方法 3，教师可以适当引导，如在方法 2 中，我们直接解出 $5y$，代入另一个式子从而消去一个未知数，是否可以不解出而是直接消去这个未知数呢？两个式子中 y 的系数有什么关系？能否通过等式的基本性质进行加减直接消去这个未知数呢？

二、自主学习

活动二：例 3　解二元一次方程组 $\begin{cases}2x-5y=7，① \\ 2x+3y=-1。②\end{cases}$

1. 观察这个方程的特征，类比上一题，你认为可以怎样解？

分析：观察到方程①②中未知数 x 的系数相等，可以利用两个方程相减消去未知数 x。

2. 请你试着写出求解过程。

（若学生先前的环节接受得好，可以让学生独立完成，教师再跟进讲授。）

【设计意图】通过问题引导学生发现，这种消元方法的依据是等式的基本性质，并且得出当方程组中某一未知数的系数相等时可以通过将两个方程相减消去一个未知数，从而达到把二元转化为一元的目的，初步感知加减消元法的思想。

三、交流探究

活动三：1. 结合前面两个方程的解法，你能说一说什么是加减消元法吗？

2. 用这种方法解二元一次方程组的前提条件是什么？

3. 什么时候用加法？什么时候用减法？

建模一：在二元一次方程组的两个方程中，若某个未知数的系数互为相反数，则可直接把这两个方程的左右两边分别相加，消去这个未知数得到一个一元一次方程；若某个未知数的系数相等，则可直接把这两个方程的左右两边分别相减，消去这个未知数，得到一个一元一次方程，从而求出它的解。这种解二元一次方程组的方法叫作加减消元法，简称加减法。

【设计意图】设计这一活动的目的是让学生对适合用加减消元法解的二元一次方程组的特点有更清晰的理解，并且会准确地判断什么时候用加法消元，什么时候用减法消元。这不仅为后面探究同一未知数系数的绝对值不相等和不成整倍数关系的二元一次方程组做铺垫，还培养了学生对所学知识及时进行归纳、总结的学习习惯。

巩固练习：课本随堂练习（1）（2）。

活动四：例 4　解二元一次方程组$\begin{cases}2x+3y=12,\\3x+4y=17。\end{cases}$

先留一定的时间让学生观察此方程组，让学生说明自己观察到此方程组的两个方程有什么特点，能不能自己解决此方程组，用什么方法解决。若学生提出用代入消元法，则可以让学生先按此法完成，然后再问能不能用刚学过的加减消元法解决。让学生讨论尝试，教师适当分析、引导，通过师生互动来解决问题。

【设计意图】通过师生互动，了解学生对知识的掌握程度，并针对出现的问题，给出解决的方案，从而对知识有更深的理解。

活动五：议一议。

根据上面几个二元一次方程组的解法，请同学们思考下面两个问题：

1. 用加减消元法解二元一次方程组的基本思路是什么？

2. 用加减消元法解二元一次方程组的主要步骤有哪些？

建模二：

1. 用加减消元法解二元一次方程组的基本思路仍然是消元。

2. 用加减法解二元一次方程组的步骤：

（1）变形——找出两个二元一次方程中同一个未知数系数的绝对值的最小公倍数，然后分别在两个二元一次方程的两边乘适当的数，使所找的未知数的系数相等或互为相反数。

（2）加减消元，得到一个一元一次方程。

（3）解这个一元一次方程。

（4）把求出的未知数的解代入原方程组中的任意一个方程，求出另一个未知数的值，从而得方程组的解。

【设计意图】使学生明确使用加减消元法的条件，体会在某些条件下使用加减消元法的优越性。同时，通过本环节的学习，加深和巩固学生对加减消元法的认识。

巩固练习：课本随堂练习（3）（4）。

四、综合建模

1. 本节课我们学习了什么新知识？

2. 两种解二元一次方程组的方法的共同点和各自的优势分别是什么？

（1）关于二元一次方程组的两种解法：代入消元法和加减消元法，通过比较，我们发现其实质都是消元，即通过消去一个未知数，化二元为一元。

（2）只有当二元一次方程组的某一个二元一次方程中某一未知数的系数的绝对值是 1 时，用代入消元法较简单，其他的用加减消元法较简单。

【设计意图】巩固和加深对化归思想的理解和运用。

五、作业布置

A 组：习题 5.3 第 1、2 题。

B 组：习题 5.3 第 3 题。

C 组：已知关于 x，y 的二元一次方程组 $\begin{cases}2x+3y=k,\\3x+2y=k+2\end{cases}$ 的解 x，y 的和为 6，求实数 k 的值。

·板书设计

5.2　求解二元一次方程组（2）		
引例	例 3 建模一	例 4 建模二

典型案例

探究有迹可循　思维拾级而上

——探究式数学教学案例

济南市历城区第六中学　/彭年泰/

在三角形中位线定理新课引入教学中，一般是从实验、观察、猜想出发得出三角形中位线定理，然后给出证明。这种教学方式体现了学生的主体地位，但是问题仍然解决得不够彻底，因为这样设计还没有暴露三角形中位线这一概念的形成过程，没有注意到暴露三角形中位线定理被发现的过程，也没有暴露定理证明的过程中辅助线引入的必然性。数学概念往往是人们对概念的内涵有了较深刻的认识之后才产生的。同样，三角形中位线的概念也是因为人们发现三角形中位线具有某种共同的特性以后，才把它从一般线段的范围中划分出来加以定义的。在讲解三角形中位线定理时，怎样引入三角形中位线这一概念一直困扰着本人。后来经过分析，从学生的认知结构出发，本人认为三角形的中线平分面积是三角形中位线定理的最佳知识生长点。学生已经学习了三角形的有关概念和几条重要线段以及相关性质，本人提出以下问题：

（1）三角形的重要线段有哪些？

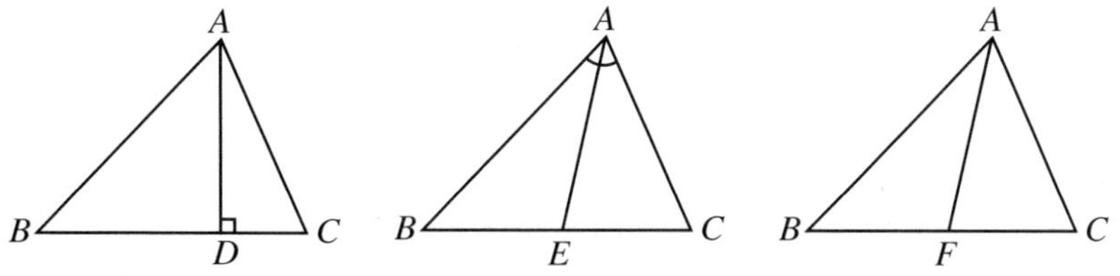

（2）哪一条线能二等分三角形的面积？

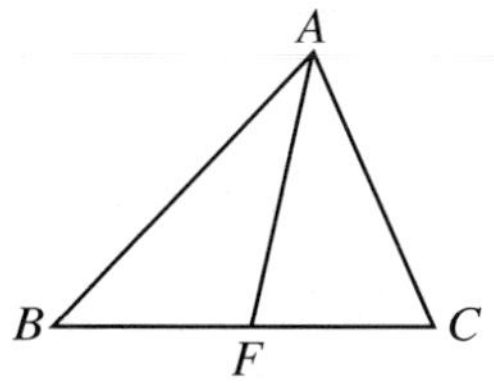

（3）你能四等分三角形的面积吗？

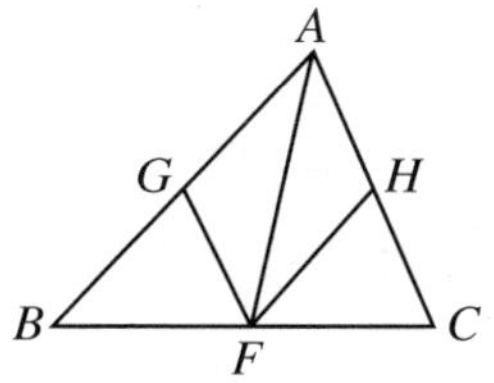

通过问题情境的设置，先让学生回忆以前学过的知识，而后进一步提出如何将三角形面积二等分、四等分，从而引入三角形的中位线：三角形两边中点的连线是三角形的中位线。

引出三角形中位线的定义后，教师马上追问：三角形有几条中位线？请把它们画出来。学生经过思考，画出三角形的三条中位线。教师再让学生进一步观察、思考、猜想：三角形的中位线与第三边有什么关系？学生已经知道两条线段之间的关系可以从两个角度进行分析：一种是数量关系，一种是位置关系。学生可以通过测量、观察、合情推理等方式猜想：三角形的中位线平行于第三边，且等于第三边的一半。数学是一门严谨的科学，数学结论的获得仅仅靠观察、测量等是不可靠的，需要对其进行严格的证明，顺理成章地引导学生证明三角形中位线定理。

证明一条线段是另一条线段的2倍，学生的经验是截长补短。通过尝试，补短构造“8”字全等是解决这一问题的关键。多种证明方法都是将问题转化到平行四边形中去解决的。不同的转化方法引出了不同的证明方法，这体现了数学中转化归纳的重要思想。

方法一：如下图所示，延长 DE 至点 F，使 $EF=DE$，连接 CF。

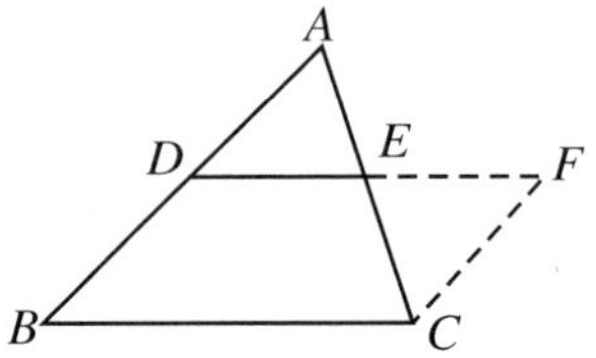

方法二：如下图所示，过点 C 作 AB 的平行线交 DE 的延长线于点 F。

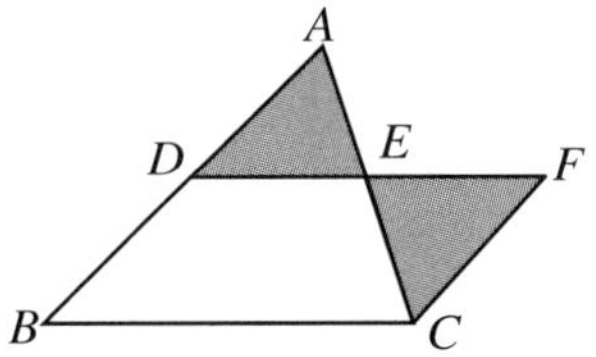

方法三：如下图所示，延长 DE 至点 F，使 $EF=DE$，连接 CD，AF，CF。

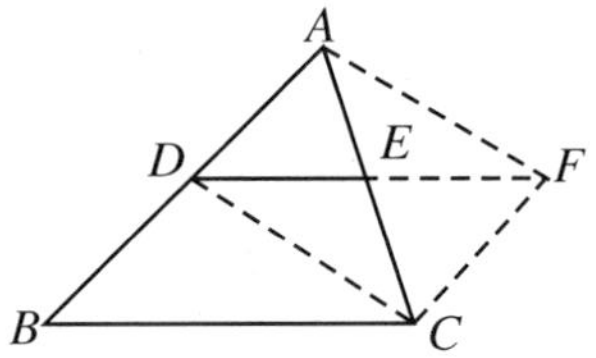

三角形中位线定理为证明平行关系以及一条线段是另一条线段的2倍或一半提供了一条新的途径。

最后引导学生建构中点的常用方法和思路，完善知识体系。

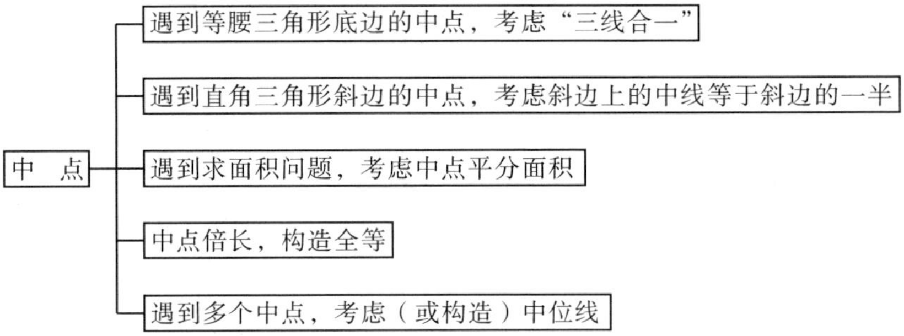

需要指出的是，探究领悟知识意蕴，设计教学路径的价值追求，不仅仅是数学知识和方法的传授，更重要的是数学思维能力的发展和数学素养的培养，应该在问题情境创设方面从“有”走向“优”，在探究过程引导方面从“懂”走向“会”，在教学环节设置方面从“完整”走向“完善”。

典型案例

锐角三角函数教学设计

——从梯子的倾斜程度谈起

济南市历城区第六中学 /王　霞/

· 课标与教材分析

1. 课标要求

利用相似的直角三角形，探索并认识锐角三角函数——正切。

2. 教材分析

本节课从生活实例出发，让学生观察多种梯子倾斜的情况。对于梯子的倾斜问题，学生在生活中也有一定的生活经验，可以很容易通过观察分析出简单的梯子倾斜情况，但对于倾斜角度非常接近的情况，就需要通过本节课的学习利用直角三角形三边的关系来判断。

· 学情分析

学生在前一阶段已经学习过有关直角三角形的知识，但对直角三角形只停留在边与边之间的关系（勾股定理）和角与角之间的关系（直角三角形两锐角互余），直角三角形中边与角之间是否也存在着一定的关系呢？本节课教师采用实验的方法，让学生真正领会到直角三角形中边与角之间确实存在着一定的关系，从而探索出在直角三角形中，一个锐角的对边与邻边的比是由锐角的大小变化而变化的。

·教学目标分析

一、教学目标

1. 知识技能

（1）经历探索直角三角形中边角关系的过程，理解正切的意义，并能举例说明。

（2）能够用 tan A 表示直角三角形中两直角边的比，表示生活中物体的倾斜程度、坡度等，并能够用正切进行简单的计算。

2. 数学思考

体验数形之间的联系，逐步学习利用数形结合思想分析问题和解决问题，体会解决问题的策略的多样性。

3. 问题解决

提高解决实际问题的能力，发展实践能力和创新精神。

4. 情感态度

（1）积极参与数学活动，对数学产生好奇心和求知欲。

（2）形成实事求是的态度和独立思考的习惯。

二、教学重点

理解正切、倾斜程度、坡度的数学意义，会根据正切的定义进行计算求值。

三、教学难点

理解正切的意义，并用它来表示两直角边的比。

四、创新支点设计

教师采用实验的方法，让学生真正领会直角三角形中边与角之间确实存在着一定的关系。

·教学评价

课堂学生参与度。

·教学方法与媒体

引导式自主探究使用 PPT 教学。

· 教学过程

一、情境探究：感知身边的数学

活动 1：AB，EF 表示梯子，BC，FD 表示地面，AC，ED 表示支撑梯子的物体，且与地面垂直。在下面四组图示中，梯子 AB 和 EF 哪个更陡？你是怎么判断的？你有几种判断方法？请与同伴交流。

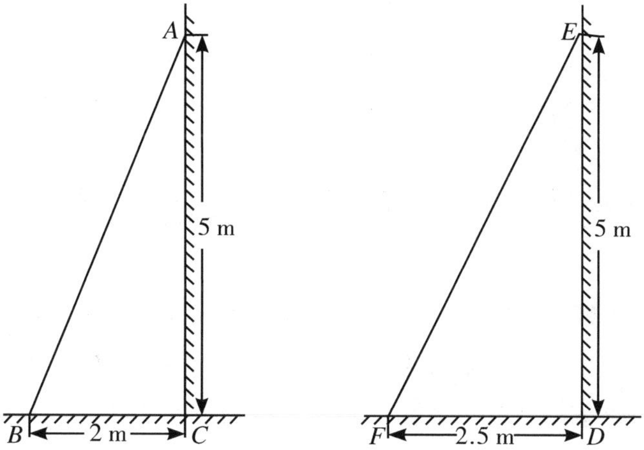

（1）

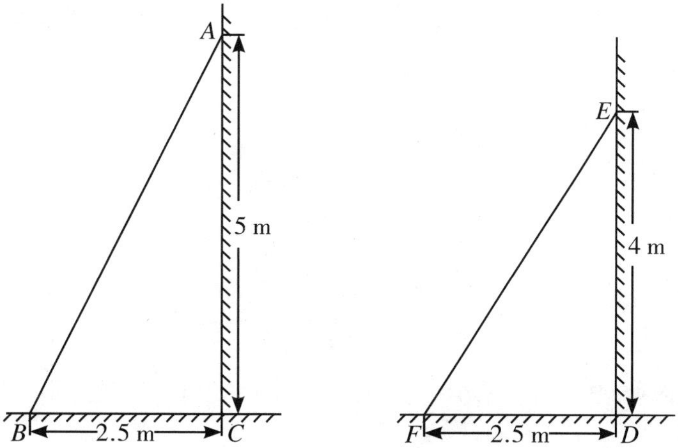

（2）

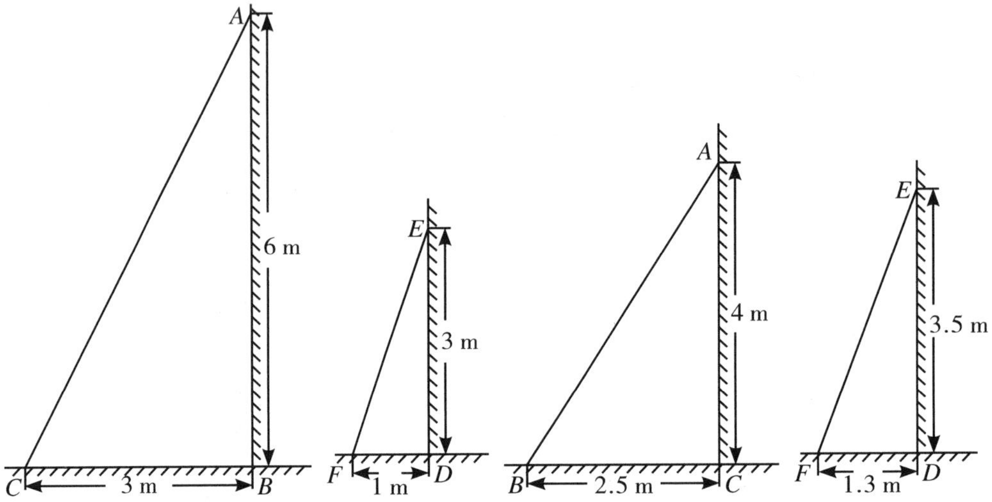

（3）　　　　　　　　（4）

在学习的过程中，有些活动学生很容易就能得到结论，但要重视实验的作用。鼓励每一名学生亲自试验，克服想当然的思维习惯，主动探索，积极验证试验结果的合理性。一定要引导学生研究清楚图（1），找出方法并探究图（3）。

活动2：如下图所示，小明想通过测量 B_1C_1 和 AC_1，并算出它们的比来说明梯子的倾斜程度。而小亮则认为，通过测量 B_2C_2 和 AC_2 并算出它们的比，也能说明梯子的倾斜程度。你同意小亮的做法吗？

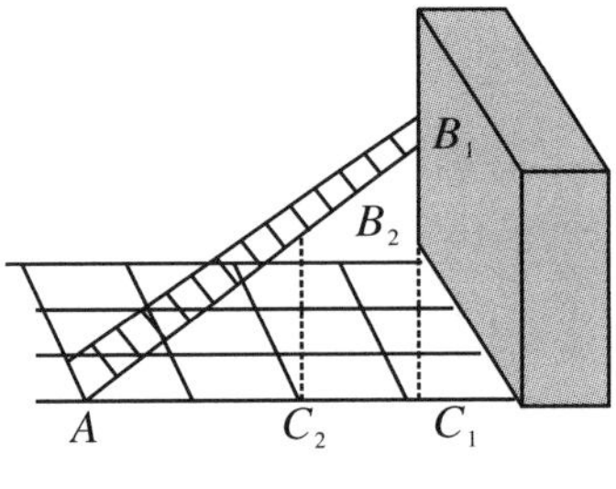

（1）$\text{Rt}\triangle AB_1C_1$ 和 $\text{Rt}\triangle AB_2C_2$ 有什么关系？（2）$\frac{B_1C_1}{AC_1}$ 和 $\frac{B_2C_2}{AC_2}$ 有何关系？

（3）若改变点 B_2 在梯子上的位置，（2）中关系是否还成立？

（4）若 $\angle A$ 的大小改变，则 $\frac{B_1C_1}{AC_1}$ 怎样变化？（2）中关系是否还成立？由此你能得到什么结论？

二、得出概念

1. 正切

如图所示，在 Rt△*ABC* 中，如果锐角 *A* 的大小确定，那么∠*A* 的对边与邻边的比随之确定，这个比叫作∠*A* 的正切（tangent），记作 tan *A*，即

$\tan A=\dfrac{\angle A\text{ 的对边}}{\angle A\text{ 的邻边}}$。

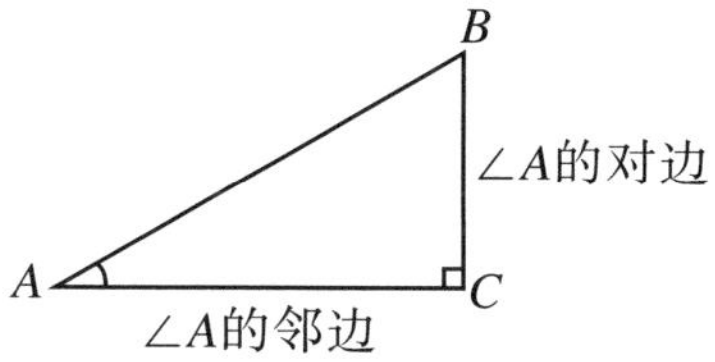

小结：tan *A* 的值越大，梯子越________。

2. 坡度

正切也经常用来描述山坡的坡度。例如，有一山坡在水平方向上每前进 100 m 就升高 60 m，如右下图所示，那么山坡的坡度 *i*（即 tan *α*）就是：$i=\tan\alpha=\dfrac{60}{100}=\dfrac{3}{5}$。

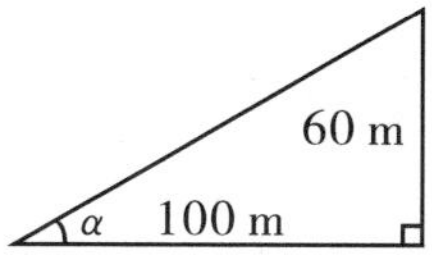

坡面与水平面的夹角（*α*）称为坡角，坡面的铅直高度与水平宽度的比称为坡度 *i*（或坡比），即坡度等于坡角的正切。

三、典型例题：体验成功喜悦

例 1　在△*ABC* 中，∠*C*=90°，*BC*=12 cm，*AB*=20 cm，求 tan *A* 和 tan *B* 的值。

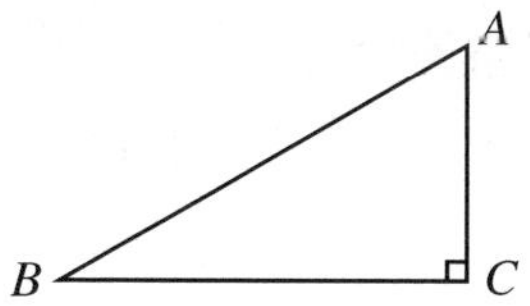

注意事项：（1）提前解释易混概念。（2）指导学生借助图形解决问题。（3）规范解题步骤。

跟踪练习：

1. 如右图所示，在△ACB 中，∠C=90°，AC=6。若 $\tan B=\frac{3}{4}$，则 BC=________，AB=________。

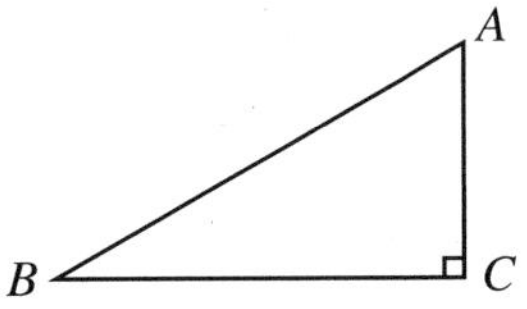

变式 1　若一个直角三角形的两边长分别为 3，4，则较小的锐角的正切值是 ________。

变式 2　如果方程 $x^2-4x+3=0$ 的两个根分别是 Rt△ABC 的两条边，△ABC 最小的角为 A，那么 $\tan A$ 的值为________。

2. 如右图所示，CD 是 Rt△ABC 斜边上的高，∠BCA=90°，AC=4，BC=3，则 $\tan\angle BCD$ 的值是（　　）。

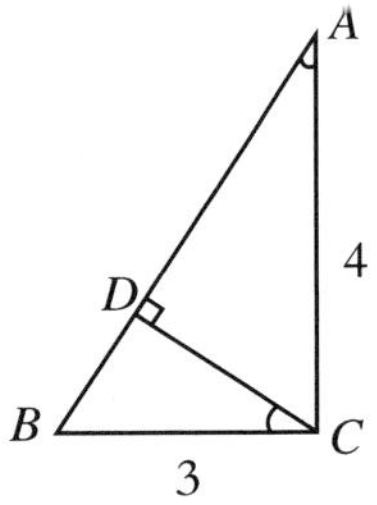

A. $\frac{3}{5}$　　B. $\frac{3}{4}$

C. $\frac{4}{3}$　　D. $\frac{4}{5}$

3. 在等腰△ABC 中，AB=AC=13，BC=10，求 $\tan B$。

4. 如图，在 8×4 的矩形网格中，每个小正方形的边长都是 1。若△ABC 的三个顶点在图中相应的格点上，则 $\tan\angle ACB$ 的值为（　　）。

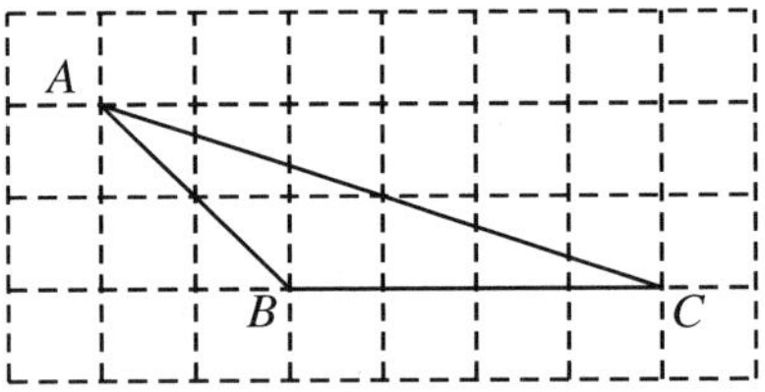

A. $\frac{1}{3}$　　B. $\frac{1}{2}$　　C. $\frac{\sqrt{2}}{2}$　　D.3

变式设计注重培养学生灵活运用知识的意识和能力，并关注学生对解题方法的提炼总结能力。

四、反思梳理：开拓崭新天地

数学日记

姓名：__________　　日期：__________

今天数学课的课题：

所学的重要数学知识：

理解得最好的地方：

疑惑（或还需进一步理解的地方）：

对课堂表现的评价（包括对自己、同学、老师）：

所学内容在日常生活中的应用举例：

通过今天的学习，你有哪些收获？

【设计意图】新课程强调发展学生数学交流的能力，用数学日记给学生提供一种表达数学思想方法和情感的方式，以体现评价体系的多元化，并使学生尝试用数学的眼睛观察事物，体验数学的价值。

五、达标检测

1. 在 Rt△ABC 中，$\angle C=90°$，若 $\tan A=\dfrac{\sqrt{6}}{2}$，则 $\tan B$ 的值等于（　　）。

A. $\dfrac{\sqrt{6}}{3}$　　B. $\dfrac{\sqrt{3}}{2}$　　C. $\dfrac{\sqrt{2}}{3}$　　D. $\dfrac{\sqrt{2}}{6}$

2. 若某人沿坡度 $i=3:4$ 的斜坡前进 10 m，则他所在的位置比原来的位置升高 ________m。

3. 如图所示，△ABC 是等腰直角三角形，你能根据图中所给数据求出 $\tan C$ 吗？

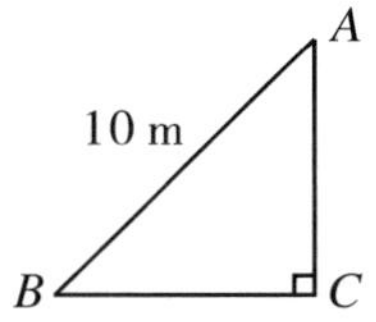

· 板书设计

从梯子的倾斜程度谈起	
例 1：	正切：

· 教学反思

总体来看，本节课的设计突出了“四个一”。

1. 贯穿一个原则——以学生为主体的原则

2. 突出一个思想——数形结合思想

3. 体现一个价值——数学建模的价值

4. 渗透一个意识——应用数学的意识

具体来看，本节课的设计力求让学生经历探索直角三角形中边角关系的过程，真正理解正切的意义及其与现实生活的联系。在设计上，我力求从学生的实际生活出发，结合学生已有的经验及知识来组织教学，让学生经历观察、猜想、验证、证明等数学活动过程，体验数、形之间的联系，逐步学习利用数形结合思想分析问题和解决问题，提高学生分析问题、提出问题、发现问题、解决问题的能力。通过师生互动、生生互动，让学生在交流、合作过程中发展合情推理能力，有条理、清晰地阐述自己的观点，并利用动画等媒体手段，使学生积极参与数学课堂教学活动，对数学产生好奇心和求知欲，形成实事求是的态度以及独立思考的习惯。本节课的教学基本实现了以上目标，达到了良好的教学效果。但反思这节课，还有不少得与失。

亮点之一：本节课在概念的引出上条理清晰，重点突出概念的教学，利用课件让学生通过观察得到直观印象，然后再让学生通过猜想、验证，从而进一步进行证明，有利于学生自主地建立概念。

亮点之二：本节课开放性大，给学生较大的活动空间，一是给时间和空间让学生互相讨论：梯子的倾斜度跟 $\tan A$ 有没有关系？有怎样的关系？改变了学生原来的单纯听课模式，转化为有质疑、有探究、有讨论的课堂。

亮点之三：师生在课堂的互动比较成功，学生参与课堂的积极性较高。通过系列活动，拓宽了学生的思维，增进学生之间的合作。

不足之处在于题目设计太多，课堂中对学生探究讨论时间把握不好，导致原来设计的部分练习没能完成，影响了学生的提高巩固训练，今后要注意精简习题和把握课堂探究时间。

典型案例

一道课后习题处理方法初探

济南市历城区第六中学 /文 杰/

如图，在矩形纸片 $ABCD$ 中，$AB=6$ cm，$BC=8$ cm，将矩形纸片折叠，使点 C 与点 A 重合，请在图中画出折痕，并求折痕的长。

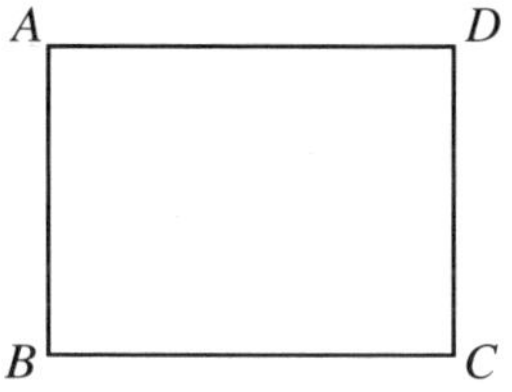

本题的处理具有示范意义。本题是北师大版数学九年级上册第 19 页课后习题。

此题的处理难点一是不会画出折痕，这里就应该让学生落实轴对称的性质：对应点连线被对称轴垂直且平分，因此，连接 AC，并作垂直平分线。

此题的处理难点二是如何求折痕的长。

方法一：熟悉平行线间的线段垂直平分线会出现菱形的模型，会用勾股定理求出线段的长度。

方法二：在学完相似三角形后，我又把这道题拿出来，与学生一起分享，大家发现用相似求线段的长度会更简单。

方法三：学完三角函数后，我又把这道题拿出来，让学生继续探讨，大家发现也可以用三角函数的方法来解决这个问题。

继而我引导学生总结了求线段长度常用的三种方法：勾股定理、相似、三角函数。

因此，我认为把课本的典型习题吃透，把前后知识贯穿起来，让学生真正理解，是教师应该做的。

习题教学是数学教学的重要部分，提高习题教学的质量是提高数学教学的关键。在教材中，每一节继基础知识之后都安排有提高习题，因此，怎样处理习题是一个值得探讨的问题。我们常有这样的困惑：不仅是讲了，而且是讲了多遍，可是学生的解题能力就是得不到提高！也常听见学生这样的埋怨：巩固题做了千万遍，数学成绩却迟迟得不到提高！这应该引起我们的反思了。一般说来，习题是具有代表性的典型题目，习题的解答过程是运用理论解决具体问题的过程。所以说习题的作用不仅是复习、巩固基础知识，而且能培养学生由一般到特殊的演绎推理能力，反过来，又能加深学生对基础知识的理解。习题的解答方法也往往是典型的重要方法。学好一道习题往往能掌握解决一类问题的方法。

典型案例

“二次函数的图像与性质”教学设计

济南市历城区第六中学 /张 迪/

· 课标要求

1. 内容标准

认识二次函数的交点式方程。

2. 十大核心概念

本节课重点培养推理能力和模型思想。

· 教材与学情分析

1. 教材分析

二次函数是描述现实世界变量之间关系的重要数学模型。本节课通过不完全归纳法得到二次函数的交点式，并进行应用。

2. 学情分析

学生在前面已经学习过一般式、顶点式，探索、分析了二次函数的图像与性质，对二次函数的学习有了一定的经验。在课后习题中也出现过交点式的形式。因此，通过合情推理得到交点式，并根据交点式求顶点坐标和对称轴，学生不会太陌生。

· 教学重难点

1. 重点

（1）认识二次函数解析式的交点式：$y=a(x-x_1)(x-x_2)$。

（2）能根据交点式求顶点坐标和对称轴。

2. 难点

根据交点式画函数草图。

· 教学目标

1. 介绍二次函数解析式的交点式：$y=a(x-x_1)(x-x_2)$。

2. 能根据交点式求顶点坐标和对称轴。

3. 能根据交点式画函数草图。

· 目标检测

1. 请写出一个与 x 轴的交点的坐标分别是（−6，0），（−3，0）的二次函数的解析式：__________。

2. 二次函数 $y=-(x+3)(x-4)$ 与 x 轴的交点的坐标是________，对称轴是________。

3. 若一条抛物线的开口大小、方向与 $y=-x^2$ 均相同，且与 x 轴的交点的坐标是（2，0），（−3，0），则该抛物线的函数解析式是__________。

4. 若一条抛物线与 x 轴有两个交点，其中一个交点的坐标是（−1，0），对称轴是直线 $x=1$，则另一个交点的坐标是__________。

5. 若一条抛物线与 x 轴的两个交点之间的距离为 4，其中一个交点的坐标是（0，0），则另一个交点的坐标是__________，该抛物线的对称轴是__________。

· 教学过程

一、知识回顾

根据二次函数的图像和性质填表。

二次函数		对称轴	顶　点	与坐标轴的交点
一般式	$y=ax^2+bx+c$			与 y 轴交于点（　　） 与 x 轴交于点（　　）
顶点式				与 y 轴交于点（　　） 与 x 轴交于点（　　）

二、探索归纳

活动一：

1. 用十字相乘法对下列二次函数的解析式进行改写。

（1）$y=x^2-2x-3$　　（2）$y=x^2+4x+3$　　（3）$y=2x^2+8x+6$

2. 求以上二次函数与 x 轴的交点的坐标。

（1）$y=x^2-2x-3$　　（2）$y=x^2+4x+3$　　（3）$y=2x^2+8x+6$

坐标：__________　__________　__________

你有什么发现吗？

归纳：

（1）若二次函数 $y=ax^2+bx+c$ 与 x 轴的交点的坐标分别是（x_1，0），（x_2，0），则该函数还可以表示为______________________________的形式。

（2）若二次函数是 $y=a(x-x_1)(x-x_2)$ 的形式，则该抛物线与 x 轴的交点的坐标是____________________，故我们把这种形式的二次函数关系式称为____________________式。

练习：

把下列二次函数一般式改写成交点式，并写出它与坐标轴的交点的坐标。

（1）$y=x^2-3x+2$　　（2）$y=3x^2-9x-12$　　（3）$y=-2x^2+12x-10$

与 x 轴的交点坐标分别是__________、__________、__________；

与 y 轴的交点坐标分别是__________、__________、__________。

思考：

（1）是否任何二次函数都可以写成交点式的形式？

（2）怎样判断二次函数与 x 轴是否有交点？

（3）通过交点式怎样求二次函数的对称轴、顶点、最值？

二次函数的图像与 x 轴的交点个数与 $\Delta=b^2-4ac$ 有关，二次函数的图像与 x 轴有 2 个交点的前提条件是__________，因此，这也是__________式存在的前提条件。

活动二：用交点式求顶点坐标和对称轴。

求下列函数的对称轴，并观察它与两个交点的横坐标有什么关系：

（1）$y=x^2-2x-3$　　（2）$y=x^2+4x+3$　　（3）$y=2x^2+8x+6$

归纳：

二次函数 $y=a(x-x_1)(x-x_2)$ 的对称轴是直线____________________，顶点是__________________。

练习：

1. 若二次函数的图像与 x 轴的交点的坐标分别是（3，0），（−1，0），则对称轴是______________；

若二次函数的图像与 x 轴的交点的坐标分别是（−3，0），（1，0），则对称轴是______________；

若二次函数的图像与 x 轴的交点的坐标分别是（−3，0），（−1，0），则对称轴是______________。

2. 求下列二次函数的对称轴和顶点坐标。

（1）$y=(x+1)(x-2)$

（2）$y=2(x-2)(x-3)$

（3）$y=-3(2-x)(x+4)$

活动三：根据交点式画函数草图。

画出函数 $y=(x+3)(x+1)$ 的图像。

归纳：

一般取五个点：与 x 轴的交点为（−3，0），（−1，0），顶点（−2，−1），与 y 轴的交点为（0，3），还有（0，3）关于对称轴对称的点（−4，3）。

练习：

已知二次函数的图像与 x 轴的交点的坐标分别是（3，0），（1，0），且函数的最值是 3。

（1）求对称轴和顶点坐标。

（2）画出它的简图。

三、综合建模

本节课你都学到了哪些新知识？谈谈你的收获。

四、布置作业

1. 若一条抛物线与 x 轴的两个交点之间的距离为 3，其中一个交点坐标是（1，0），则另一个交点的坐标是______________，该抛物线的对称轴是______________。

2. 二次函数 $y=-(x-3)(x-4)$ 与 x 轴的交点的坐标是______________，对

称轴是____________。

3. 已知二次函数的图像与 x 轴的交点的坐标分别是（−1，0），（5，0），且函数的最值是 −3，则该抛物线开口向________，当 x________时，y 随的增大而增大。

4. 请写出一个开口向下、与 x 轴的交点的坐标分别是（1，0），（−3，0）的二次函数的解析式：____________________。

5. 二次函数的图像与 x 轴有两个交点，其中一个交点的坐标是（0，0），对称轴是直线 $x=2$，且函数的最值是 4。

（1）求另一个交点的坐标。

（2）求出该二次函数的解析式。

典型案例

男女生交往

——探究案例分析

济南市历城区第六中学　/柴光文/

·理论背景

探究式教学法的主要目的是使学生通过经历探究知识或问题的过程掌握科学的思维方法，以培养解决问题的能力。心理学属于社会科学范畴，学生通过对多个个体的行为或心理现象进行探究，能更科学地了解人的心理活动规律和群体效应，从而避免主观臆断。

·学情分析

进入青春期的学生，对异性交往变得异常敏感。了解男生和女生在生理和心理方面的差异，辨别男女生之间是正常交往还是早恋，理智调控与异性同学交往中的情感问题变得尤为重要。不少学生对此话题充满兴趣，因此，引导学生对该问题进行深入的探究非常有必要。

对该问题的探究，让学生更加理性地审视男女生的交往问题，更加周全地认识早恋的危害，初步形成有关友谊的正确价值观，并愿意在男女交往中互帮互助、相互促进。

·教学过程

第一课时

1. 探究的具体问题

为了更全面地达成探究任务目标，将探究的问题细化，分为三个问题：（1）怎样的男女交往是正常的？（2）你赞同初中生谈恋爱吗？（3）面对谈恋爱的学生，该如何处理？

2. 探究分组

根据学生个人的兴趣意愿分为三大探究组，探究父母、教师、同学三个群体对以上问题的态度及其背后的原因。

3. 制定探究方案

先由教师介绍调查对象、调查方法、调查数据，包括网络和书籍对中学生恋爱问题的研究结论；然后学生以小组为单位讨论、制订调查方案，确定调查的具体时间、方式（问卷或访谈）、任务分工；最后由教师对三个小组的调查方案进行点评，并提出修改建议，解答学生的疑问。

学生根据探究方案，利用课间或放学时间，对调查对象开展调查。

第二课时

1. 三个小组分别汇报调查结果。

2. 验证猜想，得出结论。

3. 小组讨论，分享探究体验、对结论的感触。

4. 教师与学生共同总结。

·教学反思

男女生交往问题一直是很多家长和教师遇到的教育难题，通过探究式学习能帮助青春期学生客观、全面地了解家长、教师、同学的真实态度，既满足了他们的兴趣，又达到了启发引导作用。

典型案例

探究中合作，合作中探究

——“网络改变世界”教学案例

济南市历城区第六中学 /郑慧娟/

·理论背景

探究式教学是指在教学过程中，要求学生在教师的指导下，通过以自主、探究、合作为特征的学习方式对当前教学内容中的主要知识点进行自主学习、深入探究，并进行小组合作交流，从而更好地达到课程标准中关于认知目标与情感目标要求的一种教学方法。

·学情分析

当今时代的学生是与网络共生的一代，从小伴随着网络长大，并能很快地学会使用网络解决生活、学习、人际交往中的难题。八年级学生好奇心强，对未知、未解的疑问有强烈的求知欲和探索欲，有可能在“好奇心”的驱使下，跳到网络的“大海”里畅游并寻求“答案”。在这样的情况下，很多学生只看到网络对生活、社会有利的一面，忽视了网络的负面影响。探讨网络的利与弊是学生在成长过程中必须要面对的环节。

·教学实录

第一课时

新闻播报：某地一名男子在一家酒吧门口直播，直播主题是搭讪。直播时他曾搭讪了一名五十多岁的保洁阿姨，问阿姨“你需要男朋友吗”之类的问题。弹幕中有人让他去道歉，这个主播竟然说“你们认真就输了”，声称是为了直播效果。紧接着他又说为了道歉，他可以去街上亲十名女孩，从视频开始，他总共骚扰了十名女孩。该事件在网上被曝光后，网友们纷纷留言谴责该男子。男子被举报后，抖音官方回复：已将该用户永久封禁，并上报互联网主播黑名单。

生：1. 现实生活中大多数人三观正确，思想积极向上。但是也存在个别人把庸俗无知当情趣耍酷，三观扭曲，个人道德素质低下。

2. 直播中的围观者需要拿起法律武器制止低俗不雅的直播内容，共同营造风清气正的网络空间。

3. 各大直播平台有义务、有责任严格监管直播内容。

4. 网络直播是近几年新出现的事物，国家需要尽快出台法律，使网络直播有法可依。

师：网络早已走进普通老百姓的生活里，渗透在我们的衣食住行中。除网络直播之外，微信、美团等互联网软件应运而生。世界因互联网而更加绚丽多彩，生活因互联网而更加丰富多样。但是，网络的弊端也非常明显，如虚假信息、不良信息频现。同学们认为，网络利大于弊还是弊大于利呢？

学生分组讨论，并说出自己的看法。大部分同学认为网络利大于弊，小部分同学觉得网络弊大于利。

根据学生个人的兴趣意愿，分为两大探究组，分别探究网络的利和弊。

（多媒体呈现调查方案模板。）

教师介绍调查方案制订的相关事项，解答学生的疑问。

学生讨论、制订调查方案，确定调查的具体问题、方式、任务分工。

教师对两个组的调查方案进行点评和提出修改建议。

教师强调探究需要注意的问题，注意收集资料的真实性、有效性和科学性。

学生利用课间或放学时间，收集资料，进行小组讨论，并用文字记录。

第二课时

两个小组分别汇报调查结果。

A 组　网络的利体现在日常生活和社会两个方面。第一，网络对日常生活的影响：网络让我们日常生活中的信息传递和交流变得方便迅捷；网络打破了传统人际交往的时空限制，促进了人际交往；网络让我们的生活变得更加便利和丰富多彩。第二，网络对社会的影响：网络为经济发展注入新的活力；网络促进民主政治的进步；网络为文化传播和科技创新搭建新平台。

B 组　网络的弊体现在以下方面：网络信息丰富的同时，出现了一些虚假、不良的信息；有的人沉迷于网络，影响学习、工作和生活；个人隐私容易被侵犯。

学生小组讨论，分享探究体验、对结论的感触。

教师与学生共同总结：网络是把双刃剑，既有利又有弊。由于网络的弊而完全放弃使用网络是不正确的。同样，我们在利用网络的同时也要清楚网络的弊，上网过程中注意对自己隐私的保护，不信谣，不传谣，合理利用网络，发挥网络的优势。

· 教学反思

网络拉近了人与人之间的距离，改变了人们的学习方式。网络已成为人们日常不可或缺的一部分。但网络的弊依旧明显，全面认识网络的利与弊才能合理地利用网络。本节课采取探究式教学法围绕"网络利大于弊还是弊大于利"的问题通过小组合作的方式收集资料，深入思考，激发讨论。学生在探究过程中，锻炼收集资料、观察分析问题，以及与人交往的能力。

典型案例

探究出真知

——"创新驱动发展"课例分析

济南市历城区第六中学　/安春梅/

· 理论背景

探究式教学法的主要目的是使学生通过经历探究知识或问题的过程掌握科学的思维方法，以培养解决问题的能力。

· 学情分析

九年级学生的思维发展特点和已有的创新体验为其参与本节课的学习奠定了重要基础。他们具备了一定的分析问题能力，在丰富的生活中积累了许多创新活动的经验，形成了对创新的感性认识。创新驱动发展战略距离学生的生活较远，内容理解有难度，而且课堂教学时间有限，因此单靠教师上课出示资料及创设情境，很难有效、深刻地帮助学生学习、理解本节课的内容。

·教学实录

第一课时

教师出示党的十九大报告中对加快建设创新型国家的举措，引出交流探究的主题。

师：党的十九大报告指出，创新是引领发展的第一动力。请同学们分析报告中的相关内容，想一想建设创新型国家需要处理好创新与哪些内容的关系？

学生分组讨论，并说出自己的看法。（学生探讨的内容有创新与人才、创新与体制改革、创新与文化、创新与知识产权关系、创新与企业等方面。）

师：根据同学们的讨论，我们确定如下几个主题——创新与人才、自主创新与引进、创新与企业、创新与知识产权。

根据学生个人的兴趣意愿，分为四大探究组，分别探究创新与人才、自主创新与引进、创新与企业、创新与知识产权的关系。

（多媒体呈现调查方案模板。）

教师介绍调查方案制订的相关事项，解答学生的疑问。

学生讨论、制订本组调查方案，确定调查的具体问题、任务分工等。

教师和学生共同对四个组的调查方案进行点评和提出修改建议。

（多媒体呈现调查报告的模板。）

教师讲解调查方法、调查数据的分析方法、调查报告的撰写形式。

学生在课间或放学时间，利用网络展开调查，形成调查报告。

第二课时

四个小组分别汇报调查结果。

教师和学生共同点评各小组的调查报告，谈谈对汇报结论的认识。

教师与学生共同总结，形成对建设创新型国家的系统认知：

创新需要人才，人才培养靠教育，教育是民族振兴、社会进步的基石。把科技和教育摆在重要位置，实施科教兴国战略、人才强国战略、创新驱动发展战略。

我们要吸取借鉴外国的优秀经验和先进技术，更要着力提高自主创新能力。

提升创新能力是企业持续发展之基、市场制胜之道。企业不能只是跟着别人走，而必须自强奋斗、敢于突破。

创新的时代，既要尊重他人的知识产权，又要学会保护自己的知识产权。

学生据此归纳建设创新型国家的举措：

国家：①实施科教兴国战略、人才强国战略、创新驱动发展战略；②增强自主创新能力，走中国特色自主创新道路；③形成创新机制，打造创新平台；④鼓励大众创业，万众创新。

企业：掌握核心技术，自强奋斗，敢于突破。

个人：弘扬创新精神，既要尊重他人的知识产权，又要学会保护自己的知识产权。

学生交流分享探究体验、感受、收获等。

·教学反思

建设创新型国家是一个距离学生的生活比较远，且理解难度较高的问题。通过探究式教学法学习“创新驱动发展”，学生在自主探究中调查了大量的资料，能更好地帮助学生理解和认识实施创新驱动发展战略、建设创新型国家的必要性和举措，了解教育、企业在建设创新型国家中的重要作用，知道如何尊重和保护知识产权。而且，探究式教学法让学生在学习课本知识的同时，还掌握了一系列探究方法，如调查方案设计、调查报告的书写等，使学生体验到解决问题的乐趣，点燃了他们追求更深入认识的热情。

典型案例

探究国情知国策

——“发展中的人口问题”课例分析

济南市历城区第六中学 /李世兰/

·理论背景

探究式教学法的主要目的是使学生通过经历探究知识或问题的过程掌握科学的思维方法，以培养解决问题的能力。

·学情分析

我国在快速发展过程中面临的人口问题成为制约发展的重要因素。面对挑战，我国坚持计划生育基本国策，积极调整人口政策，为本课学习奠定了重要基础。到初中后，地理等其他学科在人口、资源、环境等方面也进行了讲解，学生有了认识和知识上的基础，具备了一定的分析问题能力，但是对人口问题对我国经济社会发展造成的影响，学生因为缺乏社会生活实践经验，对国情决定国策的理解有一定难度。

·教学实录

第一课时

师：随着经济的纵深发展，我们深刻感受到人口、资源、环境等因素与经济发展的矛盾日益突出。

（出示我国人口现状的多媒体图片，询问学生以上图片反映了哪些问题。）

学生分组讨论，并说出自己的看法。（学生探讨的内容有人口基数大，人口素质偏低；出现的新特点：① 总人口增速趋缓；②总和生育率明显低于更替水平；③出生人口男女性别比偏高；④老龄化加剧；⑤大量的人口流动等方面。）

师：根据同学们的讨论，我们确定如下几个主题：总人口增速趋缓、出生人口男女性别比偏高、老龄化加剧、大量的人口流动。

根据学生个人的兴趣意愿，分为五大探究组，分别探究总人口增速趋缓、出生人口男女性别比偏高、老龄化加剧、大量的人口流动。

（多媒体呈现调查方案模板。）

教师介绍调查方案制订的相关事项，解答学生的疑问。

学生讨论、制订本组调查方案，确定调查的具体问题、任务分工等。

教师和学生共同对五个小组的调查方案进行点评和提出修改建议。

（多媒体呈现调查报告的模板。）

教师讲解调查方法、调查数据的分析方法、调查报告的撰写形式。

学生在周末或假期，利用网络展开调查，形成调查报告。

第二课时

五个小组分别汇报调查结果。

教师和学生共同点评各小组的调查报告，谈谈对汇报结论的认识。

教师与学生共同总结，认为人口问题始终是全局性、长期性、战略性问题。我国人口众多的基本国情不会根本改变，对经济社会发展的压力不会根本改变，与资源环境的紧张关系不会根本改变，坚持计划生育基本国策。

学生据此归纳人口问题的新特点、调整人口政策的必要性：

重要国情：我国是世界上人口最多的国家。

基本特点：人口基数大，人口素质偏低。

新特点：① 总人口增速趋缓；②总和生育率明显低于更替水平；③出生人口男女性别比偏高；④老龄化加剧；⑤大量的人口流动。

实施计划生育的必要性：

①人口问题始终是我国面临的全局性、长期性、战略性问题。在未来相当长的时期内，我国人口众多的基本国情不会根本改变，人口对经济社会发展的压力不会根本改变，人口与环境资源的紧张关系不会根本改变。

②国家推行计划生育，使人口的增长同经济和社会发展计划相适应，有效地缓解了人口对资源、环境的压力，有效地促进了经济发展与社会进步。

学生交流分享探究体验、感受、收获等。

· 教学反思

本课引导学生正确认识我国人口的基本国情，概括出我国人口的基本特点、新特点。这既能认清当前面临的形势与挑战，又能阐明科学应对的策略和方法；既能积极宣传计划生育的基本国策及有关知识，又能从人口发展规律和我国资源现状的角度，辩证看待人口资源政策的变化与调整，阐明人口政策与经济社会发展要求相适应的道理。

典型案例

从“1”到“1+N”

——英语故事的学法探究

深圳市光明区爱华小学　/余颖娴/

苏霍姆林斯基曾说过：“在人的心灵深处，都有一种根深蒂固的需要，这就是希望自己是一个发现者、研究者、探索者。”对于孩子来说，这种需要尤为强烈。对于英语教学来说，这种符合孩子需要的探究式教学便尤为重要了。

探究式教学方式旨在通过教师的引导，启发学生自主发现问题、明确问题、提出假设、验证假设、得出结论的过程，使学习过程变成孩子自主探索知识的过程，进而培养学生的创新精神和实践能力。

在日常的英语教学研究中，笔者发现：一旦脱离教师的指导，学生自主阅读故事时，方法会变得单一，导致对故事内容的一知半解，学习效果大打折扣。那教师应该如何让学生发现自己的阅读方法缺陷，帮助他们形成正确的阅读方法呢？笔者借助故事“Oliver feels bored”的教学，采用探究式教学方式，巧妙地设置问题，引导学生进行学习方法假设，实践产生怀疑，继而再假设，再验证，最终得出结论。学生惊喜地发现自己阅读方法单一的缺陷，探索出了“1+N”的有效学习方法。整个过程学生主动探索，乐在其中，在潜移默化中激发兴趣，形成方法能力。

一、以问激疑，提出假设：1？

教师在黑板上呈现故事主人公Oliver的照片，让学生仔细观察图片，看图猜测主人公的心情。

生：他是伤心的。

生：我认为他很开心。

生：我觉得这张图片的表情不够明显，我猜不出他是什么心情。

师：那你们认为通过什么方法，就可以更好地猜出他的心情呢？

生：我认为通过看图，直接明了，就可以更好地得知他的心情。

生：我不同意，我认为通过听录音，从故事人物的语气，就可以更好地得知他的心情。

生：我认为通过阅读文字，找出关键词，就可以更好地得知他的心情。

师：同学们各持己见，到底哪种方法好呢？我们试一试就知道。

疑是思之始，学之端。在此教学片段中，教师巧借图片，激发思维碰撞，及时捕捉教学资源，抓住分歧，引发学生自主思考：通过什么途径得知他的心情？全班的学生进行了看图、听录音、阅读文字这三种阅读方法的假设。此时学生都跃跃欲试，都认为自己所说是最好、最快能找到人物心情的方法。这样可以快速激发学生的学习热情，使其带着强烈的探究欲望学习。

二、分组实践，验证假设：1？

教师根据学生意向，将学生分成图片组、录音组和阅读组，分别探究哪种方法可以更准确地发现故事主人公 Oliver 的心情。3 分钟后，各组开始汇报自己所在组的初步探究结果。

1. 图片组

师：请问图片组，你们认定 Oliver 的心情怎样？

生：图中 Oliver 在厨房与妈妈交谈，我们小组统一的答案是他一开始因为饥饿而感到不开心，吃饱后便和朋友玩得很开心。

师：出现了厨房的图片，就代表 Oliver 是饿了吗？

生：我们只是根据图片猜测。

2. 录音组

师：请问录音组，你们认定 Oliver 的心情如何？

生：我们从录音中听到"Mum，I am bored. Oliver plays with his friend happily"，因此我们认定，Oliver 的心情是从 bored 到开心的。

师：请问 bored 是什么意思？怎么拼写？

生：我们不知道。

3. 阅读组

师：请问阅读组，你们认定 Oliver 的心情怎样？

生：我们通过阅读，找到关键句"Mum，I am bored. Oliver plays with his friend happily"，我们组一致认定，Oliver 的心情是从 b–o–r–e–d 到开心的。

师：b–o–r–e–d 是什么意思？怎么读？

生：我们不知道。

在验证过程中，学生在教师提供的素材中自主探索，得出了初步的结论。教师不断追问，引发学生发现问题：似乎自己假设的学习方法有缺陷，不能帮助自己准确发现主人公的心情。这时学生的心情愈发着急，开始质疑自己的假设，都想找到更好的方法找解决问题。

三、产生怀疑，再做假设：1+N？

师：经过三组实践，我们都采用了各自以为的好方法进行探究，但都没有找出 Oliver 的心情，怎么办？

生：只看图片，没有文字是找不到最准确信息的。

生：只听录音，却无法得知bored这个词怎么写，是什么意思，如果可以看图片看文字会更好。

生：只看文字，我们不知道b–o–r–e–d的发音和意思，我们需要听录音和看图片。

师：有没有同学总结一下大家的发现？

师：单用一种方法不能很好地帮助我们发现Oliver的心情，如果将看图、听录音、读文字结合，能更好地帮助我们认定人物心情吗？

师：那我们还等什么？赶紧试试吧。

探究是一个假设、验证、再假设、再验证的过程。学生在实践中发现问题，教师将问题下放，引导学生回顾探究过程，自己总结问题，挖掘出新的解决方法，形成共识，再做假设，再次验证。

四、再次验证，得出结论：1+N＞1

教师向每一组都提供故事图片、录音、文字，让学生再次进行验证。

师：运用了三种方法，这次你认定Oliver的心情怎样？

生：我们组认定他的心情是从无聊到开心。

生：我们组也认同他是从无聊到开心。

生：我们组认为他的心情是先无聊后开心，因为一开始他一个人看书和玩游戏，他觉得很无聊。后面找来朋友一起玩，他感到特别开心。

生：这个故事告诉我们，朋友很重要，朋友可以让我们变得快乐，我们要珍惜朋友。

师：经过实践，你们最终认定怎样的学习方法最有利于我们自主学习故事？

生：我们得出结论：只有看图、听录音、看文字相结合的方法，才能最全面帮助我们学习故事。

生：同意，三种方法相结合的学习效果最好。

学生带着新的假设再次验证，惊喜地发现通过听录音，观看文字可以快速找到bored这个词的音和型，再结合图片和文字可以准确推测出bored的含义，最终得知主人公的心情是从无聊到开心。更重要的是，学生通过自主探究，得出结论，探索出了最适合阅读故事的方法，所有学生都欢呼雀跃，甚至对接下来的故事阅读都跃跃欲试，极大地提高了学生的故事阅读兴趣。

由此可见，探究式教学方式能充分满足学生对英语学习方法的探究心理，帮助学生形成合适自己的学习策略，提高学习效率。通过上面的教学片段可知，探究式教学方式在英语教学的应用中有三个关键点：第一，教师是引导者，根据教学目标，以问激疑，引导学生自主探究。第二，学生是探究的主角，亲身体验探索，建立自己的认知模式和学习方法的架构。第三，课堂是开放的，营造开放的主题、开放的方法、开放的时间、开放的空间，让学生基于学习经验、生活经历，大胆假设，思考验证方法，进而一步一步验证，最终得出结论。整个教学过程应在假设、验证、再假设、再验证中唤醒学生潜在的学习力，让学生在自主探究的旅途中感受到学习的乐趣。

第三章

情境教学

一、情境教学的内涵

所谓情境教学，是指在教学过程中，创设与教学内容相符合的场景或氛围，调动学生的求知欲，激发学生情感的体验，使学生更好地理解学习内容，促进教学目标的达成的教学方式。

李吉林认为:“情境教学就是从‘情’与‘境’、‘情’与‘辞’、‘情’与‘理’、‘情’与‘全面发展’的辩证关系出发，创设典型的场景，激起儿童热烈的情绪，把情感活动和认知活动结合起来所创建的一种教学模式。”

二、情境教学的基本操作

对于情境教学的体系，李吉林的情境教学形成了“形真”“情切”“意远”“理寓其中”四个基本特点和以促进学生全面发展、素质整体提高为目的的教学活动的“五要素”。

李吉林的“五要素”具体内容是：以培养兴趣为前提，诱发主动性；以指导观察为基础，强化感受性；以发展思维为核心，着眼创造性；以激起情感为动因，渗透教育性；以训练语言为手段，贯穿实践性。在实践操作上，通过不断探索、总结、筛选，逐步形成了以美为突破口、以情为纽带、以思为核心、以练为手段、以周围世界为源泉的情境教学操作模式。

（一）阅读教学中情境教学的运用

李吉林将阅读分成初读—细读—精读三个环节来进行。

1. 初读

创设情境，抓全篇，重在激发动机。教师根据教材特点，依据学生的年龄特点，创设各种情境和与教材内容相关的背景，联系学生的已有经验，导入新课，从而激发学生阅读全篇的求知欲，使学生主动地去读全篇，对课文有初步的感性认知。

2. 细读

强化情境，理解关键词、句、段。教材的重点段是全文的主体部分。教师要根据文本筛选出最适合学生的生活体验，创设优化的情感情境，加以丰富、形象的语言描绘，将学生引入情境之中，使学生在体验中感到快乐。在情感的作用下，强化感知，激发学生的想象力，使学生的思维变得敏捷，从而使抽象思维也由难变易，对文本内容也有深刻的体会和理解。

3. 精读

凭借情境品尝语感，欣赏课文精华。每篇文章都是作者自己的思想情感凝聚的结晶。教师必须要体会文本的思想和情感，创设一定的情境，通过对词的“增”“删”“替换”“前后改动”和运用不同语音、语调诵读，彰显出不同的气势和节奏，以情激情，深入学生的情感世界，引导学生体悟语感，从而加深对作品的理解。

典型案例

小学语文情境体验式教学例谈

深圳市光明区爱华小学　/丘苑银/

创设语文学习情境，引导学生共同收集、处理语言信息，通过多向互动效果和情感交流等途径，使学生在体验中不断获取知识、发展能力，提高品德修养和语文素养。

1. 情境创设唤醒学生情境关联

语文情境教学的情感性是关键。要使学生对学习投入情感，教师必须要有情感。教师要善于把自己对教材的感受和对生活的情感体验传递给学生，使学生的思想与认识联系在一起，产生情感的共鸣。一个没有激情的教师，不可能调动学生的情感，让学生对学习充满热情，展现给学生一个“充满激情的我”，陪伴孩子度过每一段“激情燃烧的岁月”！

有一定教学经验的教师都懂得课前激情导入的作用。好的导语紧紧扣住教材的感动因素，是一种无声的教育，是心灵的滋补剂，是一种以文本为根基的有益的洗濯和陶冶，是奠定课堂教学氛围的心理因素。

激情导入，调动了教师自身的情感，同时也引领了学生的情感体验。这无疑为成功的教学打下了坚实的基础。

下面是《太阳》的教学片段：

上课时我用 CAI 展示：伴随着舒缓的乐曲，在一望无际的大草原上，一轮红日正冉冉升起……碧波荡漾的大海上，闪烁着金光的太阳缓缓地升上海平面……巍峨的群山之间，太阳慢慢地探出了头……强烈的视觉冲击让学生看呆了，教师适时引导学生用自己的话描述看到的景象，用充满感情的声音朗读小诗……

师：同学们，在不同的地方，太阳出来的样子是不一样的。你还知道太阳是怎样出来的吗？

生 1：操场上，太阳是同学们喊出来的。

生 2：大山里，太阳是从山后面慢慢爬出来的。

生 3：田野上，太阳是禾苗盼出来的。

生 4：工厂里，太阳是机器转出来的。

生 5：公园里，太阳是被花儿的香味引出来的。

……

可见，这跟学生的亲身经历有很大关系。他们有了亲历的体验，才有了：太阳是喊出来、爬出来、盼出来、转出来、引出来的……什么力量如此神奇，使得学生这样忘我，这般投入？一个重要的因素就是情境，教师倾心营造的与学生心灵相通的情境。研究表明，环境对人的心理发生着作用，恰当的情境刺激有利于学生的自主体验、想象放飞、个性张扬。毫无疑问，学生与阅读的文本间存在着一定的审美距离。同样，只有当学生与文本间产生了某种撞击，文本才会展示出无限丰富的意义，学生也才会从中有所收获。

2. 情境朗读点燃学生情感体验

通过朗读、演讲的方式来传达情感，永远都是最直接的，也是最强烈的。在语文教学中，通过朗读来创设情境、培养审美情感是最常用的一种方式，因为它能最有效地把朗读者的审美情感传递给听众。语文教师必须要懂得利用自己的朗读来向学生传递情感。

教材中有不少优美的抒情散文，写得如诗如画。教学中可指导学生通过初读课文，去尽情领略色彩美；深读课文，体味意境美；研读课文，理解感情美。这种美不是教师的语言所能表达的，学生只有通过朗读才能有所感受和体会，教师可进行范读帮助学生理解和感受。

在日常教学中我一般都会安排这样几个层次的朗读：自由大声读，读通顺、读准确；分小节细细品读，每读一个小节，又分几个层次，如教学第一小节时，先是让学生根据自己的感受大胆地试读，然后让学生分小组、分角色读，在相互交流的帮助下，学生越读越投入，再请学生进行比赛读；分节读完，再让学生进行配乐诵读。经过这样一系列的诵读后，学生真正地品味到了语言文字的魅力。

如《青海湖，梦幻般的湖》一文，佳词美句不胜枚举。作者运用比喻、排比、拟人等修辞手法，大胆想象，描写了青海湖神奇壮丽的景色，抒发了对大自然的热爱之情。教师在教学中无疑要在这方面给予必要的点拨和启发，然后再提出朗读的具体要求：让学生在读的过程中，把自己认为优美的语句画出来，想一想美在哪里，并把画出来的佳词美句朗读给大家听，读后再让学生评读，评完后再读。还可以采取个别读、小组读、配乐读的形式反复朗读，在反复朗读中，学生不仅品尝到了朗读的无穷乐趣，还可以从中受到美的熏陶。这样，读中寻美，越美越读，越读越美，定会使朗读教学及其训练锦上添花。至此，教师点拨：青海湖如此之美，这么神奇，你想不想用自己的话赞美一番？学生们的积极性可高了，有的说："那不是梦，那是梦幻般的青海湖，能将我唤醒的青海湖。"也有的说："青海湖似一面神奇的魔镜……"

在朗读中体验美，在朗读中感受快乐和幸福，学生才能更积极、主动地学语文、爱语文，才能在生活中运用所学知识去解决实际问题。这也是我们语文教师所希望看到的教学效果。

3. 情境体验引领学生文本感悟

我在教学《荷花》一文的前一天，布置了学生制作荷花和荷叶。第二天上课时，学到“白荷花在这些大圆盘之间冒出来”一句，“冒”字的运用可谓传神，但为何用“冒”而不用“生”或“长”呢？我先请几个制作荷叶的学生把他们自己的荷叶贴在黑板上，碧绿的荷叶零落地分散在黑板的各个角落，于是我微笑着问他们：“你觉得课文中的荷叶是这样的吗？”学生们先是一愣，而后似有所悟，几只小手也高高地举了起来。“老师，课文中说荷叶像一个碧绿的大圆盘，那可不是这样的。”“我也觉得不是，这里还有一个词叫挨挨挤挤，意思就是很多靠在一起，而不是像它们那样四处分散。”“哦，那你能试试看吗？”只见几个学生小心翼翼地把那几片荷叶聚拢在一起，其他学生也纷纷走向黑板，把自己的荷叶也挨了上去，碧绿的荷叶挨挨挤挤的，像一个个碧绿的大圆盘展现在学生们的面前。“同学们，你们觉得还缺少什么？”“荷花！”几个制作荷花的学生迫不及待地把荷花插在这碧绿的荷叶中，朵朵荷花透过繁茂的荷叶亭亭玉立。“看着这样的场面，你们想想看怎样长才叫冒呢？”学生的思维得以激发。“喜气洋洋地长，迫不及待地长，生机勃勃地长……”他们在情境中个性化地理解，体会到了这个“冒”字的深刻含义，体会到了这个“冒”字所赋予白荷花的生命力，个性化的言语也在富有生命活力的情境中不断汩汩地冒出来。而我所做的就是带着学生把平面化的文字还原为立体丰富的形象，赋予了“挨挨挤挤”“冒”以鲜活的生命，召唤学生的情感，把文本解读导向审美之域，培养学生的语文素养。

通过走进文本的感悟，创设情境的生命与心灵的碰撞，学生在语文阅读中明白了用情感领悟文本时，文本也同样熏染着学生的情感；学生在用智慧解读文本时，文本也同样提升着学生的智慧；学生在用心灵品味文本时，文本也同样雕琢着学生的心灵。因此，知识在情境中释放，生命在孕育中成长。教育不再是受苦，而是享受；教育不再是重复，而是创造；教育不再是谋生的手段，而是生活的本身。

只有让学生充分地体验生活，感受语文的魅力，才能从根本上解决学生学习语文的困惑；在体验中学语文，才能感受到语文的乐趣，才能真正地调动学生学习语文的兴趣。

（二）写作教学中情境教学的运用

1. 观察情境，提供源泉

观察情境是通过各种感官刺激来观察周围世界，观察客体的意境和观察者本身的情致，并印在学生的记忆里。在写作教学中创设作文情境，首先，要选取明确的观察目标，有目的地观察。其次，进行有序的观察，与此同时要考虑具有启发性的指导语，引导学生进行有效的观察，使学生做到“多见而识之”，写作时才会有感而发。

2. 进入情境，激发动机

在情境教学中，要引导学生从生活、周围环境中获得真切的感受，从而激起学生的情感，激发学生的兴趣，发挥学生的主观能动性，然后再去写作。

3. 拓宽情境，打开思路

教师要采取创设“丰富情境”“想象情境”“文题范围宽泛”“材料安排求异”“表达方式多样”等多种活动情境，使学生与大自然亲密接触，引导学生由近及远、由表及里，逐渐认识周围世界，巧妙地把学生的认知活动和情感活动结合起来，打开学生的思路。

4. 范文引路，教给方法

充分发挥范文的作用，以范文引路，实现读写结合，教师对教材的增选编排以及使用都做了补充，这样可产生事半功倍的效果。

5. 提早起步，螺旋上升

李吉林老师提出从一年级起，在识字的同时，进行大量的语言训练，以词句训练为主，同时开设口头作文课，包含简单的字、词、句、篇的综合训练；从二年级起写观察日记，到三年级写情境作文，有词、句、段的训练，也有谋篇布局的训练。这种螺旋式上升的要求，有效地促进了学生语言的发展。

典型案例

神秘信

——人物心理描写训练教学案例

深圳市光明区爱华小学　/叶大仁/

·教学设想

1. 叶圣陶曾说过："生活如泉源，文章犹如溪水，泉源丰富而不枯竭。"联系学生生活，发掘作文资源。

2. 创设一个"神秘信"的情境，让学生亲自感受高兴或害怕心情，在教师的指导下，用生动的语言描绘心理活动。

3. 把指导重点放在对学生情感的体验、思考的驱动、认识的提升和智慧的开发上。

4. 整个设计力求从易到难、循序渐进，体现作文训练的层次。

·教学目标

1. 通过观察和活动体验，能生动、形象地刻画人物的心理活动。

2. 锻炼观察能力，体验高兴或害怕的心理情感，激发写作情趣。

·课前准备

每人搜集、整理描写心理活动的语句和成语，并摘抄自己喜欢的。

·教学过程

1. 神秘来信，创设情境

（1）课前交代课时目标：通过观察和体验，能够生动、形象地刻画人物的心理活动。

（2）创设情境：请学生来讲心理活动小故事。邀请邓苗苗同学上台讲她的"神秘信"小故事。

邓苗苗：一天下午放学时，叶老师塞给我一封信。信封上写着"神秘信"，不能拆开偷看，回到家亲自交给爸爸，不得有误。

师（叫暂停，提示）：你能用词或成语来形容一下你当时收到“神秘信”的心情吗？

邓苗苗：忐忑不安、心惊肉跳。

师：还有谁能猜猜邓苗苗同学当时的心理活动？

生1：心神不定、心慌意乱。

师：你为什么说她“心神不定”“心慌意乱”呢？

生1：怕这“神秘信”是老师跟家长告状，说她不足的地方。

生2：兴高采烈、喜上眉梢。

师：你为什么说她“兴高采烈”“喜上眉梢”呢？

生2：我认为，邓苗苗同学一直以来在学校表现很好，老师应该对她很满意。

师：邓苗苗同学，你能用几句话描绘一下你当时的心情吗？最好用上适当的心理描写。

邓苗苗：我拿着这封信，哭笑不得，似乎天空增多了阴影。“神秘信”到底写的是什么？给我报喜？还是叶老师背后“插我一刀”？如果是报喜，就谢谢老师开恩！如果是“插我一刀”，就悲惨了。我越想越难受，好像眼泪就要跑出来似的。

师：谁来描述邓苗苗同学当时的心理活动？

生3：邓苗苗同学拿着这封信，翻来覆去地看了好几遍，为什么老师要写“神秘信”？到底是福是祸？天呀！保佑我吧！但愿是福！

2. 范例引领，深入理解

师：老师这里有三段心理活动描写，你们来判断是何种写法？

A. 言行烘托　B. 幻觉烘托　C. 内心独白

例1：

我不停地在心里念叨：天哪，保佑我吧！我再也不踢球了，不看电视，不打游戏了。唉！都怪我自己，老想着打游戏机，考试前一天还趁父母不在家偷看了一个小时的电视。老师啊，手下留情，您让我过了这一关，我以后上课一定好好听讲，千万千万别让我不及格啊！（内心独白）

例2：

我好像看见满试卷鲜红叉组成一张巨大的网向我扑来，把我网住，使我不能动弹，不能挣扎。我又仿佛看到了老师满面的怒容，仿佛听到了父母失望的

叹息声和旁人的嘲笑声。(幻觉烘托)

例3：

试卷静静地反躺在桌上。我用有点颤抖的手去慢慢地掀开试卷一角，一个鲜红的"5"字映入我的眼帘，我的手一抖，试卷又合上了。我一咬牙，把手伸到试卷底下，用力一翻，随着"啪"的一声，我看到了我的分数——59，可怜的"59"，我"唉"了一声便瘫在桌上。(言行烘托)

师(小结)：心理描写，就是描写人物在一定环境中的心理状态和思想活动。把人物的内在精神和思想感情写好，能够让读者走进人物的心灵深处，洞悉人物的内心隐秘和感情冲突，从而成功地塑造人物性格特征，突出文章的中心思想。

3. 现场体验，实战演练

师：全班同学趴在桌上，严禁抬头。(老师轻轻地给每一名同学桌上放一封"神秘信"。)一、二、三，抬头！你们看到了什么？心里想着什么？谁来汇报？

生1：我拿着这封"神秘信"，老师不准我偷看，回到家亲自交给家长。我高兴得跳了起来，花坛小树也笑弯了腰，叶子赶来伴舞，蜜蜂都好奇地想飞来偷窥我这封信。

生2：我拿着这封信，觉得有千斤重，谁叫我昨晚语文作业没做完！难道因为我没完成作业，老师要跟家长告状？唉！真是活该！活该！

师(又叫暂停，提示)：刚才大家拿到"神秘信"，有的开心，有的害怕。回想一下你们是怎样想的？谁来描述？

生3：我刚才既高兴，又害怕！

生4：我高兴得跳了起来。

生5：我害怕得两手发抖，一张苦瓜似的脸上，汗都快要冒出来了！

师(继续提示)：刚才你观察到谁最高兴？他是怎样高兴的？可以从表情、动作、声音等方面去描绘。谁来描述？

生1：我最高兴，我拿着"神秘信"，脸上像绽开一朵花似的！哈哈！这次我的作文上了《采撷晨报》，老师神秘地给我爸爸一封信，一定是喜报！给爸爸一个惊喜。我控制不住内心的喜悦，巴不得这时候像小鸟一样飞出校门。

生2：我害怕极了，连大气都不敢出，心怦怦直跳，仿佛有小兔子在心中蹦来蹦去，总觉得有片灾难的云朵在天空中飘来飘去，随时都有可能砸到我的头上。

生 3：我往“神秘信”下一看，啊呀！这一看我的心更慌了。有多少双眼睛盯着“神秘信”呀！我的手也不知道怎样放了，头也“嗡嗡”地响起来。今晚给不给爸爸看呢？还是自己先偷偷看一下？

4. 巧妙命题，斟酌首尾

师：大家把刚才体验到、观察到、听到、想到的整理下来就是一篇好文章。如果整理成文，那么给文章起个什么标题比较好呢？谁来发表意见？

生 1：《高兴的一天》。

生 2：《是福还是祸？》。

生 3：《“神秘信”的故事》。

生 4：《喜报引发的故事》。

师（继续启发）：有了标题，补充完开头和结尾，一篇完整的心理描写的文章就出炉了。哪位同学来写开头？

生 1：上课铃响了，叶老师给我们每个人发了一封信。我仔细端详一下，什么？“神秘信”！吓呆了我。

师：这叫作“开门见山”开头法。

生 2：朋友，你是喜欢报喜还是报忧？无论如何，你要敢于面对现实啊！

师：这叫作设问开头法。那关于结尾呢？谁可以来尝试下？

生 3：这封信真是太有趣了！不但锻炼了我们想象的能力，而且还考验我们是否诚实！所以我喜欢这“神秘信”！

师：这叫作总结式结尾法。

生 4：这天晚上，我做了一个甜美的梦，梦见爸爸读这封“神秘信”，我正依偎在妈妈怀里撒娇呢！

师：这叫作梦幻式结尾法。还有很多种开头、结尾的形式，大家根据自己的作文内容合理选择方式。

5. 拓展延伸，梳理成文

请你今晚回家亲自把这封“神秘信”交给家长：“请您看一封‘神秘信’！”细致地描写你在说这句话前的心理活动和家长看了“神秘信”后的反应，形成一篇不少于 400 字的短文。

典型案例

抓住细节，尺水亦可兴波澜

——作文《抓住细节》教学设计

济南市历城区初级实验中学 /孙　静/

一、创设情境

细节，即细小的环节或情节、场景及人物。细节之美，看在眼里是风景，诉诸笔端是精彩。今天我们要通过抓住细节来断案。案情如下：讲台上站着两名同学，老师有且只有一个“宝物”，已赠予了其中一名同学，但现在另外一名同学非说宝物在自己手里。通过以下环节，请同学们用火眼金睛辨析一下谁是真正的宝物拥有者。

二、实笔正面写人物，细节笔补造化【进入情境，提出问题】

活动一：观察细节，正面描写人物

1. 听清陈述、观察细节

两名同学陈述自己是宝物拥有者的原因。其余同学听理由，并认真观察两名同学的面部表情、眼神、动作，有针对性地提问。

2. 仔细回忆，翔实记录

5分钟时间，详细描写刚才看到的两名同学的所有细节，主要是眼神、表情、动作。先自行写作，再小组交流展示。

【方法策略】

（1）细化眼神描写的方法——细化感受，持续联想。

（2）细化动作描写的方法——分解动作，拉长时间。

3. 出示范例，修改提升

（1）眼神描写的关键：细化感受，持续联想。

①她的眼里射出悲喜但夹着惊疑的光，张皇地似乎要破窗飞去。

②父亲的眼睛也和夜空一样神秘，里面仿佛缀满星星一样多的故事，能为我讲一千零一夜而不重样。

（2）动作描写的关键：分解动作，拉长时间。

扫开一块雪，露出地面，用一枝短棒支起一面大的竹筛来，下面撒些秕谷，

棒上系一条长绳，人远远地牵着，看鸟雀下来啄食，走到竹筛底下的时候，将绳子一拉，便罩住了。——《从百草园到三味书屋》

学生二次修改。

【设计意图】突破目标一。

三、伏笔要害引情节，细节草蛇灰线【深入情境，互动解疑】

活动二：抓住细节，直击情节要害

1. 合理推断，写下要害

请继续判断谁是真正的宝物拥有者。针对一些要害细节来追加判断，用两句话来描述你断案的细节。

【方法策略】

语言线索、微表情、微动作对情节发展的重要性。

2. 出示范例，明确细节要害

要害细节对情节的重要性举例：

①杨绛《老王》：开门看见老王直僵僵地镶嵌在门框里。

②李森祥《台阶》：一个冬天下来，破草鞋堆得超过了台阶。

【设计意图】突破目标二。

四、闲笔别样向主题，细节宕开一笔【深度思考，释疑激创】

活动三：闲笔收束，结尾意味深长

1. 揭晓结果，分享感受

揭晓本案结果。猜想正确的同学与猜想错误的同学分别有什么感想？

2. 写下感受，细节留白

请借环境描写，用两句话写下你的断案感受作为文段收尾。

【方法策略】细节描写外部自然环境或人文环境等，达到意犹未尽的效果。

3. 出示范例，总结提升

张抗抗的《北极光》第二章的结尾处，对雪花有一段这样的描写：

雪还在无声地下着，漫天飘飞，随着风向的变化不断改换着自己的姿态。时而有一朵六角形的晶莹的雪片，像银光似的从她眼前掠过，一闪身就不知去向。大概它们也不愿就此落入大地，化作一摊稀水。可它们这样苦苦挣扎，究竟要飞去哪里呢？芩芩莫非也像它们一样：飞着，苦于没有翅膀，也毫无目标；而落下去，却又不甘心……

【设计意图】突破目标三。

五、展示全文

通过断案分析，相信同学们对抓细节的重要性有了深入理解，请有感情地朗读全文。

【设计意图】展现螺旋式上升的学习成果。

六、综合建模

抓住细节，尺水亦可兴波澜。我们既可以实笔正面写人物，分解放慢动作，让形象跃然纸上，也可用伏笔的细节引发关键情节，还可以看似闲笔一挥地指向主题，使文章意犹未尽。让我们抓住细节，让笔下的形象鲜活起来吧!

语文的情境式教学，就是遵循学生的认识规律和学习规律，从学生学语文的实际情况出发，去追求每名学生学习的实效，“课内打基础，课外求发展”，使语文学科的“过关”和“深广”教学成为学生自主发展和终身发展的最重要的基础。语文的情境式教学需要用有实践价值和现实意义的情境教学来实现，因此，如果能将两者有效融合，一定会使语文教学的效率提升，学生终身受益。

三、情境教学的策略

在教学实践中，不少教师自觉将李吉林的“情境教学法”在不同学科教学中实践和创新，总结出不同情境的教学策略。

（一）问题为本的教学策略

教学中采用的问题是一个虚构或真实的有待解决的问题，必须与学生的生活相关，且有解决的价值。问题的解决要求学生进行批判性思考，鼓励学生采用解决问题的系统方法。问题的解决必须应用不同学科的知识。这个问题在历史上是重要的，没有明显的正确答案，需要更高的思考技能，在学习的过程中可以不断地重复采用新方法来解决，可以激起并维持学生的兴趣，不是孤立的，必须与其他问题相关。

典型案例

我还会这样“说”

深圳市光明区爱华小学 /练小梅/

·教学实录

师：同学们，写人物说话时，可以不用“说”来表达吗？

生（抓耳挠腮）：不知道……

生：可以吧……比如，小明低下头：“对……对不起。”

师：这样可以吗？在人物要说的话语前面加上动作。

生：老师，我知道了，还可以这样——小红站起来，拂了拂身上的灰尘：“真倒霉——竟然摔倒了！”（掌声响起）

师：就是这样，先写人物动作，后面直接接上语言，可以不用“说”吗？

生：可以。

【板书：动作＋话语。】

生：我觉得可以用别的字代替“说”字。

师：你能举个例子吗？

生：小红跌倒了，大声呼叫：“救命啊——谁来扶我一把？”

师：他用了一个词“呼叫”，用“呼叫”代替“说”，这样既描写了人物语言，又避免直接用“说”字，好吗？

生：好。

生：老师，我还知道其他的，如大喊、大叫、大惊等。

师：把掌声送给他。也就是说，可以用与说话有关的词语代替“说”，不直接用“说”。请同学们分小组讨论，像这样的词语还有哪些？待会小组交流，看看哪个组想到的最多。

【板书：与“说”有关＋话语。】

生：小组讨论。（分工合作，有人说，有人做记录。）

学生讨论完毕，各小组派代表写在黑板上，如下图所示。

第 1 组	第 2 组	第 3 组	第 4 组
说、狂言、呼、讲解、喊、讥讽、吟、念叨、读、妙语连珠、问、娓娓而谈、答、夸夸其谈、曰、吼	喊、叫、问、评、吼、呼、吟、读、讲、谈、夸、劝、叹、责、曰、斥、骂、议论、责备、抗议、回答、训斥、唠叨、结结巴巴、议论纷纷、胡言乱语	吼、讲、谈、叙、道、夸、叫、喊、叹、劝、曰、问、评、答、骂、读、笑、赞、话、说明、议论、商谈、讲明、议论、喧哗、一言不发、头头是道、滔滔不绝	抱怨、辱骂、劝告、嘟哝、批驳、商讨、申述、咆哮、念叨、怒斥、告诫、狂言、能说会道、口若悬河、娓娓而谈、训斥、责骂、评说、议论、夸赞、辩论、陈述、复述、叙述、回答、语无伦次

师：从同学们讨论出来的关于表示“说”的词语中，你发现了什么？

生：这些词有一个字的，也有两个字的，还有四个字的。

师：对，有单个字，有词组，也有四字词。这些词语都可以表示“说”。说说你的感受。

生：能够表示“说”的词语这么多，真丰富啊！

师：同学们试着用上一两个表示“说”的词语，创设一个情境。（学生下笔创作。）

师：哪位同学来分享一下？

生：妈妈一边拍打我的被单，一边责备我：“再不起床，就要迟到了！”我使劲用力拉扯被单，半眯缝着眼睛嘟哝道：“再让我睡一会，好困哪——”

生：他眉飞色舞，滔滔不绝：“我去过的地方可多了！我游览过呼伦贝尔大草原、北京的长城和故宫、美国纽约……”小红一个剪刀手打断了他，大声吼道：“大家伙散了，他在吹牛！”

师：同学们，灵活运用关于“说”的词语代替“说”，变换“说”这个形式，令我们的表达更到位，使情节更丰富！

· 教学反思

本片段教学内容选自统编版语文教材六年级上册第二单元“语文园地”中的“词句段运用”——写人物说话时，可以不用“说”来表达。读句子，仿照着写一写。

“说话”与每个孩子的日常生活息息相关，所以孩子们都有相关的生活经验，即有话可说，有内容可谈。教师直接谈话导入，询问孩子能否不用“说”来写人物语言，引发每一个孩子思考。当孩子们回忆起日常生活中关于“说话”的经验时，人人都知道可以不只是单调地用“说”字来表达，很多时候人们说话时还会一边做着别的事情。

抓住孩子们的灵感，立即创设情境活动，通过“小组讨论—人人参与—全班交流—动笔练写—共享成果”几个常规性的环节，让每个孩子都动脑思考，参与其中。从而达到每个孩子都在练说、练写的效果，一点一滴地提升自己的写作水平。

典型案例

二元一次方程与一次函数教学案例片段

济南市稼轩学校　/吴同新/

二元一次方程和一次函数之间有着什么神秘的关系？

【设计意图】这一环节由学生以往学过的知识出发，引出本节课的主题，激发起学生的学习兴趣。

师：给大家4分钟时间，在平面直角坐标系内作出一次函数$y=-x+5$的图像，思考并完成下面四个问题：

1. 方程$x+y=5$的解有多少个？写出其中的几个。

2. 在平面直角坐标系内分别描出以这些解为坐标的点，它们在一次函数$y=-x+5$的图像上吗？

3. 在一次函数$y=-x+5$的图像上任取一点，它的坐标适合方程$x+y=5$吗？

4. 以方程$x+y=5$的解为坐标的所有点组成的图像与一次函数$y=-x+5$的图像相同吗？

师：好，时间到。哪位同学愿意起立说一下前两个问题的答案？

生：问题1. 方程$x+y=5$有无数个解，例如$\begin{cases}x=1,\\y=4;\end{cases}$ $\begin{cases}x=2,\\y=3;\end{cases}$ $\begin{cases}x=3,\\y=2;\end{cases}$ $\begin{cases}x=4,\\y=1\end{cases}$……

问题2. 以这些解为坐标描出的点都在一次函数$y=-x+5$的图像上。

师：好，回答得非常准确。根据这两个问题，你能用一句话概括这里面隐含的二元一次方程和一次函数的关系吗？

生：以二元一次方程的解为坐标的点，都在对应的一次函数的图像上。

师：这位同学回答得既准确又简洁。还有同学要补充的吗？好！（教师板书。）哪位同学愿意起立说一下第三个问题的答案？

生：在一次函数 $y=-x+5$ 的图像上任取一点，它的坐标适合方程 $x+y=5$。

师：很好，你能用一句话概括这里面隐含的二元一次方程和一次函数的关系吗？

生：一次函数的图像上任一点的坐标适合对应的二元一次方程。

师：这位同学回答得非常准确。通过上面这几个问题，谁能完整地表述一下二元一次方程和一次函数的关系。

生：以二元一次方程的解为坐标的点，都在对应的一次函数的图像上；一次函数的图像上任一点的坐标适合对应的二元一次方程。

师：掌声鼓励。这位同学总结得非常好！也就是说以二元一次方程的解为坐标的所有点组成的图像与对应的一次函数的图像相同。（教师板书。）

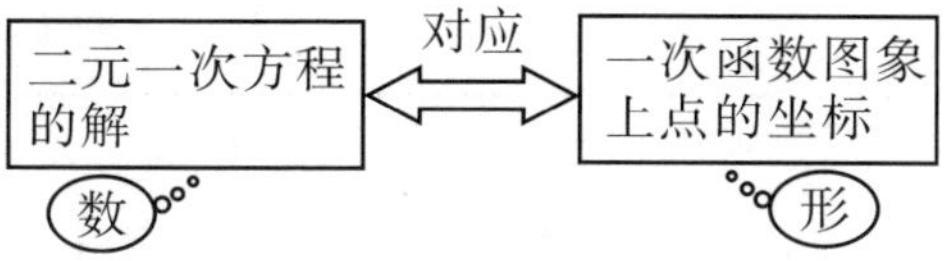

典型案例

基于情境探究，建构重要概念

——“生态系统的组成”教学设计

济南市稼轩学校 /张园园/

【观察讨论】

教师出示草原和森林生态系统的图片，提出下列问题：

1. 说出图片中的各种生物成分和非生物成分。

2. 哪些生态系统的成分没有在图片中显示出来？

3. 根据各种成分在生态系统中的作用，归纳生态系统组成成分，完成学案表格。

生态系统的组成成分

生态系统的组成成分		组成及实例	作　用
非生物成分		______、水、空气等	为生物提供能量、营养和生存空间
生物成分（获得营养和能量方式不同）	________	主要是__________	通过________将无机物制造成________，并将光能转变成化学能储存在有机物中
	________	主要是各种动物（植食性动物、________、________）	加快生态系统物质循环，有利于植物的传粉和种子的传播
	________	主要是________的细菌和真菌	将动植物的遗体等含有的有机物分解为简单的________，归还到无机环境中，促进______

关于微生物的分解作用，学生较难理解。出示图片，让学生观察、思考、交流，完成学案表格，且进行生生互评和教师点拨。

【微辩论——“谁最重要”】

将全班同学分为 4 个阵营，分别扮演生态系统的 4 种成分，对生态系统中最重要的成分进行辩论，阐述 4 种成分的重要性，并出示 2 个观点。有人说：“没有绿色植物，就没有生态系统；没有分解者，动植物的遗体残骸就会堆积如山，生态系统就会崩溃。”（观点 1）有人说：“消费者是可有可无的。”（观点 2）学生分工合作，查找并筛选有效信息，明确生态系统各成分的作用，进行辩论，并辨析观点。

教师重点强调：生产者是生态系统中最基本、最关键的生物成分。

师生总结：生态系统的各种成分之间是相互联系、相互依存的，某种成分的变化往往会引起其他成分发生相应的改变，甚至会引起整个生态系统发生一系列变化。

典型案例

《光的反射》情境教学案例

济南市稼轩学校 /王东东/

·新课引入

播放影视片段《张飞“回光阵”智退曹操》，感受光的反射。

【设计意图】

1. 利用影视作品中对光的反射的巧妙运用，调动学生的积极性。

2. 结合《三国演义》读本，与视频素材紧密联系，更好地调动学生，也在一定程度上体现学科间的交叉融合。

·光的传播

动手画图

【设计意图】

1. 通过小学的学习，学生对光沿直线传播有一定的经验和认识，应该利用这一条件。

2. 强调光源、光沿直线传播、光线、光路图等概念。

3. 因学生见到更多的是光在空气中的传播路径，对光在液体、固体中的传播路径接触较少，故着重对后两种进行演示，给学生一定的直观感受。

4. 结合学生的作图，让学生体会，并向学生强调光线这一物理模型的发明、作用。

·光的反射定律

1. 摆盾牌：让学生意识到光的反射现象中的核心要素——角度。

2. 对反射角与入射角的关系进行探究。

3. 借助水槽、烟箱等演示器材，让学生从立体空间观察光的反射还有哪些特点？（观察、思考、总结，可以得出①三线共面、②两线对称、③分居两侧等特点）

【设计意图】初中学生，尤其是八年级学生，对于光的反射定律的探究，更多围绕角度展开即可。三线共面的问题，能在教师的引导、演示下，有些感性的经验和认识即可。

·两种反射

1. 选盾牌：演示强光手电筒射出来的强光照射在白纸和平面镜上的不同效果。

观察、感受镜面反射、漫反射的效果差异，积极思考现象差异的原因。

【设计意图】通过直观的实验让学生感受到两种反射的差异，并提出问题和猜想。

2. 呈现镜面反射、漫反射的光路示意图。

结合光路图，进一步思考造成两种反射的差异的根本原因。

【设计意图】结合简洁的光路图对一些光学现象进行深入分析，这种能力在光学的学习中应该逐渐培养起来。

3. 展示部分相关现象和应用。

辨别镜面反射、漫反射。

【设计意图】能根据镜面反射、漫反射的特点对相关现象进行辨别。

（二）利用多重背景策略

学生在现实的世界中学习，如学校、工厂、家庭、地方社区，有时是社区之外的环境等，知识可以得到应用。

典型案例

《做大自然的朋友》教学片段

济南市稼轩学校 /武玉华/

人类要生存，就得和自然环境打交道。和自然环境打交道，就应该遵守一定的规范，节约资源，保护自然。要将这些规范落实到具体行动上，我们该如何做呢？分为家庭、学校、社区/社会三个组，自编情境。

要求：参与人员不超过 4 个人，准备时间 3 分钟，每组展示时间不超过 3 分钟。

活动目的：让学生通过小组的集体智慧编设情境，感受保护环境的具体行动的意义，产生具体的指导意义。

学生演绎之后，教师进行指导，并拓展知识。

家庭中：学生表演完毕，找其他学生点评，从而分享其在家中的环保、节约资源的做法。

学校中（出示相关文件）：为深入贯彻中央关于厉行勤俭节约、反对铺张浪费的精神，加强生态文明理念和资源环境国情教育，把节能环保、生态文明纳入社会主义核心价值体系和教育教学体系，大力推进节约型校园建设，教育引导学生树立“节约光荣、浪费可耻”的意识，养成良好的行为习惯。教育部下发了《关于深入开展节粮节水节电活动的通知》，在全国各级各类学校和幼儿园深入开展“三节”活动。出示我们学校中的具体做法。对升国旗中的环保宣誓进行加强延伸，让学生感同身受，了解到环保在学校的重要性。

社会中：利用可回收和不可回收的知识让学生明白日常的垃圾分类问题。通过一组垃圾分类小测试检验学生环保意识。

你会为下列垃圾分类吗？

（1）废报纸；（2）水溶性强的餐巾纸；
（3）玻璃瓶和碎玻璃瓶片；（4）易拉罐；
（5）废弃衣物；（6）矿泉水瓶；
（7）一次性塑料餐盒餐具；（8）牙膏皮；
（9）毛巾；（10）剩菜剩饭；
（11）花草树枝树叶；（12）油漆燃料；
（13）废弃电池。

出示关于植树造林的相关信息——

1979 年 2 月，第五届全国人大常委会第六次会议决定，将每年的 3 月 12 日定为我国的植树节，以鼓励全国各族人民植树造林，绿化祖国，改善环境，造福子孙后代。

1981 年 12 月，第五届全国人大四次会议通过了《关于开展全民义务植树运动的决议》，号召全国各族人民“人人动手，年年植树，愚公移山，坚持不懈”。国务院于次年颁布了全民义务植树运动的具体实施办法。

全班齐读植树造林的好处，让学生了解森林可以调节和改善区域的气候，净化空气，防止粉尘扩散和迁移，净化污水，减弱噪声，吸收放射性物质，减少细菌和美化环境。

时政素养。播放两组新闻，让学生了解当前时政热点，并强调今年全省环保系统要重点做好以下工作。一是继续强力推进大气污染治理。二是巩固提高流域治污成果。贯彻落实国家水污染防治行动计划，以不达标河流断面为问题导向，全面深化流域环境综合治理。三是全面完成总量减排目标任务。四是加强固体废弃物处理和生态环境保护。

感悟生成：从身边的小事做起，树立环保意识，保护我们的家园。

典型案例

失物招领启事

济南市历城区第六中学 /杨春燕/

在新授“用字母表示数”一节课时创设了这样一个情境：

小王拾到了一个钱包，里面有人民币 45 元，交给了班主任詹老师。詹老师叫小王写一则失物招领启事，以便失主认领。同学们，如果请你帮小王写一则失物招领启事，你准备怎么写呢？学生们兴趣很高，纷纷发言，有的说：“这好办，可以写‘今拾到一个钱包，内有人民币 45 元，请失主速来认领’。”有的说：“不行，有人冒领怎么办？”有的说：“我有办法，写‘今拾到一个钱包，内有人民币 a 元，请失主速来认领’。”这样，用学生身边的事情呈现教学内容，增添了数学教学的趣味性和现实性，使学生在学习用字母表示数时，不再感到枯燥无味，提高了教学效率。

教师在教学中创设的情境应该来源于生活中的真实材料，尽可能让学生找到生活中的原型，情境应该是问题的基础。如果我们的情境来源于一种假设，没有为学生准备好第一手资料，那么这样的情境无疑会显得比较空泛。所以我们应该鼓励学生在平时生活中多加留心，注意积累，这样才不会“境”到用时方恨少。

典型案例

《干旱的宝地——塔里木盆地》教学设计

济南市稼轩学校　/席　宁/

【活动一：山南山北观地形】

在地理教材分层设色地形图中描画阿尔泰山脉、天山山脉、昆仑山脉、塔里木河，圈出准噶尔盆地、塔里木盆地。

学生活动：学生到黑板大屏幕圈描，其他学生在任务卡1西北地区的地图中描画。

总结：新疆的地形分布与新疆的"疆"字结构有相似之处（在此让学生谈一下自己的想法），"疆"字右半部分结构正好与新疆三山夹两盆地的地形特点相吻合，其中塔里木盆地是我国最大的盆地。

【设计意图】学生通过描画地形图大体了解新疆三山夹两盆地的分布，通过与"疆"字结构的对比，加深学生对新疆三山夹两盆地地形特点的掌握。

【活动二："千年不朽"寻成因】

根据图文资料，思考回答问题：

资料1：动植物遗体的腐烂，是细菌微生物作用的结果。细菌微生物代谢过程中所有的化学反应、营养的吸收、分泌和排泄均需有水才能进行。

资料2：

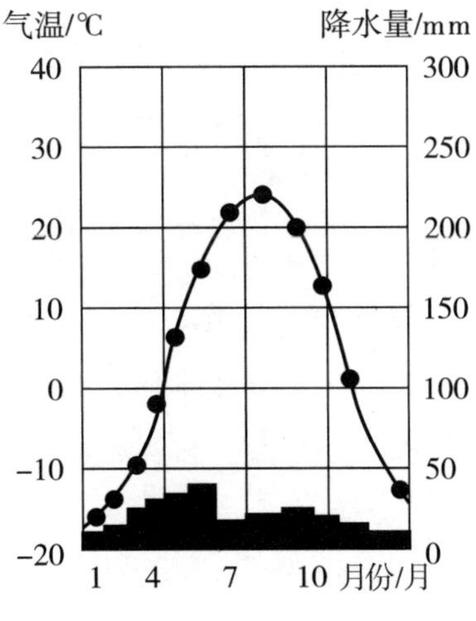

资料 3：

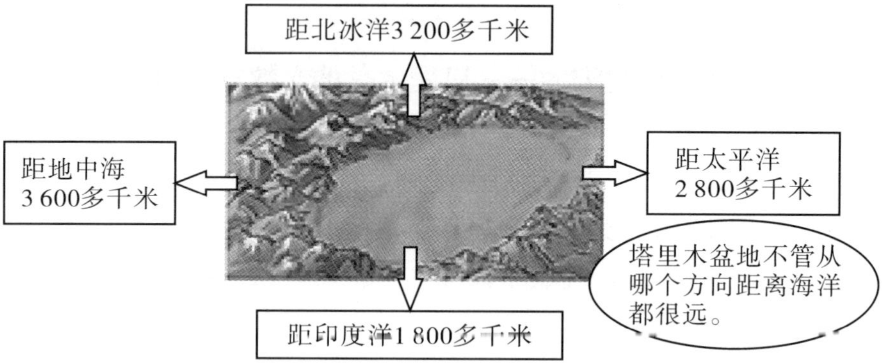

问题：1. 根据资料解释胡杨千年不倒、千年不朽的原因。

2. 根据资料结合所学知识解释塔里木盆地的气候成因。

学生活动：小组合作探究，选派代表发言。

总结：由于塔里木盆地深居内陆，加之被高山环抱，海洋上湿润气流难以到达，导致其气候极端干旱，形成了沙漠和戈壁广布的地貌景观。我国面积最大的沙漠——塔克拉玛干沙漠就位于其中。

【设计意图】通过胡杨千年不倒、千年不朽的自然现象探寻背后的成因，有利于激发学生的学习兴趣，提高学生运用所学知识分析、解决具体问题的能力。

典型案例

《创新永无止境》教学课例

济南市稼轩学校 /武玉华/

【题记】

创新是我们攀登世界科技高峰的必由之路。培养学生的创新意识、创新精神、创新能力，从这节课出发，又不止于本课，旨在种下创新的种子，也让我们的课堂成为有意义、有价值、有意思、有风景的时代思政课堂。

【教学板块】

·新闻+热评　关注并启思

新闻1："古有指南之针，今有北斗导航"，这是中国智慧遥隔时空的接力。2020年7月31日，"北斗三号"全球卫星导航系统正式开通。

新闻2：大力弘扬科学家精神。科学家精神是科技工作者在长期科学实践中积累的宝贵精神财富。2020年9月11日，习近平总书记主持召开科学家座谈会。

我国各个领域的发展都离不开科学技术，创新是引领发展的第一动力，是一个国家兴旺发达的不竭源泉。科技创新能力已经成为综合国力竞争的决定性因素。

·困难+成就　自豪且客观

底气：党的十八大以来，我国科技成果取得了一项又一项的成就，这意味着我国在尖端技术的掌握和创新方面打下了坚实的基础，请列举你知道的我国的科技成果。

学生举例："长征五号"遥四运载火箭在文昌航天发射场将"天问一号"探测器发射升空，开启火星探测之旅；"嫦娥五号"探测器开启我国首次地外天体采样返回之旅；我国科学家成功构建76个光子的量子计算原型机"九章"；我国"奋斗者号"全海深载人潜水器，顺利下潜至马里亚纳海沟深度10 909米；5G商用加速推出；北京大兴机场建成；山东舰交付海军……

发展空间：尽管我国取得了一些成就，但还存在一些不足，如创新能力不强、科技发展水平总体不高、科技对经济社会发展的支撑能力不足、科技对经济增长的贡献率远低于发达国家水平等。

教师举例：航天科技集团"北斗三号"导航卫星副总设计师张立新表示，目前北斗仍面临两个方面的挑战。一是部分行业用户对服务性要求越来越高，"北斗三号"目前无法满足；二是卫星信号的"脆弱性"导致复杂环境下应用受限，如复杂地形条件下易受遮挡、在复杂电磁环境下易受干扰等。

结论：我国的科技创新之路任重道远，必须加快建设创新型国家。

【重难点过渡】

如何建设创新型国家，需要我们共同探索。一起进入今天的"讲北斗故事，展北斗力量，扬北斗精神"。

·故事+力量　速度与激情

从20世纪80年代提出设想，到1994年“北斗一号”建设正式启动，几代北斗人经过26年的实践探索，走过了北斗系统建设“三步走”的发展历程。一起走进速度、天团、协作的北斗故事，感受不一样的力量与激情。

【速度】

“北斗三号”卫星导航系统经过了26年的探索，形成了中国速度、中国方案，这与我们国家的发展战略是分不开的。我国自1995年提出科教兴国战略后，科学技术迅猛发展，大力推进科教兴国战略、人才强国战略、创新驱动发展战略，加速实现国家的发展，但在发展过程中，也遇到了一系列的挑战。请观看视频，概括“北斗”建设中遇到了哪些挑战？

学生活动：概括遇到的挑战。

教师辩证思维的引领：既然世界上已经有了成熟的导航系统，为什么我们还要花大力气自主研发“北斗”卫星导航系统呢？

师生共创：外因——外国技术的封锁推动了我们的研发，只有艰苦奋斗、自力更生，才能不受制于人；内因——从经济建设、国家安全考虑，必须掌握核心技术，提高自主创新能力。只有具备自主创新能力，不断提高实力，才能增强民族的自尊心和自信心。

结论：自主创新，不排斥学习先进。我们既要学习外国的先进技术和经验，开展国际交流与合作，用好国际、国内两种资源，又要坚定不移地走中国特色自主创新之路。

【天团】

在创业阶段，“老北斗人”用药盒和大头针制作简易的卫星模型；后来，他们用“共享笔记本”等形式记录研制心得；再后来，他们编著工作手册，详解设计宝典。这样的传帮带大大缩短了“北斗”人才成长的周期。

团队给了青年科研团队全方位的政策支持。年仅29岁的康成斌回忆说，团队曾针对他对某关键技术的验证方案建造了一颗模拟卫星，让他放手去做这个测试验证，最终历时5年取得关键性突破。如今，“北斗”已形成一支老中青结合的团队。

理论过渡与总结：习近平在科学家座谈会上强调，要加强创新人才教育培养，把教育摆在更加重要的位置，全面提高教育质量，加强数学、物理、化学、生物学等基础学科建设，鼓励具备条件的高校积极设置基础研究、交叉学科相关学科专业，加强基础学科本科生培养，注重培养学生创新意识和创新能力。

学生活动：你知道的我国教育事业的发展有哪些成果？

举例：强基计划、教育扶贫、考试招生制度改革、人工智能、全民阅读、全民终身学习……

结论：教育是民族振兴、社会进步的基石，是提高国民素质、培养创新型人才、促进人的全面发展的根本途径。

【协作】

“北斗”这项世界级工程的完成，在顶层设计方面，由国家成立领导小组，设立管理办公室，对“北斗”实施归口管理，有两名“两弹一星”元勋和几十名院士领衔出征，30 余万名科研人员、400 多家单位聚力攻关，数以万计的公安干警、警卫人员和通信、电力、气象、交通、医疗等行业员工坚守各自岗位，1.4 万余家企业、50 余万人参与……北斗是党和国家调动千军万马干出来的，是工程全线几十万人团结一心拼出来的，是广大人民群众坚定支持共同托举起来的。

学生小组合作：为建设创新型国家，我国在人才培养、配套体制、发展平台、法治环境、社会氛围等方面做了哪些努力？

举例：知识产权保护法、国家最高科学技术奖、济南人才新政 30 条、农行“人才 e 贷”……

结论 + 过渡引导：全社会形成了大众创业、万众创新的氛围。

教师辩证思维的引导：有人说，创新就该追求原创；有人说，创新应当从模仿开始，请你谈谈对创新的看法。

观看视频：中国高铁的发展《主播说联播》。

结论：企业是社会创新的重要力量，一定要提升企业的创新能力，掌握核心技术，做创新发展的探索者、组织者和引领者。

·精神 + 传承　触动和升华

学生活动：你参加过哪些科技创新活动？在这些活动中有哪些收获？

交流分享：济南市稼轩学校为了培养学生的创新精神、提升创新能力，率先垫付申请费用，让更多学生通过学校这个平台拥有属于自己的专利。迄今为止，学校共有 870 多人在全国、省、市、区各级各类科技竞赛中获奖，收集发明创意 80 多万份，其中申请专利 4 267 项。

结论：树立人人皆可创新、皆能创新的意识。创新的时代，我们既要尊重他人的知识产权，又要学会保护自己的知识产权。

拓展：知识产权保护小贴士。

升华：2020 年 7 月 31 日，习近平在参观北斗系统建设发展成果展览展示时指出，26 年来，参与北斗系统研制建设的全体人员迎难而上、敢打硬仗、接续奋斗，发扬“两弹一星”精神，培育了新时代北斗精神，要传承好、弘扬好。要推广北斗系统应用，做好确保系统稳定运行等后续各项工作，为推动我国经济社会发展、推动构建人类命运共同体作出新的更大贡献。

触动与收获：创新精神表现为敢为人先、敢于冒险的勇气和自信，表现为探索新知的好奇心和挑战权威的批判精神，表现为承受挫折的坚强意志和沟通合作的团队精神，表现为舍我其谁的责任担当和造福人类的济世情怀，为弘扬创新精神，我将要……

【后记】

我们的课堂要符合学生成长阶段的特点与趋势，要适应并促进学生思维模式的发展，要有情感的铺垫和氛围的营造，让学生有探究的欲望。因此，情境的创设既要有深度、有广度，也要有温度。同时，情境的运用既要落地，更要生根、发芽、开花、结果，要资源利用最大化，要抓住课程的源头和落脚点，让学生既能掌握知识、提升能力，更能形成正确的情感、态度与价值观，让每个人带着期待走进课堂，带着思维与力量走出课堂。

（三）利用学生的差异性策略

不同的学生之间由于个性的差异而在规范、交流方式和信仰上表现出多大的不同？为什么会存在这些差异？为了达到这个目标，教师要利用这些差异创造一个丰富的学习环境，创造开放的氛围，认识到学生的个性差异，平等对待每一名学生。

典型案例

二元一次方程与一次函数教学案例片段

济南市稼轩学校 /吴同新/

师：下面请大家解这个二元一次方程组，算出来的请举手。谁能说一下你的答案？你是怎么算出来的？

例题：解二元一次方程组 $\begin{cases}x+y=5,\\2x-y=1。\end{cases}$

生：答案是 $\begin{cases}x=2,\\y=3,\end{cases}$ 我利用的是加减消元法。

师：好，请坐。做对的请举手，除加减消元法之外，我们还可以使用代入消元法。（教师板书两种方法）你们能尝试用本节课所学的二元一次方程和一次函数的关系来解决这个问题吗？给大家3分钟时间独立思考。

师：好，时间到。有思路的请举手。好，给大家2分钟，小组交流一下，整理一下你们的语言，待会儿找一位同学上来给大家展示。

师：好，时间到。哪位同学愿意上台给大家展示你们小组的思路？

生：首先，我们将二元一次方程组中的两个二元一次方程转化成对应的一次函数形式，即 $\begin{cases}y=-x+5,\\y=2x-1,\end{cases}$ 然后在同一平面直角坐标系中画出它们的图像，它们的交点的坐标就是二元一次方程组的解。因为这个交点的横、纵坐标既满足 $y=-x+5$，也满足 $y=2x-1$，即是二元一次方程组 $\begin{cases}x+y=5,\\2x-y=1\end{cases}$ 的解。

师（掌声鼓励）：太棒了！这位同学活学活用，讲解简洁、清晰，给你们小组点赞。还有同学要补充的吗？

师：好，这种利用对应一次函数的图像来解方程组的方法，我们称为图像法。谁能总结一下这种方法的步骤？

生：第一步，将二元一次方程组中的两个二元一次方程转化成对应的一次函数；

第二步，在同一平面直角坐标系中画出它们的函数图像；

第三步，它们的交点的坐标就是二元一次方程组的解。

师（掌声鼓励）：这位同学总结得非常好。

师：好，请问解二元一次方程组共有几种方法？这些方法有什么优劣性？

生：有代入消元法、加减消元法、图像法三种方法。

生：我认为图像法直观、形象，但是只能得到近似解。两种消元法虽然计算复杂，但是更准确。

师：很好，请坐。下面给大家 2 分钟，完成练习。

练习：

1. 若一次函数 $y=3x-1$ 与 $y=2x$ 的图像的交点的坐标是（1，2），则二元一次方程组 $\begin{cases}3x-y=1,\\ y=2x\end{cases}$ 的解是________________。

2. 一次函数 $y=-x+5$ 与 $y=2x-1$ 的图像的交点的坐标是________________。

师：好，时间到，给大家 1 分钟，同桌互相讲解一下。

师：这两道题目分别从由形到数和由数到形两个方面反映了二元一次方程组和两个一次函数之间的关系（教师板书）。

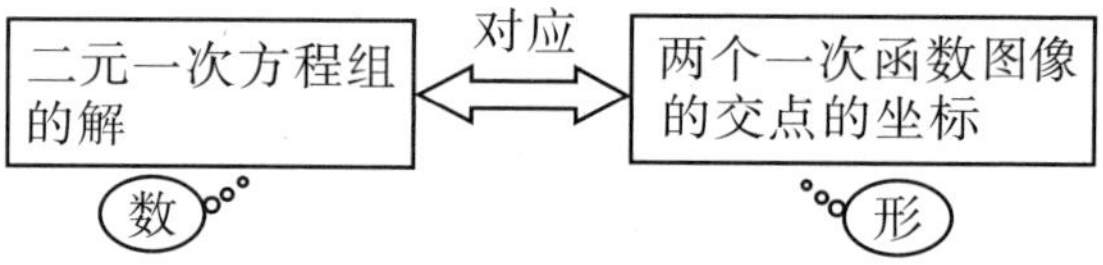

【设计意图】通过典例分析这一环节，加深学生对自主学习内容的理解和应用，拓宽学生的思维空间。

（四）合作学习策略

合作学习就是在学习社区的基础上，在学习小组中，学生和教师分享知识、整合目标，所有人之间互相学习。在合作学习中要保证一个或更多的小组在学习过程中互相联系。这种联系可以提高学生的人际交往技能，同时，学生的创造性在合作解决问题时也可得到张扬。学习小组中的所有成员分担责任、分享知识和目标，因彼此经验的不同而相互学习。学习小组中的学生应对彼此的经验表现出兴趣，制订行为规范，并能够解决合作过程中的冲突。

典型案例

让每一个孩子亲身融入体育课堂

——情境教学在体育学习中运用案例

深圳市光明区爱华小学　/陈学兴/

百年大计，教育为本。在现代教育中，我们越来越重视学生的素质发展，尤其是小学阶段的学生，他们的身体正处于成长的关键时期，因此，体育课程就显得尤为重要。但是传统的小学体育教学不受学生、教师以及家长的重视，从而导致体育学科的地位“一落千丈”。因此，体育教师应该奋起直追，注重小学生的体能训练，帮助学生形成健康的体魄、坚定的意志，促进学生全面发展。

情境教学旨在将生活经验中的各种情境与体育锻炼结合，提高学生在体育课堂中的学习兴趣以及训练的欲望，从而加强学生在体育课堂中的锻炼效率，同时，也能够引起学生的重视心理，对体育课程充满期待。小学生的身心发展特征表明，他们对趣味化的课堂尤其热衷，因此，教师便可以采用游戏、竞赛、信息技术、集体训练等方式来加强体育课堂对小学生的吸引力，从而提高小学生的学习兴趣，构建高效的小学体育课堂。

1. 个人竞赛，激发学生锻炼热情

小学生身心发展特点决定了他们的表现欲比较强，同时，也十分看重比赛的胜负之分。因此，教师在课堂中可以适当地引入小组竞赛的环节，让班级中的每一名学生都能够参与到竞赛之中，为自己所在队伍增添力量。与此同时，在参与竞赛的过程中，小学生会不断地突破自身的实力，挖掘自身的潜能，从而有效地提高自身的体育锻炼效率，加强自身的体育实力。此外，在进行竞赛时，教师要向学生传递“友谊第一，比赛第二”的体育精神，让学生能够形成良好的体育竞赛习惯，以自身安全为主。同时，也能够通过竞赛，加强学生之间的情感交流，增强学生的集体荣誉感。

【案例枚举：小学三年级校本课程花样跳绳——提膝侧点地】

师：同学们，刚刚我们掌握了一定的动作，那么接下来我们就利用这个动作进行两人之间的比赛。

生：好，老师，我想跟他比。

师：好，同学们先安静一下，老师现在讲解一下怎样去比赛，怎么个比法。

（同学们安静、认真地听讲解。）

师：我们现在有八个小组，我们先小组内部两两进行比赛，一直比到剩下一位最厉害的同学，然后小组最厉害的同学再跟其他小组最厉害的同学比赛。

生：好，我们小组的过来这里……开始一对一比赛。

评析：小学阶段的体育课，比赛是常态，也是学生最喜欢的一个形式。在体育课堂上融入比赛，能深深地抓住学生的兴趣。每个孩子都有着赢的期盼，但是赢家只有一个，因此，有些同学避免不了失败的挫折。同时，也是提醒同学们要有胜不骄、败不馁的精神。

2. 集体参与、集体合作训练，加强学生锻炼质量

我们经常会发现，如果让学生独自跳绳，往往不能坚持到最后，但是如果是全班学生进行统一参与、训练，同样的动作，他们不仅能够达到最好的效果，还能达到最终的目标，身体也不会感到很疲惫，这就是集体的力量。因此，小学体育教师可以进行集体参与、集体训练，加强学生的参与质量，帮助学生更加规范、更加有效地完成练习、训练，从而加强自身的身体素质。

【案例枚举：小学三年级校本课程花样跳绳——提膝侧点地】

师：同学们，下面我们来对两句诗：小荷才露尖尖角。

生：早有蜻蜓立上头。

师：早有蜻蜓立上头。好，那这节课我这个大魔法师把每一位同学都变成小蜻蜓，好不好？

生（笑了）：好。

师：现在老师把你们变成小蜻蜓了，你们的尾巴就是你们的前脚掌，现在同学们能看到地上有一对红色点，“蜻蜓点水”你们会吗？

生：会。

师：现在老师要求你们一只脚只能点一次水，但是一只脚只能点在不同的点上，现在你们自己去研究一下，看一下你们是怎么点水的。来，动起来，一只脚只能点一次哦，前后两位同学可以互相对比一下，看一下对方是怎么点水的，有什么不一样的点法。

学生自己认真地去点水。

师：好，老师刚刚在看同学们点水时有很多方法，有些同学左右交叉点水，有些两脚同方向点水，现在请同学们看一下老师这个点水方法跟你们的有什么不一样，老师的点水方法跟你们一样吗？

生：不一样。

师：那好，今天老师这只大蜻蜓就教一下你们不一样的蜻蜓点水动作。先两手叉腰，蜻蜓先飞起来，然后异侧点水，再飞起来回到家里。换另一只蜻蜓飞起来，点水，再飞起来，回家。

同学们迅速地跟着动起来。

师：同学们，这个动作几拍一动？

生：一拍一动。

师：好，一拍一动，那现在跟着老师来，1、2、3、4、5、6、7、8……

学生迅速地练习起来。

师：好，同学们，我们把动作稍微加快点。来，1、2、3、4……

生：1、2、3、4……

师：现在老师看到有些同学已经会去点水了。来，同学们，我们再来一遍。

学生动起来，自己数口令在练习。

师：很好，老师看到很多同学已经会去点水了，现在老师给你们魔法武器，你们自己带上武器去练习。好，大家拿起你们的绳子，小组长带着你们的组员自己去练习一下。

师：同学们，今天很多同学表现不错，很认真地去学习。

师：来，老师看一下哪些同学完成得比较好哦？

学生继续努力去完成练习。

师：好，大家停一下，前面的同学稍微蹲下。现在老师请两位同学来展示一下，这位男同学和这位女同学。同学们来数口令，他们来跳，好不好？

生：好。

展示的学生认真完成点水。

师：现在老师想问一下哪位同学跳得好？动作跳得漂不漂亮？

生：两位同学都跳得好。

师：还有没有不同意见的同学？他们的动作有什么问题吗？他们的动作都

很漂亮，可是尾巴稍微有点丑，对吗？我们把尾巴变漂亮一点，把你的脚绷直，一定要把大腿抬起来，好不好？

生：好。

师：下面同学们根据老师的讲解再进一步去完成，做一只漂亮的小蜻蜓吧。

学生开始继续动起来。

教师巡回进行指导。

师：我们现在看一下，看你们小组还有没有不会的同学？不会的同学放下绳子徒手去练习一下，老师放点音乐，让你们跟着音乐去练习。

学生开始认真练习。

评析：练习、训练是体育课最根本的任务，动作的熟练度离不开最简单的练习。不管什么练习，都要先向学生阐述相关的理论知识，然后带领学生进行统一时间的统一练习、训练。当身边的学生都在认真地坚持训练时，无形中就会影响到大家，从而加强训练，提高全体学生的参与质量。

总而言之，教无定法，贵在得法。小学体育教学与其他科目有相同点，但是也具有很多差异。它更多的是开展课堂之外的活动，从而锻炼学生的体魄。因此，教师应该灵活运用多种教学模式，来吸引学生的目光，从而增强学生学习与训练的兴趣。情境教学将学生的主人翁地位凸显，尊重学生的学习意愿，开展具有民主、自由、趣味的体育课堂活动，从而构建高效的小学体育课堂。

（五）使用可信的评价方法策略

可信的评价方法具有以下几个特性：第一，能够引起学生在选择问题和观点时使用高级的思维技能；第二，是学生的新知识和技能的有意义产物；第三，与教学的中心目标相联系；第四，不仅存在于教学过程中，也存在于学习过程中；第五，给学生提供机会，并指导学习进步的方向；第六，给教师提供机会，并指导教学进步的方向。

典型案例

《在钟表店里》教学设计

深圳市光明区爱华小学　/杨敏燕/

·设计构想

体验式学习是指学习者作为学习的主体，以任何可用感官作为媒介，用全部的心智去感受、关注、欣赏、评价某一事件、人物、环境、思想等。在小学低年段的音乐欣赏课堂中，利用那些可视、可听、可感的教学媒体带给学生视觉、听觉等多感官的体验式学习，能够让学习者产生一种渴望学习的冲动，自愿全身心地投入学习过程。基于以上分析，结合二年级学生活泼好动、想象力丰富、模仿能力和表演欲望较强的年龄特点，通过聆听音乐提升感知能力，能够用动作、语言等描绘出自己感受到的音乐形象，并进行表现。我将本课设计如下：

1. 创设情境，激发兴趣

通过介绍新朋友，带领学生跟随音乐进行有节奏的律动，培养学生聆听音乐律动的良好习惯，激发学生的学习兴趣，让学生感知音乐的情绪和风格。

2. 初步感知，熟悉音乐

通过有趣的语言，引导学生通过想象、联想，充分体验音乐的形象，大胆地表达自己的音乐感受。

3. 循序渐进，细细品味

运用视、听、说、律动等方式帮助学生分辨不同的音乐主题，体验乐曲的情绪。通过模唱旋律—填词歌唱—编创歌词—动作表演等来感受音乐、表现音乐、创造音乐，加深对乐曲主题的记忆，从而积累更多的音乐形象。

4. 拓展延伸，总结提升

欣赏小钟表的故事片段，从音乐欣赏学习中引发学生懂得勤奋做事、珍惜时间的道理。

·教学过程

1. 听音乐律动

师：同学们，今天老师要带大家去一个奇妙的地方。

教师带着学生有节奏地律动，启发学生注意聆听音乐。

2. 初步感知，熟悉音乐

师：请大家安静地聆听一段音乐，并说一说——你从音乐里听到了什么？想到了什么？可以用语言和动作来描述。

老师揭示乐曲名《在钟表店里》，简单介绍乐曲和曲作者。

3. 核心推进

（1）欣赏A乐段。

①记忆A乐段主题，模唱主题旋律。

②老师为旋律填上歌词，大家一起来唱一唱。

滴答滴答滴答滴答，钟表店里真热闹，

滴答滴答滴答滴答，时间的脚步飞快跑。

滴答滴答滴答滴答，钟表店里真热闹，

一分一秒学会珍惜，钟声多美妙。

③模仿老师的填词方式，给主题音乐的前四小节来编创歌词。

（2）欣赏B乐段。

①这一段音乐与A段音乐比较相似，一边听一边用手拍节拍。

②播放视频，以B段音乐为背景，让学生见识世界上各式各样的钟表。

（3）欣赏C乐段（《苏格兰绿色的钟》）。

①引导学生从节奏、速度、音色等方面去辨别风格，初步认识八音盒。

②启发联想，鼓励学生说出自己的欣赏感受。

③把各自聆听音乐所想到的东西用简单的动作即兴表现出来。

（4）完整听赏，边聆听边律动。

A段——填词演唱，B段——即兴律动，A1段——跟着旋律用“度”哼唱，C段——摆场景造型，A2段——跟着旋律用“度”哼唱，最后的钟声——大家自行用动作模仿各种不同的钟。

（5）出示乐曲结构图谱，引导学生欣赏。欣赏前提出要求：找一找相同或相似的乐段，并说一说哪一段音乐比较特别。为什么？

4. 拓展延伸，总结提升

欣赏小钟表的故事片段，从音乐欣赏学习中启发学生懂得勤奋做事、珍惜时间的道理。

· 教学反思

王夫之有一句名言：“教者但能示以所进之之善，而进之之功，在人之自悟。”他认为，学生的学习不是简单的模仿，或者被动地接受知识，而是一种自觉的认识过程。教师的作用不在于传授多少知识，而在于启发学生自悟，使学生成为学习的主人。多年来的教学实践让我体会到：在教学过程中，要善于激发学生的学习兴趣，善于寻找学习动机，善于运用有效的教学手段活跃课堂教学氛围，让“要我学”变成“我要学”，教学活动要使学生感兴趣，亲身在音乐活动中体验、感受，从而“本心乐为”。

典型案例

情境教学在阅读教学中的应用

——以人教版语文七年级上册《秋天的怀念》为例

济南市历城区第六中学 /张梦莹/

【教材分析】

《秋天的怀念》是人教版七年级上册第二单元的一篇叙事散文。本单元的主题是“亲情”，单元提示中内容提示：“在整体感知全文内容的基础上，体会作者的思想感情”，方法提示：“继续重视朗读，把握文章的感情基调，注意语气、节奏的变化”。在整体感知全文内容的基础上，体会作者的思想感情，所以要厘清思路，感受形象，品味语言，感悟启示。

【学情分析】

七年级学生快速阅读文学作品，并了解文章内容并不难，难在对文章内容的概括和对人物情感的把握。学生虽然读过很多描写母爱的文章，但受阅历不足的影响，容易浅层次地阅读，对语言的感受能力还比较弱，无法深刻地理解本文中母爱的内涵。

【教学目标】

1. 知识与能力：理解课文内容，训练学生的概括能力，抓住描写人物的关键词句，体会人物形象，培养学生有感情地朗读课文的能力。

2. 教程与方法：通过品读语言，体悟母爱的伟大。通过合作探究，探寻“好好儿活”的意义。

3. 情感、态度与价值观：引发学生对生活态度的积极思考，树立乐观向上的生活信念。

【教学重点】

研读文本，体悟作者在字里行间蕴含的深沉与无私的母爱。

【教学难点】

理解“好好儿活”对作者的影响，并从中获得自己的思考。

【课型】

新授课。

【教材准备】

PPT 课件。

【教学方法】

朗读法、启发式教学法、合作探究法。

【课时安排】

1 课时。

【教学过程】

教学流程	教师活动（含教学内容）	学生活动	设计意图
导入新课	钢琴曲《秋日私语》伴奏，展示秋天图片课件。 有人说，读《秋天的怀念》，富贵者读到了博爱，贫穷者读到了高贵，柔弱者读到了坚强，平庸者读到了智慧……今天我们学习《秋天的怀念》（学生齐读课题）会读到什么呢？请听录音。	听音范读，进入情境，默读全文。	创设情境，营造氛围，引导学生进入文本，营造阅读情境，激发情感，为理解课文做准备。

续表

教学流程	教师活动（含教学内容）	学生活动	设计意图
初读感知	1. 默读课文，思考作者表达了对母亲怎样的情感？为此写了哪些事？ 明确：对母亲的爱和怀念。我双腿瘫痪，母亲抚慰我；母亲重病缠身，瞒着我；为看菊花，央求我；临终嘱托，牵挂我。 2. 让我们再次自由地朗读课文，去体会这份深深的情感。	学生可概括回答，也可用原话，初步感受作者的情感。	初读课文，在默读的基础上，学生会在情感上和作者产生共鸣。引导学生初步感知课文内容，并训练他们的概括能力。
细读人物	请注意语调、语速、停顿、重音，带着情感朗读课文，画出体现母爱的句子并批注，有感情地读出来。	在问题的引导下逐渐进入与文中的“我”对话。	培养学生积极发表个人见解及互相探讨、共同解决问题的能力。
	通过品析“暴怒无常”“悄悄地”“挡”和“母亲扑过来抓住我的手，忍住哭声说：‘咱娘儿俩在一块儿，好好儿活，好好儿活……’”这四个关键词句。 1. “暴怒无常” （1）“暴怒无常”体现在哪些方面？ （2）“暴怒无常”背后的原因。	在逐步加深的理解中朗读。 学生朗读思考批注，自由回答分享自己的感受。	引导学生抓重点词语和段落来品析文章，在反复朗读的基础上，充分感悟母爱的深沉、伟大。这个过程看似在咬文嚼字，实质上是让学生在读中品、在品中读，让学生在与文本对话的过程中一步步走进作者的心灵。

续表

教学流程	教师活动（含教学内容）	学生活动	设计意图
细读人物	2.“悄悄地” “悄悄地”所体现的母爱有哪些？ 3.“挡” 重点赏析“挡”字。 4.“扑”“抓”“忍”所流露的母亲的情感。	在朗读、品味、思考中体会母亲细致入微的爱和隐忍。	
朗读深思	读最后一段，谈感受。 面对这样伟大、深沉、无私的母爱，作者有没有好好地活呢？ 同学们，把书捧起来，让我们一起正确、流利、有感情地朗读最后一段。 读完最后一段你感受到什么？ 明确：盛开的菊花犹如坚强勇敢活过来的“我”，艳丽的色彩是“我”对成功人生的描绘。活出自我，活出尊严，活出个性。 教师赠言：课件出示作家余华《活着》中的一段话。	学生正确、流利、有感情地朗读。 小组合作讨论，学生思考、畅所欲言。 结合史铁生的一段颁奖词感悟他的“好好儿活”。	语文的外延与生活的外延一致，品读语文实际上是体验、感悟生活，引导学生体悟生命的意义。

续表

教学流程	教师活动（含教学内容）	学生活动	设计意图
资料助读	师：作者说过，一个人只有活得有声有色、有滋有味，才不枉到这世界上走一回。作者也写下了很多感人肺腑的文章，不止一次提到了自己的母亲，表达对母亲的思念和爱。 老师节选其中的几个片段，让学生读一读。 课件出示《合欢树》《有关庙的回忆》《我与地坛》等文章的片段。	配乐齐读。 教师范读。 学生跟读。 自由朗读。	拓展阅读，打开视野，营造课外阅读期待。引导学生再次感受儿子对母亲的无限怀念，强化文章的主题。
课堂结语	师：同学们，让我们一起分享一段话语：你不能决定生命的长度，但你可以扩展它的宽度；你不能改变天生的容貌，但你可以时时展现笑容；你不能企望控制他人，但你可以好好掌握自己；你不能全然预知明天，但你可以充分利用今天；你不能要求事事顺利，但你可以做到事事尽心。	体味反思。 感悟人生。	引发学生对生活态度的积极思考，树立乐观向上的生活信念。
作业布置	1. 学完这篇文章，你很想对自己、母亲或史铁生说些什么呢？ 2. 推荐阅读《我与地坛》。		
板书设计	秋天的怀念 史铁生 苦　母爱　好好儿活		

【教学反思】

语文的魅力在于徜徉文字的世界，品味文字的芬芳。《义务教育语文课程标准（2011 年版）》指出，“阅读教学的重点是培养学生具有感受、理解、欣赏、评价的能力”，“逐步培养学生探究性阅读和创造性阅读的能力”等。语文课堂的职责就是引领学生从无声的文字中品悟有声有色、五彩斑斓的语文世界。要引导学生深入文本，教师应该先与文本“亲密接触”，感受文字的美。为此我必须确定一个教学目标，用一条授课线索贯穿课堂。

线索就是好文章是“读”出来的。我只想让孩子们真正地、静静地品味语言。我将本文教学方式确定为“读”，以读带动教学过程，为此制定了三个教学目标：1. 初读感知，整体感知课文内容，体会文章的感情基调。2. 细读人物，引导学生抓重点词语和段落来品析文章，在反复朗读的基础上，充分感悟人物的心理活动及流淌在其中的深情。3. 朗读深思，语文的外延与生活的外延一致，品读语文实际上是体验、感悟生活，关注“好好儿活”意义的探寻，引导学生体悟生命的意义。4. 资料助读，拓展阅读，打开视野，营造课外阅读期待，引导学生对生活态度进行积极思考，树立乐观向上的生活信念。

制定出基本框架后，我期待可以如愿以偿，甚至设想和学生快乐分享、热烈讨论的场景，为此，在教学中，我遵循以下教学思路：由导入引出有关“母爱”的话题——由“母爱”话题引出《秋天的怀念》——从《秋天的怀念》中来诠释“母爱”的内涵——由“母爱”的内涵引申对“好好儿活”意义的探寻——由“好好儿活”的话题进一步走进史铁生更为精彩的人生。

或许刚迈入初中的孩子对文字的感受能力还不强，所以我期望的课堂上人人都参与、个个都发言的场面没有出现。但一些孩子的思考和发言还是让我很欣喜、很欣慰！我希望这是一个美好的开端，引导学生更多、更深地品味文字本身的魅力！

典型案例

"We' re trying to save the earth! " Section B (2a—2e) 情境教学 Careful Reading

济南市稼轩学校 /毛文华/

1. Amy's story about recycling

活动目标：能够获取关于 Amy and her house 的细节信息，理解句子之间的逻辑关系和段落内部结构。

（1）构建动场：Who is Amy？ Why is she unusual？ What other information about Amy and her house can you get？

（2）自主学习：学生细读，标出有关 Amy 和 Amy's house 的信息。

（3）交流探究：学生展示答案。

（4）综合建模：教师展示答案，并且抛出深层问题，即 Why is Amy an inspiration to us all？

2. Jessica's story about recycling

活动目标：能够自主阅读，获取关于 Jessica 的信息，画出思维导图，并根据思维导图复述故事。

（1）构建动场：Let's learn about Jessica's story.Read carefully and draw your own mind-map.

（2）自主学习：学生细读、思考并画出思维导图。

（3）交流探究：According to your mind-map，retell Jessica's story to your partner.

（4）综合建模：Rethink Jessica's story and finish the sentence.

Jessica turned waste into something ________________________.

学生通过阅读，赏析 Jessica's story。

3. Wang Tao's story about recycling

活动目标：能够阅读和获取描述 art pieces 的句子，并理解最后一句话在篇章中的功能。

（1）构建动场：Enjoy some pictures about Wang Tao's art pieces.What do you think of them？ What does the writer think of them？

（2）自主学习：Find out some sentences which describe the art pieces.

（3）交流探究：学生展示答案。

（4）综合建模：What is the function of the last sentence？

第四章

项目式教学

一、项目式教学的基本内涵

“项目”一词特指事物分成的种类或条目，现泛指工程、学术等方面某一个具有特定内容的任务。美国教育学家克伯屈最早在教育中引入项目的概念，认为“有目的才是确定项目的根本”，儿童的动机是项目运行的核心因素。项目式教学起源于20世纪后期开始的建筑和工程教育运动。从此，项目专指一项具体的工作，该工作内容来源于企业的真实项目。项目式教学则指“由学校和企业共同组成项目小组，深入实际，在解决问题的同时，学习和应用已有的知识，在实践的第一线培养解决问题的能力。在这里，是指采取小组讨论、协作学习的方式，应用已有知识和新知识，通过‘项目工程’来驱动学生的学习，通过完成项目任务，培养解决问题的能力”。[①] 随着教学研究的深入，项目式教学从工程教育、职业教育的范畴当中延伸到普通教育，其特征是“一种系统的教学方法或模式，让学生围绕来自项目中的现实工作任务来学习知识和技能，并认真地设计产品和任

① 王春燕 . 项目式教学的研究与应用［J］. 计算机教育，2007（18）：10–11.

务”[①]。还有学者从其背后的思想基础出发，认为“它属于建构主义学派的一种方法，认为探究问题是学生有效学习的本质，通过让学生参与项目的方式来改善学习效果，开发相关技能”[②]。

综上所述，我们可以对项目式教学进行定义：以实际的任务来驱动学生的学习，通过完成活动，应用已有知识和掌握新知识，达到培养解决问题的能力。这里的项目是指以生产一件具体的，并具有实际应用的产品为目的的任务。学生的学习方式可以是小组讨论和协作学习。[③]

典型案例

打破时空限定，立体化教学方式促深度学习

——初中生物学《鱼类》项目式学习案例

济南市初级实验中学 /侯学林/

众所周知，著名画家达·芬奇不但在绘画方面有非常深的造诣，同时，在物理、生物学、建筑、科技等方面也都有巨大的贡献。一款手机的制造，不但需要芯片等核心技术的研究制造，还需要化学、材料学、美学、热学等学科的知识。可见，学科融合无处不在，在实际问题中，知识没有学科的严格界限。人类科技发展的规律也是这样，是综合、多维度、多学科、项目式的。因此，人才的培养，也应该提倡项目式的学习。

如何才能更好地打破学科间的界限，引导学生客观、全面、科学地进行项目式学习？

我在生物学的教学中，就《鱼类》一课进行如下尝试：

---

① HECKENDORN R B. Building a Beowulf：leveraging research and department needs for student enrichment via project based learning［J］. Computer Science Education，2002，12（4）：255–273.

② METTAS A C，CONSTANTINOU C C. The technology fair：a project-based learning approach for enhancing problem solving skills and interest in design and technology education［J］. International Journal of Technology Design Education，2007（18）：79–100.

③ 解家欣．“项目教学法”在信息技术课中的实践与探讨［J］. 中小学信息技术教育，2006（6）：27–28.

·研究背景

在七年级上册生物学教材《鱼类》一课中，新课正文仅有两句话：

“鱼类之所以能在水中自由自在的生活，是因为他们具有与其生活环境相适应的形态结构。

“鱼类终生生活在水中，身体呈梭形，体表大多覆盖有鳞片，用鳃呼吸，用鳍游泳。”

然而，仅记住这两句话就能理解鱼的结构特点是适应水生生活的吗？显然通过传统的教学方式，直接观察总结，效果不佳。

那么，鱼类在水中生活，需要面对哪些问题呢？它是用什么方法解决的呢？

给学生提供一个贴近生活实际的驱动问题，在解决驱动问题的过程中找寻问题的根源，应用多门科学知识共同解决问题。

·学习环节

容纳语文、科技、物理、生物学、体育、美术六门学科。例如，“美人鱼”的鱼鳍——体育课游泳时，学生用手蹼、脚蹼模拟鱼鳍，进一步研究动力的产生、鱼鳍的作用体验等。利用物理学科的部分浮力知识，学生动手制作浮沉子感受鱼鳔的作用，进而了解仿生学科技产品——潜水艇的知识。

一、探究鱼类适于水生生活的特点（生物学、物理）

探究问题：

图 1

鱼类如何在水中解决呼吸？鱼类在水中游泳，如何避敌、摄食等？游泳的动力从哪里来？方向如何控制？如何减少阻力？如何感知水流、测定方向？

带着这些问题，学生开始进行探究。

其中，本节生物课采用开放式课堂，让学

生合作学习、自主探究。

“时空氛围”营造项目式学习环境。

在课题周，让校园成为“鱼”主题科技体验馆！让学生走出教室，在自然中了解生物学。图1是学生绘制的校园俯视图（没有条件的用教室也可以），以九宫格的方式向大家介绍，将校园分为5个功能区：资料区、标本区、交流区、展示区、实验区。

九宫格中右侧1、2格是资料区，汇集子课题中想要呈现的多学科融合的展板内容。右侧3格是标本区，上方悬挂各种“鱼”模型，下方的花坛边上摆不同鱼的骨骼模型。中间2、3格是交流区。中间1格是展示区。

实验区	展示区、交流区	资料区、标本区
左侧1格——实验1：游泳阻力及动力探究。 同样质量的重物牵引不同体型的物体，哪一个先到终点？不同质量的重物牵引相同的物体，哪一个先到终点？学生通过对比实验，体会不同体型、不同动力对游速的影响。	中间1格——展示区。 移动式黑板、多媒体、实物投影等。 各组将自己的研究成果进行阶段性展示。展示时，学生可以移动黑板等至任何校园资源功能区，进行现场讲解。研究成果可以通过思维导图、列表，也可以通过文字展示。 总结出鱼类适应水生生活的体型、体表、运动、呼吸的特点，实现教学目标。	右侧1格——鱼类与仿生学知识资料区。（提供展板、书籍或电脑。）
左侧2格——实验2：探究鱼鳍的功能。 取两条活的鲫鱼，一条不作任何处理，另一条用纱布分别固定不同的鱼鳍，静置1~2分钟后观察，记录观察的结果。	中间2格——学生上课区。	右侧2格——常见鱼类及相关知识资料区。

续表

实验区	展示区、交流区	资料区、标本区
左侧3格——鱼类获得氧气的呼吸器官。 设计成小型鱼池观察区，有青、草、鲢、鳙四大家鱼和鲫鱼等若干条。学生可随时驻足观察。旁边可以放有鲫鱼的两个水槽，彩色水粉溶液、滴管等提供给学生，可以通过鲫鱼墨水吞吐实验，推测出鱼的呼吸器官是鳃。 想要进一步了解呼吸器官鳃的知识，学生可以来到旁边第3格鱼鳃观察区进行观察。 实验3：探究鲫鱼侧线的作用。 各小组根据侧线能感知水流的方向。用一只水枪向鲫鱼的侧线喷水，另一只水枪向鲫鱼的其他部位喷水，观察比较鲫鱼的反应。通过现象的比较，可以看出侧线处能够敏感地感受到水流的变动。	中间3格——学生自由讨论区。 小组间需要交流时，可以随时回到中间交流区进行探讨和整理。	右侧3格——标本与模型。（提供展板、书籍或电脑。）

根据学习任务单，学生自由选择区域，自主选择需要的文字资料、实物、模型或实验材料，开始进行探究式学习。教师进行巡视，现场指导。

小结：

1. 打破空间限制，将课堂从教室、实验室搬到室外；打破时间限制，学生进入校园随时可学；打破学科限制，各学科知识贯穿，为我所用；打破学习形式的限制，小组合作 + 自主 + 体验。

2. 实验形式和环节的创新。本节生物课把观察实验设计成完整的探究性实验。充分利用学生已有的实验技能和实验方法，指导学生从实验方案的设计到实验操作，再到实验分析总结，有效地培养了学生的科学思维和严谨的科学态度。

3. 实验的选材上选用学生常见的鲫鱼作为研究对象，增强了学生的学习兴趣，激发学生学习的积极性和主动性，在传授知识的同时，培养了学生的实践能力。在小组学习探究过程中，采用不同交流形式，引导学生在描述、倾听、质疑、补充、分析、整合的过程中，一步步深入探究，直接、明了，便于学生比较，提高思维水平和认识水平，并感受到小组合作学习的优势。

二、鱼鳔与浮沉子（物理、生物学）

我们都知道，鱼肚子里有鱼鳔，鱼鳔里面全都是空气。如果鱼鳔里的空气增多，鱼在水中就会往上浮；如果鱼鳔里的空气减少，鱼就会往下沉。潜水艇就是利用这个原理制成的。

浮沉子是利用阿基米德原理改变浮力大小实现升降的。

制作：大塑料瓶灌满水，并将灌了一部分水的口服液瓶子瓶口朝下塞进塑料瓶中（调节里面的水量使其恰好浮在塑料瓶中），盖上大塑料瓶盖子。用手轻挤瓶身，口服液瓶子下沉；松开，口服液瓶子上浮。

原理：挤压塑料瓶，玻璃瓶中的气泡被压缩，受到的浮力减小，下沉；松手，气泡体积恢复，浮力恢复，上浮。

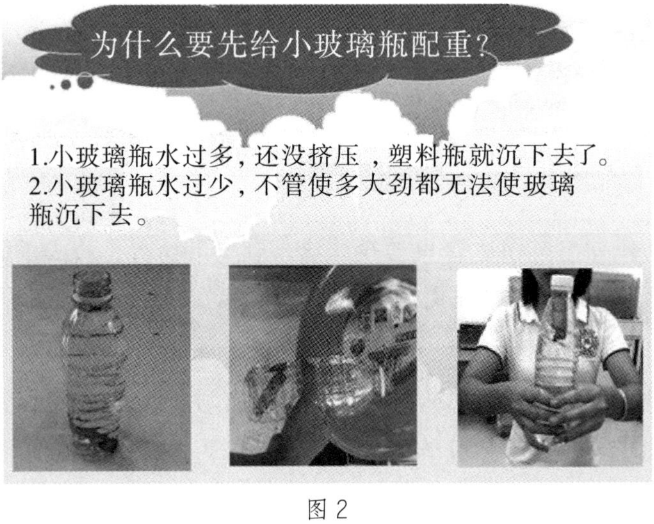

图 2

三、运动体验——游泳课，体验鱼鳍作用（体育、生物学）

图 3

四、感受中国传统文化中鱼文化的相关知识（语文）

1. 了解鱼字的演变过程。

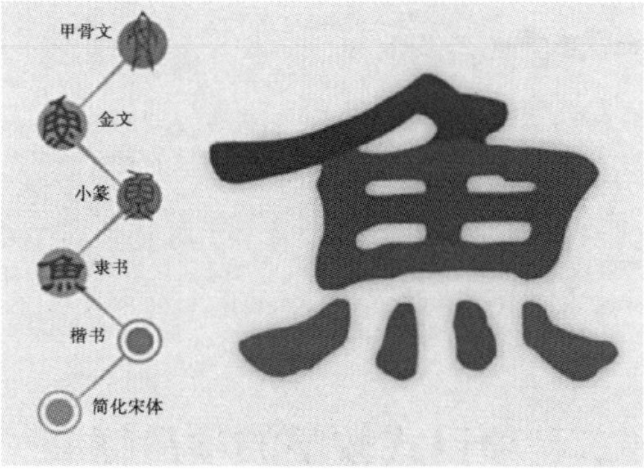

图 4

2. 了解有关鱼的诗词与故事传说，阅读分享交流会。

分享卧冰求鲤、鲤鱼跳龙门等与鱼类的相关诗词、故事传说等，感受故事中的优良品质，达到育人的目的。

五、评价与反馈——“人工鱼”竞速与展示（美术、生物学、物理等）

赏析鱼的名画，学习各种常见鱼类的绘制技巧，利用项目式教学学习成果，学生小组合作完成挑战。

1. 最美丽的“鱼”。

2. 游得最快的“人工鱼”（利用阻力和动力研究成果）。

3. 自由浮沉的“人工鱼”（利用浮力及生物学知识）。

运用所学知识制作模型参加比拼，是知识的巩固，也是解决问题的实践体验；是项目式教学最后的评价与反馈过程，同时也是学生能力提升的过程，考查学生的合作能力、观察能力、创造能力及美学设计能力等。

· 总结思考

项目式教学的完成，不仅意味着驱动问题得以解决，也意味着学生的小组合作、解决问题、沟通交流、信息分析等能力，以及分析、比较等思维水平也在这一过程中得到提升。项目式教学模式营造了良好的探究氛围，由问题驱动教与学的研究。符合认知规律，有助于激发学生的创造性思维。

经历这样一次课程，学生会说：

原来校园也可以成为多学科融合的科技馆，

原来认识事物可以通过多维度、多学科的探究手段，

原来与同伴一起学习有这么多乐趣，

原来我们也可以像科学家一样做研究，

原来课堂可以如此开放和自由……

可见，学生不仅学到“鱼类”的生物学特点，而且学到了项目式教学的方法。所谓“授人以鱼不如授人以渔”。这是作为教育者应该坚守的梦想。

二、项目式教学的项目标准

鉴于项目式教学在各级各类教育中的广泛运用，有必要明确项目式教学中项目的基本要求，才能在教学中正确地使用该方法。

（一）项目具有教育性

有学者总结：“1. 项目所涉及的知识和技能在教学大纲所要求的范围之内；2. 项目所涉及的内容是学生所比较熟悉的，学生对教师设计的项目及项目完成后的成果有着较强的兴趣；3. 项目所涉及的知识和技能应符合最近发展区理论，通过学生主动学习和探索是可以完成的；4. 在项目完成过程中，最好能有利于

对学生进行情感、态度和价值观的教育。"[①]"项目选取时要以现实的对象为材料，以教学的内容为依据：既要调动学生解决问题的积极性，又要包含教学知识点。所选择的项目应该和学生的日常经历有关，这样学生才能对项目提出一些相关的问题。"[②]

（二）项目具有科学性

有学者认为："项目至少需要满足以下条件：一是必须具有挑战性；二是有成功完成的可能性；三是常见的，有足够的文献可查阅；四是强调理论的应用；五是满足相关规定和安全标准。"[③]

（三）项目具有真实模拟性

信息化时代的教学活动更需要体现出对网络环境的真实模拟。"基于网络环境的项目式学习优势就在于可以充分利用多媒体技术，通过多种媒体去呈现问题，为学习者创设尽可能真实的探究情境，使学习能在和现实情况相符或相似的情境中发生。"[④]

基于项目的这些特征，有学者总结出在教学中主要的项目类型及其特点：一是任务项目（task project）。项目由指导教师给定，学生按照指导教师的要求开展项目。这类项目提供给学生较少的学习动机和技能开发，也是较常采用的项目选择方法。二是学科项目（discipline project）。指导教师定义项目的学科领域，制订所要使用的各种方法，但具体的项目和具体方法的设计由学生来确定。三是问题项目（problem project）。项目及其使用的方法完全由学生自主选择[⑤]。

---

① 赵鑫．项目教学法在高职《网页设计与制作》课程教学中的应用［D］．武汉：华中师范大学，2009：15.

② 丁燕华．项目教学法的应用研究：以高中《算法与程序设计》为例［D］．武汉：华中师范大学，2009：9.

③ DEBELAK K A，ROTH J A. Chemical process design：an integrated teaching approach［J］. Chemical Engineering Education，1982，11（2）：72–75.

④ 张文兰，张思琦，林君芬，等．网络环境下基于课程重构理念的项目式学习设计与实践研究［J］．电化教育研究，2016，37（2）：38–45，53.

⑤ GRAAFF E，KOLMOS A. Characteristics of problem-based learning［J］.International Journal of Engineering Education，2003，19（5）：657–662.

典型案例

放飞想象的翅膀，感知生命的孕育

——“母爱”主题习作清单教学设计

深圳市光明区爱华小学 /薛杨虹/

·教材分析

体验式教学是通过加强学生的亲身体验，化枯燥乏味的知识为情感操作、生活体验，课堂教学必会取得事半功倍的效果。每年5月的第二个星期日是母亲节，难以忘怀的母难日，也是新生儿的诞生日。借此节点，以习作清单教学策略为抓手，以体验式学习策略为支撑，创造性地开发渗透“母爱”育人价值的习作课。抛开感恩道理的机械讲述，营造一场穿越时光之旅，带学生回到妈妈的肚子里，体验一次奇妙的想象之旅，感知母爱的伟大，在真情的表达后，对母爱的理解更深一层、更多一分。

基于以上分析，我对这节课进行了如下设计：

第一，本次习作清单课让学生在展开想象之前，补充了解“胎儿发育”的常识，让学生在课堂教学中的收益增值，奠定情感基础。第二，通过仔细观察图片，在练说中让学生掌握“画面联想”和“动作联想”两个写作秘诀。第三，从看图片难度提升到对gif小动画的观察，由口头讲述过渡到书面写作。第四，由课上的写片段到课后的整篇文章的创作，在不同情境中初步掌握写想象类作文的奥秘。第五，引导学生由生命的最初得到启发，抒发母亲节下的成长感受。整体过程，由育知、育识、育方法，向全面育人螺旋上升，层层推进，在互动生成和教学设计中将感恩的育人价值点做到全、实、深。

·教学目标

1. 运用“画面联想”和“动作联想”写作秘诀大胆想象，并练习写片段，使文字富有新奇感和画面感。（重难点）

2. 渗透“胎儿发育”的常识介绍，学生通过自己成长的经历，感恩妈妈怀胎十月的辛苦。（育人点）

·教学过程

1. 晒照营造氛围，引导学生入情入境

（1）投影分享学生小时候有意思的照片并邀请全班一起玩“猜猜猜”的小游戏。（被猜中者跟全班分享照片背后的故事。）

（2）出示胎儿发育的系列图片，邀请全班一起走进“住在妈妈肚子里的那些日子”。（学生专注地看图片，了解并体验自己长大的过程。）

（3）看了你在妈妈肚子里长大的整个过程，哪些跟你原先认为的不一样呢？（学生各抒己见。）

【设计意图】在教学中要善于创设有效的教学情境和学习氛围，让学生产生一种迫不及待想学习的欲望，激发起他们学习的主动性和积极性。教师在课前必须根据节日的背景、内容和相关联的事物等精心设计教学内容，引领学生入情入境。

2. 课中精心设计，带领学生参与项目

激活经验，在观察中体验。

（1）仔细观察，画面联想

（屏幕出示婴儿图片 1）仔细观察图片，大胆猜测，他在干什么？（学生用生动的语言加以描述，越细致越好。）

（2）动作联想，丰富画面

a.（屏幕出示婴儿图片 2）引导学生关注细节：手在做什么？脚是怎么踢的？一系列动作又是怎么样连环发生的？

b. 抓住“看”“听”“尝”等动作进行联想，从不同渠道去想象、体验，丰富想象画面。

【设计意图】学生受到年龄限制，对婴儿的行为往往处于似懂非懂之间，体验难免肤浅、片面。因此，在课堂教学中，教师要出示相关的图片，让学生在观察中动用全身感官去看、听、做、讲，从而加深对孕育生命的理解。

3. 变换角色，在情境中感知

（1）师：现在就让我们借助这两个秘诀，让自己变成一个小婴儿，大胆地想象，在妈妈的肚子里还可能发生过哪些有趣的事呢？（学生跟随音乐，慢慢回归到婴儿状态，体验自己成长的过程。）

（2）创设想象情境，教师配乐解说，引导学生穿越回妈妈的肚子里，感受其中的神奇美妙。

（3）学生小组交流，分享自己奇特、好玩的想法，教师巡视随机点拨。

【设计意图】角色往往决定着人的思维、情感、语言和行动。创设一定的情境，让学生变换角色，让他们以“主体”的身份去触摸、去体验、去感受……变想象体验为经历生活，变旁观者为当事者，这样他们才能真正入情入境。

4. 清单练笔，在写作中总结、体悟

（1）出示gif动画，激发学生深层次想象。学生根据清单要求，运用两个写作小秘诀，选择自己觉得有趣的一件事写一个片段。

（2）学生分享自己的习作，师生交流点赞或“拍砖”。

（3）小组内继续分享，并推出最佳习作。

（4）师生配合朗读传说《即将出生的婴儿与上帝的对话》，并谈谈体验后的收获。

【设计意图】在前面的体验活动中，学生将大胆的想象与自己的生活经验相联系。此刻，孩子们的创意、灵感被充分激活，如同蓄积已久的山洪，一旦闸门打开，便奔涌而出，在酣畅淋漓的写作中获得情感的深度。

5. 课后拓展延伸，拨响项目这根弦

★★作业：爱写作的你，把今天的片段写成一篇文章。

★★★作业：爱看节目的你，推荐父母一起观看《妈妈是超人》。

★★★★作业：爱读书的你，阅读《非常妈妈》《我的妈妈是精灵》《种植父母》。

（学生利用课余时间，任选喜欢的一项完成，亲手给妈妈制作一份惊喜。）

【设计意图】体验式学习还有很多，课后作业超市中，不管采取哪种手段，都是为了让学生更加积极、主动地了解生命、走进生命。我们应该拨响体验这根弦，让学生透过语言的外壳寻找到生命的真、善、美，完成母爱内涵的升华。

· 教学反思

1. 感知层面的项目

课前，教师让学生收集自己童年时期的有关图片，让他们对婴儿时期有一个大致的了解；课堂上，通过游戏竞猜，不断丰富脑中的表象，从而使原本陌生的记忆在自己的脑海中逐渐清晰起来。

2. 感性层面的项目

在学生展开想象前，教师播放两张婴儿照片和gif动态视频，并结合课件进行互文叙述。在这一环节中，学生记忆中零星的知识活化为鲜明的表象，并逐步清晰、形象起来。

3. 情境层面的项目

这一过程是至关重要的。在想象活动的开始，教师让学生闭上眼，进行了一段极具仿真意味的叙述。其间，伴随着节奏变幻的情景音效的呈现和教师几句断断续续、暗示性的叙述谱。这音效和充满着诱惑的话语，正如王崧舟先生在评课中说的："就像是一味味药引子，酵化出学生想象世界的生动图景；又像是一块块吸铁石，吸附起学生心灵空间每一个可资玩索的细节。"此时，学生全身每一个想象的毛孔都被打开，呈现在他们眼前的不再是课堂，而是好玩的肚皮世界。学生不再是课堂上的被动学习者，而是体验者与参与者。他们脑海中浮现的，不再是枯燥的文字描述，而是生动、有趣的穿越场景。

4. 写作层面的项目

《义务教育语文课程标准（2011 年版）》特别强调"写作应注重学生的独特感受和真切体验"。要把这一要求贯彻于教学实践中，必须在体验二字上做文章。体验既有"领悟体味""设身处地"的情境想象，又有"实行实践""身体力行"的写作践行。前者是后者的铺垫，后者是前者的深化。

这四个层面依次展开，使学生脑海中的表象渐趋鲜活、丰满。在小学语文教学过程中，引导学生进行体验式学习是非常重要的。根据课文内容、相关素材引导学生进行多方位体验，充分激发学生的学习兴趣，在体验中自然达到教育成效。

三、项目式教学的基本操作

项目式教学的关键是引导学生主动地发现问题，进行项目式的管理，主动、有质量地完成学习任务。教师的教学关键在于将学生的问题转化成科学、成熟的项目。

（一）组建团队，做好前期准备

项目式教学主要以团队的方式进行，既锻炼学生的研究思维，又培养其合作能力。项目团队组建的方式主要有以下几种：一是基于学生友谊来组建团队。二是基于学生的学习风格和能力来组建团队。三是指导教师采用随机分配的方式组建团队。四是根据项目所需团队角色，结合学生兴趣来组建团队。① 至于团队的规模，有研究表明，团队人员数量在 2~20 人不等，但大多数团队规模在 5 人左右。相比较而言，较为复杂和难度较高的项目，其项目团队规模应比相对简单和难度较低的项目团队规模更大。②

（二）创设情境，提出项目

有学者认为必须“创设出具有现实情境的‘理论与实践’和‘学与做’一体化的学习项目”③。在此环节中，教师充分利用多种媒体形式创设问题情境，激发学生学习与探究的兴趣，并由此引出项目式教学的驱动性问题——源于实际生活、结构不良的复杂问题。学生在问题情境中初步感知项目，明确探究问题的要求。在此过程中，若学生对项目式教学存在疑问，则可以在教师、家长的指导下利用网络进行相关资料信息的查找，为项目式教学做好充足的准备。④确定项目的过程，师生需要完成以下工作：第一，教师设计的项目要有利于激发学生的学习兴趣，必要时学生可以参与项目的设计。第二，每个项目有一个清晰的任务说明，让学生的学习更有目标，让那些即使没有项目学习经验的学生也不会在学习中迷路，无所适从。第三，项目的设计要将教学内容涉及理论与实践有机地结合在一起。第四，必要的时间保证，时间上的保证是项目式教

---

① LAWRENCE S M. Facilitating the self-formation of collaborative groups，online［M］. IEEE Computer Society，2006：526-528.

② 刘广平，陈立文，李媛 . 境外基于项目式学习的教学模式研究述评［J］. 高等建筑教育，2014，23（4）：44-50.

③ 钟增胜，许江 . 项目驱动式教学的实践与研究［J］. 重庆工商大学学报（社会科学版），2009，26（5）：159-160.

④ 张文兰，张思琦，林君芬，等 . 网络环境下基于课程重构理念的项目式学习设计与实践研究［J］. 电化教育研究，2016，37（2）：38-45，53.

学实施的重要因素。第五，放权给学生。项目式教学与传统教学的不同之处在于给学生更多的自由，项目式教学中学生遇到的问题应由他们自己去探索、解决，教师只是给予有限的帮助、指导。第六，项目式教学的最后应有明确而具体的作品呈现，教师应该根据明确的评分标准对作品进行评价。第七，教师设计的项目尽量与学生毕业后的岗位能力需要相符合。[①]

（三）团队合作，实施项目

项目的实施过程不可能是一蹴而就的，关键在于教师引导学生不断发现问题，调整方案、解决问题。有学者以实验类项目为例，展示了学生自制实验项目操作的过程：①学生搜寻达到目标的资源条件和可能的方法。②学生进一步论证实施此项目的条件和方法，进一步明确完成该项目的可能性。③学生草拟初步方案。在了解了初步的可行条件之后，学生初步拟出自行选择、设计实验项目方案，填写实验项目申请表。④学生讨论、评价或检验方案的可行性，教师或企业工程技术人员审查方案。⑤学生修改并完成项目（如果条件许可，亦可拓展项目内容）。学生按实验项目实施计划，在规定的时间内完成实验项目。[②]在项目的实施过程中，除关注学生项目操作和思维发展之外，还应关注学生心理的调适，保证稳定良好的心态。有学者研究发现，学生进入项目伊始存在一定的适应问题。“学生是在以教师为中心的教学模式下成长起来的。学生比较适应这种结构化的教学方法，往往对需要承担较多责任的项目式教学模式不适应，加之缺乏实际经验，学生会在充满不确定性和复杂性的项目中挣扎，导致学生产生挫折感。”[③]因此，需要教师积极、主动地与学生沟通，建立轻松、互信的氛围，以便学生能随时向教师反映问题，及时处理和解决困境。

（四）项目评估，循环改进

评价不仅是对项目的总结，也是优化项目，为学生进一步发展提供方向。随

---

① 赵鑫．项目教学法在高职《网页设计与制作》课程教学中的应用［D］．武汉：华中师范大学，2009：20.

② 朱金秀，陈小刚，朱昌平，等．项目式实验教学的探索与实践［J］．实验室研究与探索，2008，27（11）：93-95.

③ FRANK M，BARZILA A. Integrating alternative assessment in a project-based learning course for pre-service science and technology teacher［J］. Assessment& Evaluation in Higher Education，2004，29（1）：41-61.

着评价理论的完善，在项目式评价当中，方法应该更加多元，将量化的指标性评价与基于观察的质性评价结合起来。评价主体也应更加多元，将学生互评纳入评价手段当中。“通过任务实施，可以展示任务的成果，如果成果是实体的，可以轮流进行展示，如果成果是无形的电子化的，可以通过网络平台进行展示，通过学习管理系统进行互评以及与教师评价相结合，得出总评。”① 有学者认为还可以借助网络的形式汇总和保存各评价主体的总结内容：“评价内容应包含学生学习的参与情况、学生知识与技能的掌握情况、学生作品的完成情况、学生能力的提升情况、学生小组合作情况等。学生在综合整理的基础上进行项目式教学成果的展示与发布，师生以及家长、领域专家等多元主体依据评价量规的要求进行评价。信息技术支持的项目式教学评价具备互动性与过程性等特点，可以采用网络问卷的形式发布在网络学习平台中，方便评价主体的使用及结果统计。”②

还需要特别指出的是，项目式教学不局限在课堂之上，而是广泛地与实践活动、学生的生活关联在一起。因此，它表现出时空上的广延性，内容上的多样性，方式、方法上的实践性，以及程序上的循环性。项目式教学是师生不断互动生成的工作日志和意义网络，如下图所示。

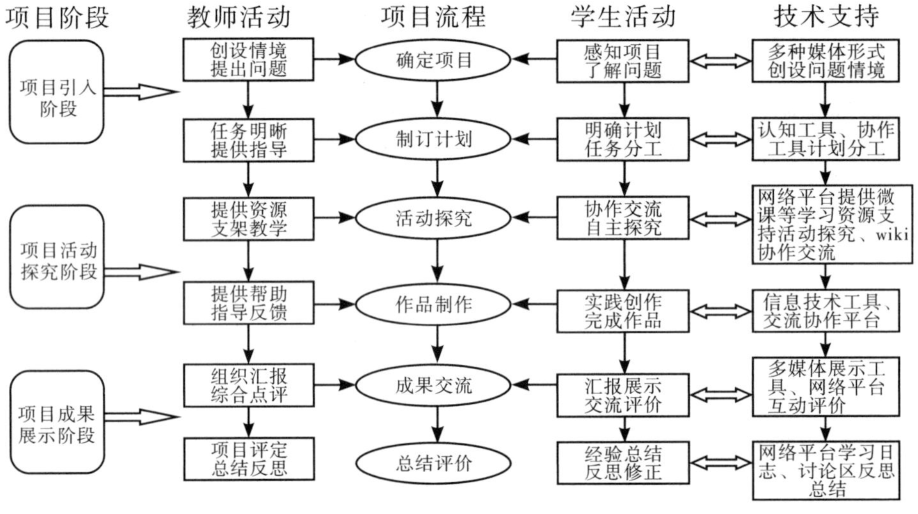

项目式教学流程图

① 胡雷．基于翻转课堂的高职项目教学模式构建与应用［J］．职业技术教育，2015，36（29）：39.

② 张文兰，张思琦，林君芬，等．网络环境下基于课程重构理念的项目式学习设计与实践研究［J］．电化教育研究，2016，37（2）：38–45，53.

典型案例

《动物世界报》项目式教学课例展示①

南昌大学 /王亚平/

1. 选定项目

教学情境设计：每个孩子都喜欢小动物。日常生活中，我们经常看到一些猫和狗非常受人们的欢迎，小宠物们能带给孩子不一样的快乐和童年，激发孩子们的爱心和责任心。大千世界，动物世界丰富多彩，动物与自然和谐相处。教师展示相关的教学情境图片，设置驱动问题：你了解哪些动物？你喜欢哪些动物？哪些动物你不了解？它们分别都有什么特点？生活习性是什么样的？为了让大家了解这些动物，请同学们将收集的动物资料做成精美的电子小报给大家展示一下吧，促进学生对动物世界的认识。

【设计思路】驱动问题可以帮助学生展开调查思路，引导学生根据自己的兴趣爱好查找与主题相关的资料，有利于学生确定电子小报的内容。

（1）明确项目学习任务

学生活动：

①上网查找资料，了解动物（你感兴趣的动物等）相关的知识和内容。

②小组成员根据驱动问题进行交流、讨论，各抒己见，确定电子小报的基本内容。

③小组组长根据学生的特长进行合理分工，确保每个人明确自己的任务。

④在课堂和课外收集与动物有关的资料。

⑤综合运用所学的 Word 软件操作知识对收集的资料进行分类整理。

⑥小组成员共同合作完成作品的设计与制作。

（2）确定项目学习方法

网络搜索，查找图书，讨论和访谈。

2. 制订计划

学生活动：学生按照教师的要求和指导、提供的计划参考案例制订项目活

① 王亚平 . 项目学习在小学六年级信息技术课中的应用研究［D］. 南昌：南昌大学，2018：41–45.

动计划表，设计制作本项目的计划和详细操作流程，详见下表。

《动物世界报》项目计划表

日期	学习活动
2017-10-08 至 2017-11-26	学习 Word 软件技能的操作，学习资料收集、处理的方法。
2017-11-27 至 2017-12-17	小组完成项目内容分工，明确项目主体，小组讨论确定版面内容和版面的整体设计。 与家人交谈，收集家人们对动物的看法。 搜索与动物相关的网站和查询相关书籍，收集与动物相关的资料。
2017-12-18 至 2017-12-31	对收集到的信息（文字与图片）进行编辑、美化和调整，完成作品制作。
2018-01-01 至 2018-01-07	展示作品，小组汇报，并与同伴进行交流。评价作品，并按照评价建议修改作品。

教师活动：讲解项目活动需要制订计划，让学生明确计划一般分为几个步骤，计划活动时间节点，向学生展示计划活动表样例，指导并帮助学生完成计划制订。

【设计意图】为了避免引入新的教学模式让学生无所适从，确保项目学习可以顺利实施，建议教师向学生讲解制订计划步骤，提供计划时间表，展示计划活动表样例，帮助学生制订计划。

3. 活动探究

活动步骤表

活动步骤	实施内容
准备工作	1. 确保学生明确项目学习的具体流程，保证每名学生明确自己的任务并积极参与到活动中来。 2. 学生要明确自己可以从哪里获得信息资料。 3. 每名组员明确学习目标。 4. 学习参考优秀的电子小报案例。

续表

<table>
<tr><th colspan="2">活动步骤</th><th>实施内容</th></tr>
<tr><td rowspan="2">学习活动</td><td>教师活动</td><td>1. 设计驱动问题，让学生通过思考问题来查找自己喜欢的动物及动物习性。了解动物知识不仅可以扩充学生的知识面，还能锻炼学生搜索知识的能力，提升学生自主学习能力。
2. 给学生提供相关的网站资源和学习资源，如百度百科等。
3. 教师留下自己的联系方式给学生，比如在QQ群对学生进行及时指导，上传学习资料，帮助学生解决在学习过程中所遇到的问题。
4. 对学生的学习过程进行评价，并及时向学生公布评价结果，以便对学习活动及时反思，确保其顺利进行。</td></tr>
<tr><td>学生活动</td><td>1. 组员明确自己的分工，知道可以在哪里找到自己需要的资料。
2. 组员根据分配给自己的内容，通过上网搜索、查找图书或与家长访谈等多种渠道来收集信息资料，记录学习日志，及时与同学交流学习技巧。
3. 把收集到的资料进行分类整理，每个人负责一个版块，将资料整理成文稿或图片。具体分工如下：
（1）收集鱼类和两栖类动物有关的文字资料和图片，并将文字和图片分类整理；
（2）收集爬行类和鸟类的资料和图片，并将文字和图片分类整理；
（3）按照小组讨论结果，负责小报版面的风格设计，并利用收集好的资料制作电子小报。
4. 每次课要结束时，各小组汇报学习进展。</td></tr>
<tr><td colspan="2">设计意图</td><td>这个环节是项目学习中比较重要的环节，教师仅仅提供帮助和指导，完全由学生自己展开学习，自主收集、整理资料。教师需提供相应的网站资源和学习资料避免学生无目的地搜索，浪费时间。</td></tr>
<tr><td colspan="2">反思</td><td>探究活动刚开始时，学生有点不太适应，一下子放开，大部分学生会查找资料，但是仍有一部分学生偷偷玩游戏，且课堂秩序比较混乱。后面在指导教师的建议下，在后续的学习中，课前先给学生明确本次课的目标，严格按照计划表来执行，并且快下课时小组汇报完成情况。根据各小组任务完成情况给予不同的加分奖励。从一定程度上维持了课堂秩序，确保了项目学习的顺利实施。</td></tr>
</table>

4. 作品制作

学生活动：

（1）确定电子小报包含的基本内容；

（2）设计电子小报的版面和风格并制作；

（3）将收集的动物资料编辑到小报中，注意图文混排及颜色搭配；

（4）检查校对，调整小报的布局，完成《动物世界报》。

教师活动：

简单讲解小报包含哪些内容，展示小报样例，并提供制作小报的微课供学生学习。

【设计意图】教师提供学习材料，供学生自主学习，课堂时间不够，学生可以课后观摩学习。

5. 成果交流

学生活动：

（1）展示自己的作品，向大家演示和讲解动物的特点。

（2）小组之间互评作品、互相交流、分享学习经验和体会。

（3）每个小组要收集同学们和教师的反馈建议。

（4）根据反馈的建议，继续修改、完善作品。

教师活动：向学生发放评价表，组织学生以小组为单位展示作品，每个小组推选一人进行介绍。作品介绍后，鼓励、引导学生相互评价作品的优缺点、互相交流制作作品经验和心得。

6. 活动评价

（1）学生的自我评价

在本次项目学习活动中，不但锻炼了同学们的自学、沟通交流能力，还培养了同学们协作学习的意识，同时提高了同学们对 Word 软件的应用水平。

（2）教师评价

看到这幅作品时，我作为教师是很惊讶的，因为该组的作品充满了设计感，层次分明，让人不相信是六年级的学生做的。从画面排版到设计，充分展示了学生的设计思路和个性特点，并且综合运用 Word 软件技能，效果非常好。

典型案例

《酸雨》项目式教学设计 ①

宁夏大学 /王 浩/

·项目来源

本项目来源于人教版科学六年级下册《环境与我们》单元中的一子单元，教师根据该单元的主题，以学科为中心，兼顾学生的多元智能的发展，以及社会中存在的热点问题为原则，采用模拟实践和现实活动等多种学习方式设计开展了以《酸雨》为主题的项目活动。

·项目实施对象

在苏州市吴中区东方小学六年级二班开展了为期三周、每周两课时的实践教学。

·项目教学内容

通过教师必要的实验指导，让学生在自身实践调研的基础上理解酸雨的概念，以及它的形成过程和它对生态系统及整个人类社会发展的危害性。讨论酸雨污染与实际生活的联系，产生酸雨现象的起因，对日常生活的影响，今后要采取什么措施。要求学生在整个单元的学习中写日志，以便在各学科方面发表自己的想法。这些日志中的信息可以用于对不同的学生或小组提供反馈。最后，每个小组汇报调查结果，教师引导学生开展中心课题是“作为未来社会的主人，我们应该担负起什么历史责任”的讨论会。讨论结束后，学生结合本次学习感受设计一份主题为“环境保护，爱护家园”的环保手抄报，最终作为项目结业成果在校园内展示，从而对人类生活带来的环境问题有一定的了解，真切地认识到环境问题是人类面临的重大社会问题，并且能够从身边的点滴小事做起，开展环境保护行动。

① 王浩．项目教学法在小学科学课程教学中的应用研究：以新人教版六年级《环境与我们》单元为例［D］．宁夏：宁夏大学，2014：26–303.

· 项目教学目标

理解“酸雨”的概念，以及它的形成过程及对生态系统及人类社会发展的危害。

1. 在活动中，能够独立完成简单的实验操作，观察实验现象，制表作图，展示实验成果，以及具备查询资料和利用网络交流的能力。

2. 能够深刻体会酸雨对人类生活的危害，警慑大气污染可能导致酸雨的形成。督促自己从身边小事做起，保护环境，爱护家园。

· 项目过程

1. 项目第一阶段

教师介绍本单元课题，开始我们的第一个任务：①用 pH 试纸测定家庭日常生活用品：要求学生测试食醋、苏打水、自来水三种生活用品的酸碱度，并将实验结果填入测试结果统计表。②教师对这三种结果进行解释。教师在上课之前，先准备好以上实验所需器材，并且在实验开始时为学生提供测试结果统计表，作为学生开展项目的学习支撑，帮助引导，见表 1。

表 1　生活用品酸碱度测试结果统计表

生活用品	试纸呈现颜色	数值对照
食　醋		
苏打水		
自来水		

2. 项目第二阶段

用上一节课测试过的食醋、自来水两种溶液对三株相同的植物进行浇灌，要求学生认真做好观察记录，并每隔三天将植物的生长状况记下，最后制表作图，分析数据后得出实验结论，并撰写本课学习日志，见表 2。

表 2　植物生长状况记录表

酸碱度不同的溶液对相同条件下的植物生长的影响				
植物生长状况				
记录时间 溶液	第三天	第六天	第九天	第十二天
食　醋				
苏打水				
自来水				

3. 项目第三阶段

（1）联系项目第二阶段的实验结果，教师讲解植物生长的条件及酸雨对植物的危害性。

（2）学生以小组为单位利用图书馆或互联网搜集酸雨形成的原因，以及由于污染源的不同而呈现的不同类型，分类整理，制成展示样表在班级展示汇报，撰写学习日志，见表 3。

表 3　酸雨的形成原因、类型及分类依据表

酸雨的形成原因	
酸雨的类型	
分类依据	

4. 项目第四阶段

学生自主实践或小组合作，分组完成四项任务：搜集雨水并测值，调查该单位的废气处理情况或研究项目的状态，完成调查报告表，并撰写学习日志，见表 4。

表 4　调查报告表

班　级		姓　名	
活动主题			
工厂类型（名称）			

续表

班 级		姓 名	
工厂简介			
废气处理情况			
我在调查访问中提出的问题			
个人感受（对该工厂的评价）			

5. 项目第五阶段

（1）各小组利用图书馆、互联网搜集酸雨对全国及世界各地的影响。要求资料不仅要包含事实、统计数据，最好还要包括图片、录像，制作完成后向全班同学展示。

（2）积极鼓励学生用电子邮件、互联网与外省（市）或外国同年龄学生联系，讨论有关酸雨的问题，并撰写学习日志。

6. 项目第六阶段

每个小组汇报调查结果，教师引导学生在演讲的基础上展开讨论。中心课题是“作为未来社会的主人，我们应该担负起什么历史责任”，我们现在应该做什么，我们现在能做什么，讨论结束后，学生结合本次学习感受设计一份主题为“环境保护，爱护家园”的环保手抄报，最终作为项目结业成果在校园内展示。

典型案例

“你火了吗——野外救生”项目式教学案例

济南市实验初级中学 /卢可雷/

· 方案背景和设计思路

学校开展了 STEM 教育课程，“你火了吗——野外求生”项目是 STEM 教育的具体实施方案。

STEM 教育是基于项目的学习，项目学习要求制作一个产品、完成一个设计或解决现实生活中的一个问题，因而项目任务一般具有真实性和开放性。学生对真实而富有挑战性的任务通常充满兴趣，能深刻体会项目学习的意义，这些都是发挥学生内驱力、促使思维积极运行的重要前提。

野外求生项目面向八年级的学生（300人左右），符合学生的知识基础和能力要求，项目包括模拟野外条件取火和取火后用纸锅煮蛋两部分，取火的方式有钻木取火、水凸透镜取火和口香糖纸取火三种，其中蕴含物理中的力学、热学、光学、电学等多方面的知识，设计的本身体现了“大单元教学设计”的理念，实施过程中让学生通过动手实践，加深对知识的理解，实现深度学习的目的。

同时，我们关注到体育教育对人的塑造作用，而野外求生项目恰好能与体育很好地结合，所以我们将这个项目列入了科技运动会之中，通过比赛完成该项目的终结性评价。

·活动步骤与目标

1. 活动步骤设想

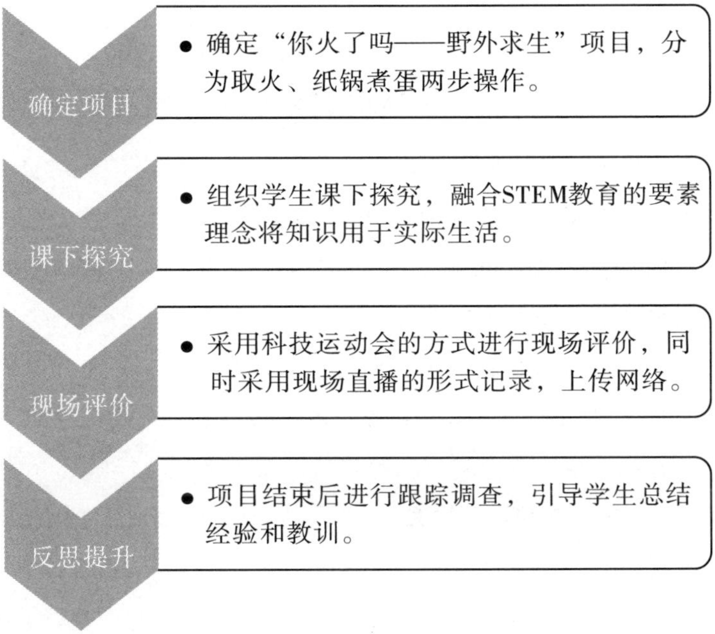

2. 重点、难点、创新点

➢ 重点：学生多种取火方式的完成。

➢ 难点：钻木取火的实现。

➢ 创新点：采用科技运动会的方式进行现场评价，同时采用网络现场直播的形式记录过程。

3. 活动目标

激发学生学习物理的兴趣、提高学生的科学素养。

具体到STEM教育可以分解为以下目标：

◎ STEM之S（科学）：知道影响滑动摩擦力的因素，知道凸透镜对光的会聚作用，了解克服摩擦力做功中的能量转化，了解水沸腾的条件，了解短路的效果和危害。

◎ STEM之T（技术）：学会剪子、钳子、刀、酒精灯等基本工具的安全操作要领，学习绑绳子的技巧，学习用简易工具割圆的技巧，学习叠纸盒的技巧，学习提高纸盒与胶带叠加后复合材料性能的技巧。

◎ STEM之E（工程）：学习制订工程计划，学习工程日志的填写，分配工程任务、协调人员工作，在工程小组中选择适合自己的角色。

◎ STEM之M（数学）：研究水沸腾条件时，学会应用数学中描点作图的方法，寻找规律。

·活动过程

1. 召集学生骨干，进行项目攻关

确立好STEM项目之后，先要预判项目的难点，哪些是学生通过努力课下可以完成的，哪些是学生现阶段需要教师帮助才能完成的。对难点进行集中突破和必要的培训才能使项目进行下去。

在野外求生这个项目中，钻木取火是难点，包括各个器材的组装、取得火屑后如何变成明火的技巧等。需要在每个班级召集3名同学进行难点攻关和技术指导，然后让这些学生骨干发挥带动作用，在班级里进行探究指导。

2. 下发工具材料，各班课下探究

（1）取火材料

◎钻木取火：裁剪好的拖把杆两根、绳子一根、小碗一个、长木板一块、笤帚苗一把、卫生纸一张。

◎水凸透镜取火：塑料薄膜一张，KT板一块，红、黑色白板笔各一支，A4纸一张。

◎口香糖纸取火：口香糖纸一张、5号电池一节、卫生纸一张。

（2）煮蛋材料：一个酒精灯、一个石棉网、一个三脚架（或铁架台）、一张A4纸、铁丝少许、胶带、打火机一个、钳子一把、剪刀一把、矿泉水一瓶，将“生”的鹌鹑蛋煮熟，“熟”的标准是能完整地将鹌鹑蛋的皮剥下来。

如果各班需要进行科学研究，比如水沸腾实验，那么联系实验室老师，到实验室进行实验。

3. 组织参赛队伍，比拼科技运动

“你火了吗——野外求生”项目科技运动会比赛的要求：

（1）每班参赛人数为12人，分为4个小组（3个组取火，1个组煮蛋）。

（2）取火小组根据所给器材进行取火操作，3个小组分别采用钻木取火、水凸透镜取火和口香糖纸取火不同方式。

（3）一个班级内只要有取火成功的小组，即可取得火种，将火种模型（火炬）送到体育馆煮蛋小组。

（4）煮蛋小组根据所给器材煮熟鹌鹑蛋，“熟”的标准是能完整地将鹌鹑蛋的皮剥下来。

（5）比赛成绩按照取火成绩（比时间和成功的方式）、煮蛋成绩（在煮熟的前提下比时间）分别计分。

4. 总结经验教训，形成书面报告

八年级的每名同学都要上交活动报告，可以从以下几个问题的角度进行总结：在本次活动中，你学会了哪些科学概念？学会了哪些技巧？还想学习哪些科学概念及技巧？描述此活动中你最喜欢的一个步骤；描述你在此活动中做得最好的地方；描述你曾遇到什么困难且如何解决的。通过与其他同学交流，再描述更多方法，以改善你日后参与活动的表现。

·问题及解决预案

1. 安全问题

由于涉及工具的使用和点火的操作，因此，整个活动过程中要进行安全教育，同时要求学生在钻木取火时采用戴手套等安全防护措施，提醒全体学生时刻注意取火的情况，并在取火地点放置灭火器。

2. 天气问题

三种取火方式中，水凸透镜取火受阳光的影响较大，可根据天气情况随时取消，用另外两种取火方式代替。另外，纸锅煮蛋操作中用到了酒精灯，受风的影响较大，应安排在室内进行。

3. 时间问题

由于每个小组的能力不同，运动会时遇到的现场情况也可能有变化，因此，要设置一个比赛的终止时间，在终止比赛前告知学生。

4. 反思问题

进行活动反思时，由于很多学生本身就参赛，无暇顾及别的小组的比赛情况，因此，采用现场录像的方式将整个过程记录下来，并传到网上供学生随时回放，有助于学生的交流与反思。

·预期效果及呈现方式

1. 活动记录单（工程日志）

通过填写活动记录单（工程日志），让学生将问题和解决问题的办法记录下来，从而进行过程性评价。

2. 科技运动会成绩

通过科技运动会野外求生项目的成绩比较，进行终结性评价。

3. 反思文字材料

通过形成的文字汇总材料，反映了学生的反思能力，进行下一次活动的前瞻性评价。

你火了吗——野外求生STEM项目方案

济南市第六十八中学 卢可雷

学校开设了STEM教育课程。“你火了吗——野外求生”项目是STEM教育的具体实施方案。通过学生课下探究、教师指导提高、科技运动会现场比赛的方式，达到激发学生学习物理的兴趣、提高学生的科学素养的目的。

- 确定项目：确定“你火了吗——野外求生”项目，分为取火、纸锅煮蛋两步操作
- 课下探究：组织学生课下探究，融合STEM的要素的理念将知识用于实际生活
- 现场评价：采用科技运动会的方式进行现场评价，同时采用现场直播的形式记录，上传网络
- 反思提升：项目结束后进行跟踪调查，引导学生总结经验和教训

思路流程图

教师培训图

钻木取火图

取火过程图

取火成功图

水煮蛋图

第五章

合作式教学

合作式教学模式是一种颇具创意的教学理论及策略体系，初兴于20世纪70年代的美国，在20世纪70年代中期至80年代中期取得实质性进展，并在许多国家广泛应用。从20世纪80年代末至90年代初开始，我国教育学者相继展开对这一理论的实验与研究。

一、时代背景

在经济全球化、知识经济占主导地位，以及和平与发展成为世界发展主题的背景下，一切创新研究都将是集体性的工作，需要团队的合作、创新。人的合作与创新精神将成为21世纪的时代精神，成为人生价值观的重要组成部分。合作与创新将成为21世纪全球教育的主旋律。

合作学习（cooperative learning）正式兴起，以苏联20世纪80年代推出的“合作教育学”理论为标志，并被西方国家广泛重视和研究，形成多种合作学习模式。其中最为著名的有斯莱文（Robert Slavin）的学生团队学习模式（student team learning）、约翰逊兄弟（David Johnson & Roger Johnson）的共同学习模式（learning together）、沙伦（S.Sharan）的团体探究模式（group investigation）、卡甘（S.Kagon）的结构方法模式（structure approach)、科恩（Elizabeth Cohen）的复杂指导模式（complex instruction），以及伯里顿（J.Britton）和巴内斯（D.Barnes）的合作方法模式（collaborative approach）等。与其他领域革新不同的是，在合作学习领域中至今还没有一个在所有方面都被普遍认可和接受的模式。

在国内，从20世纪90年代初开始介绍西方合作学习理论，并在一些省市的个别学校进行了一系列尝试性探索，其中较为著名的有杭州大学教育系的“个性化教育的探索”、山东教科所的“合作教学研究与实验”、湖南师范大学教育系的“协同教学实验”、北京师范大学教育系的“少年儿童主体性发展实验”、上海的“小学语文活动型教学研究”探索等。王坦老师先后出版了几部合作学习方面的专著。但是，目前还未形成被我国中小学所推广的合作学习模式。

基础教育课程改革的理念中提出了“积极倡导自主、合作、探究的学习方式”，把合作学习作为落实课程标准的一种新的学习方式，是新一轮基础教育课程改革的一大要求。

综上所述，把合作学习具体落实到课堂教学中，在教学实践中探索构建具有一定普遍性的合作学习模式，具有非常重要的现实意义。

二、合作式教学的内涵

合作式教学模式的定义至今尚未在学界达成一致的看法。其理论开创者约翰逊认为，合作就是在教学中采用小组的方式以使学生之间能协同努力，充分发挥自身及其同伴的学习优势。[①]而这一教学模式在传入中国后，经过长期的实践丰富了它的内涵。

（一）从主体活动过程与方式出发定义概念

有学者将合作式教学描述为“在教学过程中，以学习小组为教学基本组织形式，教师与学生之间、学生与学生之间，彼此通过协调的活动，以共同完成学习任务，并以小组的总体表现为主要评价依据的一种教学策略”[②]。也有学者

① 马兰. 合作学习的价值内涵［J］. 课程·教材·教法，2004（4）：14–17.

② 刘国英. 通过合作学习提高高中英语写作课的实效性［D］. 上海：华东师范大学，2009：6.

从教师教学的角度出发，将其定义为："以合作学习小组为基本形式，系统利用教学动态因素之间的互动，促进学生的学习，以团体成绩为评价标准，共同达成教学目标的教学活动。"①

（二）从学生主体体验描述概念

有学者将合作式教学细化成为"竞争合作—主动愉悦"的教学模式，并进行全局的概括，认为它是"对学生进行分组分层，教师在课堂上一方面组织分层次竞争性学习，一方面组织小组合作性学习，并通过现场团队计分评价方式进行组间评比，促成学生自主、愉悦、高效学习的一系列教学组织方式的相对稳定组合"②。还有一些学者在定义时有所偏重地强调某些要素。有学者认为："以学习生命存在及其优化活动为本质特征的学习化课程在多样合作与多样活动基础上融合创生出合作活动学习。"③ 还有学者强调集体感："合作教学是一种创新的教学设计，目的在于使学习活动成为共同的活动，其成败关系到团体的荣辱。"④

综上所述，可以将合作学习定义如下：学生在小组或团队中为了完成共同的任务，有明确责任分工的互助性学习。⑤

三、合作式教学的基本模式

合作式教学模式的建立关键在于处理好教学中师生、生生的活动任务和彼此关系，既体现教学的生成性，又保证教学的知识性和实效性，两者不可偏废。关于它的具体步骤，学者们也提出多种方案。

---

① 王坦，高艳．合作教学理念的科学创意初探［J］．教育探索，1996（4）：17–19.

② 马勇军．"竞争合作—主动愉悦"教学模式的探索［J］．课程·教材·教法，2013，33（4）：33–38，43.

③ 申仁洪，黄甫全．合作活动学习刍论［J］．教育研究，2004（10）：60–63.

④ 刘国英．通过合作学习提高高中英语写作课的实效性［D］．上海：华东师范大学，2009：6.

⑤ 王鉴，李泽林．如何让教师在合作学习活动中掌握合作学习方法［J］．课程·教材·教法，2012，32（6）：102–107.

（一）合作式教学五步模式：导—学—议—战—结[①]

第一步，导：为定向。导入课题，激发学生的学习动机和兴趣，确定本节课的学习目标、方法和实现目标的路径，以醒目的方式呈现给学生。第二步，学：为自学、探究。学生按照课前发放的学案投入自学。第三步，议：为讨论、解惑。学生之间进行“兵教兵、兵练兵、兵强兵”式的学习讨论，相互查漏补缺、修正错误、相互促进、共同进步。学生在讨论、互帮互助的过程中，教师要到台下巡察、倾听，发现小组讨论解决不了的难点问题之后组织全班学生集体攻坚，实现对学习难点的突破，让学生感受到同学之间互帮互学、一同前进的乐趣。第四步，战：为实战、实训。学生通过自测、互测、实践操作，熟练掌握教学目标，达到举一反三的目的。第五步，结：为总结、评价。以上五个步骤，循序渐进，环环相扣。

典型案例

小学生合作学习的有效指导
——以小学音乐欣赏课堂教学为例

深圳市光明区爱华小学　/何　雁/

《义务教育音乐课程标准（2011 年版）》提出：“音乐课的全部教学活动应以学生为主体，师生互动，将学生对音乐的感受和音乐活动的参与放在重要位置。”小学阶段音乐欣赏曲目篇幅大多冗长、深奥，不易把握。遇到较难的作品时，大多数学生不肯举手答问，也害怕教师叫其参与课堂音乐活动。在此状况下，如何让学生积极参与、感受音乐？师生间又如何互动？这是一个难题。多年的教学实践证明，合作学习的方法对小学生感受音乐、参与音乐课堂教学还是行之有效的。下文是我在教学实践中的一些做法和体会。

---

① 王福贵．信息化环境下合作式五步教学模式的应用［J］．科教文汇（上旬刊），2019（12）：127–128.

· 教学实录

1. 创情境，营造宽松、愉快的合作氛围

心理学研究表明：在心情舒畅的状态下学习、工作，才能思路开阔、思维活跃；从而情绪低落时，会思路狭窄、思维迟钝。同样，学生也只有在宽松、和谐、自主的环境中学习，才能敢想、敢说、敢做、敢演、敢标新立异。音乐课尤其需要学生能够大胆、自信地表演。通过设计一个简单的情境，既营造欢乐、活跃的教学氛围，又让学生之间取长补短，达到优势互补，使学生知道同学之间的合作能给学习带来好处。

【实录一：三年级欣赏《快乐的啰嗦》】

师：课前，我们首先来玩一个音乐小游戏，游戏规则是听音乐、做动作。紧张的游戏即将开始，请聆听。慢速的：请你站起来12345，请你坐下来54321。快速的：请你站起来12345，请你坐下来54321。接下来我说话声音会很小：12345、54321。不错，我们的音乐感觉不错。接下来把你的腰板挺直，像一条金枪鱼一样直。

师：同学们，轻轻地找到你的座位，坐下来吧。好的，那么接下来就进入到我们的正式课堂吧。我这里有一幅图，想请同学们猜一猜，通过图中的小姑娘穿的衣服，请你猜一猜她是哪个少数民族的。

生：傣族、蒙古族、藏族……

师：老师请图中的小姑娘来介绍一下她的家乡。请看……

播放：同学们，你们好，今天我穿的就是彝族的民族服饰，我们彝族是中国的少数民族之一，主要分布在四川、云南、贵州和广西。彝族是一个山地民族，我们的村落都是依山而建，有的住在山顶，有的住在半山腰，还有的住在山下。彝族地区有一个很炫的名字，叫作火之故乡，每年6月会举行火把节，人们在节日里欢聚一堂，举行各种歌舞比赛，预祝来年五谷丰登、吉祥如意。现在就请大家和我一起去参加火把节的狂欢吧。

师：咱们今天呀，也到火把节上去比一比、赛一赛。我把大家分成了3个组，既然彝族是一个山地民族，那咱们就先取名字，你们就是半山腰组，你们是山顶组，你们就是山下组，记住了吗？每个组的同学要团结起来，好好表现。

2. 引异同，激发共同探索的合作欲望

“学源于思，而思源于疑。”这说明在教学中教师要善于引导学生找出学习内容的异同。在案例中通过比较和对比，让学生进一步感受音乐的内涵，使学生记忆更加深刻，学习效果更加巩固，从而来激发学生的创造性思维，为培养学生的小组合作能力打下坚实的基础。

【实录二：六年级欣赏《渔舟唱晚》】

初步完整聆听乐曲，简述聆听感受。

师：聆听的时候请同学们思考以下几个问题：①是什么乐器演奏的？②该曲的情绪是怎样的？③该曲的速度是怎样的呢？

生：是古筝演奏的。情绪是欢快的（忧伤的，欢快的，又激动的）。速度是慢速的（先慢，然后快，再然后又慢了）。

师：大家对乐器都没有什么异议了，但是对该曲的情绪和速度还是有点意见不统一。不着急，接下来我们一起细细品味一下《渔舟唱晚》，探秘一下它的情绪和速度到底是怎样的。

3. 知规则，培养协作互助的合作意识

音乐是一门实践性很强的学科，学习音乐知识离不开时间操作。在上面的案例中教师在课堂教学中充分引导学生参与实践，不但可以调动学生各种感觉参与教学活动，提高教学效率，有利于学生更好地体验、欣赏、表现和创作音乐，而且可以让学生在实践中享受到群体成功的喜悦。小组合作学习中的实践活动，既能体现集体的智慧，又能从小培养学生的合作意识，养成与人合作的习惯。教师在引导实践时，有意识地引导学生进行合作学习，渗透合作学习的规则，促进学生合作能力的提高。教师不断地巡回指导，学生在教师的要求下有目的地进行创编活动，加强了小组合作学习的实效性和针对性，不至于使创编活动知识只是一个表面上的“假热闹”，而无实效的内容。

【实录三：三年级欣赏《快乐的啰嗦》】

师：山顶组、半山腰组和山下组的小伙伴都要来演奏它，但是演奏的音调是不相同的，第一个出场的半山腰组，这是他的出场号码牌。请你们听一听，第二个出场的和第三个出场的是山顶组，还是山下组呢？山顶组请用站起来的方式，山下组请用蹲下去的方式表述。

师：第一个出场的是半山腰组。我想请同学来说一下，第二个出场的是哪个组？为什么？

生：第二个出场的是山顶组的，因为他们的音比较高。

师：你的小耳朵真会听音乐，那么第三个出场的是哪个组？请你们说。

师：这里还有两张号码牌，我们一起贴一下好不好？第二个出场的是山顶组，那我把它贴在山顶组，第三个出场的是山下组，那我把它贴在山下组。同学们一下子就听出来三段主题旋律在音调上有所不同。彝族同胞想邀请我们和他们一块演奏乐器。他们想请半山腰组的同学坐着演奏乐器，山顶组的同学的音调比较高一些，那你们换一个什么姿势来演奏呀？站起来。那山下组的呢？蹲着。怎么蹲？咱们来试一下。单膝跪地，抱着你们的乐器试一下，左手在上，右手在下哦。

学生合着音乐表演一遍。

师：刚才山顶组的同学被半山腰组的表演给吸引住了，如果再来一遍，能不能表演好呀？（表演第二遍）为你们精彩的表演点赞。

师：孩子们，为了记住这三个组的出场顺序，他们分别叫 1 号寨子、2 号寨子和 3 号寨子。

师：山那边还有两个寨子在进行歌唱比赛，想不想去看看呀？但是要走过一段山路才能到达。山路弯曲不好走，但是老师这边有一幅音乐路线图。只要咱们合着音乐节奏，望着这幅音乐路线图，就能够到达比赛现场。老师先来表演一遍，请你们仔细听、仔细看，了解一下你对哪个图形印象深刻。

师：我们先来分工，男孩子举起火把，女孩子负责画线的地方，老师来负责画圆圈的地方，我们来走山路啦。同学们要记得我们在表演的时候，一定要合上音乐的节奏。当轮到你的乐器发声的时候，请让它发出悦耳的声音。准备啦！

师：你们表现得非常好。这一段音乐是用什么乐器演奏的呢？

生：吉他、古筝……

师：请大家看看正确答案：琵琶。它是我们国家的弹拨乐器，因为月琴是由琵琶演变过来的，所以月琴和琵琶的音色非常相似，但是琵琶更具有穿透力，让我们来看看它们有什么区别？

生：大小不一样，演奏姿势也不太一样。

师：琵琶和月琴都属于弹拨乐器，所以《快乐的啰嗦》是弹拨乐合奏曲。

师：通过咱们的努力合作，终于到了第 4 号寨子和第 5 号寨子。他们正在举行歌唱比赛，他们说了，前面是 3 个寨子用月琴和琵琶来表现主题旋律，我们来用歌唱表现主题旋律。他想请大家当评委，听一听，哪一个寨子唱得更热烈一些？为什么？小耳朵仔细听，4 号寨子出场了。

生：我感觉跟用月琴演奏的很像，因为那个旋律我都会唱了。

师：你们听出了 4 号寨子的速度更快，音调也更高了。所以我们感觉 4 号寨子的歌唱更热烈一些了。那么接下来我想请同学们跟随着 5 号寨子一起来演奏一下。轮到 5 号寨子演唱的时候，请全体同学站起来用月琴为他们伴奏，可以吗？

学生尝试合作。

师：刚才我们合着音乐表演的顺序就是《快乐的啰嗦》的演奏顺序，从图中我们可以看出来，我们去过几个寨子呀？每个寨子都表演了一遍主题旋律，整首乐曲出现了 5 次主题旋律，孩子们还记得表演顺序吗？第一个出场的是哪个组的？向我挥手，第三个出场的是哪个组的？男孩子要注意了，要迅速举起火把开路了，刚才唱的还记得吗？

师：通过我们的合作，让我们再一起完整地把《快乐的啰嗦》这首乐曲表演一遍。月琴抱起来，准备了。

4. 展成果，提高创作表演的合作效率

小组汇报表演更是合作学习的核心，表演质量的高与低能直接反映和决定合作学习效果的优劣。新课程标准要求每一名学生能够在众人面前大胆、自信地表演，使表演成为深化课堂教学、促进合作交流、参与互动、发展创新能力的有效途径。在教师的引导和要求下，学生在一定音乐情境中，按照一定的音乐节奏，运用一定的舞蹈动作，充分而有自信地欣赏、体验和表现音乐。教师、学生和音乐已经很好地融合在一起，在表演中各司其职、各展其能。

【实录四：六年级欣赏《渔舟唱晚》】

师：这三段主题音乐我们都欣赏完了，那么接下来，老师想考考大家，我们来完整地体验一下，看你还记不记得刚才的三段主题音乐。当听到第一段的时候，请第 1 小组用你淡定的划桨体现出鱼儿满仓、悠然回还的场景。当听到第二段的时候，请第 2 小组用飞扬的歌声唱出湖光美景。当听到第三段的时候，请第 3 小组用小乐器展现出乘风破浪、渔人晚归的情景。当没有出现你熟悉的音乐的时候，你可以闭目侧耳，请不要让你的小乐器发出声音，可以吗？请同学们先把乐器拿起来，放在腿上预备。

学生跟随音乐做相应的律动。

师：看来同学们对《渔舟唱晚》的几个主题音乐记忆还是非常深刻的。

5. 重评价，巩固创新合作学习的成果

评价激励是促成有效合作的“催化剂”，评价可以是教师评价，也可以是学生评价。教师的评价对激励学生参与活动、提高合作学习质量有着十分重要的作用，因此，教师的评价一定要有鼓励性、针对性、指导性和全面性。一是重视个人评价和小组集体评价相结合。通过评价促进小组成员之间互学、互帮、互补、互促。二是重视学习过程评价与学习结果评价相结合。教师除对小组学习结果进行恰如其分的评价之外，更要注重学生在学习过程中的合作态度、合作方法、参与程度的评价，更多地去关注学生的有效倾听、交流、协作情况，对表现突出的小组和个人及时给予充分的肯定和生动、有趣的奖励。对于小组评价的共同智慧，在交流中教师要给予充分的分析和积极的赞许，能激发学生创新的潜能，提高学生的合作技巧，培养能力，发展智力，陶冶情操。

【实录五：五年级欣赏《夏日泛舟海上》】

师：老师想问同学们，是先强后弱更符合还是先弱后强更符合呢？

生：先弱后强。

师：全都这样认为吗？

生：是的。

师：老师也有一个想法，我认为是先强后弱，我也把我的加上（转身在黑板上写上三种方案：1. 同样力度。2. 先弱后强。3. 先强后弱）。接下来我们就通过演唱的方式来体验一下，看哪种效果更好。

学生根据相应的力度进行演唱。

师：你们觉得哪种好呢？

生：先强后弱、同样力度……

师：不急，我们再放一遍，看看后续的旋律是如何发展的，听完以后也许我们就有答案了。在此之前我们先来学唱一下第三段乐曲。

师：与第三段乐曲的力度对比，你们觉得前面两段乐曲的力度是同样的，还是先弱后强，还是先强后弱能够与我们的渐强衔接得更紧密呢？

生：先强后弱。

师：这么快就改口了呀？那我们就尝试着用先强后弱再到渐强的力度来演唱一下我们的谱子吧。但是在这里我要补充一点，每个人听音乐的感受是不一样的，音乐没有对错。但是对音乐的审美还是有大众的标准的。当然在特定的场合，也许先弱后强或同样力度也是很好的。那么今天我们暂时用先强后弱再到渐强的力度来尝试一下吧。

通过音乐的对比、表演和升华，这些案例促使学生和教师在学习中进行有效的合作以促成学习。以学习合作小组为基本形式，系统地利用各因素之间的互动，以团体成绩为评价标准，共同达成教学目标的教学组织形式；给予每名学生发展的机会；确立了小组合作教学模式：创情境—知规则—引异同—展成果—重评价。

合作学习是学生的一种重要学习方式，合作精神是音乐教育的强音。通过合作学习音乐，可以使学生反应迅速、思维敏捷，使学生了解合作中个体服从群体的关系，同时在合作中体验着同一情感共鸣，从而培养学生团结友爱的集体观念和互帮互助的高尚情操，也可激发他们积极向上、不甘落后的竞争意识，从而真正实现使每一名学生都得到发展的目标。

（二）合作设计模式

有学者提出四个基本步骤：创设情境，明确目标—独立学习；自主尝试—小组研讨；集体交流—教师总结；反馈评价，进一步强调反馈评价的重要性[①]。还有学者则强调合作本身也是一个必要的设计过程，即“合作设计—集体讲授—小组合作活动—测验—反馈与补救”。“合作教学中的讲授是经过合作设计的，力求简要清晰，时短量大，高效低耗，有较强的启发探究价值，能为继起的小组活动留有足够的空间。”[②]另外，合作教学中的小组活动“通常由4人组成，

① 索桂芳，任学印．新课程体系下合作学习教学模式的构建［J］．课程·教材·教法，2006（8）：18-22.

② 王坦，高艳．合作教学理念的科学创意初探［J］．教育探索，1996（4）：17-19.

其中 1 名优等生、1 名差生、2 名中等生，各小组总体水平要求一致，每个小组都应是全班的缩影或截面。同时，全班各合作学习小组之间又应具有同质性。组内异质为互助合作奠定了基础，而组间同质又为保证在全班各小组间展开公平的竞争创造了条件”。

典型案例

在合作探究中体悟分类的乐趣

——“整理房间”教学设计

深圳市光明区爱华小学 /张 蕾/

·教材分析

本节课是将北师大版数学一年级上册第四单元的内容联系实际生活的一个实践性的活动课，会应用到第二单元的比较。通过这一活动，让学生体会生活中处处有数学，养成有条理地整理物品的习惯。本节是分类的开始，也是以后学习“在统一标准下的一致性分类”和“不同标准下的多样性分类”的基础。

·学情分析

学生在入学前早已对日常生活中的分类有了初步的认识，而这些事物同时又是学生十分熟悉且感兴趣的。这样在教学时，学生的学习兴趣浓厚，能产生良好的教学效果。但学生对“分类”的概念和标准比较模糊，有些学生虽然学会了，但不能清晰且准确地表达，教师还应给予帮助，进一步训练孩子的口头表达能力。鉴于此，结合自身教学实际和本班学生特点，我进行了如下设计：

1. 趣味导入

师：今天，圣诞老人给小朋友带来了很多好吃的东西，我们一起来看看他带了什么，好吗？

（出示一个汉堡。）

师：对了，这是汉堡，你们想不想吃啊？吃的动作又是怎样的呢？

……

师：要不我们统一一个吃的动作，可以吗？那跟着老师一起来做。

师：我们继续看看还有什么好吃的，同学们要边看边做动作哦！

……

（出示一双臭袜子。）

师：不要把臭袜子也吃进肚子了。

师：那我们继续。

（出示一个帽子。）

师：帽子也不能吃哦。

……

师：圣诞老人要把这些礼物全部都发给大家，但是刚刚有同学差点把臭袜子吃进肚子里了，那么圣诞老人要怎样分发礼物才能避免让同学们吃到臭袜子和帽子呢？

师：要不我们先这样，先跟同桌互相交流自己的想法，好吗？

讨论结束后，学生汇报。

师：谁愿意跟大家分享自己的想法呢？

学生发表意见，若都能讲出理由，教师给予肯定。

师：你是这个意思吗？臭袜子跟帽子放在一起，把梨和苹果放在一起。

师：同学们真聪明，圣诞老人就是这么分的，他把可以吃的放在左边的袋子，把不可以吃的放在右边的袋子。

师：同学们，其实这就是我们生活中的一种分类，今天我们就来学习分类的知识！（板书：分类。）

2. 自主探究

（1）课本第二题（出示香蕉、青瓜、梨、茄子、白菜、苹果、桃子、胡萝卜）。

师：同学们，我们可不可以把这些东西也分一分类呢？

师：你们都认识这些吗？一共有几个呢？

师：老师刚刚已经给同桌两个人发了这八张图片，讨论这些该怎么分类，待会儿请同学上来跟大家分享一下，开始。

小组讨论，教师下去跟同学交流。

师：哪个小组愿意上来把你们组的结果告诉大家？

（解释分类的原因。）

生：把香蕉、梨、苹果、桃子分为一类，它们都是水果；把青瓜、茄子、白菜、胡萝卜分为一类，它们都是蔬菜。

师：回答得真好！

（2）师：老师这里有两张照片想给同学们欣赏。

师（先出示笑笑的房间图）：这是笑笑的房间，我们再来看看淘气的房间。你们看了这两张照片之后有什么感受呢？

师：你们看了笑笑的房间，你有什么地方想夸夸她的？

生：笑笑的房间看起来可舒服了。

生：找东西也很快。

师：那你想怎样帮淘气整理房间呢？

……

师：你们以后也会整理房间了吗？

3. 巩固练习

（1）师：老师这里有很多张图片（课件展示上衣、玩具车、铅笔、削笔刀、洋娃娃、裤子、笔盒、橡皮、帽子、尺子、玩具飞机、鞋子），可是被老师不小心全部弄乱了，你们能帮老师把它们放回原位吗？

师：你们知道这里有多少件物品吗？

生：12 件。

师：你怎么一下就数出来了呢？

生：在下面标序号。

师：那我们现在要把这 12 件物品的序号都分进这 3 个大口袋里，谁能说说这 3 个口袋里都放些什么？

生：玩具、文具、服装鞋袜。

师：谁又能给我们出出主意，我们该怎么填才能不多也不少，还能都填对呢？

生：按顺序一个一个填。

师：那我们就先自己来填一填，请同学们把书翻到第 58 页。

学生填完后上来展示。

师：现在我们都填完了，我们怎么知道自己有没有填多或填少呢？你们有什么方法？

生：填完后做上记号。

（2）师：这里有很多动物，请同学们把会飞的动物涂上颜色，在动手涂之前先要干什么？（先要找什么？）

生：先找有哪些是会飞的动物。

（3）师：在我们日常生活中，在哪里可以看到分类呢？

·教学总结

1. 运用多媒体技术，为数学课插上飞翔的翅膀

本课通过播放动画，能轻松地创造出直观而有声有色的教学情境，学生自然、迅速地融入其中。在屏幕上拖动物体的方式能激发学生尝试的热情，在“拖出来”再“加进去”的挑选再聚合的分类过程中，不仅能展示不同学生思维方式的多样化，而且学生能在思考的过程中对自己的结论进行批判，最终形成对标准的认识，将平时生活中的分类提升一个新的思维高度。多媒体的使用为数学课质量的提升提供了有效的方法。

2. 鼓励学生动手、动脑、动口，培养学生的思维能力

学生的数学学习活动应当是一个生动、活泼、主动和富有个性的过程。在学生的每一次分类整理中，我们能充分感受到学生那极其丰富的想象力和不受拘束的创造力。在提问中，我们应该更多地提出启发性的问题。

3. 注重情感体验，培养学生良好的行为习惯

良好的行为习惯是学生发展的重要基础。在认识分类整理房间的方法后，有意识地培养学生良好的行为习惯，设置一些问题让学生对分类的必要性有所体验和总结。让学生在进行学习活动的同时培养良好的行为习惯。

4. 规范自己的语言，有效支持教学

规范的语言，首先，是在对学生的评价上：“这种想法别具一格，令人耳目一新，请再说一遍好吗？”“谁愿意来为大家做个示范？展示一下自己的本领！”有针对性地评价能有效拉动学生的积极性，是组织教学的一个很重要的部分，单纯的“你真聪明”“知道的请举手告诉老师”对学生的激励作用明显不足。其次，是对要求的有效说明，例如“你想怎么放呢”和“你想怎么整理呢”，我在说明时没注意而选用前者，结果导致学生出现“放在衣柜”“放在床下面”只去关注放哪里的情况，而改正后选用后者，学生一下就回到了分类的方法上，这就是规范和不规范的巨大差别。注意自己一字一句的准确性，课堂才能上升一个新的高度。

（三）分层合作模式

合作并非所有人完成相同的学习任务，需要进行科学分工，各司其职。而分工本身要体现学习内容的结构层次，分层次分工合作。有学者强调以下几点基本策略：

1. 分组分层策略。班主任根据学生学习成绩、性格特征、性别多重因素进行小组划分，一般划分为 12 个小组，将分组情况汇报给各任课教师，任课教师设置每小组的学科组长，确定 A、B、C、D 四个学习层次。

2. 分层竞争策略。教师对不同学生布置合适的课前、课堂和课后任务，采用同一层次竞争评价的方式，竞争方式不固定。

3. 合作讨论策略。小组讨论时，学科组长全面负责，组织交流讨论，组内有困难时大组长帮助，大组长有困难时，教师指导。分为大讨论和小讨论，小讨论是对简单问题的交流，大讨论有合力型、分歧型和难度型。

4. 组长负责策略。组长负责分工、协调、组织。

5. 评价激励策略。教师在现场根据任务难度和学生表现给小组赋予不同的分值。①

典型案例

合作学习，让每一个孩子融入课堂

——以《金色的草地》教学片段为例

深圳市光明区爱华小学 /唐璐璐/

在课堂中，学生的知识掌握进度和领悟能力很难统一。因此，在上课时，

---

① 马勇军．“竞争合作—主动愉悦”教学模式的探索［J］．课程・教材・教法，2013，33（4）：33-38，43.

教师提到的问题、点到的重点，学习能力较强的学生往往能迅速找到，已经快速地跟教师进入了下一个学习环节，而领悟能力稍薄弱、学习积极性不够的学生往往跟不上，还没反应过来。周而复始，这部分学生越来越听不懂，便越来越不愿意再听，导致课堂学习氛围越来越差。

怎样才能改善这种现象，让部分学生参与变成全班学生参与呢？我想起了在我作为新教师接受培训时，龚浩康教授曾经大力推崇的“同桌合作”。根据班情和学生，我对龚教授的建议进行了整合，采取了小组合作和同桌合作相配合的课堂模式。

1. 小组合作，梳理生词

三年级的学生需要培养独立的学习能力，因此，我们要求学生在预习时给课文做简单的符号标注，生词查阅、解释。由于预习的机动性比较强，总是积极学习的孩子书本记得满满当当，而懒散的孩子的书本总是只有寥寥数条横线，因此，在每次新课的第一课时，我便把生字讲解的环节进行改变：由原来的教师台上出示生字，引导学生学习生词，变成小组合作，自己梳理字词。

第一步，要求在限定时间内，小组成员提出自己不了解的词语及句子，由组员根据自己预习的成果进行解答。在此步中，通过小范围学习，更有效地让预习好的学生帮助预习较弱的学生，梳理出文中生词意思，找出多音字等基础知识。

第二步，小组 PK。小组之间互相提出问题，指向别的小组回答。（几轮试验后，为使每一名学生都有“危机”心理，改为“指向别的小组任意一名学生回答”，以使全部学生都在上一步的讨论中打起精神）

第三步，选出最强小组。加强小组集体荣誉感，也让学生燃起下一次取得更好成绩的欲望。

2. 同桌合作，共同进步

在问答环节，班上往往总是固定的几名学生回答问题。如果答对即通过，那么其余学生要么没得到脑力锻炼，要么走神发呆，仿佛课堂与自己无关。尤其在第 16 课第三自然段，蒲公英草地的颜色变化和时间、花的开合息息相关，这是学习本文的一个难点。如果不认真听讲，那么很多学生将一直不理解三者的关系。因此，在教授此知识点时，我不急于让学生直接回答，而是先下发表格（见下表），让同桌之间讨论，共同找出答案。

时　间	草地颜色	原　因
		因为蒲公英______
		因为蒲公英______
		因为蒲公英______

这样，便不是只有站起来的学生回答问题，参与课堂了；教师也不用重复提问，通过一个个点名来确认学生是否都了解——而往往，点名回答的问题也不能覆盖全班。而通过同桌合作，原本发呆的学生也有事可做，原本不懂的学生也在和同桌一起梳理课文时，让知识在脑海里流淌一遍。再通过后面教师跟全班互动一起填表，重复诵读，使课文难点更深刻地印在每一名学生的脑海里。

在不同的课堂环节，有不同的合作形式。小组合作由于人数过多、范围过广，因此，适合大方向地征取意见，可以一课一次；而同桌合作由于范围小、效率高，因此，可以在课堂上无数次穿插。而不管哪种形式上的合作，由于学生的亲自参与、用心融入，因此，都会比教师单方面输入效果要好一些。

（四）整体设计模式

上述三种模式，较为侧重从教学内容出发，对主体认识活动进行有针对性的设计。整合设计模式则强调从教学活动的一般程序出发，对教学的各个环节进行整体设计，使之保持一以贯之的理念，更全面地考查学生整个学习过程，最终指向学生的全面发展。

1. 在教学目标上，合作式教学是一种目标导向活动，“注重突出教学的情意功能，追求教学在认知、情感和技能目标上的均衡达成”。通过合作式教学，使学生在过程中体会到乐趣，进而在获取知识的同时，提高综合素养。

2. 在教学过程中，合作式教学强调各动态因素之间多边互动的统一，“合作学习认为，教学是一种人际交往，是一种信息互动”①。不仅包括传统的“单向型”“双向型”，更加强调“多向型”和“成员型”互动，教师平等地参与到

① 王坦．论合作学习的基本理念［J］．教育研究，2002（2）：68–72.

学生之中，通过师生之间、师师之间、生生之间等形式的多边合作，充分发挥各方优势，达到最优化。

3. 在师生角色上，强调教师当好“导演”，学生当好“演员”，把重点放在学生的“学”上。改变传统的以教师为中心，给学生留有充足的空间，尊重学生的主体地位，从而调动学生的积极性。

4. “在教学形式上，合作式教学强调以集体授课为基础，以合作学习小组活动为主体，力求体现集体性与个体性的统一。”经过合作设计进行讲授，将学生分为异质小组，进而达到有机统一。

5. 在学习情境上，合作式教学强调合作、竞争与个体化行为的兼容并存，并突出合作行为的主导地位。通过构建“利己利人”的情境，让合作逐渐代替应试教学中“利己损人”和“利己不利人也不损人”的氛围，形成“组内合作，组间竞争”的格局，实现全体学生的协同发展与进步。

6. 在教学评价上，合作式教学强调标准参照评价，让每名学生基于原有发展水平上的差异进步。①

典型案例

合作·互助·互促

——4A Unit 10 合作式教学案例

深圳市光明区爱华小学 /江小兰/

由于英语学科特定的语言属性，交流成了学生在学习过程中的必要手段，其中涉及人物对话、角色扮演等活动形式，因此，合作学习成为英语教学常态和不可或缺的教学方法。

在教学中，我们也常采用师生合作、同桌合作、小组合作，但多用于示范、汇报等形式的教学呈现和推进，学生在合作过程中互相促进，人人成功的目标并不能很好地实现。我一直在思考，如何才能让高质量的合作学习在师生中得以实现呢？认真研读合作学习的相关资料后，基于对合作式教学方式的理解，

① 王坦，高艳．合作教学理念的科学创意初探［J］．教育探索，1996（4）：17-19.

我以沪教牛津英语深圳版四年级上册Unit 10的语篇教学“Wangfujing Street in Beijing”为例进行教学案例分析，阐述教师如何通过推进合作式教学方式，激发学生的学习需求，让学生在合作中互助，在合作中互促，从而达成人人有事做、人人有进步的学习效果。

案例所选取教学内容是一篇基于教材改编的关于王府井大街的介绍文本，教学目标：学生通过语篇学习，了解文章介绍了王府井大街的哪三个地方（places），这些地方有什么特征（features），人们做什么活动（activities），然后引导学生进行有逻辑地说和写，旨在让学生通过合作学习，在获取信息、总结规律及迁移输出三个层面得到成长。

文本如下：

Wangfujing Street in Beijing

I live near Wangfujing Street. It is a busy street in Beijing. There are a lot of shops on this street. Some shops are very old. Some shops are new. Many people like to go shopping there. There is a library on this street. It's very big. People like reading there. There are many good restaurants.They're clean. People can eat nice food there. I like Beijing Roast Duck.

Welcome to Beijing.

·设计原则

1. 合理分组，明确任务

以“组际平衡，组内异质”为原则，把学生分为四人小组，每个小组有一名小组长（领导者），小组内的成员学习力和学习水平存在一定的差异，从而激发学生互助互学的可能性。接着，明确分工，小组内的四名同学分别拿到红、黄、蓝、绿四张不同颜色的学习任务单，分别负责完成任务单上不同的学习子任务，四个子任务组成小组总任务。

2. 组内讨论，组际交流

通过小组间的讨论和跨组的分享交流，共同完成学习任务，让学生体验合作学习的乐趣，提高学习效率。

3. 小组汇报，评价提升

通过小组汇报时的师生评价和生生评价，肯定学生的努力，并让学生对自己的学习情况有更好的了解，从而取得更多的进步。

4. 策略指导，有效合作

在整个教学过程中，教师要适时进行学法指导（尤其是阅读方法和语篇归纳方法）和合作技巧指导（如何快速进行分工，提建议 / 求助 / 提问 / 评价的应答）。在学法和合作技巧上的策略指导，有利于教师调控课堂，也有利于学生高效学习。

· 教学过程

活动一：略读文章，找关键词

教师下放任务，让学生快速阅读课文，找出关键词回答问题。其中拿到红色任务单的学生负责问题：What's on the street？拿到黄色任务单的学生负责问题：How are they？拿到蓝色任务单的学生负责问题：What can people do？拿到绿色任务单的学生为小组长，负责指导、汇总和汇报。

此时，教师应注重学法的指导，引导学生分别用横线、波浪线和圆圈对找出的关键词进行标记，在自己所负责的任务完成后，汇总到小组长处，之后，协助其他学生完成他的学习任务单。

【设计意图】这个环节的教学活动，学习任务相对比较简单，但学生完成耗时长，任务分解有利于激发学生的学习兴趣，同时，在有限的课堂教学时间里，取得最高的学习效率。学生在完成自己的任务单后，可以协助其他学生，既调动了学生学习的积极性，又促进了组内互助。

活动二：小组讨论，归纳总结

教师向学生设疑：同学们可否总结一下，文章是从哪些方面来介绍王府井大街的？

同组学生进行讨论并确定最后的答案，由小组长选定一名组员进行汇报。教师根据学生的汇报结果进行引导提升，形成表格，并引导学生根据表格进行语篇复述。

【设计意图】在这个归纳总结活动中，任务存在一定的难度，小组组员共同讨论完成同一个任务，更能够集中集体的智慧，准确归纳出三个描写维度（places，features，activities），让学生体验到成功的喜悦。

活动三：小组协作，语篇写作

教师下放任务，让学生就一条街道上的其中一个地方进行写作。其中拿到红色任务单的学生写 fruit shop，拿到黄色任务单的学生写 book store，拿到蓝色任务单的学生写 school，拿到绿色任务单的学生写文章的开头和结尾。

学生在规定的写作时间结束后，教师指导拿到相同颜色任务单的学生进行跨组讨论完善，讨论结束后回到自己的小组，由小组长把组员的语篇汇总成一篇。最后，教师挑选一两组的作文，投影后进行修改，为学生的课后作业“为你家附近的街道做一张海报”提供写作范例。

【设计意图】在这个活动中，组员一起合作完成写作任务，任务分解降低了难度，也节省了教学时间，同时，由于组内成员分工不同，借助组际交流，可以优化学生的表达，从而达到组内异质合作、组际同质分享的学习效果。

·案例反思

按照我往常的教学模式，一节侧重于阅读和写作的语篇教学课，如果不采取合作式教学方式，那么是这样操作的：学生整体听读，找关键信息，一起归纳总结，教师出示写作范例，学生进行写作。参考本节课的教学容量，可能会出现以下问题：一是学生要独自完成所有的学习任务，难度大，耗时长；二是教师为了推进课程，达到快速出现学习范例的教学效果，优生替代；三是中下层学生吃不消，吃不透，说不好，写不出。本节课采用了合作式教学方式，教学节奏紧凑，任务驱动和合作学习极大地激发了学生的学习兴趣。通过合作互助，尤其是生生互助让学生互相促进，学习能力稍弱的学生得到了有效的指导，学习能力稍强的学生在指导同伴的过程中更加自信。

合作式教学方式能够确保学生在课堂中始终保持活跃主动的状态，达到“人人有事做”之境，同时，合作式教学方式能使学生通过合作学习互相启发、互相帮助，实现互补，达到“人人有进步”之境，两者结合，也就促成了成事成人的育人价值。

四、合作式教学的注意事项

要想高效地开展合作式教学，除正确地掌握教学的基本程序之外，教师还需要注意教学中的细节。有学者指出，教师要想开展好合作式教学不可缺少如下几个支撑条件：一是营造合作学习的环境；二是合理组建合作学习小组；三是培养学生的合作意识与合作技能；四是善于组织有价值的内容来开展合作学习；五是精心设计，有效组织讨论、合理评价，促进发展。

学生也应该为合作学习做好如下准备：一是学会收集资料；二是学会表达自己的观点；三是学会讨论问题；四是认识合作学习的重要性；五是建立互相信任、团结互助的关系；六是增强成员的集体责任感；七是以友好的方式对待争议。作为一种教学模式，教师还需要对其意义、效果、扩展进行反思，真正将合作式教学落到实处，让学生实现知识、情感、技能多维成长①。

典型案例

“动物的吊饰”合作式教学设计

深圳市光明区爱华小学 /曾媛媛/

·教材分析

“动物的吊饰”是设计与多种美术表现技法相结合的一节设计应用课。利用卡纸进行剪、贴、画制作动物的吊饰。本课制作的动物吊饰主要是培养学生创新意识、设计思维，促进和提高学生动手能力，在合作与探索中获得审美体验和造型乐趣。

·学情分析

一年级的学生天真无邪，好玩、好动是他们的天性。本节课的内容比较简单，小吊饰也是学生非常喜欢的一种小玩具，通过学生自己尝试制作小吊饰，让他们在玩中学、在乐中学，在合作学习中发展自己。在学习此课之前，学生学习了“可爱的小虫”这一课，具备了对动物的一般造型能力，还学习了“节日的小彩旗”，掌握了通过剪、贴等手段进行图案装饰的初步技巧，这些知识技能的掌握都为本节课的教学打下了基础。

---

① 索桂芳，任学印．新课程体系下合作学习教学模式的构建［J］．课程・教材・教法，2006（8）：18–22.

·教学设计理念

本节课尽可能地让学生积极、主动、全身心、全方位地参与美术实践活动之中，让学生自主发现制作吊饰的步骤方法，大胆创作，主动去领悟、探索，发展学生的能力，培养创新精神。我对本节课作出了如下设计：

1. 认识动物吊饰的色彩、花纹、造型的装饰特点

在这一环节中，学生先通过"找一找"的游戏，初步认识吊饰，通过"想一想，在哪里见过这些吊饰""说一说，老师带来的两串吊饰有什么异同"进一步感知吊饰的色彩、花纹、造型。

2. 学生自主探索吊饰制作方法：剪、贴、画，并进行吊饰的制作体验

通过观察教师带来的吊饰，学生进行讨论交流，激发学习热情，自主发现吊饰的制作方法。

3. 能够与他人合作制作动物的吊饰

吊饰制作环节，学生通过小组讨论，分工制作一串动物的吊饰。

·教学目标

1. 能够用剪、贴、画的方法制作动物的吊饰。

2. 运用点、线、面进行装饰。

·教学过程

1. 开放式导入

活动一：找一找。

教师引入：老师有个忙想请同学们帮一下，小明同学搬新家，想要装饰自己的房间。他跟妈妈去逛街，看到了很多很好看的吊饰，于是他买了一串吊饰，但是不小心弄断了。然后他想请同学们帮忙，把断了的吊饰串好，小明同学的吊饰是由动物组成的，你们可以帮助他吗？

生：可以！

学生上台将散落的吊饰按照动物的主题串好。

师：很棒，你们都能够按照动物的种类进行区分。其实，吊饰，顾名思义就是吊着的装饰，应用范围广，可用于家具装饰、独特创意的摆饰品及展示牌等。同学们看一下，明天我们要为小动物举行一场欢迎活动，但是我们教室两边空荡荡的，这节课让我们一起来制作吊饰装饰一下我们教室。（展示课题“动物的吊饰”。）

2. 核心推进过程

活动二：想一想，说一说。

师：请同学们想一想，你在什么时候见过吊饰？

生：我在圣诞节的时候见过吊饰。

师：你是在什么地方见到吊饰的？是什么样的？

生：我是在圣诞树上见到吊饰的，上面串了一些糖果、礼物，还有小灯泡。

师：节假日有其相对应的一些吊饰装饰，老师也带来了一串吊饰，请你们看一看，老师的这串吊饰与小明同学的吊饰有什么不一样呢？

生：老师的吊饰颜色和小明同学的不一样。

师：颜色有什么不一样？

生：老师的吊饰只有一种颜色，小明同学的吊饰上每种动物都有不一样的颜色。

师：这名同学发现了颜色的不同，还有其他发现吗？

生：形状不同，老师的吊饰每个都是圆形的，小明同学的吊饰根据动物的不同剪出了不一样的轮廓。

生：花纹不一样，老师的吊饰没有花纹，小明同学的吊饰每一种动物都有不一样的花纹。

教师总结两串吊饰的异同：颜色、花纹、造型。

活动三：请你帮帮我。

师：老师这串吊饰不好看，能不能请同学们帮帮我，重新做一串动物的吊饰？教教老师，怎样才能把吊饰做好。

生：第一步，我们要把动物的形状画下来，并根据动物轮廓剪下来；第二步，在里面添加不一样的花纹；第三步，进行粘贴。

学生总结吊饰的制作方法——剪、贴、画。

教师根据学生总结的吊饰制作方法进行示范。

活动四：学生欣赏动物吊饰的作品。

活动五：议一议，合作制作吊饰。

师：小组学习、交流。谈一谈你最喜欢什么动物？你打算用什么花纹和色彩去制作自己最喜欢的动物？（涉及对点、线、色的运用。）如何分工合作制作一串动物的吊饰？

学生尝试小组合作，进行动物吊饰的制作，教师将学生制作的动物吊饰悬挂在教室前方进行评价。

3. 教师总结，课后提升

学生欣赏图片，想一想，除卡纸制作的吊饰之外，还可以运用身边的什么材料制作吊饰？（树叶、一次性纸杯等。）

·教学反思

1. 教学活动中的趣味性

美术的教学活动有趣味性，学生参与起来才有主动性和积极性，因此，在本节课的导入环节运用了故事情节让学生用拼贴方法帮助小明重新串好他的动物吊饰，并且利用为小动物举行欢迎活动的情境，激发学生兴趣，让学生快速进入课堂角色，自然导入课题。

2. 教学活动中的参与性

本节课的重点是让学生能够用剪、贴、画的方法制作动物的吊饰，难点是如何设计、制作动物的吊饰，如何运用点、线、面进行装饰。我在讲解重点的时候，一层层地引导学生去欣赏、寻找和总结不同的花纹、色彩和造型。接下来再次询问学生在什么地方见过吊饰，一步步追问，让学生对吊饰有进一步的印象。在对比两串吊饰的环节，感受颜色、花纹、造型的不同，用询问的方法引导学生自己总结制作吊饰的方法：剪、贴、画，让学生参与课堂，自主发现、探索美术活动中的乐趣。

3. 教学活动中的师生身份互换

学生是学习的主体，具有自主性、能动性。开展体验式教学，就是要使固定、被动的教学流程活起来。在本节课的示范环节，教师与学生的身份进行了互换，让学生自主发现吊饰的制作方法来教教师，再一次让学生感受如何制作吊饰。

本节课通过分层深入启发、引导学生想象与设计，让学生自主发现制作吊饰的步骤方法，大胆创作，主动去领悟、探索，发展学生的能力，让学生在探究体验中掌握制作、装饰设计的方法，培养学生初步的创新精神。

典型案例

探索轴对称的性质教学案例

济南市高新区海川中学 /张 伟/

·教学目标

1. 知识与技能

探索轴对称的基本性质，理解对应点所连的线段被对称轴垂直平分、对应线段相等、对应角相等的性质。

2. 过程与方法

经历探索轴对称的性质的过程，在操作、观察、分析过程中发展学生主动探究和合作交流的习惯，培养学生观察、探索、分类、归纳等能力。

3. 情感、态度与价值观

通过短片引入新课，最后再回归视频欣赏，加强励志教育，培养学生奋发向上、认真学习的态度。通过学生的操作活动和欣赏生活中的轴对称图形，培养其空间观念和审美意识，体会轴对称在生活中的广泛应用，提高他们的学习兴趣。

教学重点：轴对称的性质。

教学难点：探索轴对称的性质。

教学方法：探究式教学为主，直观演示法、设疑诱导法为辅。

教学手段：多媒体等辅助手段。

·教学过程

1. 构建互动场，赏美激趣

师：中华民族是一个有着丰富民俗传统文化的民族，流传下来的很多传统文化都被评为国家的非物质文化遗产，其中剪纸艺术就是这样的民俗之一。下面请大家带着欣赏美的心情和眼光观看一段视频，领略我国剪纸这项民俗文化的博大精深和美轮美奂。

（播放视频，师生共同欣赏。）

师：同学们，神奇不神奇？美不美？

生：神奇，美！

师：大家觉得它的美美在哪里？剪纸的图案是大家所熟悉的什么图形？

生：轴对称图形。

师：对，美在它的轴对称。上节课我们学习了轴对称图形和两个图形成轴对称，本节课我们继续研究轴对称的相关知识，去了解轴对称的美是怎么产生的，以及人们是如何运用它的性质和特征去创造生活中的美的图案的。这也就是这节课我们要研究探索的轴对称的性质。

（教师板书课题。）

【设计意图】学生带着美的体验欣赏剪纸短片，感受轴对称创造出生活中美的图案，产生探究轴对称性质的欲望。

2. 合作探究，得出性质

师：请同学们拿出我们课前发的白纸、复写纸，同桌两个人合作，利用复写纸画出两个一模一样的三角形。

师：同学们，你们是怎样得到一模一样的三角形的呢？

生：将白纸对折，把复写纸放于中间，画出一个三角形，就能复印出另外一个。

师：请问这两个三角形是什么图形？

生：轴对称图形。

师：你能找出它们的对称轴吗？

生：折痕。

师：对，请用虚线画出对称轴，并命名为直线 MN，再给这两个三角形命名为 $\triangle ABC$ 和 $\triangle A_1B_1C_1$。在白纸上把字母标注出来。接下来，请你们找出成轴对称图形的这两个三角形的对应点、对应线段和对应角，并思考每一组对应线段和对应角分别有怎样的关系。请独立思考 2 分钟，一会儿我找同学说一下，并请说明你判断的理由。

（学生在作图的同时，教师把制作的学具也在黑板上展示出来。）

学生回答，教师和其他同学补充，最后师生统一认识：成轴对称的两个图形，对应线段相等、对应角相等。

（教师在黑板的学具上写出对应相等的线段和角，然后在黑板上板书：对应线段相等、对应角相等。）

【设计意图】此性质的探究过程让学生独立完成，并全班交流，达成共识，得出性质，锻炼学生的独立思考能力和语言表达能力。

师：同学们很棒！那么现在老师请同桌两个人合作完成如下操作：在你们的白纸上连接 A，A_1 两点，并且与对称轴交于点 O，同桌两人先独立观察、思考 1 分钟再交流、探索如下问题：

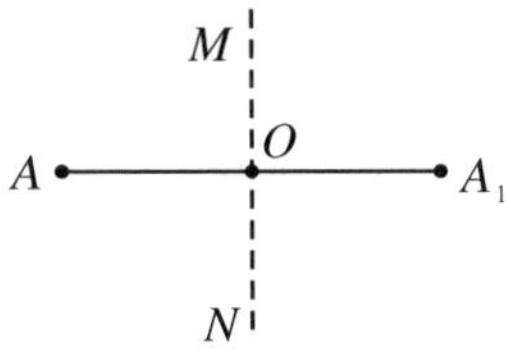

（1）图中有哪些相等的线段、相等的角？线段 AA_1 与对称轴 MN 有何关系？

（2）连接其他对应点呢？

（3）你们是如何得出和验证你们的结论的？

（同桌两个人合作探究的时候，教师巡视指导。）

师：请小组四个人一起分享你们发现的结论及得出结论和论证结论正确的过程。

师：我请一个小组上黑板前展示你们的结论，并跟全班同学分享你们的发现。

生：我们小组画的三角形的形状不一样，请大家看我们的展示图例，但是我们小组四个人一致认为不管在哪一组对称的三角形中，图中的线段 $OA=OA_1$，$\angle MOA=\angle MOA_1=\angle NOA=\angle NOA_1=90°$。我们小组是采用测量的方法得出结论的，而且我们组发现连接其他的对应点，也有如此发现。

师：嗯，很棒！请问其他组的成员有补充吗？你们得到的结论是否一样？

生：我们得到的结论是一样的，但是我们小组是用叠合法得到的，我们发现沿着对称轴折叠，点 A 和点 A_1 重合，OA 和 OA_1 重合，刚才说的 $\angle MOA$ 和 $\angle MOA_1$ 重合，因为 $\angle AOA_1$ 是平角，所以 $\angle MOA$ 和 $\angle MOA_1$ 都为 90°，同理，另外两个角也为 90°。

（教师在黑板的学具上写下 $OA=OA_1$，$\angle MOA=\angle MOA_1=\angle NOA=\angle NOA_1=$ 90°。）

师：很棒！你们小组是用成轴对称的两个图形的定义验证了自己的发现，大家是善于观察和思考的人。这两个小组的同学太厉害了，观察得很仔细，使用的方法也很符合大家的认知特征，总结得也很到位，值得表扬。

师：刚才大家探究的是三角形的对应点的连线与对称轴的关系，那么是不是成轴对称的两个图形，任意一组对应点都具有这样的特征呢？请同桌两人用手中的白纸和复写纸再次合作，探究是否任意的一组对应点仍然有这样的发现。

生：老师，我们两个人将纸对折，在三角形上任意点了一个点，发现它和它的对应点到对称轴的距离仍然相等，且连线与对称轴的夹角为90°。

生：老师，我们的发现也一样。

师：也就是说，大家发现了成轴对称的两个图形上的任意一组对应点都具备这样的特征。是不是这样呢？在这里，老师用几何画板画了两个成轴对称的三角形，大家来看一下我在改变三角形的形状和大小时，我找的任意一组对应点到对称轴的距离、对应点的连线和对称轴的夹角是不是和刚才同学的发现一致？请大家认真观察哦。

生：一致。

师：刚才同学们用测量法或叠合法得出了同样的结论，老师又用几何画板验证了大家的发现是正确的。那么大家能用一句话总结成轴对称的两个图形的对应点连线和对称轴有什么关系吗？开动你们的脑筋思考，并小组交流一下你们的想法吧。

生：对应点连成的线段被对称轴垂直且平分。

师：很准确，大家都注意到了关系分为两个方面：数量关系和位置关系。在这儿，平分是数量关系，即相等；垂直是位置关系。当然大家还要注意的是对应点的连线被对称轴垂直且平分。

师：也就是说，成轴对称的两个图形，每一组对应点的连线都被对称轴垂直且平分。由此我们得出了成轴对称的两个图形的性质：成轴对称的两个图形对应线段相等、对应角相等；对应点所连的线段被对称轴垂直且平分。（板书并出示PPT）

【设计意图】学生通过独立思考、独立解决问题的方式得出对应点、对应线段和对应角的性质。探究对应点的连线和对称轴的关系则采用了同桌对学、小组助学和群学的方式，先从特殊点的观察测量、直观想象猜测、简单推理开始，组织学生讨论，合作交流，发挥小组的作用，然后组织组间交流和展示，让学生充分展示他们的所思、所想，让学生成为学习的主人，充分发挥学生的智慧和作用，最后师生一起由现象到本质、由特殊到一般、由直观到验证，得出一般性结论，从而师生达成共识、突破难点，得出性质的同时提高学生分析问题和解决问题的能力，促进学生合作意识的培养，同时让学生体会从特殊到一般的数学思想和方法，培养学生数学核心素养中的数学交流能力、数学思考能力、直观想象能力和对数学的认识信念等方面的素养，培养学生的分析、综合、抽象和概括等能力。教师应注重对学生的评价的多维度体现，考虑到学生的技能、情意表现和参与程度等，关注过程性评价。

师：同学们，我们知道对称轴垂直平分对应点的连线，那么你能在学案上作出点 A 关于对称轴 MN 对称的对应点吗？请大家独立思考，并在学案中尝试完成。

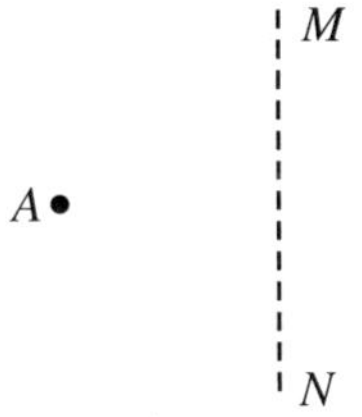

师：哪名同学展示一下你的作图过程？并描述出你的作图过程。

生：作 $AO\perp MN$，并延长 AO 到点 A_1，使 $OA_1=OA$，则点 A_1 就是点 A 的对称点。

师：大家思考他的作图依据是什么？

生：对应点连成的线段被对称轴垂直且平分。

师：对。我们借助这条结论作出了一个关于对称轴对称的点。作图步骤简记为：一垂直、二相等。（教师板书。）

师：同学们，刚才我们用复写纸作出了两个图形成轴对称，探索了它们的性质，如果我们把这两个三角形看成一个整体的话，那么我们可以认为黑板上的图形是轴对称图形，大家刚才的发现是否仍然存在呢？请大家独立思考。

师：请同学们独立完成下面的题目。

右图是老师设计的轴对称剪纸图案，请回答下列问题：

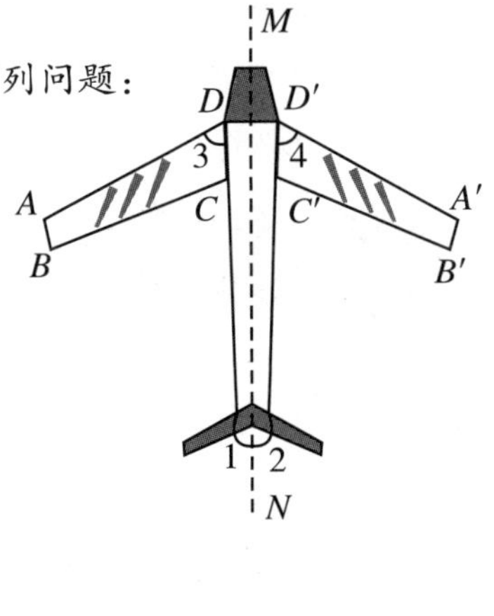

（1）它的对称轴是__________；

（2）连接 AA'，BB'，线段 AA' 与 MN 的关系是__________，线段 BB' 与 MN 的关系是__________；

（3）线段 AD____$A'D'$，线段 BC____$B'C'$；

（4）$\angle 1$____$\angle 2$，$\angle 3$____$\angle 4$。

学生回答问题，教师动画演示沿着对称轴折叠，左右两边能够重合，教师不断追问。

师：同学们回答得很好。那么大家看动画演示，思考并回答：对应线段相等、对应角相等了，对应点的连线是否仍然被对称轴垂直且平分呢？请独立连线并探索。

生：是的，仍然被对称轴垂直且平分。

师：同学们，经过我们的探索，无论是两个图形成轴对称还是轴对称图形，我们都得到了一些共同的结论，那么大家能不能总结出轴对称的性质呢？请同桌两人相互交流、补充，一会儿我找同学回答。

师生共同总结、概括出性质，教师在课件上总结并强调，学生齐读并加深记忆。

【设计意图】动画辅助，让学生充分、形象地感知无论是成对称轴的两个图形还是轴对称图形都具备相同的性质，同桌相互交流有利于对性质的记忆和理解。

3. 典型例题，应用性质

师：同学们，刚才我们作了一个点关于对称轴对称的点，如果我让大家作出一个三角形关于对称轴对称的三角形，你会吗？

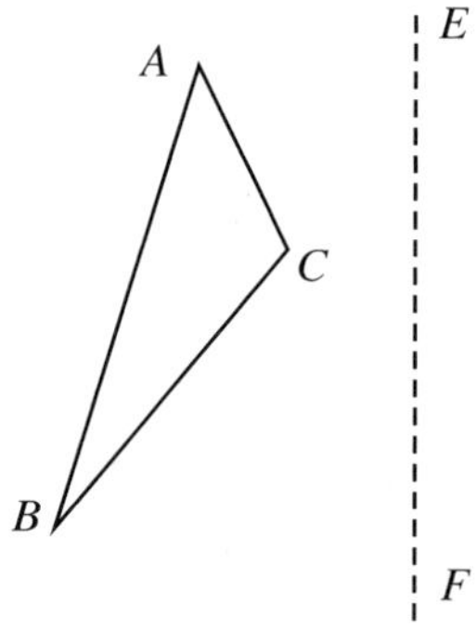

生：会。

师：如图，直线 EF 是对称轴，不用折叠、扎纸的方法，你能作出△ ABC 关于直线 EF 对称的轴对称图形吗？请同学们在学案中作图，并小组交流你们的作法，用简洁的语言总结出作图步骤。

教师投影学生的作图，让学生描述作图步骤，师生一起总结得出作图的步骤。

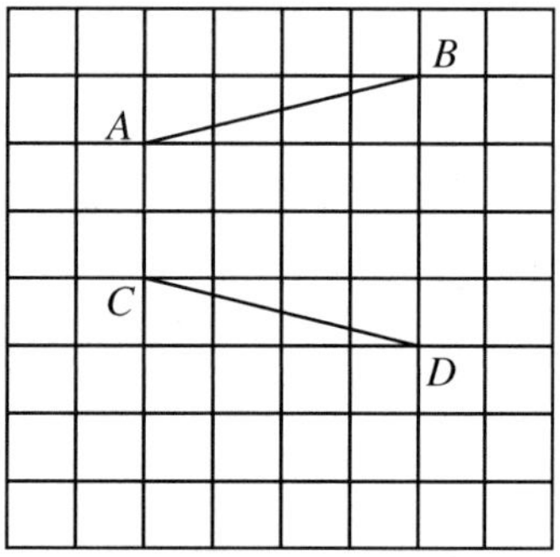

师：同学们，作已知图形的对称图形，用化形为点的思路，找关键点，作关键点的对称点，再顺次连接各关键点，采用“一找二画三连”的步骤，体现从一般到特殊，再从特殊到一般的数学思想和方法，同时体现了数学的化归思想。

师：同学们，已知图形和对称轴，你能作出它的轴对称图形吗？如上图所示的方格纸中，线段 AB 和线段 CD 关于直线 MN 对称，请你在图中画出直线

MN，你能画出来吗？请独立思考并回答。我找一名同学到黑板前指出对称轴。

师：你能说出你是如何找的吗？依据是什么？

生：因为对应点的连线被对称轴垂直且平分，所以我们只要找出对应点连线的垂直平分线就是对称轴。

师：对，回答得很正确。如果去掉方格纸，图中的对称轴你能作出来吗？独立思考，并在学案中尝试作图。

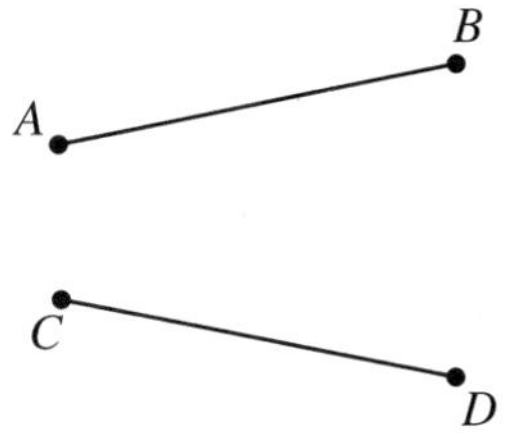

师：小组长组织组员分享你们的作图方法，看看你们的作图是否正确，用的方法是否正确。你们能总结出几种作图方法？一会儿我找小组同学展示。

生：我们小组有两种方法。一是分别连接线段 AC 和 BD，找出 AC 和 BD 的中点，过这两个中点作一条直线，则这条直线就是对称轴；二是找出线段 AC 的中点，然后过这一点作线段 AC 的垂线，则这条垂线就是 AB 和 CD 的对称轴。我们作图的依据是对应点的连线被对称轴垂直且平分。

师：很棒，其他小组还有补充吗？我有一个问题：为什么找两个中点所在的直线就是对称轴呢？

生：构造三角形，用三角形全等证明。

师：对，其实这两种作图方法都是根据对应点所连的线段被对称轴垂直平分的性质作图。我们可以把方法总结并简记为：找中点，连中点；找中点，做垂直。

【设计意图】通过作已知图形的对称图形和已知对称图形找对称轴的训练巩固学生对轴对称性质的理解，通过小组交流培养学生的合作意识和归纳总结能力。

4. 题组训练，巩固性质

师：通过刚才同学们的作图，我觉得大家对轴对称的性质有了一定的认识，那么老师这儿有几道题，我们做一下，看看自己是否能对性质进行灵活地应用。

（出示题组，学生独立解决，小组互通答案，组长汇报小组成员的掌握情况，师生统一认识。）

1. 若两个三角形关于直线 l 成轴对称，三角形的部分边长（单位：厘米）

和角的度数如图所示，则 a=________，b=________，c=________；∠1=________，∠2=________，∠3=________。

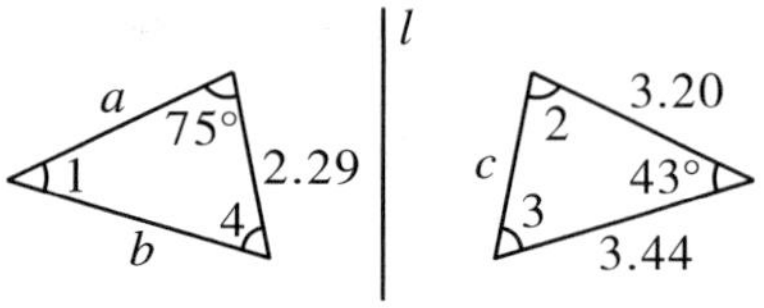

2. 如图，如果点 A 关于某直线对称的对应点为点 D，那么你能找出点 B 的对应点吗？

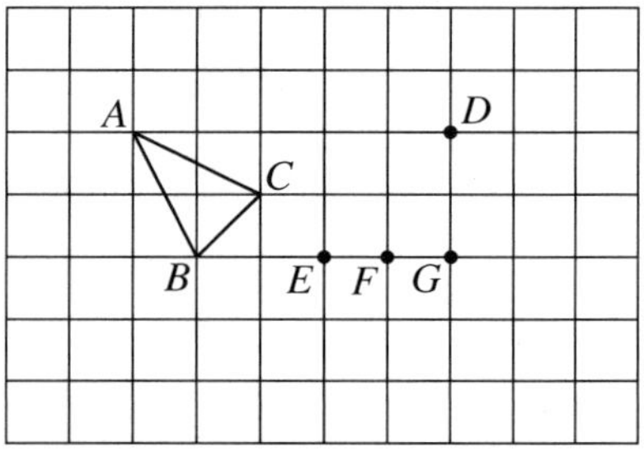

【设计意图】通过题组训练，巩固和检测学生对轴对称性质的理解；小组互通答案，加深小组异质的学生对知识的消化和强化理解，促进各个层次学生的整体提高。

·总结反思

师：同学们，通过本节课的学习，你有哪些收获？请和你的同桌互相分享一下吧。

师生共同从知识技能、作图方法和数学思想方法建构本节课所学知识。

【设计意图】建构学生对本节课所学知识的整体框架，总结升华，提升学生的能力。同桌对学习达到互通有无、相互补充和提醒的作用。

·拓展升华

师：同学们，这儿有这么一道题目，请大家根据题目要求作出图形，并思考你能得出哪些结论？请同学们先独立思考，然后和小组成员一起交流你的发现。

教师出示题目：如右图，在△ABC 中，∠C = 90°，∠A=30°，把△ABC 沿直线 DE 折叠，使点 A 与点 C 重合。直线 DE 交 AB 于点 D，交 AC 于点 E，连接 DC。请问你能得出哪些结论？

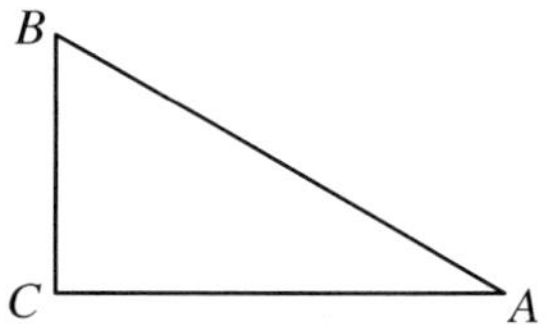

学生分享自己的发现，并和同学们进行交流展示。

【设计意图】让学生通过一个开放性的题目，进一步巩固本节课所学的知识，提高学生合作交流的能力和分析、解决问题的能力，发展学生的数学应用能力和解题能力等方面的素养，培养学生严谨的思维品格。

· 课后延伸

师：同学们，其实轴对称的性质除能创造生活中美的图案之外，还有很多的用途，如将军饮马模型也用到了轴对称的相关知识，我请一名同学读一下将军饮马模型背后的故事。

师：请同学们课后继续思考和探究，轴对称的性质在将军饮马模型中是如何渗透的？

【设计意图】拓展学生的思维，让学生感受轴对称性质在生活中的应用，让学生更加深刻地体会数学来源于生活，又服务于生活。

结语：

师：同学们，伽利略说了一句话："大自然是用数学语言写成的诗。"咱们知道大自然是美的，而大自然的美很多都渗透了数学的知识，可以用数学的知识解释，包括很多人文景观，比如这节课欣赏的剪纸，包括我们周围很多建筑物，我们都可以用数学知识来创造和解释。我们还可以用数学所学的知识来解决生活中的问题，因此，我希望大家在学习数学的过程中，能发现数学的美，欣赏数学的美，应用数学的美，进而创造数学的美。把这种美的文化渗透到我们的生活中，让我们的生活变得更加美好。

典型案例

合作交流出新知，思维碰撞现火花

——《孔乙己》教学设计

济南市高新区海川中学　/江世芳/

【课型】

新授课。

【课标分析】

1. 能较熟练地运用略读和浏览的方法，扩大阅读范围，扩展自己的视野。

2. 在通读课文的基础上，厘清思路，理解主要内容，体味和推敲重要词句在语言环境中的意义和作用。

3. 对课文的内容和表达有自己的心得，能提出自己的看法和疑问，并能运用合作的方式，共同探讨疑难问题。

4. 能够区分写实作品和虚构作品，了解诗歌、散文、小说、戏剧等文学样式。

5. 欣赏文学作品，能有自己的情感体验，初步领悟作品的内涵，从中获得对自然、社会、人生的有益启示；对作品的思想感情倾向，能联系文化背景提出自己的评价；对作品中感人的情境和形象，能说出自己的体验；品味作品中富于表现力的语言。

6. 课堂内外讨论问题，能积极发表自己的看法，有中心、有条理、有根据。能听出讨论的焦点，并有针对性地发表意见。

【教材分析】

课文《孔乙己》选自统编版语文九年级上册第 5 课。小说这一体裁在七年级、八年级略有接触，本课承接已有的知识，先复习、巩固所学知识，然后深入学习本文结构的安排和作品中环境描写的作用。《孔乙己》写于五四运动前夜，一方面，当时国内年年军阀混战，政治黑暗，劳动人民遭受着深重的灾难。在文化领域，虽然在 1905 年就废止了封建科举制度，但封建复古逆流仍很猖獗，封建教育仍是社会教育的核心内容，教育部 1916 年下令恢复中小学“读经科目”。另一方面，在十月革命的影响下，一场反帝反封建的革命风暴即将来临。作者清楚地看到，这是一场关系到中国文化教育走什么道路的大问题，是一场关系到培养什么样的青少年的大问题。为了拯救青年一代，不让他们再受封建科举制度的毒害，作者先后写下了《狂人日记》《孔乙己》《药》等小说，对黑暗的封建制度、吃人的科举制度展开了猛烈的批判，《孔乙己》是继《狂人日记》后的第二篇白话小说，是一篇反封建和封建科举制度的战斗檄文。

【学情分析】

学生在之前已具备阅读小说的基本能力，但深入分析语言文字背后的信息还比较困难，其表现之一就是不能将分散在文章中的信息提取，并整合起来，以至不能深入理解文章。需要教师适时引导学生进行小组合作讨论，深入研究，教师点拨提升，引导学生理解。

【学习目标】

1. 知道写作背景，会写课文字词，能够说出文章写作思路。

2. 通过小组讨论、合作探究、细读品味，把握孔乙己的形象，品味众人对孔乙己的态度。

3. 探究孔乙己的悲剧原因，体会作者对腐朽的封建科举制度及病态社会的批判。

【教学重点、难点】

1. 小组合作探究分析孔乙己这一人物形象，学习小说多角度鲜明、生动刻画人物的写法。

2. 了解作者对腐朽的封建科举制度及病态社会的批判，感念社会的进步，培养学生悲天悯人的情怀。

【教学方法】

1. 诵读法。2. 自主学习法。3. 小组合作探究法。

【教学媒体】

多媒体课件、Pad、微课视频。

【课时安排】

1 课时。

【教学过程】

一、自主学习（晚上推送微课）

微课视频：认识作者，了解背景，读准字词。

【设计意图】基础知识重点讲解，打牢字词基础；了解课文的写作背景，帮助学生理解课文主题。

学生独立完成课前导学案，并在晚自习最后的 5~10 分钟合作讨论疑难，汇总小组的困惑问题。

二、名家点评，导入新课

鲁迅的小说中，哪一篇最好？学生讨论，教师提供鲁迅本人意见：鲁迅先生有一位好朋友孙伏园，他也向鲁迅提过这个问题。鲁迅回答他最喜欢《孔乙己》。

巴金先生曾热情地赞叹说："《孔乙己》写得多好啊！"

还有一位作家也说，孔乙己是一个最完美的艺术典型。

今天，我们就一起走进文本、走近咸亨酒店，走进孔乙己。（板书课题）

三、课前检测（Pad 推送）

【设计意图】检测内容为前一天晚上的字词、文体等基础知识，诊断学生的掌握情况。

四、学案反馈

1. 优秀学案和问题学案对比，给学生提供具体的参考学案。

2. 优秀学案名单：有书写优秀、答题规范、进步的同学。

3. 学案反馈的问题，即学生的困惑。

4. 出示课堂学习目标。

【设计意图】通过分析学生的学案，规范学生书写和答题，并能通过分析问题找到学生的困惑和疑难点，从而确定本节课的学习目标。

五、学习活动

1. 通读课文，初识孔乙己——你眼中的孔乙己

师：从孔乙己的几次出场中，你看到一个怎样的孔乙己？同学们一起来说说。

生 1：“孔乙己是站着喝酒而穿长衫的唯一的人。”我认为这句话揭示了孔乙己的社会地位。“站着喝酒”表明孔乙己生活贫困，经济地位和社会地位都和“短衣帮”一样。“穿长衫”含蓄地说明他硬摆“读书人”的架子，思想上羡慕上层阶级，轻视劳动人民，不愿与“短衣帮”为伍。“唯一的”说明他和酒店里的上层人和下层人都有距离，身份特殊。预示着他悲剧命运的必然发生。

师：这是孔乙己的特殊地位。文章中还有没有别的地方刻画孔乙己的？

生：老师，有关于孔乙己的外貌描写：

第一次出场：写他“身材很高大”，说明他尚有劳动能力；“青白脸色”说明他穷困潦倒、营养不良又不肯劳动的结果；脸上“时常夹些伤痕”，是他穷困而偶然偷窃被人打伤的标志，也是他走向没落的重要标志。“一部乱蓬蓬的花白的胡子”既表明他年龄较大而又精神委顿颓唐。他那件长衫“又脏又破，似乎十多年没有补，也没有洗”，说明他穷酸潦倒的经济状况和懒得出奇的性格特征。

师：这名同学找得非常细致，这是外貌描写，还有其他关于孔乙己的描写吗？

生：语言神态描写：

①“他对人说话，总是满口之乎者也，教人半懂不懂的”说明他以读书人自居，卖弄学问、迂腐可笑的性格。

②“孔乙己睁大眼睛说：‘你怎么这样凭空污人清白……’”说明他死要面子，怕人嘲笑。

③“孔乙己便涨红了脸，额上的青筋条条绽出，争辩道：‘窃书不能算偷……窃书！……读书人的事，能算偷么？’”说明他自命清高、迂腐不堪、自欺欺人、死要面子的性格。

④“孔乙己看着问他的人，显出不屑置辩的神气”说明孔乙己自命清高。

⑤“孔乙己立刻显出颓唐不安模样，脸上笼上了一层灰色，嘴里说些话；这回可是全是之乎者也之类，一些不懂了”说明孔乙己深受封建科举制度毒害，至死不悟。

生：动作描写：

①“便排出九文大钱”既表现他拮据而穷酸的本相，又对酒店卖弄分文不少，自己是规矩人，并对“短衣帮”的耻笑表现出若无其事。这一“排”的动作恰如其分地显示了他的心理。

②“他从破衣袋里摸出四文大钱，放在我手里”说明他穷困潦倒到极点，“摸”字表明了他悲惨的境地。

师：同学们好像找到的都是关于孔乙己的负面特点，孔乙己就一无是处了吗？同学们有没有新的发现？

生：孔乙己是一个本性善良的人。比如，他到酒店喝酒从不拖欠酒钱；没事的时候，诚恳地教小伙计写字；邻居家孩子围住他时，他不是把他们赶走，而是给孩子们分茴香豆吃。这些都表现了孔乙己本性善良、性情温和的一面。

师（点拨提升）：穷困潦倒却又好喝懒做、迂腐可笑；地位低下、追求功名却又科举失败；自命清高、死爱面子却又偶有偷窃；受尽摧残却又麻木、至死不悟；同时，他也有诚实、善良的一面。

刻画人物形象的方法：外貌、语言、神态、动作、心理及侧面描写，对比。

【设计意图】通过细节分析找出孔乙己的人物形象，点拨提升让学生知道孔乙己是一个既有缺点又有优点的立体形象，并能巩固人物形象刻画的方法技巧。

2. 咂摸带笑的泪——别人眼中的孔乙己

师：同学们，我们眼中的孔乙己是这样的，那么咸亨酒店里的人眼中的孔乙己又是怎样的呢？

生：文中有一句话写出了孔乙己在众人心中的地位：“孔乙己是这样的使人快活。”

师：为什么大家觉得孔乙己“是这样的使人快活”？请在小说中找出相关

描写，分析众人是如何对待孔乙己的？下面请同学们小组合作讨论探究一下这个问题。

讨论的具体要求：

（1）讨论时间5分钟，组长做好组内分工：有朗读，有解析，有简洁书写，也可以分角色朗读、扮演。

（2）每小组可以展示一个片段。

（3）注意用语规范，最后以“请问哪名同学还有补充”结束。

（4）其他同学有不同意见可以随时补充。

小组合作展示：

小组1展示：组内成员分角色扮演众人和孔乙己，分析孔乙己第一次出场，酒客揭短，取笑孔乙己偷东西的情节，小组成员分别模仿孔乙己的着急、迂腐可笑的表情和动作，以及众人的故意刁难，看他出丑。

生：通过以上的扮演和分析，我们小组认为众人就是拿孔乙己来取笑、揭人家的短作为自己的“笑料”。

师：所以说，孔乙己“是这样的使人快活”。

小组2展示：组内成员分角色扮演，分析众人嘲笑孔乙己没有进学。

生：我们小组觉得这里的众人非常残忍，明明知道孔乙己已经很大年纪了仍然没有考中，肯定很痛苦，可是众人还是故意取笑他，等于是揭他精神的“伤疤”。

生：我们认为“颓唐不安”和“脸上笼上了一层灰色”很值得品析，孔乙己越“颓唐不安”，众人越高兴，他们越“快活”。

其他学生：两组成员，你们好，我有一个想法想补充。大家有没有觉得这一幕很熟悉？像不像“猫捉老鼠”？猫把老鼠捉到之后并不是直接吃掉它，而是先玩弄一会，老鼠越挣扎，猫玩得越欢乐。

生（小组成员）：是的，是的。感谢这名同学的补充。

师：所以说大家觉得众人是怎样的？

生：冷漠的、残忍的！

师：好，感谢两组成员，也感谢刚才这名同学的补充，非常独到的见解。

小组3展示：组内成员分角色扮演孔乙己最后一次出场，其中一名学生坐在地上模仿孔乙己的动作，用手坐着走，模仿孔乙己的声音。

生：我们小组认为孔乙己最后一次出场是比较惨的，可是大家仍然拿他的断腿取笑他，甚至孔乙己都已经带有恳求众人不要说的意思了，众人还是追问他，就很不近人情，甚至是十分残忍了。

生：所以我们小组觉得众人是冷酷无情的。

师：课文写到了孔乙己退场的时候众人的反应：“不一会，他喝完酒，便又在旁人的说笑声中，坐着用这手慢慢走去了。”大家读出了什么？

生：众人的冷酷无情。

师：他们意识不到自己与孔乙己同处于社会底层，麻木不仁，自私冷酷，对孔乙己这样一个不幸者不但没有同情与帮助，相反只知哄笑取乐，在劳累而苦闷的生涯中寻求片刻的快乐。

鲁迅在《暴君的臣民》中说：“（暴君的臣民）只愿暴政暴在他人的头上，他却看着高兴，拿‘残酷’做娱乐，拿‘他人的苦’做赏玩，做慰安。自己的本领只是‘幸免’。”

师：这是孔乙己最后一次出现，之后他就消失在人们的视野中了，那么人们最后想起他，是因为什么呢？

生：“孔乙己还欠十九个钱呢！”

师：是啊！一个人已经很久没有出现了，大家想到他时，只是想到了“十九个钱”！

师：孔乙己的结局如何呢？课文有没有说？

生：“大约孔乙己的确死了。”

师：“大约”和“的确”是否矛盾？各小组快速地讨论一下。

生：我们小组讨论后认为的确是因为孔乙己在封建的社会背景下，他的身份和地位肯定会被社会淘汰与淹没，他不劳动，无法养活自己，而且还被打断了腿，肯定会死。而大约是说作者也不确定。

师：对，不确定说明了什么？孔乙己在社会上毫无地位，根本没人关心，即使是死了也没人真正知道，所以鲁迅说大约。正应了文中的一句话！哪句话呢？

生：“孔乙己是这样的使人快活，可是没有他，别人也便这么过。”

师：太可怜了！

【设计意图】通过分析文章的“笑”，让学生挖掘文本中众人对孔乙己的态度，从而体会当时的病态社会，体会鲁迅笔下的世态炎凉。

3. 鲁迅眼中的孔乙己

孔乙己是一个遭社会凉薄的苦人。

在中国，尤其是在都市里，倘使路上有暴病倒地，或翻车摔伤的人，路人围观或甚至于高兴的人尽有，肯伸手扶助一下的人却是极少的。

——鲁迅《南腔北调集·经验》

群众——尤其是中国的——永远是戏剧的看客。

——鲁迅《娜拉走后怎样》

【设计意图】通过分析鲁迅先生其他文学作品中的观点，来引导学生了解鲁迅先生是想通过孔乙己这样一个人物反映当时社会的“看客”现象，从而批判那个年代的“国民劣根性”。

点拨提升：

造成孔乙己悲惨结局的根源是什么？

生 1：毒害读书人的腐朽的封建科举制度。

生 2：当时淡薄、冷酷的人与人之间的关系。

生 3：自身的好喝懒做，没有谋生的本领，思想上又麻木与虚荣。

【设计意图】通过分析文章的结尾句，纵观全文理解这句话传达出的文章主题。

4. 整体建构（你来补充）

下面是一名同学的整体建构，请大家根据你对这节课的认识和理解进行适当补充。

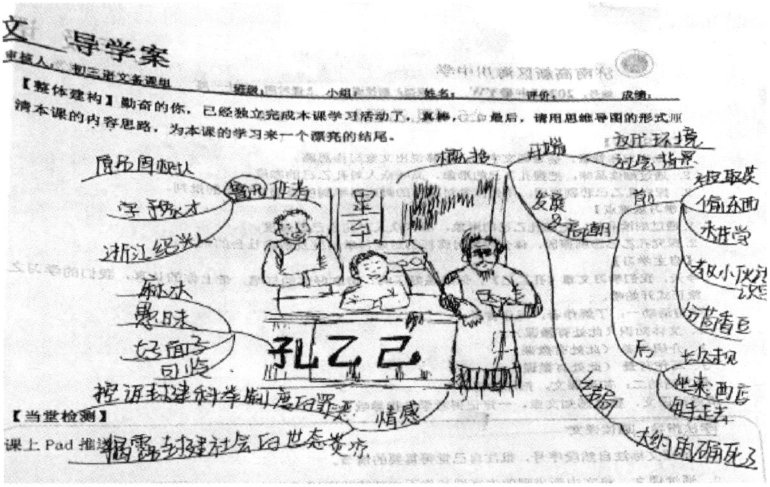

【设计意图】整体建构的过程可以让学生梳理课堂所学的知识，让知识体系更清晰，这样掌握就更容易一些。

六、当堂检测

师：请给这篇课文的标题另外加上一个副标题，表达你对这篇课文的理解，或对孔乙己的认识，也可以是对课文的独特思考。

生 1：一个遭社会凉薄的苦人。

生 2：一个人和一个社会。

【设计意图】这个检测的设置是诊断学生对课文主旨的真正理解，只有理解了文本，才能拟好副标题，可以考查学生对这节课的收获。

七、本课小结

我们通过《孔乙己》回眸 20 世纪初中国那充满冷漠、麻木的病态社会，进而感叹已经迈进新世纪的社会主义现代化中国。今日之中国，无处不彰显着人性关怀和温暖！

课文学完了，但是思考远远没有结束，希望少年的你们用自己的行动为那些底层的或处于困境的人们送去温暖和关怀！用自己的诚与爱支撑起强大的中国！

【设计意图】既回顾本节课的内容，又联系当今中国，对学生起到思想教育的功能。

八、教学反思

1. 自主学习探困惑

学生前一天的晚上会完成老师制作的关于本节课的导学案，学生预习新课后独立完成，并在晚自习的最后 5~10 分钟小组讨论，解决疑难，不能解决的问题，提交“小组困惑单”，由科代表汇总给老师。

2. 二次备课定目标

根据学生汇总的困惑和学生学案中反映出来的问题，驱动教师重新调整本节课的学习目标，从而有的放矢。通过批阅学生的问题，了解到学生已经基本掌握本节课的情节，而对孔乙己的人物形象把握不够立体，对众人对孔乙己的“笑”的理解不够深刻。因此，本节课的学习目标就围绕着“孔乙己的人物形象”“众人对待孔乙己的态度”进而“探究孔乙己悲剧的原因”展开。

3. 合作交流出新知

课堂上教师就本节课的学习重难点引导合作小组就相关问题进行限时的合

作交流，明确相应的要求，语文小组长进行组内的分工，组内成员全员参与，优生引导后进生，并传授思考的思路和分析的方法，而在讨论过程中教师注意巡回指导，讨论完毕后小组上台展示本组的谈论结果。

4. 思维碰撞现火花

学生是学习的主体，具有自主性、能动性。小组合作展示的环节，学生自己主持，进行相关问题的分析和讲解，其他台下的学生可以就台上小组的分享展示进行质疑和补充，产生思维的碰撞，拓展知识广度。学生在展示过程中生成了很多新的资源，比如说学生对于孔乙己和众人神态、语气、动作的演绎，展示了他们独特的人物形象和特点。当一个小组汇报完之后，台下就会有其他学生补充、要求进一步说明的声音，学生之间通过互动产生思维的碰撞，进而碰撞出火花，学生就能在课堂上弄清所学内容。在这个过程中，教师始终扮演着“导”的角色，而充分发挥学生的主体性，让学生尽情展示自己对课文的理解。但是值得注意的是，合作探究展示之后，教师要发挥主导作用，更正、补充与点拨提升相关的知识点。

5. 落实学习小组评价机制

落实学习小组评价机制，制定加减考核标准。评价包括“小组讨论”“小组合作展示”“补充质疑”“小组板书”等板块，课后汇总，进行相应的表彰。学生小组上台展示过程中，教师要善于用丰富的语言评价他们的展示，并能根据评价机制给各小组打分。

典型案例

导学用大课堂中合作学习的应用

——人教版英语七年级下册 Unit 4 听说课合作式教学案例

济南市高新区海川中学 /梁华萍/

合作学习（cooperative learning）是指学生依不同性别或能力，混合组成若干小组（每组 2~6 人），小组成员分工合作，相互扶持，彼此指导，共同努力学会教师每节课安排的内容，并达到预期的学习目标，有明确责任分工的互助性学习，是以异质小组为基本形式，以小组集体成绩为评价依据的教学策略体系。

听说课是初中英语教学活动的一种重要课型，在济南市所采用的人教版教材中听说课占两个课时，充分提高听说课的课堂时效，不仅可以调动初中生的英语学习兴趣，更是打好英语基础、落实英语学科核心素养的重中之重。

结合我校“导学用大课堂”的教学模式，保证以师生、生生合作学习的方式展开英语听说课教学，现将以人教版英语七年级下册第四单元的 Section A 为例，对听说课的具体流程（包括导、学、用三个方面）进行探索。本节课为七年级英语下册的课文，Section A 部分主要讲述学生日常行为规范，难度不大，与学生日常生活联系较大，容易培养学生的兴趣。同时，课文中对学校规范的要求也是很好的德育教育素材，比较适合七年级下册年龄段的学生。

一、导入

1. 猜字谜游戏：Nothing will be achieved without rules（无规矩不成方圆）。

2. 邵老师语录：小组讨论说说邵老师对我们有哪些要求和制度。

【设计意图】猜字谜游戏涉及规则，可引发学生积极思考，打开思路。PPT 中给出两个不同的圆，强调规则的重要性，渗透情感教育。邵老师语录与学生的生活息息相关，容易激发学生兴趣，让学生小组讨论可进一步练习句型，讨论完之后学生自由表达，活跃课堂气氛。

二、自学成果展示

教师展示图片，让学生观察图中的学生违反了哪些规章制度，我们应该给予他们什么意见呢?

【设计意图】通过学生的自主预习，已初步掌握 1a 部分，但预习时无法进行口头练习。此环节比较适用于听说课，可以让学生再次加深练习，开口说出相应的规章制度，是做导学案时所达不到的效果。

三、听说练习，点拨提升

1. 练习一

（1）将课本 1b 加深难度，改编成挖空练习，通过 Pad 推送给学生，让学生现场完成，对重点句进行模仿朗读。

A：Hey, Peter.You know the ________. Don’t ________ in the ________.

B：Sorry, Ms. Clark.

C：Amy, don’t ________ in the classroom. You must eat in the ________.

D：Oh, sorry, Mr. Smith.

C：Hey, Mike, don't ________ ________ music in ________, Mike!

E：He can't ________ you, Mr. Smith.

（2）学生结合导学案分别总结句型并分享。

A：What are the rules？

B：We can't…/ Don't…

（3）运用句型进行口语对话，实现同桌对学。

2. 练习二

（1）将课本 2a、2b 加深难度，改编成回答问题，通过 Pad 推送给学生，让学生现场完成，对重点句进行模仿朗读。

① Where can we listen to music？

② Where can we eat？

③ Can we wear a hat in class？

④ What makes the teacher very unhappy？

（2）学生结合导学案分别总结句型并分享。

A：Can we listen to music, Alex？

B：We can't listen to music in the hallways, but we can listen to it outside.

（3）运用句型进行口语对话，实现同桌对学。

【设计意图】学生自主预习时已完成课本 2a、2b 部分，此环节在预习的基础上加大难度，设置成挖空练习或提问的形式，可以加强学生的单词书写能力，以及用英文组织语言回答问题的能力，培养学生的英文思维。听完即总结并练习，实现听说结合，学生可以通过师生、生生合作对话，快速掌握相应的祈使句句型。

四、小组合作生成

1. 听一遍 2d 录音，学生小声跟读。

2. 男、女生分角色朗读 John 和 Alice 的对话。

3. 以小组为单位，改编 2d 对话，生成新的对话，形式可多样化。

【设计意图】通过听读可帮助学生初步感知文章内容，纠正发音；男、女生分角色朗读，让学生有代入感，进一步培养学习兴趣；同桌合作升级为小组合作，融合本单元所学内容，生成新的对话，让学生的思维发酵，呈现精彩的对话。

五、整体建构、情感升华

1. 小组讨论后系统梳理本单元所学知识。

2. 分享两句名言警句：

（1）No rules, no freedom. 无规矩，不自由。

（2）Every brave man is a man of his behaviors. 勇敢的人都是信守规范的人。

【设计意图】梳理本单元所学知识可以实现对学生知识体系的梳理，小组讨论可以互相补充彼此的不足之处。就本单元所学的学校规章制度对学生分别进行知识和情感、态度与价值观的渗透，培养学生遵守各项规章制度以及有担当、有责任的精神。

六、当堂检测

让学生在Pad上快速完成本单元的练习，实时反馈。小组讨论基础题目之后，教师针对出错率较高的问题进行统一讲解。

【设计意图】帮助学生进一步强化、巩固本单元重点，及时发现问题，实时反馈。小组讨论解决基础题目，教师最后点拨。

【整理反思】用自我反思的形式梳理本节课的所得与不足，同时针对本节课仍然存在的困惑进行简单的小组合作讨论。

第六章

交互式教学

交互式教学理论创立于20世纪70年代的联邦德国。它视教学为一种交往过程，并指出了教学交往过程具有11条公理。他们得出了颇有启发性的结论：教师只有在与学生亲密而友好的接触中，才能对学生出色地进行有意识、有目的的影响。交互式教学理论强调教学的教育性，把“解放”作为学生学习的最高目标。

一、交互式教学的概念

交互（interactive）原本是一个计算机术语，指系统接收来自终端的输入，进行处理，并把结果返回到终端的过程，也即“人—机”对话。交互是计算机赖以工作的基础，没有交互，计算机便无法完成最基本的工作。交互性成了计算机区别于其他媒体的最基本特征之一。但是并非只有使用了计算机才可以实现交互。实际上，从传播学的角度看，交互是传者与受者双方的信息交流，因而在各种形态的教学活动中都存在着交互。交互其实是教学活动的最基本特征之一。只是在不同的教学形态中，交互所呈现的方式和特征有较大的差别而已。

交互，即相互交流、相互学习、相互启发。上课前，让学生相互认识、熟悉是交互，课堂上提出一些问题让学生进行讨论探究也是交互。实际上，许多成功的教学方法，如案例法、研讨法、情境模拟法等都贯穿了交互式教学的指导思想。

交互式教学（reciprocal teaching）是一种以支架式教学（scaffolding）思想为基础，以师生对话为背景构建的互动教学方式。它是在帕林萨（Palincsar）的交互式阅读教学模式基础上发展的。根据帕林萨的定义，交互式阅读教学是师生之间以对话形式开展的教学活动，旨在帮助学生理解文章的意义。对话包括了四种教学策略，分别是总结大意、提出问题、澄清、预言。师生轮流担当教师的角色，来引领对话的进行。

若以信息传播理论来诠释长期统治着课堂的传统教学模式，则可以大致描述如下："以教师（知识的传授者、灌输者）为中心，以言语和板书（教学媒体）为手段，向学生（外界刺激的被动接受者）灌输式地传授知识（教材规定的内容）；学生则只能统一、单向、被动地接受教师灌输的知识。"将这种模式与大众传播模式进行类比，可称为广播式教学。它建立于工业化初期，是班级授课制度的教学保障，与人类社会"第二媒体"——"广播电台"的传播特性基本相似。在课堂上，教师充当的正是"电台"或"广播员"的职能，全班学生则必须"调谐"到统一的"频率"，被动地收听同样的广而告之的"节目"，然后转化为记忆。然而，在进入信息社会的今天，持续了多年的广播式课堂教学模式，由于它与时代要求、科技进步脱节，已遭到越来越严厉的指责。为迎接知识经济时代的挑战，课堂教学模式必须从以教师为中心的"广播式"向以学生为中心的"交互式"方向转换。这种转换还需要包括从线性的记忆学习转换到非线性的发现、探索和建构；从一体通用的标准化"生产"转换为量身定做的个性化教学；从教师单向灌输转换为交互性和协作式学习；从学生被动接受转换为主动的角色扮演；从痛苦乏味的学习过程转换为愉悦、有趣的人生经历。

李芒认为："交互式教学的方法，即先由教师提供示范指导，逐渐从指导变为帮助与促进，然后学生自己调整学习过程的方法。"

赵敏娜指出："交互式教学模型是一种以支架式教学（scaffolding）思想为基础，以师生对话为背景构建的互动教学方式。""交互式教学的目的是构建一个互相尊重、信任和平等的学习氛围，通过对话和倾听实现师生之间和学生之间的双向沟通，在合作学习中加深对新概念的理解。"

杨光东认为："交互式教学方法是在创设教学情境的前提下，在教学平台上，教师的教与学生的学围绕某一个问题或课题进行平等交流和自主互动的一种教学方法。”

综上所述，在中国当前的教学研究中，对交互式教学尚未形成一个统一的认识，需要进一步深入研究。当然，可以看出无论怎么定义，对“交互”两个字的强调是非常重要的，而同时也决定了交互式教学作为一种强调社会、交流的建构主义观点的教学思想在教学具体形式上的多样性。

典型案例

参与编程，感受 Scratch 的乐趣

——粤教版小学信息技术第三册《猫抓老鼠》教学案例分析

深圳市光明区爱华小学　/聂佳琦/

·案例背景

2019 年教育部工作要点指出，将启动中小学生信息素养测评，着重强调推动在中小学阶段设置人工智能相关课程，逐步推广编程教育。随着人工智能在中小学课程中的推进，选择适合学生的学习方式也成了中小学教学研究的重点。参与式学习不仅可以通过创设直观情境、问题情境、身体语言情境等多种情境让学生参与其中，而且可以让学生自主学习，在教师的指引下，充分的自主学习有利于推动中小学学生更好地学习人工智能。

·使用教材

粤教版小学信息技术第三册第 6 课《猫抓老鼠》。

·课前准备

将全班学生分为 4 个小组，小组自行选择组长、副组长，并采取小组竞赛的形式，促进每名学生参与学习。

·教学实录

多媒体展示猫抓老鼠的动画。

教师提出问题，导入《猫抓老鼠》这一课。然后展示这节课完整的作品，

提出问题：如何设计“猫抓老鼠”这个游戏？如何设计游戏规则？

学生观看视频，动脑思考：如何设计“猫抓老鼠”的规则，以小组为单位思考这节课的学习目标和思路。

教师提出挑战任务情境一：设计 Tom 猫脚本。

学生以小组为单位，根据教材与小组讨论，自行探讨设计 Tom 猫的相关脚本，总结设计过程中出现的问题。

教师演示如何正确设计、制作 Tom 猫的脚本，并介绍本节课的知识点“如果……那么……”模块，之后与学生探讨制作过程中出现的问题。（引导学生以小组的形式，通过自我设计与探索，主动参与教学活动。）

教师提出挑战任务情境二：如何按要求设计 Jerry 老鼠脚本。

学生以小组为单位，根据教材与小组讨论，自行探讨设计 Tom 猫的相关脚本，总结设计过程中出现的问题。

教师演示如何正确设计、制作 Jerry 老鼠的脚本，并介绍本节课的知识点“随机函数”模块，之后与学生探讨制作过程中出现的问题，并鼓励学生合作、解决制作的问题。

教师引导学生回答课前的问题，即如何设计“猫抓老鼠”这个游戏？如何设计游戏规则？

学生以小组竞赛的形式，组员之间讨论，自我总结，逐步完善本游戏的规则。

师：现在游戏中有一只老鼠、一只猫，如何设计让很多猫在抓很多老鼠呢？（教师抛出有意思的问题，学生展开讨论与探索。）

学生以小组竞赛形式展开讨论与探索，自我展示作品。

教师评出优秀的小组作品，并与学生一起总结本节课的知识点。

·教学启示

本案例通过创设问题情境、任务情境和主观情境，采取小组协作的方式，充分调动学生的学习积极性，将其融入《猫抓老鼠》的教学活动的设计思路与目标、组织与实施、问题的交流、配合教学活动的评价反思等各个环节，不仅有利于激发学生的学习兴趣，而且能让学生感受到学习的主人翁意识，全身心地参与到自我的学习中去。此外，通过小组竞赛的形式，能以点带面，学生带动学生，促使学生更好地融入教学的整个过程中，真正参与编程，情境学习，感受 Scratch 的乐趣。

二、交互式教学课堂设计模式

（一）设计目的

以全体学生的共同发展、全面发展为本，为学生实现可持续性成就学业打好基础。既强调知识的学习，又强调能力的发展。不仅使学生的知识增加、能力提高，而且使学生的非智力品质，如关心、帮助、理解他人的品质也得到发展。交互式教学是一种极具开发性的学习方式。它尽可能地为学生提供探索性实践任务，使学生具有探索性活动的广阔时空。引导、激励学生的探索欲望，使学生的心理经常处于一种追求创新的状态。交互式教学要求师与师、师与生、生与生平等交流，教与学平等合作，共同创新。这种交流、合作、创新从根本上改变了以教师为主导与中心的地位，要打破传统模式，建立一种民主型的师生关系：交流、合作、创新。此外，各种教学要素要配置得合理、恰当，达到和谐状态。

（二）交互式教学过程模式图

交互式教学有多种不同的模式，这里仅举其中一例，教师们在实际操作中，可以根据学生情况灵活掌握，详见下图。

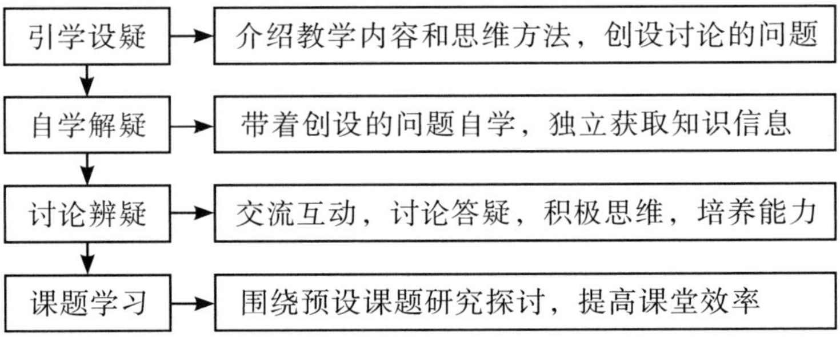

交互式教学过程模式图

典型案例

交互，让学生写作思维“动”起来

——《那次玩得真高兴》教学案例

深圳市光明区爱华小学　/吴娜玲/

·教材分析

语文学科知识来源于生活，是实践性比较强的学科。运用交互式教学指导语文习作课堂，能遵循学生主体的参与意识，突出学生主体的主动性，较好地提升小学语文习作教学质量。

在交互式教学新理念的指引下，我结合三年级学生的学习特点、心理特征，针对《那次玩得真高兴》习作教学进行以下设计，以期和大家探讨。

1. 直观情境导入，调动学生交流兴趣

此环节利用现代教育媒体，出示学生玩耍照片，创设“重返六一儿童节”的直观情境，勾起学生记忆与旧知，从而达到回顾真实语境，写真人真事，抒发真情实感的课堂效果。用“人物＋地点＋事情”的语言形式，使学生回顾玩耍的情境，引导学生养成表达完整的好习惯。

2. 微视频定格，引导学生探究

本环节以回味无穷的微视频，有画面感的语言，直观且形象的照片唤醒、激活学生的想象力，引导学生在具体的教学情境中探究玩的动作有哪些，再亲自看一看、说一说、连一连。在声情并茂的朗读配音中，让学生感受视觉与听觉共同作用下语言文字的曼妙与精彩，并借助简单的词语支架，指导学生将事情的过程说完整。

3. 过程重现，注重学生交互的感受

在习作构思前，进行小组合作，把自己最喜欢玩的游戏“演一演”，以直观的实践操作和观察，让学生亲自参与玩游戏的过程。同时借助思维导图等辅助工具，记录玩的过程的关键词，从而为学生建立口语输出的支架，促使他们语言表达得更有条理。

4. 总结方法，师生参与清单制订

这一环节的设计主要让学生参与课堂，总结习作方法。放手给学生探讨——如何把“玩”写清楚，这个话题在清单的发现与落实中，多次关注习作支架的特点，从感性到理性，从学习理解到欣赏表达，言意兼得。在习作中抒发生活体验，进一步激发学生强烈的求知欲、探索欲、表现欲。

·教学片段

1. 集体回顾真情境，活化“好玩”思维（见下图）

师：同学们，你们都玩过哪些好玩的游戏呢？

生：坐过山车、捉迷藏、老鹰捉小鸡、下棋、碰碰车、跳房子……

师：走，现在老师带大家坐上穿越时光的机器，一起回到儿童节，看看那些我们玩过的游戏。（出示抢凳子、乒乓球过河、百套百中、小小高尔夫、运球能手游戏的照片。）

师：哇！这么丰富多彩的游戏，你最喜欢或印象最深刻的是哪个呢？在哪里玩了什么游戏？玩得如何？

交互式教学中幼儿游戏图

2. 交互式情境微定格，聚焦“好玩”场面

师：想回到游戏现场看一看吗？那就用你的火眼金睛观察，看看视频中小诗同学在“玩”什么？哪个动作让你觉得印象深刻？

学生边说，教师边进行归类，将过程（一开始—紧接着—最后）理顺。

参与活动1：小小解说家

师：看来同学们都是爱思考的孩子。可是，大家发现没有，刚刚这段视频少了声音，我们需要一位小小解说家来补充声音。谁能挑战将小诗同学“玩”

的动作连一连，对视频进行解说？

同桌交流，再自由汇报（见下图）。

同桌交流：

试着将“玩”的动作连一连，并说清楚。

交互式教学中同桌交流图

3. 参与过程细描写，再构“好玩”文架

参与活动 2：小小表演家

师：哇！小诗同学玩得那么开心，你肯定也玩得兴高采烈吧！请你在小组内将自己玩得最开心的游戏演一演，其他成员仔细观察“玩”的动作有哪些。

学生分小组合作。

参与活动 3：小小记录家

师：接下来，请你拿出“记录纸”，在思维导图上写下你玩游戏的过程。

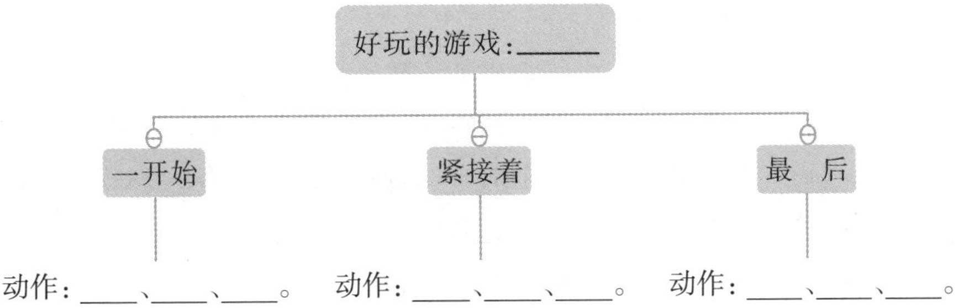

小小记录家记录样图

4. 参与习作好方法，书写“好玩”游戏

师：同学们，如何把“玩”写清楚，你现在有想法了吗？

生：我们可以将玩的过程分一分，分为“一开始—紧接着—最后”来写。

生：将玩的动作连一连，写清楚过程。

生：加上玩的心情，表达开心的心情。

师（总结）：请看，将玩的过程分一分，让你更清楚；将玩的动作连一连，过程更完整；将玩的心情加一加，高兴指数才能升起来。

师：事不宜迟，让我们拿起手中的笔，写下你自己的文章吧。

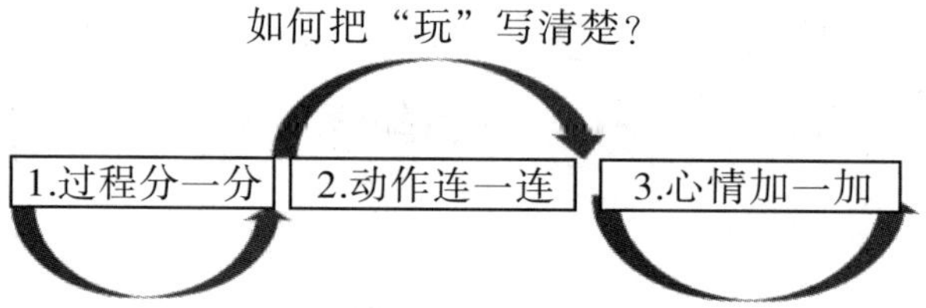

交互式教学中“玩”的原理图

·课例分析

1. 让学生成为教学活动的主体

交互式教学强调学生学习的亲历性、参与性、全员性与合作性，而教师是教学活动的策划者和组织者。因此，我在教学活动中组织学生参与多个活动，让学生“动”起来：用自己的眼睛去观察，用自己的思维去辨析，用自己的肢体去表达，用自己的语言去书写，切切实实让学生参与到语文实践活动中去，在学中用、在用中学。既增强学生对语文学科的兴趣，也帮助三年级学生客观消除对写作的畏难情绪。

2. 要关注学生学习的过程

活动中要关注讨论方法，因此，本节课我指导学生围绕活动目标，采取同桌交流、小组合作方法讨论“玩”的具体过程、写作方法等，对学生出现的共性问题及时指出、正确引导，对于个别出现的问题，引导学生讨论，在讨论中拓宽学生知识面，激发学生探索知识的积极性，使学生参与、合作的能力不断增强，让课堂充满活力，教与学取得较好的效果。

3. 需强调语文学习的整体性和实践性

作文教学要联系学生生活，重观察、重思考、重真情实感；淡化文体，强化体验，鼓励想象和幻想，鼓励有创意的表达。因此，作文教学要回归生活，让学生获得对客观事物的认识和感悟，产生写作行为。如此一来，本节课尤为注重学生的生活体验和经历，从课前学生关于儿童节游戏的亲身经历，再到课堂的 3 个活动——小小解说家、小小表演家、小小记录家，让学生从课内延伸到课外，真正参与写作的全过程，不仅调动学生的积极性和主动性，更鼓励学生互相合作、互相促进，最大限度地激发学生的写作兴趣。

（三）交互式教学的过程

1. 引学设疑

引学是指教师根据清晰的思路，采用讲授法向学生介绍本节课的教学内容。采用讲授法的优点是能够在较高的知识起点采用各种教学手段教授学生较多的知识信息，教学效率高。在交互式教学模式中，由于讲授的目的不仅仅是教授知识，更主要的是为学生的自学引路，因此，教师在讲授的过程中要突出知识的结构性，重视解决问题的思路和学习思维方法的介绍。

设疑是指教师在讲授过程中或在全部内容讲授完之后，创设一些通过学生自学和思考能够解答出的问题（或讨论题），以使学生自学时具有明确的目的性。所创设的讨论主题应具有明确的针对性，即通过对问题的解答使学生在掌握知识和训练能力方面达到一种既定的水平。

2. 自学解疑

自学解疑是指让学生带着教师创设的问题，在教师的指导下通过自学将问题逐一解答。这是一种让学生独立获取知识信息的活动，旨在培养学生的认识能力和自学能力。

3. 讨论辩疑

讨论辩疑即组织全体学生在教师的引导下对所准备的问题进行讨论。

以上三个步骤中的疑，即问题，是展开教学的一条主线，因而这种教学模式具有较强的针对性和目的性。

4. 课题学习

课题学习作为贯穿整个课程始终的另一个重要教学环节，对培养学生的综合素质起着至关重要的作用，也是学生比较关心、重视和较感兴趣的一项活动。这项活动一般在课程刚开始或稍后一段时间即可展开。

总之，教师在组织学生进行交互式教学时，要根据学生的实际情况，在教学活动中合理运用多样化的教学方法，在教师与学生之间以及学生与学生之间形成交流、互动的合作关系，使学生完成由“乐学”“好学”到“会学”“学会”的转变。

典型案例

基于交互式教学的 Scratch 编程课

——“Scratch 编程之大圣变变变”教学案例

深圳市光明区爱华小学　/王珊珊/

·案例背景

在 Scratch 编程课程的学习过程中，学生通过 Scratch 软件设计、创作、分享自己的交互式游戏、故事、动画、音乐和艺术等有趣的作品，充分发挥自己的想象力和创造力，发展自己的计算思维。在 Scratch 教学中，教师应当尊重学生的主体地位，发挥学生的主动性和能动性，鼓励学生在学习任务中勇于提出问题，并愿意尝试分析与解决。这对培养学生的计算思维具有重要的意义。

《国家中长期教育改革和发展规划纲要（2010—2020 年）》指出，要创新教育教学方法，注意学思结合，帮助学生学会学习，提高学生创新能力，培养拔尖创新人才。作为新时代教师，我们应当与时俱进，做交互式教学的倡导者、践行者和收获者。在 Scratch 编程的教学中，交互式教学极为重要，学生充分显示主体地位，教师对学生的交互行为进行启发、引导、调整、激励，学生积极、主动参与教学，做到寻求参与、尝试参与、探究参与到拓展升华，详见下图。

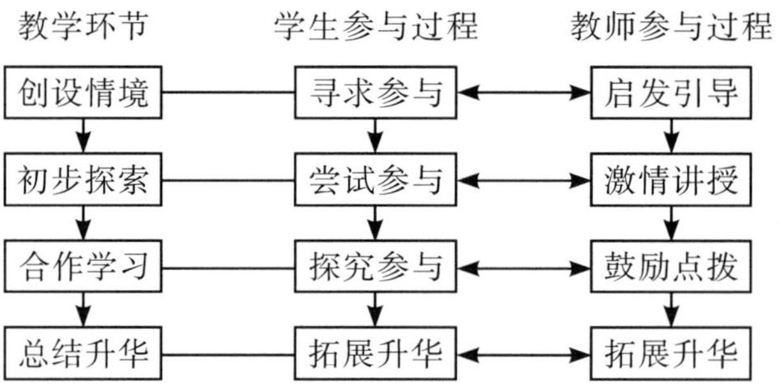

交互式教学方式示意图

• 教材信息

粤教版小学信息技术五年级《Scratch 编程之大圣变变变》。

• 教学实录

1. 视频导入，创设情境

（播放视频《孙悟空七十二变》。）

师：同学们，刚才我们看的是一部电影的一个小片段，这部电影的主角是谁呢？

生：孙大圣。

师：孙大圣最厉害的本领是什么呀？

生：七十二变。

师：同学们，Scratch 里也有一只猴子！今天我们要用神奇的魔法赋予这只猴子七十二变！

生：哇，好厉害。我想学习这种魔法。

（播放 PPT：七十二变法术。）

师：孙大圣的本领非常多，有变大变小术、变色术、隐身术……

（演示 Scratch 作品。）

孙大圣：哇，该我上场表演了。现在表演我最擅长的变大术，变！

师：同学们，请你们当个魔术师，赋予 Scratch 里的小猴子七十二变法术吧！

2. 操作指导，初步探索

（1）魔术一：变大变小术

师：同学们知道什么是变大变小术吗？用来实现变大变小术的脚本应该就是跟大小相关的。

（切换到 Scratch 外观模块界面。）

师：请同学们仔细观察外观模块界面的脚本，找一找有没有与角色大小相关的脚本呢？

（引导学生找到脚本，简要说明区别。）

生：有，在外观模块界面，我们找到了与角色大小相关的脚本有两个，分别是“将角色的大小增加（数值）”和“将角色的大小设定为（数值）”。

师：同学们真是火眼金睛，一下子就找到了与角色大小相关的两个脚本，在Scratch如何使用这两个脚本来实现角色的变大变小呢？角色需要实现变大变小是不是需要先确定小猴子原始的大小状态呢？

生：我想到了。我们可以先把小猴子的大小确定为一个数值，通过改变他的大小数值，从而实现变大变小功能。

师：好，那请你们在Scratch中帮小猴子习得变大变小术。

（教师出示任务：帮助小猴子习得变大变小术。）

脚本：

点击绿旗开始，

猴子角色大小设为50，

角色大小不断增加5（其他数值亦可）或增加−5（其他数值亦可）。

（2）抢红包规则

教师说明抢红包规则：每6名同学组成一个小组，小组之间相互合作，完成任务。若小组成员都完成任务，则可上台抢下一级红包，完成下一个任务。

3. 小组合作，深入学习

（1）魔术二：变色术

师：整个小组相互合作，小组完成任务后可抢下一级红包。

（下一级红包：任务——帮助小猴子习得变色术。）

师：接下来小猴子要学习变色术啦，请你们赋予小猴子变色术。

师（引导学生）：变色也就是改变颜色，颜色也是外观的一部分，所以改变颜色的脚本可能在哪一模块？

（引导学生找出两个脚本，简单说明区别。）

生：在外观模块界面，与颜色相关的脚本有“将颜色的特效增加（数值）”和“将颜色的特效设定为（数值）”。

师：好，请同学们根据之前学习变大变小术的技巧，继续学习变色术，让小猴子习得变色术。

小组合作，继续抢红包，教师巡堂指导学生。

（2）魔术三：帮助小猴子习得隐身术

（3）魔术四：帮助小猴子习得神行术

（4）魔术五：帮助小猴子习得翻天术

（学生代表上台演示作品。）

4. 巩固提升，创新发展

布置提升任务：选择喜欢的背景和角色，编创一个小故事，运用所学知识，用 Scratch 脚本讲述故事。

5. 畅谈收获，展示评价，课堂小结

（1）学生展示

（2）教师、学生评价

A. 趣味性。

B. 完整性。

C. 学到了什么。

·案例评析

交互式教学主要在交互，在 Scratch 编程课堂上，如何开展交互式教学，就本节课来说，主要有以下方面：

1. 巧妙的情境导入

情境导入有很多种方式，包含直接导入法、设疑导入法和趣味导入法等，在于引导学生全身心参与到课堂的情境中，本节课一开始以视频《孙悟空七十二变》导入，让学生置身于孙大圣七十二变的情境中，从而引导学生在 Scratch 编程中学习如何让孙大圣这个角色习得七十二变的魔术，引入新课。

2. 智慧的精讲多练

在交互式教学中，教师要做到精讲多练，精讲在于教师在极短的时间内把课程重难点讲清楚，多练在于教师针对学生的差异性精心设计习题，让各阶段的学生都能跟上课程。本节课把大任务分成有梯度的小任务，一开始对孙大圣的变大变小术学习，教师引导学生明确需求，在 Scratch 软件中找到相应的脚本，从而实现效果，教师边引导边操作。然后设置抢红包的任务，让不同阶段的学生能根据自己的情况，一步步完成任务，教师也能更加明确学生的学习进程。之后到对变色术、隐身术、神行术等魔术的学习，教师充当引导者，使学生成为真正的主体。

3. 重要的小组合作

合作学习是交互式教学环节中重要的一个环节，在此环节中，学生进行深层次学习，以探究为参与特征。本节课我在课前对学生进行分组，为了避免出现能力强的学生在小组内包办一切的情况，我采用了同质分组的策略，把信息技术水平差不多的同学分到一组，并对水平较低的小组进行特别的关注和指导，使其能够跟上同学们的学习进度。

4. 珍贵的课堂小结

在交互式教学中，课堂小结必不可少。但是传统信息技术课堂经常会忽视课堂小结，觉得可有可无。好的课堂小结可以让课堂回味无穷，使学生保持旺盛的求知欲和浓厚的学习兴趣。本节课的课堂小结从作品展示到精彩评价，让同学们对 Scratch 的兴趣更加浓厚，想要继续探索 Scratch 编程。

典型案例

入境入情入理

——《皇帝的新装》情境教学案例片段

济南市稼轩学校　/李德志/

片段一：

师：同学们在演读中看到了怎样的人物形象？你能通过朗读读出人物的形象吗？

生："每一天每一点钟都要换一套衣服"表现出皇帝爱慕虚荣的特点。

师：该同学重读"每一天""每一点钟""都"，通过重读，读出夸张的语气。

师："每一天每一点钟都要换一套衣服"能否改为"经常换衣服"？

生：不能，改后语气平淡，没有了夸张的效果，不能突出皇帝爱慕虚荣的特点。

师：夸张是运用丰富的想象力，有目的地放大或缩小事物的形象特征，以增强表达效果的修辞手法，作者在这里是放大了还是缩小了皇帝的行为？

生：放大。

师：皇帝在看新衣时有何表现？这些表现又突出了他的什么特点？

生："难道我是一个愚蠢的人吗？难道我不够资格当一个皇帝吗？""哎呀，真是美极了！""我十二分地满意！"皇帝明明看不到新衣，却夸赞新衣美丽，表现了皇帝虚伪的特点。

师:“难道”一词能否删掉?分别读一读,说一说删掉“难道”后与原文之间的差别。

生:“难道”更能突出反问语气,更加突出皇帝的自欺欺人,因为他本身就是一个愚蠢、不合格的皇帝。

通过角色演读,学生进入故事情境。教师在学生的回答中抓取富有表现力的句子进行点拨,加深学生对人物形象的把握。采用“删词”“换词”,并反复朗读的方式,引导学生理解夸张的手法,准确把握人物形象。

片段二:

师:本文中的受骗者仅仅是皇帝吗?

生:还有大臣、百姓。

师:除骗子骗人之外,你认为谁还是骗人者?

生:皇帝、大臣也是骗人者。

师:皇帝是统治者,百姓是被统治者,统治者为何要欺骗被统治者呢?面对欺骗,百姓为何不敢揭露呢?请大家分小组讨论。

生:统治者通过欺骗等手段遮掩自己的穷奢极欲、挥霍无度。百姓应该是害怕统治者的权威不敢说真话。

师:迫于统治者的权威不敢说真话,人性中的虚伪也是老百姓不说真话的原因。著名哲学家尼采说:“真理是权力意志的工具。”皇帝是当时权力的拥有者,按照尼采的说法,皇帝的话语就应该是真理。你怎么看?

生:我觉得不应该迷信权威。哥白尼挑战地心说,虽然他因此而被烧死,但事实证明哥白尼是对的。伽利略通过实验证明了两个不一样的球从同一高度下落同时落地,证明亚里士多德的观点是错的。

师:在生活中我们要说真话,善于思考,不迷信权威,多角度、辩证地思考问题。

引导学生入情入境,深度开展合作学习,多角度探讨主题,引导学生入理,将学生的思维引向深处,培养学生的多元思维和审辩思维。

典型案例

恼人的节日祝福

济南市稼轩学校 /侯月阳/

柔软的晨光，伴着教室里的琅琅书声透过玻璃窗。校本教材《古韵书香》上的诗句，正在被少男少女们大声地背诵。孩子们的脸上洋溢着幸福的微笑。

春天的阳光总是带有诗意的。卿云桥下，微风习习，春光灿烂，早读多么美好！我走进教室，小莲同学的脸上竟然挂着两行清泪。

“怎么了？”我赶紧走上前，把小莲同学叫出教室询问。

“老师！他……欺负人！”她用哆嗦的手指指向了教室里的同桌晓明。看得出，小莲的情绪很是激动。晓明呢，一脸无辜的表情，叹了口气道：“唉！都是祝福惹的祸啊。”周围有的同学窃笑，还有的同学停止背诵，眼神早已游离了书本。

为了不影响早读，我安顿好学生，又把晓明请出教室。我印象中的晓明同学，有点像笑话中经常出现的那个小明——很聪明，就是不太喜欢学习、爱整蛊捉弄人。但是晓明还是有向善、向上、向好的强烈愿望的，为了让自己的学业成绩有所提高，他请求让小莲同学当自己的组长。当然，有优秀的同桌，晓明自然不敢造次。尤其是期末考试前的几周，晓明同学非常谦虚地向同桌小莲求教。同桌小莲就像雷锋一样，有着春天般的温暖，检查晓明的各科作业，讲解各种错题。终于，晓明的各科的期末考试成绩都是A。后来，我听说，凭着这13个A，晓明收获了家长亲友的夸赞。显然，晓明对小莲没有什么恶意。

走廊里，当着小莲的面，晓明一五一十地讲述了事情的始末：今天是3月8日。晓明给妈妈打电话送出节日祝福之后，意犹未尽，早读前顺便又祝同桌小莲节日快乐。哪知小莲听了，无名火起，没好气地说：“你才节日快乐呢！”晓明一听，我好心好意地祝福你，你怎么还骂我是女的呢？于是，就有了两个人的语言冲突，后来就有了小莲啜泣的情景。

小莲也说出了自己的想法：“我还是一个初中生，祝我节日快乐，竟称呼我是‘妇女’！什么意思？这是对我人格的伤害！”听了小莲的话，晓明更加郁闷了：“小莲，我的本意吧，就是希望同桌你永远开心快乐，真的没别的什么意思。看来，是我说话不恰当，我向你道歉。我真心地想对你说一声——同桌，对不起。”晓明弯下了腰，真诚地鞠了一躬。之后，小莲原谅了晓明，也对自己的激动情绪进行了反思。二人和解了，小莲进入教室继续早读。晓明去查阅资料，探究词语“妇女”“女生”究竟有何区别。

上午第一节课，恰好讲《木兰诗》。离下课还有10分钟，我和学生们一起总结——千百年来，木兰的形象一直深受人们喜爱。木兰是一名巾帼英雄，既有英雄气概，也有女儿情怀。木兰的形象集中体现出中华民族的勤劳善良、机智、刚毅勇敢、淳厚质朴，不慕高官厚禄而热爱和平生活的优秀品质。

我顺势提问：“今天是3月8日。在你心目中，谁是你心目中的女性榜样呢？你有什么话想对她说呢？”很多学生结合近期的名著阅读，说出了海伦·凯勒、简·爱、德兰姆姆、居里夫人、江姐、杨开慧、邓颖超、辛锐、彭丽媛等。还有许多学生说的是自己的妈妈。他们认为，妈妈有自己的本职工作，还有永不下岗的妈妈的职责和“教师”的职责。妈妈是我们的第一任老师，也是我们终身的老师。妈妈能辅导功课、下载试题，还兼任厨师、司机、营养专家、健康保健师、心理咨询师等多种职责，劳苦功高……

晓明也举手说：“我心中的榜样也是妈妈，妈妈不容易，我建议大家今天都要打电话祝妈妈节日快乐。”同学们也都为晓明热情的提议鼓掌。

晓明继续说：“我刚才上网查阅了，‘三八节’又称为妇女节，它的全称是国际劳动妇女节。在生活中，妇女多指成年女子。在咱们班，今天可以称为女生节。在这个属于女生的节日里，我感谢我的组长小莲对我的帮助，我还要祝愿咱班的女生要像玛丽·居里一样，淡淡地生活，静静地思考，执着地进取，直至智慧高地，自由地驾驭规律，永葆一种理性的美丽、永恒的美丽。”

阳光下的教室里，热烈的掌声再次响起。

【案例点评】

教师的教学工作是具有情境性和互动性的，这一点毋庸置疑。这个案例中，教师让《木兰诗》的教学成为研究、创造和对话的富有意义的过程：一是民主融洽的师生关系为创生提供环境；二是动态生成的课程资源为创生提供载体；三是弹性的教学设计为创生留下空间；四是教师的课程意识为创生提供智慧。

众所周知，课程本身也是特殊教学情境的事件。教师运用自身的创造性和教学智慧来编织有意义的课程。他面对复杂的教学情境，选择了创生取向的课程实施，让课程教学从“独白”走向“对话”。这时，教师的教学智慧就显得尤为重要——学生的任何一个反应都可能改变我们的行动流程，让我们的教学现场变得更富有人文意义。这样，教师们自觉地引入“突发问题”，并适时开发课程、调整教学，学生不再是学习的“局外人”，学生获取知识的意义是在“节日”这个特定情境中对话的产物。在课程教学中，教师要学会用眼睛去发现，用心灵去对话，唯此，我们才能真正关注到每一个学生的发展！

（点评教师：张涛，系济南市稼轩学校高级教师、省优质课一等奖获得者、历城区名师）

第七章

差异化教学

尊重受教育者的个体差异，基于个体在认识、性格、能力、兴趣等方面的不同而提供相适应的教学内容和手段，是从孔子“因材施教”思想以来关于教学的重要认识。因此，差异化教学与其他教学方式一样，有着悠久的历史实践，积累了丰富的教学思想和经验。现代教育体系建立以来，差异化教学在各个历史时期不断被提起，用以对抗标准化教学、大规模教学的弊端。

一、差异化教学的基本内涵

现代教育当中，差异化教学最早被提出为“天才教育”服务。1962 年，沃德（V.Ward）在其天才教育的研究中首次提出了“差异化教学”这个名词。围绕这个名词，他设计了一系列原则来引导差异化的课程设计，以激发那些在很多方面表现出众的学生的思维和能力。但随着 20 世纪 70 年代天才儿童热的褪去，以及多元智能理论对人的能力的科学解释，差异化教学的性质又发生了变化，不是培养天才，而是认识到每个人在能力谱系当中有着不同的分布，教学必须认识每个个体能力和倾向差异，提供适于其优势发展的内容和方法。20 世纪 90 年代，特殊教育受到的关注渐起，全纳教育成为教育研究的热点，提倡教师关注所有在学习上有能力缺陷的学生，为“差异化”而教。差异化教学又融入了全纳教育的内涵。至此，"差异教学既包括了'天才教育'又包括了'特殊教育'和'全纳教育'，是一种涵盖以上三种教学思想的教学"。①

基于此，差异化教学的内涵指向不同主体在不同层面上的差异。美国教育部在"成人素养教学卓越"（teaching excellence in adult literacy，简称TEAL）项目中指出，差异化教学是一种让教师能够有策略地制订计划以满足每名学习者需求的途径。基本信念如下：每一组学习者之间存在着差异，教师要调节他们的教学以适应这些差异。有学者进一步解释了主体差异的具体方面，差异化教学是以学习者为中心的教学设计模式。该模式承认学生具有不同的学习风格、动机、能力和学习准备水平。此外，要利用课程标准对全体学生获得的实质性发展和绩效进行测评。接下来，教学设计与实践也要体现出差异："差异化教学是指教师要改变教学的步调（pace）、水平（level）和类型（kind），以迎合学习者个体的需求、风格和兴趣。差异化教学是对学生在'他们已经知道什么'（What they already know）和'他们需要学习什么'（What they need to learn）这一连续的具体进展做出的回应。"②"'差异化'是教师主动修改和整理课程、资源、教学方法、学习活动和学生成果，满足学生个体、学生小组的不同需求，让课堂学习机会最大化的一种教学途径。"③随着大数据管理进入教育领域，差异化教学也被认为需要建立在数据监测的差异之上。"差异化教学是利用学术进步监测和基于数据决策的系统程序，改变教学以适应性匹配学生能力的方式。具体来说，差异化教学包括教学适应性（instructional adaptations）和学术进步监控（academic progress monitoring）。"④

针对我国教育长期以来忽视学生的不同学习需要的"一刀切"的教育状况，华国栋研究员出版了《差异教学论》一书，率先提出了差异化教学的主张。差

① 杨璐.差异教学策略研究：来自美国的经验[D].上海：华东师范大学，2009：4.

② HEACOX D. Differentiating instruction in the regular classroom：how to reach and teach all learners（Updated anniversary edition）[M]. Free Spirit Publishing，2012.

③ TOMLINSON C A. Reconcilable differences：standards-based teaching and differentiation[J]. Educational Leadership，2000，58（1）：6-11.

④ ROY A，GUAY F，VALOIS P. Teaching to address diverse learning needs：development and validation of a differentiated instruction scale[J]. International Journal of Inclusive Education，2013，17（11）：1186-1204.

异化教学，即“在班集体教学中立足于学生个性的差异，满足学生个别学习的需要，以促进每个学生在原有基础上得到充分发展的教学”[①]。教育技术专家祝智庭教授进一步细化了其操作性定义：“一个完整的差异化教学过程首先通过前测了解每个学生的特性，涉及已有的知识水平、个人兴趣和学习风格；再结合课程标准及学生特性设计教学内容和教学过程（教学可能面向班级集体、小组或个体）；教学实施过程中强调诊断学习的重要性，能及时进行形成性评价（如问题错误模式），并将结果作用于其他环节；最后开展总结性评价，评估学生的学习结果。”[②] 有学者总结了差异化教学的三个特征：“从差异出发”“为了差异发展”“开展有差异的教学”不仅分别概括了差异化教学在教学活动的起点、终点（或目标）、过程三个关键环节上对待学生个体差异的基本立场，同时它们的排列顺序也代表了我们在思考教学问题时的基本路线。[③]

结合差异化教学发展的历史与现实，可以将其定义如下：“教师专注于学生发展，根据学生的准备程度、学习风格、兴趣偏好和学习需求，对内容、过程、成果或学习环境进行‘差异化’，发挥技术在支持知识表征、学习定制、交互连接、过程记录、数据分析等方面的优势，让每位学生的多种潜能得到充分发展的一种教学方式。”[④]

二、差异化教学的实施策略

从内涵的探索可知，差异化教学不仅针对主体差异性，更主要落实在教学各个环节，体现出差异化的设计和实践方法。

（一）差异化目标的设计

教学目标是根据教学内容、学生年龄以及掌握知识的水平，制订出每一课时教与学双边活动所达到的目标。[⑤] 教学目标的确定的首要任务是明确教学的

---

① 华国栋．差异教学论［M］．北京：教育科学出版社，2007：16.

② 祝智庭．以智慧教育引领教育信息化创新发展［J］．中国教育信息化，2014（9）：4-8.

③ 曾继耘．关于差异教学若干理论问题的思考［J］．教育研究，2007（8）：69-73，79.

④ 贺斌．智慧教育视域中差异化教学模式研究［D］．上海：华东师范大学，2018：60.

⑤ 岳超楠．差异教学的实施策略［J］．浙江海洋学院学报（人文科学版），2009，26（1）：109-112.

核心问题。有学者认为核心问题是确定单元中最基本和最关键的概念或原理。"拟定核心问题时应注意：第一，尽可能把问题的数量限定在5个以内，因为在有限的课堂时间内不可能完成太多的任务；第二，确定核心的观点、概念以及学习主题；第三，确保问题能反映课程标准或教学目标的要求；第四，避免重复，使不同的问题说明不同的概念或原理；最后，在描述目标时要使用学生易于理解的语言。"① 布鲁姆的教育目标分类学成为学者建构认知目标的理论依据。我国学者崔允漷指出，在目标陈述时都必须以清晰和可评价为前提，将有利于把课程与教学、评价内在联系起来，提出"三类目标定位、三阶目标立意、三维目标叙写"教学目标陈述路径。②

这些教学目标要求的关键在于将知识结构与主体的特点有机结合起来，并进行细化。有学者具体指出目标设计需要重视学生在本学科领域的准备状态、学习兴趣、学习风格等方面的差异。

1. 装备状态

学生在各门学科的知识、技能方面的准备状态是有差异的，教师可以利用学生以前的成绩、单元前测、访谈或调查等评估方法，获得有关学生知道什么、理解什么和能做什么的信息。

2. 学习兴趣

包括个人兴趣和情境兴趣。每名学生对学习的兴趣，以及在具体学科的兴趣上会有所不同，教师可以通过观察学生的课堂表现，进行个别访谈，或者借助问卷调查等方式来了解学生的学习兴趣。

3. 学习风格

学生偏爱的学习模式，大多数人都有偏好的学习方式。教师可以通过学习风格量表（learning style inventory）或问卷调查来评价学生的学习风格，也可在上课时观察学生的表现。要满足学生不同学习风格的需要，教师可以通过各种方式（如视频、录像带、阅读片段、实地考察等）向学生呈现教学内容，也可以让学生以不同的形式来完成同一主题的作业。③

---

① 杨璐．差异教学策略研究：来自美国的经验［D］．上海：华东师范大学，2009：15-16.

② 崔允漷．追问"学生学会了什么"：兼论三维目标［J］．教育研究，2013（7）：98-104.

③ 赵丽琴．差异化教学策略刍议［J］．课程·教材·教法，2014（4）：125.

案例分析

“升与毫升的认识”教学目标设计[①]

上海师范大学 /郭梦娜/

在对沪教版数学四年级上册“升与毫升的认识”这一节课进行目标设定时，笔者先参考了《沪教版小学数学四年级上册全册教学参考》，研究教材。严格地说，容量是指在容器或空间中容纳物质的量，或是容纳的数量。对小学生来说，需要借助液体的多少来理解容量的概念。因此，建立升和毫升的量感是本节课的重点，也是难点，为今后学生学习容量和容积打下坚实的基础。以往的传统教学所设定的教学目标较为单一，没有层次性，更没有考虑到学生的学习风格。

在进行这节课的预设时，笔者结合之前的分析，希望学生通过这节课可以知道升和毫升的概念，理解升和毫升之间的关系，用升和毫升来描述液体的多少，并培养学生的动手能力与合作精神。由于本节课是“升与毫升的认识”的第一课时，考虑到学生思维能力的差异，预设的目标是有坡度的，针对班级大部分学生来说，他们通过这节课认识升和毫升，知道它们的概念，初步建立量感，并知道这两个描述液体多少的量的单位。对于思维能力强的同学，我们提出了更高的要求，希望他们能把课堂上学到的知识与实际生活关联起来，对身边容器的容量进行估测。当然，对所有的学生来说，都希望他们能够在课堂上不仅学到课本上的知识，更能够学会与同伴合作与交流，分享学习经验。传统的课堂上，教师使用多媒体和讲授相结合的教学方式，能够满足视觉型与听觉型学生的需求，其他学习风格的学生往往被忽视。可能就是因为他们的需求得不到满足，导致他们的学习没有达到最佳效果。因此，在本节课的教学目标设定时，笔者加入了实验操作环节，有教师的演示与学生亲身的操作。希望能够与触觉型、动觉型与合作型学生的学习偏好相匹配，以促进他们的学习。

因此，笔者对“升与毫升的认识”这节课的教学目标预设如下：

（1）通过老师的演示和学生的操作，知道毫升和升的概念，初步建立液体的量感。

---

① 郭梦娜. 基于学习风格的小学数学差异教学策略研究［D］. 上海：上海师范大学，2017：25-26.

（2）知道使用毫升和升描述液体的多少。

（3）在初步形成毫升、升的表象基础上，能与生活中的常见物品联系，并运用液体的测量单位估测容器的容量。

（4）在动手操作实验中培养学生认真、负责的学习态度和良好的合作学习习惯。

（二）差异化教学的过程设计

要体现出差异性，就必须与标准化统一教学进度相区别。在教学实践中，学者们总结出分层教学与弹性分组等策略。

首先，所谓差异化教学中的分层教学是一种区分性的教学策略。它要求教师概括出教学目标、核心概念和总体要求，基于学生各自的学习兴趣、准备状态和学习风格，允许学生以几种不同的方式来理解和掌握这些目标、概念和要求。[①] 有学者提出，教师可采用“异质内隐性”分层递进教学，即隐性分层、同步学习的方式，教师并不明显表现出对不同层次学生的不同态度，在操作上隐性地分层要求、分层施教、分层指导和分层评估，使各类学生的学习与发展各有所得。[②]

其次，所谓弹性分组就是根据学生的学习需要组建教学小组，为学生提供合适的学习活动。根据班级人数，可分为 4 人以上的大组、4 人小组、3 人小组或 2 人小组四类。在时间有限的情况下，教师可以选择人数较少的分组方式，比如让相邻的两名学生迅速交换一下意见；在时间允许的情况下，让前后两排的学生围坐再一起完成适当的任务。如果想要就一个主题进行更深入、更充分地讨论，就可以让相邻的两个小组共 8 人交流一下各自的意见。[③]

再次，多样化的作业。作业的设计要考虑到学生的知识基础与能力，让不同水平的学生在作业中都得到适度的挑战，在努力后都能获得成功的体验。作业可以分为必做和选做两部分，除每个人必须完成的任务之外，可以给学生一定的选择机会，为学有余力的学生提供具有一定难度的选做作业，对已

---

① 杨璐．差异教学策略研究：来自美国的经验［D］．上海：华东师范大学，2009：19-20.

② 岳超楠．差异教学的实施策略［J］．浙江海洋学院学报（人文科学版），2009（1）：109-112.

③ 杨璐．差异教学策略研究：来自美国的经验［D］．上海：华东师范大学，2009：26.

经掌握某些知识和技能的学生，一些作业可以不做。另外，还要考虑学生在兴趣爱好、学习风格等方面的差异，为学生提供形式多样的作业。作业的类型不局限于做练习题，可设计不同类型的活动作为任务作业，如自主阅读、课堂讨论、上台展示、课堂练习、动手操作、书写报告、角色扮演、分组辩论、游戏活动等。①

典型案例

《草原牧歌》教学设计②

西南大学 /喻馨逸/

选用教材：西师大版小学音乐教材第九册第三单元欣赏课《草原牧歌》。

教学内容：欣赏《草原牧歌》。

教学教具：多媒体课件。

教学重难点：感受乐曲的意境。

教学过程：

1. 播放多媒体图片，同时播放《草原牧歌》音频，让学生沉浸在草原的情境中。

2. 再次聆听，请学生回答歌曲表达了什么样的情感，表现了怎样的画面。

3. 请学生随着乐曲自由律动，想象身在其中的场景，随后请几名同学上台展示。

4. 让学生自由分组，各组分别为“短文组”“图画组”“表演组”。

“短文组”要求学生相互帮助，描写一段描绘大草原美景的短文或短诗歌。

“图画组”要求学生上台用粉笔即兴画出一幅简笔画，并且用线条或图形表现音乐主题的旋律。

“表演组”要求学生根据乐曲即兴创编一段舞蹈，并且上台展示。

---

① 赵丽琴．差异化教学策略刍议［J］．课程·教材·教法，2014（4）：125.

② 喻馨逸．差异教学在小学音乐欣赏课中的应用研究：以重庆市某小学为例［D］．重庆：西南大学，2019：28.

5. 分小组上台展示，学生和教师依次点评。

6. 在优美的乐曲声中结束教学。

（三）差异化教学的评价设计

追求差异化教学评价需要在评价主体、方式和内容上表现出多样性。

首先，评价主体多元。教师是教学评价中不可或缺的角色，在差异化教学评价当中教师的工作有了新的要求："教师能通过累积的档案、先前的评估和新学期开学第一周的情况迅速掌握学生的学习需要和学习风格。通过每天的非正式过程监测以及定期正式监测，教师可以给学生许多机会重做或改善原始作业，直到他们达到熟练或优异水平。"[①] 此外，教师还应"在日常教学中为学生提供自我评价和同伴评价的机会。同时，'家校联系手册''家长—教师见面会'可以为家长参与评价提供理想的媒介。针对某些评价而由学生、教师、家长、学校工作人员、社区代表组成的评价委员会"[②]。

其次，评价方式多样。在评价中，需要根据不同对象的状况，在不同的阶段采用不同的评价方式。在教学过程中，选择形成性评价。给学生进行科学的分组。可以采用的方法有家庭作业、单元测验、概念图、举手示意、口头汇报等方式。[③] 有学者研究出形成性评价在差异化教学中的具体策略：①拇指法。学生用指向上的拇指表示很了解所学主题，用指向水平方向的拇指表示了解一点，拇指向下则表示不甚理解。教师可以根据学生拇指的指向，及时了解教学的效果，并进行相应调整。使用不同表情的"小脸标志牌"也可达到同样的效果。②反思法。这涉及学生自我反思、自我分析、解释和对知识再组织的元认知技能。具体可以进行口头反思：两名相邻的学生组成一个小组，按照下表中提示的内容，互相诉说自己学习的收获或疑问。③档案袋。学生可以通过自己的作品，如文章、绘画、地图、模型、剧本、录像、手工艺品等不同方式展现自己的进步。[④] 还有学者提出游戏评价的理念：①创设多种情境。让学生在游戏

---

① 刘艺．初中语文阅读课差异化教学研究［D］．长沙：湖南大学，2018：15.

② 杨璐．差异教学中的评价策略［J］．当代教育科学，2009（12）：15–17，21.

③ 赵丽琴．差异化教学策略刍议［J］．课程・教材・教法，2014（4）：125.

④ 杨璐．差异教学中的评价策略［J］．当代教育科学，2009（12）：15–17，21.

情境中寻找解决问题的线索，构建适合自己的“问题空间”。②设置过关目标。前后连缀的关卡之间，目标要有一定关联，并且和整个游戏的总目标形成渐进从属关系，过关评价的节奏、难度递进等方面在很大程度上要依靠关卡来控制。③激发游戏性体验。给予学生的游戏任务既要有一定的难度，又可以通过努力完成，这样，学生才容易产生游戏性体验。[①]

学生口头反思内容

学生自我反思或相互反思的内容
我能记得的主要事物是：
新的领悟和发现是：
我真正理解到：
真正令我困惑的是：
我可以在校外应用的是：
和我所知的其他事物的关联是：
在开始学习主题前的认识与学习之后的不同：

最后，评价内容层次丰富。国外学者研究表明，课程标准是确保学生学得更加连贯、更加深入、更加广泛、更加持久的重要手段。依照当前课程标准，可以从认知、情感和动机技能三个领域加以分层。①认知领域，依照各学科课标要求，按照布鲁姆关于记忆、运用、推理、分析的分类，对学生的认识情况加以评价。②情感领域，“对情感领域内容的评价可以包括评价学生‘参与小组讨论的表现’‘与人合作和倾听他人的能力’‘对自我和他人的关心与尊重’‘讨论和解释（质疑／探究／复述／汇报／反思）的能力’等”[②]。③动机技能领域，主要包括以下内容：竞争性游戏的表现，把学生分组活动的表现进行记录并排序，对领先者予以奖励；角色评判，学生在活动中角色定位，对照其职能履行进行评价；活动型话题，将学生在校参加的活动编制成话题，请学生展示，并请学生进行互评。

① 孙玲．差异教学评价：基于和合文化精神的观点［D］．南京：南京师范大学，2011：141-142.

② 杨璐．差异教学中的评价策略［J］．当代教育科学，2009（12）：15-17，21.

典型案例

D 校差异性学生评价活动的开展①

河南大学 /张瑞娟/

笔者从2009年9月开始，利用半年的时间，运用随堂听课、访谈、调查等方法，针对D校三个实验班级的差异性学生评价开展情况，从课堂教学、作业、课外活动以及小结测验的角度，在明确评价标准、内容、主体等之后，选取了有代表性的案例进行分析。

1.课堂教学中的差异性学生评价

传统课堂教学中学生评价，用同样的评价语言、同样的评价方式对待全体学生，这样很难调动学生的积极性。差异性学生评价因人而异，更能够激发学生的学习兴趣。对于一节课的学生评价，D校针对学生的课堂表现设计出了各层次学生课堂表现分层评价量表（见下表）。

差异性学生评价课堂表现评价量表

项目	A级（很棒）	B级（加油）	C级（努力）	个人评价	同学评价	教师评价
上课认真	上课认真听讲、认真完成作业	上课基本认真听讲、作业基本能完成	需要上课认真听讲、作业按时完成			
态度积极	积极举手发言、认真参与讨论交流、大量阅读课外读物	能举手发言，有参与讨论与交流、阅读过一些课外读物	需要举手，参与讨论与交流、阅读课外读物少			
合作能力	善于与他人合作、虚心听取别人的意见	能与他人合作、能接受别人的意见	需要改进与他人合作的精神、听取他人的意见			

① 张瑞娟.尊重差异、引领发展：中小学差异性学生评价探究［D］.郑州：河南大学，2010：57-60.

续表

项　目	A 级 （很棒）	B 级 （加油）	C 级 （努力）	个人 评价	同学 评价	教师 评价
思维创新	能有条理地表达自己的意见、解决问题能力强、做事有计划、具有创造性思维	能表达自己的意见、有解决问题的能力，但条理性不足，有一定的思考能力和创造性	需要准确表达自己的意思，做事要有计划性、条理性，需要独立解决问题，锻炼创造性			
我这样评价自己： 伙伴眼里的我： 老师的评价：						

从表中不难看出，评价内容充分考虑了学生的学习能力、学习态度、合作能力以及创新意识的全面发展，同时也分出了较为人性化的等级，在评价中注重学生与教师的共同参与。这种量表的制定便于教师更好地去了解学生，也便于学生了解自身存在的不足，使学生更进一步去努力。部分实验班教师在一节课后针对量表进行了记录，一段时间后可以发现学生的明显变化。

同时，D 校在课堂教学中引导学生积极进行自我评价，学生相互评价，开展了“自己心中的我、同伴心中的我”等评价活动。

自己心中的我：提高学生在评价过程中的地位，将评价变成了学生主动参与、自我反思、自我教育、自我发展的过程，对学生全面发展大有益处。

同伴心中的我：通过小组活动，在学生间积极展开讨论，使学生之间在相互沟通协商的良好氛围中，增进双方的了解和理解，形成积极、友好、平等的同学关系。

这些评价活动的开展，更利于教师从全方位去了解学生，发现学生的差异，促进学生的发展。学生也在有趣的评价活动中锻炼了自己的评价能力。

2.作业中的差异性学生评价

D校针对个体差异在作业中的表现，在实验班设定了统一的评价标准。具体分为以下几种：

段级评定：根据学生作业完成的正确率给出相应的等级，一共分为5~8段。

星级评定：抛开作业准确率，以学生作业书写的工整、干净程度为依据，依次分为三颗星。

描述性评定：如果作业准确率高，字体工整，又有独到见解，那么可以给出简而短的评语，指出优点与不足。

如某学生得到了这样的评价：7等，加两颗星，你达到了很高水平，有创新会更好，继续努力。在这样的评定中，充分考虑到了学生各个方面的发展状况，同时也照顾了不同学生的个体差异，有的学生正确率不高，但字体工整，教师也肯定了其进步，而不是如传统的作业评价一样，一味地以作业的准确率来评定。

在此评价过程中充分照顾到了学生的不同差异，学生积极参与，达到了作业所应有的效果。

……

3. 小结测验中的差异性学生评价

传统考试一直都是教师发试卷给学生考，何时考、考什么、怎么评价全由教师决定，学生一直处于被动状态，甚至处于被迫的地位。D校在实践中尝试给学生A、B、C三份不同试卷，让学生选做，难易程度不同，学生可以自由选择。

如三年级一班C学生原本学习能力较差，在一次测验中他选择C层级试卷，结果考了93分。他的自信心得到提升，开始提高要求做一些B层级习题，在接下来的考试中他选择B层级试卷，结果考了84分，再后来的几次考试中他都选择B层级试卷，结果证明他真的取得了很大的进步。

这样的考试更利于学生接受，学生在此过程中树立了努力学习的信心，同时也便于教师了解学生的进步程度。

同时，D校教师在考试中注意运用开放性的试题，放手让学生自己去学习，以下是一道四年级语文学科的测试题：

成语：鱼米之乡、人间天堂、五光十色、江山如画、明月清风。要求：同学们想用什么样的方式，把你对以上成语的理解与喜爱描述出来呢？请把你的想法用一段话描述并写下来。

不同学生的不同表达：我想把它写成一篇优美的散文；我想把它组成一组对联；我想把它谱成一首动听的歌；我想把它画成一幅美丽的山水画等。从对该试题的分析及多元智能理论的指导，我们不难发现，每个学生的思维与能力倾向各不相同，有的精于表达，而有的善于抽象逻辑，有的对文学创作有独特的爱好，而有的对音乐、美术有独特天赋。开放性试题尊重了学生能力的差别，正视了学生表现出的差异性，也了解了学生的掌握程度，使测试更加合理。

典型案例

导学用大课堂中差异学习的应用

——七年级下册 Unit 10 听说课差异化教学案例

济南市高新区海川中学 /王明丽/

苏联教育家维果茨基的“最近发展区”理论认为，每名学生都存在着两种发展水平：一是现有水平；二是潜在水平。它们之间的区域被称为“最近发展区”或“最佳教学区”。教学只有从这两种水平的个体差异出发，把最近发展区转化为现有发展水平，并不断创造更高水平的最近发展区，才能促进学生的发展。差异学习正是根据学生学习的可能性将全班学生分为若干层次，并针对不同层次学生的共同特点和基础开展教学活动，符合学生实际学习的可能性，从而确保了教学与各层次学生的最近发展区相适应，并不断把最近发展区变为现有发展水平，使学生的认知水平通过教学活动不断向前推动。

在英语学习中，听、说、读、写四者密切相关，相互渗透之中又互为基础。结合我校“导学用大课堂”的教学模式，在英语听说课授课过程中展开差异化教学，进行探索。海川中学每班设置学习小组，小组学生分为 A、B、C、D 四个层次，A、B，C、D 各为同质，在学习活动中进行有梯度的差异学习，即同质对学、异质助学。

本节课为七年级英语下册 Unit 10 的 Section A 1a—2d 部分，通过对话练习学会灵活运用点菜时所用句型，培养在实际生活中运用英文礼貌点餐的能力，体会各国的文化差异，养成健康饮食、规律生活的习惯。

·教学过程

一、导入

1. 猜单词游戏：What kind of food is white, long and thin？

We can cook them in the boiling water（开水）.

What are they？（noodles）

2. Free talk：What kind of noodles would you like？

What's your favorite food？

【设计意图】猜单词游戏涉及食物（面条），贴近生活，激发学生的学习兴趣。Free talk 环节进行一问一答，快速接龙。及时引导学生回答问题时注意输出完整的句子，也可以根据不同学生的回答进行口语追踪练习。

二、快速抢答环节：看图说单词或句子

【设计意图】通过 PPT 展示不同食物的图片，C、D 层次学生看图拼读单词，A、B 层次学生在掌握单词拼读的同时还必须用完整句子对图片进行描述。

三、听说练习，点拨提升

1.（1）将课本 1b 加深难度，改编成挖空练习，通过 Pad 推送给学生，让学生现场完成，对重点句进行模仿朗读。

Waitress：What ________ you like？

Boy：I'm not sure yet.

Are there any ________ in the ________ noodles？

Waitress：Yes, there are some ________.

Boy：OK, I'd like the beef noodles, please.

（2）在此任务的基础上，A、B 层次学生尝试进行文本对话的复述。

（3）运用句型进行口语对话，开展有梯度的练习，实现同质对学、异质助学。

2.（1）将课本 2a、2b 加深难度，改编成回答问题，通过 Pad 推送给学生，让学生现场完成，对重点句进行模仿朗读。

① What would you like？

② Are there any vegetables in the beef noodles？

③ What kind of noodles would you like？

④ I'd like a large bowl of noodles.

（2）在此任务的基础上，A、B 层次学生尝试进行文本对话的复述。

（3）运用句型进行口语对话，开展有梯度的练习，实现同质对学、异质助学。

【设计意图】学生自主预习时已完成课本 2a、2b 部分，将听力内容设置成挖空练习或提问的形式，可以加强学生用英文组织语言回答问题的能力。A、B 层次学生尝试进行文本对话的复述，开展有梯度的学习。听完即总结并练习，实现听说结合，学生可以通过师生、生生合作对话，快速掌握相应的句型。

四、小组合作生成

1. 听一遍 2d 的录音，学生小声跟读。

2. 分角色朗读 Waitress，Sally 和 Tom 之间的对话。

3. 以小组为单位，结合 2d 的对话生成新的餐厅点餐对话，形式可多样化。

【设计意图】通过听读可帮助学生初步感知文章内容，纠正发音；分角色朗读让学生有代入感，进一步培养学习兴趣；小组合作编排新的对话，小组成员根据自身情况进行差异化学习，扮演适合自己的角色。比如，可以设置一名主持、一名服务生、两名顾客。

五、整体建构，情感升华

1. 结合思维导图，小组讨论，梳理本节课的重点、难点。

2. 结合以下内容，进行情感升华。

（1）通过 PPT 展示两张图片，启发学生思考：Which one is healthier？

（2）分享一句名言警句：

No matter you are rich or poor, tall or short, health goes first.

【设计意图】梳理本单元所学重点、难点时，可由 C、D 层次学生进行单词短语的梳理，A、B 层次学生进行补充。希望通过本单元的学习，学生可以养成健康饮食、规律生活的习惯。

六、当堂检测

学生在 Pad 上快速完成本单元练习中的 12 道选择题，实时反馈。小组讨论基础题目之后，教师针对出错率较高的问题进行统一讲解。

【设计意图】A、B 层次学生完成 1~12 题，C、D 层次学生完成 1~10 题。通过当堂检测，检验学生课堂掌握情况。教师根据 Pad 显示的数据，针对性地对学生进行个别辅导。

【整理反思】

用自我反思的形式梳理本节课的所得与不足，同时针对本节课仍然存在的困惑进行简单的小组合作讨论。

典型案例

不一样的父亲

——《重读这本书》作文修改教学案例

济南市高新区雅文初级中学 /杲广娟/

【背景】

九年级上学期某次月考，学生遇到了一道命题作文，题目要求如下：

“世间的书有两种：一种是‘有字书’；一种是‘无字书’。阅读之，了解之。有时，只有重新打开，才发现理解得更深，从中我们可以读到丰厚的情感，读到人生的哲理，读到文化的积淀，读到时代的印记，读出我们的成长与成熟……请以‘重读这本书’为题，写一篇文章。”

从考场写作的整体情况来看，我班学生大多选择重读“无字书”，即写最熟悉的身边人、身边事。选材情况如下表所示。

《重读这本书》选材情况一览表

类　别	素　材	人　数
家庭生活	母　亲	7
	父　亲	17
	爷　爷	3
	奶　奶	1
	外　婆	1

续表

类　别	素　材	人　数
校园生活	班主任	2
	语文老师	1
	数学老师	1
	地生会考	1
	《老人与海》	1
	《红岩》	1
	《海底两万里》	1
	《地心历险记》	1

通过上表可以看出，学生最常用的作文素材是父母，其中写父亲的作文有17篇，约占总数的45%。但遗憾的是，大多数学生对父母的认识停留在家长的刻板印象层面，大多数是写由于学习压力大、考试失利等缘故与父母发生争吵等琐事，这类文章的结尾多落脚到亲子关系后来因个人的醒悟、父母的包容而缓和，主旨多为感恩父母。鲜有学生能够深入挖掘父母的独家素材，将文章写得厚重而深刻。

在写父亲的17篇文章中，两名同学（以下简称“甲生”“乙生”）的选材细节引起了我的注意。他们均提到了父亲的衣着，以下展示两人的原稿片段：

“父亲是干工业的，很累，每天都不能穿干净的衣服出门，必须得穿脏一点，要不然衣服上的脏不容易洗掉。”（甲生）

“上小学的时候，老师要求我们以‘父爱’为题，写一篇作文……我看了其他同学的作文，他们都写‘我的爸爸总是穿着干净的衣服走，穿着脏脏的衣服回家’诸如此类的句子。可我回想我的父亲确实是穿着干干净净的衣服去上班，但回家的时候，衣服依旧是很干净，甚至散发着一股淡淡的香味呀。”（乙生）

文中的两位父亲均是建筑行业从业者，两名同学均通过写父亲的衣着来反映父亲工作的辛苦，对比两名同学的作文的异同，我为本次作文修改教学找到了突破口。

【正文】

针对上述情况，我确定了教学目标：第一，开展访谈活动，引导学生进行差异化选材；第二，利用列提纲的方法，指导相同选材的同学进行差异化写作；第三，鼓励学生大胆讲述独家故事，真诚表达情感世界。

作文修改指导分课前访谈任务、课上集体指导、课后个别辅导三步走。

一、课前访谈任务

在作文讲评课前，我找到甲生、乙生谈话，了解他们是如何发现父亲衣着这一细节的。在进一步的沟通中，我帮助学生筛选素材，将文章主旨深化，师生合作将两篇文章打磨成范文。同时，向全班同学发布课前访谈任务：重新认识父亲，坐下来，与父亲谈一谈，听听他的故事，并做好访谈记录。

二、课上集体指导

作文讲评课上，我们先进行“我的父亲不一般”展示活动，学生分享访谈成果。学生主动挖掘父亲的故事，父亲们也主动向学生提供了不少有价值的素材。

“我爸爸竟然是一级建造师，如果不是他拿出证书给我看，我一直以为他是‘学渣’……他白天监理工程，晚上准备考试，考了三年终于拿到证书，没想到老爸还挺拼搏的，我得向他学习了。”

“我爸能徒手开啤酒瓶盖，一下端四个菜盘给客人上菜……他虽然没什么文化，但很能吃苦，据说他跟着老师傅学厨的时候，一天要切一大筐土豆，虽然累，但练出了精湛刀工。我佩服我爸爸。”

课堂上，学生们讲述着父亲们不为人知的一面，分享着父亲们年轻时候的故事，一个个职业不同、面貌各异、经历非凡的父亲从学生们兴奋而自豪的讲述中走出来，站立在众人面前。大家忽然意识到：原来，我们有这么多素材可用；原来，我们的父亲可以那么的与众不同。

随后，由甲、乙两名学生展示了自己的原稿和修改稿（稿件附于文后），分享作文修改的经历；由我来点评文章提升之处，作为修改示范。

甲生原稿与修改稿对比表

<table>
<tr><th></th><th>原　稿</th><th>修改稿</th></tr>
<tr><td rowspan="4">素　材</td><td>父亲的外貌</td><td>我与父亲关系冷淡</td></tr>
<tr><td rowspan="3">父亲下雪天加班挣加班费</td><td>父亲对我买新衣服的诉求感到为难</td></tr>
<tr><td>父亲替工友加班</td></tr>
<tr><td>父亲照顾生病的奶奶</td></tr>
<tr><td>主　旨</td><td>敬佩父亲的尽职尽责</td><td>读懂了父亲的责任</td></tr>
</table>

乙生原稿与修改稿对比

<table>
<tr><th></th><th>原　稿</th><th>修改稿</th></tr>
<tr><td rowspan="3">素　材</td><td>父亲的衣着干净与别人不同</td><td>小时候，父亲为我亲手做书衣</td></tr>
<tr><td rowspan="2">发现父亲衣着干净的秘密</td><td>父亲的“职业病”突然好了</td></tr>
<tr><td>一次视频通话，让我发现了父亲的艰辛</td></tr>
<tr><td>主　旨</td><td>赞美父亲对亲人无言的爱</td><td>读懂父亲的付出和他对家人的爱</td></tr>
</table>

两名同学展示完毕后，大家发现一篇好文章须内容充实、感情真挚、结构合理。讲述独家故事，表达真情实感，这样修改出来的文章不仅能够感动读者，也能让自己更加有成就感。

三、课后个别辅导

作文讲评课结束后，17 名写父亲的同学明确了修改思路，调整素材重新写作；而其他没有在考场上写与父亲相关内容的同学也跃跃欲试。于是，我给他们布置了列提纲的课后作业，要求他们列出提纲，写好文章的开头、结尾，注意素材之间的衔接过渡，形成作文框架，然后对他们进行个别辅导。

【反思】

差异是作文教学不可回避的现实，学生的选材有差异，组织素材的能力有差异，语言表达水平有差异，总希望每一名学生每一个方面都做得好且都出色，这是一个美丽的错误。而我的作文讲评课尽量照顾到大多数学生的写作现状，而修改指导尽量关注到每一名学生的不同表现。尊重学生的差异，在此基础上使之有所发展，这便是一种跳一跳就够得到的成功。

差异是宝贵的教学资源，在本课教学中，正是发现了两名同学作文选材的细微差异才找到教学灵感。作为教师，我们也应该引导学生欣赏彼此的差异，在课堂分享环节中，学生们分享父亲的故事，彼此之间无意识地互相吸纳，有意无意地揣摩和比较自己所写的父亲与别人笔下的父亲。正是这种思想火花的碰撞唤醒了学生身边那些沉睡的素材。

差异是美的，来源于人的丰富多彩。作文背后是写作的那个人，关注“文”更要关注“人”，不将作文教学孤立于人的心灵感悟、理性思辨之外，这是本节课的追求。学生全情投入地倾听、心潮澎湃地抒写、友好善意地交流，一堂平实的作文修改课也可以成为一次温暖人心的成长之旅。

【附】

重读这本书（原稿）

甲 生

父亲今年已经 40 多岁了，他很高大，但很瘦，我曾经多次告诉他多吃些饭，他的胃好似小鸟，总是刚吃一点就说饱了。父亲的头发乌黑，那双闪亮的眼睛总能发现我的许多小秘密。俊俏的鼻子下，是一张深红色的嘴唇，父亲是干工业的，很累，每天都不能穿干净的衣服出门，必须得穿脏一点，要不然衣服上的脏不容易洗掉。

记得十三岁那年，那时我才刚懂事。某天傍晚，下了一场大雪，鹅毛似的雪花覆盖的大地，放眼望去白雪皑皑。此时的父亲还没有回来，我正等得心急。我一直都知道父亲最疼我了，我和弟弟在一起时，他总是把最好的先留给我。心急如焚的我骑着自行车，朝着父亲的工地骑去。来到工地，不见任何身影。我便心想：“爸爸肯定是跟工友吃大餐去了。”

看着地上的石块，好奇的我却想把这个地方参观一遍，我走过许多座盖好的楼房，突然一声咳嗽，阻挡了我前进的脚步，回头一看，却在一堆砖前见到了父亲。我不知父亲准备干什么，就躲在一座楼后，准备一探究竟！

父亲拿出一个放在袋子里的馒头和一瓶矿泉水。许久后，父亲点上了一支烟，拿出他挣的血汗钱，仔细地清点着。我看着疲惫不堪的爸爸，一阵冷风吹过，鼻尖一酸，眼泪终于不争气地掉了下来。我再也忍不住了，跑向爸爸，哭泣着说:“为什么不吃点好的，为什么别人都走了，您还在这？”父亲只说了句：“有加班费。”

回到家，我躺在床上，回想儿时父亲曾对我说过，每个人都有自己的责任，既然选择承担，那就要做到。那时我不明白，现在我懂了。我敬佩父亲，我赞美他。虽然世界上没几个人认识他、知道他，但是我也依然敬佩，不论站在一位父亲、一位丈夫还是一位儿子的角度，他都尽到了自己应尽的责任。小时候，父亲总是很严厉，我心里总会不服，但是现在我能明白父亲对我的用心良苦了。

我的父亲是一本厚厚的书，里面没有散文诗，而是写满给人干活的日期，他的手上全是茧。重读父亲这本书，我相信，有一天我也可以像父亲一样做到尽职尽责，父亲是个平凡的人，他什么都给不了我，却什么都给了我。

重读这本书（修改稿）

甲　生

翻阅父亲这本书，粗砺的封面是他手上的层层老茧，内页没有精致的图案和优美的散文诗，其中记满了他干活的日期和加班的收入……读着读着，我潸然泪下。

不惑之年的父亲，身材高瘦，习惯穿一身灰色的工装出门，等傍晚回家时，那灰色已然变成棕褐色。干建筑行业的他，理性而沉默，因此，我们父女之间交流并不多。母亲告诉我，父亲工作压力大，养家糊口不容易，我们得体谅他。可是，年少任性的我却每每抱怨，抱怨他不曾疼爱女儿，不懂享受生活……

还记得十岁那年，临近春节，孩子们都盼望着穿新衣戴新帽。我央求妈妈带我买新衣服时，她面露难色，结结巴巴地说:“要不……今年就不买了吧……你都长大了，又不是……”未听她把话说完，我便急得红了眼睛，泪汪汪地看向父亲，可他却低头抽烟，一言不发。

那时，我恨抠门的他和母亲联手，几乎抹灭一个孩子对新年的期盼。可是，后来我竟也一身新装度过春节，懵懂的我没有细想其中缘故。

在父亲的工友眼中，他出了名的爱加班，只为多挣一份加班费。

十三岁那年的腊月廿五，我和母亲正打扫屋子为新春做准备，而父亲却接到单位电话，回到工地加班。傍晚时分，彤云密布，天降瑞雪，鹅毛纷飞，不见父亲回家，我便替母亲出门寻他。

白雪覆盖下的空旷的工地异常寂静，新建的楼宇间回荡着我急促的脚步声，这时，我听到角落里传来电焊机火花飞蹿的吡吡声。是父亲，他冻得通红的手紧握焊枪正焊接最后一根水管，完全没有察觉我的到来。朔风吹过，吹散他头顶逸散的白色热气，也吹落了我的眼泪。后来，他只是轻描淡写地告诉我，工友们都回老家过年了，不方便回来修冻裂的水管，他住得离工地最近，当仁不让。更何况，还能赚一份加班费，再给母亲买一条暖和的羊毛围巾。一霎时，不知是谁在心底的雪地里踩出一行清晰的脚印，我似乎懂了父亲。

其实，真正读懂他，多亏了那个最懂他的人——我慈祥的奶奶答疑解惑。那年，奶奶突发脑出血紧急住院，身为长子的父亲连夜赶回老家侍疾，并且垫付了全部医药费。那是一笔不小的开支，瞬间让我们的小家庭财政赤字。于是，他的女儿差点不能开心过年，他的妻子亦是左右为难，他也开始了拼命加班。

我的父亲是一本厚重的书，重读他，字里行间，沉重如许。这本书里写满了一个男人的责任，他以沉默的疼爱照顾着妻儿，他以赤诚的孝心侍奉着双亲，他以宽广的胸怀对待朋友和工作。

重读这本书，父亲的精神如一束光，照亮我狭隘的视野，晃动了我稚嫩的灵魂……

重读这本书（原稿）

乙　生

重新打开这本书，上面布满了划痕与灰尘，里面写满了他对亲人的爱……

上小学的时候，我的老师要求以父爱写一篇作文。那时我才发现，因为父亲总是在上班的缘故，我们俩一天说话最多不超过十句。我真的不懂我的父亲，因为这个原因，我的作文拖到第三天才交给老师。我看了其他同学的作文，他们都写“我的爸爸总是穿着干净的衣服走，穿着脏脏的衣服回家”诸如此类的句子。可我回想我的父亲确实是穿着干干净净的衣服去上班，但回家的时候依旧是很干净，甚至散发着一股淡淡的香味呀。

我认为，肯定是父亲自己偷偷出去玩，不想带上我！

步入初中，我开始上晚自习。回来近十点的我默默地打开灯，径直走向自己的房间。父亲已经睡了。这更使我们父女俩两三天说不上一句话。

一天周末，我在房间里收拾书籍，听到母亲正在与父亲视频通话。我急忙赶上去，毕竟已经很久没有和父亲聊天了。可映入眼前那一幕让我惊呆了：没有高大华丽的办公室，只有灰色的墙作为背景。父亲没有穿着早晨那件帅气的休闲装，取而代之的是一件不知是黑是灰的工作服。他那张因为太瘦而突出的颧骨的脸上布满了灰尘，还留有着一些浅浅带过防尘工具的痕迹。这时我差点没有认出我的父亲……

我脑海中浮现出了你高瘦的身上扛着一个硕大笨重的物品。我想起你才到不惑之年，却因为工作的问题常常腰疼，甚至因为这个疼得晚上不敢翻身；想起你有一次把皮肤抓破了，渗出来的是暗红色的血液……

回到家，你穿着早晨那件帅气的休闲装出现在家门口，身上还散发着一种淡淡的沐浴露的味道……

重新打开这本书，里面没有字，而泛黄的纸张上撒满了你对亲人无言的爱……

重读这本书（修改稿）

乙　生

重读父亲这本书，需要拆掉一层泛黄的书衣，拂去一片迷离的尘埃，清风翻动书页，我无意间发现了他的秘密，触摸到他那柔软的内心……

我儿时所用的包书皮，从来不是琳琅小店里买来的花哨成品，而是父亲亲手设计的纸质书衣。新学期伊始，课本一发到手，父亲比我还积极，他掏出早已准备好的牛皮纸，用卷尺量好课本的尺寸，再用红蓝铅笔细致地在纸上画下折痕，标出切口，而后是手指翻飞的魔法时刻，他亲自为我包书衣，画LOGO，写名字，这个过程不亚于他设计装修图纸时那般严谨。

我的父亲是室内装修设计师，人前的他一身西装，睿智而干练，回到家后竟也放不下职业习惯。他习惯把餐具摆放得整整齐齐，把地面打扫得一尘不染；他喜欢打理阳台上的花花草草，最爱指点我临帖绘画……恨不得我立刻长大继承他的衣钵，去做他口中的那份最体面的工作。很多时候，我不懂他的“职业病”，但我从来都是没有理由地崇拜着他。

可是，后来，父亲那回家后的“职业病”突然消失不见了。他常常面容疲惫，随手一扔公文包，在沙发上倒头就睡。我们父女之间的话也越来越少，在一起愉快画画的日子，仿佛一去不复返了……每天早上，他依旧西装笔挺地出门，经常加班到半夜才回来，可我总感觉某些东西已经悄然改变。

某个周末，我在房间里收拾书籍，听到母亲正在与父亲视频通话。我急忙凑过去，毕竟已经许久没有跟父亲聊天。可映入眼帘的一幕令我呆立半晌：父亲没有坐在他那敞亮的办公室里，镜头中只有灰色的毛坯墙面作为背景；他没有穿着帅气的西装，取而代之的是一件不知多久没洗的工作服。他那张瘦削而颧骨突出的脸上布满了灰尘，还留有防尘面罩压出的痕迹。我差点没有认出我的父亲。

是的，我早该意识到你的手掌越来越粗糙，我早该怀疑你才到不惑之年，却常常腰酸腿疼，我早该发现你回家时鞋底的污泥，我早该明白你的疲劳和沉默，我早该懂得你对我的期望和寄托。

我的父亲是一本书，书里画满他的装修图稿，记载着他对美好生活的向往。抖一抖，书页中也会掉出水泥灰末，飘落几声无奈的叹息。我的父亲，他将一身干净如新的西装化作书皮，掩盖了事业上的艰难、工作中的变故，掩饰着难以想象的辛劳、不再体面的酸楚，只为让他的妻儿稍稍安心，让她们在他的庇护下继续享受着恬淡和幸福。

重读父亲这本书，我无意间揭开了尘封的书皮，目睹了生活的残酷真相，也读懂了父亲极力掩饰之下，那一片对家人的爱护之心。我理解他的责任，明白他的付出，但触摸到真相的一瞬间，我竟泪流不止……

典型案例

直线与圆的位置关系

——差异式教学背景下的初中数学教学案例设计

济南市高新区海川中学 /邵天龙/

·教材分析

北师大版数学九年级下册第三章第六节《直线与圆的位置关系》是探索直线与圆的位置关系。课文通过操作、观察直线与圆的相对运动，提示直线与圆的三种位置关系，探索直线与圆的位置关系和圆心到直线的距离与半径之间的大小关系的联系，并突出研究了圆的切线的性质和判定。在本节课的设计中，充分体现了学生已有经验的作用，用运动的观点研究直线与圆的位置关系，使学生明确图形在运动变化中的特点和规律。

·设计理念

鼓励学生从事观察、测量、折叠、平移、旋转、推理证明等活动，帮助学生有意识地积累活动经验，获得成功的体验。教学中应鼓励学生动手、动口、动脑和交流，充分展示“观察、操作—猜想、探索—说理（有条理地表达）”的过程，使学生能在直观的基础上学习说理，体现合情推理和演绎推理的融合，促进学生形成科学、能动地认识世界的良好品质。同时，立足学生的个性差异，满足学生的不同学习需要，以促进每名学生最大限度的发展。

·教学目标

1. 激发学生亲自探索直线和圆的位置关系。【1级目标】

2. 通过实践让学生理解直线与圆的三种位置关系——相交、相切、相离的含义。【2级目标】

3. 探索圆心到直线的距离与半径之间的数量关系和直线与圆的位置关系之间的内在联系。【3级目标】

4. 让学生们自主讨论通过学习《直线与圆的位置关系》有哪些收获，在现实生活中有哪些体现。【4级目标】

·教学重点

直线与圆的三种位置关系——相交、相切、相离。从设置情景提出问题，到动手操作、交流，直至归纳得出结论，整个过程学生不仅得到了直线与圆的位置关系，更重要的是经历知识过程，体会分析问题的方法，积累数学活动经验，将有利于学生更好地理解数学、应用数学。

·教学难点

探索圆心到直线的距离与半径之间的数量关系和直线与圆的位置关系之间的内在联系。

·教学用具

PPT 课件、几何画板、智慧平板、小组用白板、教学用圆规和三角板等。

·教学过程

教学步骤	教师活动	学生活动	教学方式	设计意图
复习过渡引入新知	点与圆有哪几种位置关系？设⊙ O 的半径为 r，点 P 到圆心的距离为 d，如何用 d 与 r 之间的数量关系表示点 P 与⊙ O 的位置关系？ 一、温故而知新 1. 如图，O 是直线 l 外一点，A、B、C 是直线 l 上的点，且 $OA\perp l$，则线段____的长度是点 O 到直线 l 的距离。 2. 如图，⊙ O 的半径为 r。 （1）A 点在____⟺OA__r； （2）B 点在____⟺OB__r； （3）C 点在____⟺OC__r。	在教师的引导下，回忆前面知识，利用小组用白板绘制思维导图后进行展示，为探究新知识做好准备。	由学生以小组为单位归纳总结后进行展示。	通过复习回顾唤醒学生记忆，对本节课的学习进行有效的铺垫。

续表

教学步骤	教师活动	学生活动	教学方式	设计意图
复习过渡引入新知	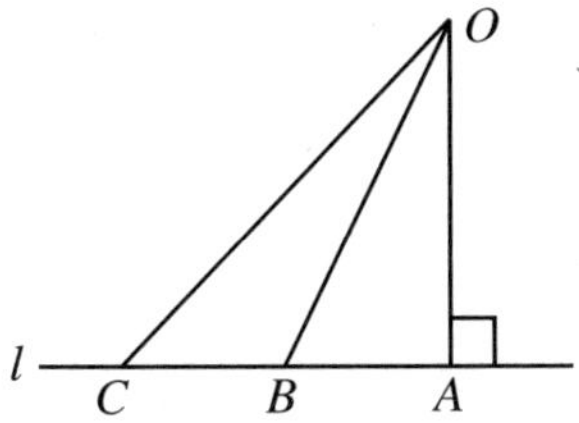			
创设情境	欣赏《海上日出》图片，感受生活中反映直线与圆的位置关系的现象。	议一议：学生分小组进行讨论，可从直线与圆交点的个数考虑：1个交点、2个交点、没有交点。	学生分组讨论，师生互动合作。	体现“数学教学应从生活经验出发”的新课程标准要求。
探究活动	对学生分类中出现的问题予以纠正，对学生提出解决问题的不同策略，要给予肯定和鼓励，以满足多样化的学生需要，发展学生个性思维。 按照公共点的个数进行分类（分三类）：直线与圆有两个公共点时叫作直线与圆相交；直线与圆有唯一公共点时叫作直线与圆相切，这条直线叫作圆的切线，这个公共点叫作切点；直线与圆没有公共点时叫作直线与圆相离。 根据学生讨论的结果，教师板书： 如果⊙ O 的半径为 r，圆心 O 到直线的距离为 d，那么： 直线 l 与⊙ O 相交 $\Longleftrightarrow d<r$； 直线 l 与⊙ O 相切 $\Longleftrightarrow d=r$； 直线 l 与⊙ O 相离 $\Longleftrightarrow d>r$。	活动一：操作、思考。 第一层次：动手操作，并在操作中感受直线与圆的位置关系的变化。 （1）直线与圆的公共点的个数有变化。 （2）圆心到直线的距离有变化。 第二层次：通过操作活动引导学生归纳直线与圆的三种位置关系。 活动二：探索圆心到直线的距离与半径之间的数	经过对各种情况的分析、归纳、总结，向学生渗透分类讨论的数学思想。	将位置关系转化为数量关系是重点，通过学生的观察，让学生自己得出结论可以加深印象，培养学生数形结合的数学思维。

续表

教学步骤	教师活动	学生活动	教学方式	设计意图
探究活动	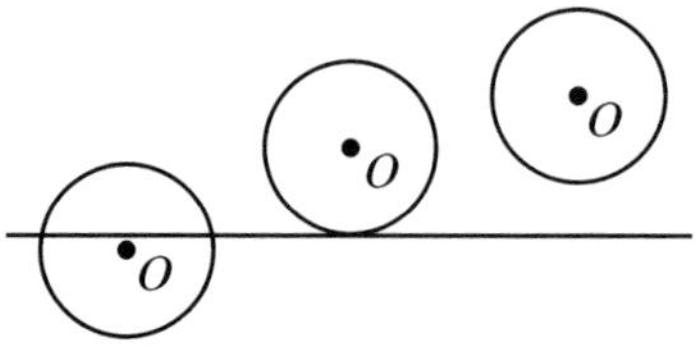 相交　　相切　　相离  相交　　相切　　相离	量关系和直线与圆的位置关系之间的内在联系。 第一层次：观察垂足与⊙O的三种位置关系，使学生体会到这三种位置关系分别同直线与圆的三种位置关系对应。 第二层次：探索圆心到直线的距离与半径之间的数量关系和直线与圆的位置关系之间的内在联系。		
例题教学	例　在△ABC中，∠A=45°，AC=4。以点C为圆心、r为半径的圆与直线AB有怎样的位置关系？为什么？ （1）r=1； （2）r=2； （3）r=3。	关于直线与圆的位置关系，不仅要理解它的判定方法，还应掌握如何运用该判定方法判断直线与圆的位置关系。	引导学生对问题进行分析：要判定直线AB与⊙C的位置关系，就要比较圆心C到直线AB的距离与⊙C的半径的大小。	本题是对前面讨论结果的应用，相对较为简单，虽然是例题，但更大程度是为了起到课时训练的目的。通过训练，学生可以进一步掌握直线与圆的位置关系。

续表

<table>
<tr><th>教学步骤</th><th>教师活动</th><th>学生活动</th><th>教学方式</th><th>设计意图</th></tr>
<tr><td>巩固运用拓展提高</td><td>在Rt△ABC中，$\angle C=90°$，$\angle B=30°$，点O是AB上一点，$OA=m$，⊙O的半径为r，当r与m满足怎样的关系时，(1) AC与⊙O相交？(2) AC与⊙O相切？(3) AC与⊙O相离？</td><td>鼓励学生自己举出实例，体验数学在生活中的应用。</td><td>C到直线AB的垂线段CD，由CD与⊙C的半径之间的数量关系，可以判定直线AB与⊙C的位置关系。</td><td>1. 如何判定直线与圆的位置关系，符号语言和文字语言的规范性。
2. 启发学生利用数形结合的数学思想解决问题。</td></tr>
<tr><td>反思小结提炼规律</td><td>教师带领学生回顾反思本节课对知识的研究探索过程，小结方法及结论，提炼数学思想，掌握数学规律。
请你根据直线和圆的位置关系，完成下列表格。
<table>
<tr><td>直线与圆的位置关系</td><td>相　交</td><td>相　切</td><td></td></tr>
<tr><td>图形</td><td>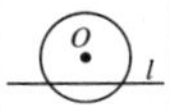</td><td></td><td></td></tr>
<tr><td>公共点个数</td><td></td><td></td><td></td></tr>
<tr><td>圆心到直线的距离d与半径r的关系</td><td></td><td></td><td></td></tr>
<tr><td>公共点名称</td><td></td><td></td><td></td></tr>
<tr><td>直线名称</td><td></td><td></td><td></td></tr>
</table></td><td>学生在教师的引导下回顾反思，归纳整理。</td><td>检测学生对知识的掌握情况及应用能力，再次渗透分类的数学思想，体会分析的方法，积累数学活动的经验。</td><td>巩固所学过的知识，进一步理解和掌握直线与圆的位置关系。进一步深化数形结合的数学思想。回顾、反思、总结形成知识体系。</td></tr>
</table>

续表

教学步骤	教师活动	学生活动	教学方式	设计意图
当堂检测分层达标	【基础达标】 1. 若直线 L 和⊙ O 有公共点，则直线 L 与⊙ O（　　） A. 相离　　B. 相切 C. 相交　　D 相切和相交 2. 已知圆的半径为 4 cm。若直线上一点与圆心的距离为 6 cm，则直线与圆的位置关系是（　　） A. 相离　　B. 相切 C. 相交　　D. 无法确定 【拓展提升】 1. 在平面直角坐标系中，以点（3，4）为圆心、4 为半径的圆与 y 轴所在直线的位置关系是（　　） A. 相离　　B. 相切 C. 相交　　D. 无法确定 2. 如图，在矩形 $ABCD$ 中，$AB=4$，$BC=3$，以点 B 为圆心、r 为半径作圆，且⊙ B 与边 CD 有唯一公共点，求 r 的取值范围。 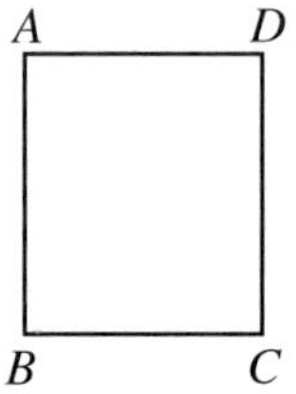 3. 如图，在△ ABC 中，$AB=AC$，以 AB 为直径的⊙ O 交 BC 于点 D，过点 D 作 $EF\perp AC$ 交 AC 于点 E，交 AB 的延长线于点 F。			通过对不同水平学生推送适合其最近发展区的练习，体现因材施教的差异化教学，既可使学生体验成功的乐趣，又为其进一步挑战下一难度的练习做好准备。

续表

教学步骤	教师活动	学生活动	教学方式	设计意图
当堂检测分层达标	（1）判断直线 DE 与⊙ O 的位置关系，并说明理由。 （2）如果 $AB=5$，$BC=6$，求 DE 的长。 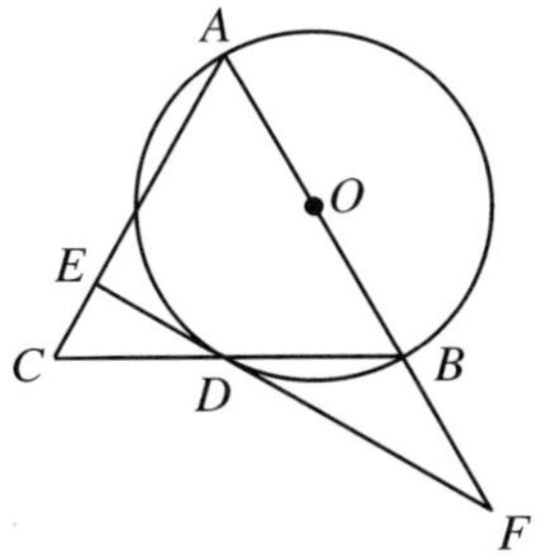 			

·板书设计

直线与圆的位置关系

点和圆的位置关系的判定方法：

几何法　　　　代数法

点在圆外 $\Longleftrightarrow d>r \Longleftrightarrow (x-a)^2+(y-b)^2>r^2$；

点在圆上 $\Longleftrightarrow d=r \Longleftrightarrow (x-a)^2+(y-b)^2=r^2$；

点在圆内 $\Longleftrightarrow d<r \Longleftrightarrow (x-a)^2+(y-b)^2<r^2$。

直线与圆的位置关系的判定方法：

相交　　相切　　相离

几何法：

（1）当 $d>r$ 时，直线 l 与圆 C 相离；

续表

（2）当 $d=r$ 时，直线 l 与圆 C 相切；

（3）当 $d<r$ 时，直线 l 与圆 C 相交。

代数法：

（1）当 $\Delta>0$ 时，直线 l 与圆 C 相离；

（2）当 $\Delta=0$ 时，直线 l 与圆 C 相切；

（3）当 $\Delta<0$ 时，直线 l 与圆 C 相交。

第八章

体验式学习

一、问题的提出

体验学习法（experiential learning）源于欧洲，在 20 世纪 60 年代盛行于美国，其间，先后有四个机构投入这样的领域进行研究、教学及发展：一是户外发展学校（out wall bound school）；二是国家户外领导学校（national outdoor leadership school，NOLS）；三是 PA 主题式冒险训练机构（project adventure inc.）；四是离开 PA 的前主席 Karl Rohnke 创办的 Hight-5。四者分别从个人发展（personal development）和团队建立（team building）两个方向切入，却有着不同的训练结构，但四者皆共同运用“体验学习”的教学模式强调从做中学（learning by doing），并且设计了许多“具体的经验”，如游戏及活动，以轻松且生动的方式进行导入。体验式学习主要的教育哲学及理论架构是整合自教育家 John Dewey 的“learning by doing”理论、社会心理学家 Kurt Lewin 的“experiential learning cycle”理论、认知心理学家 Jean Piaget 的“theory of cognitivedevelopment”理论，以及其他学者的理论而形成。从实务课程操作来讲，就是通过个人在人际活动中充分参与来获得个人的经验，然后在训练员的引导下，通过对差异化过程的观察、反省，成员在对话交流中获得新的态度、信念，并将之整合运用于未来的解决方案或策略上，达到目标或愿景。

进入20世纪70年代以来，特别是20世纪90年代以来，国际课程改革与教学理论既摆脱了假、大、空的虚妄之谈，又摒弃了只谈技术操作的枯燥乏味的琐碎之谈，开始回归课程与教学本身，面向教师和学生的活生生的日常生活，帮助教师和学生反思常规、审视权威，在点点滴滴的日常生活中建构意义、寻求超越。新世纪的教育应该在尊重儿童现实存在的前提下，剥去工具理性奴役人性的硬壳，还给儿童以人性的课程和教学。显然，这种人性的课程应该是以儿童发展为本位的课程，关注儿童主体和活生生的经验与体验，把知识技能的传授跟儿童的日常生活经验联系起来，统整儿童经验与知识体系，实施整体性、真实性的课程与教学。

21世纪是知识经济的时代，不管是个人或组织都面临着知识的不断更新，尤其是在基础教育课程改革的形势下，为了促进学生的全面发展，我们的教师必须研究、开发更有效的学习方法或工具来提升学生的学习能力。针对新世纪教育市场的学习效用需求及传统训练方法的盲点，以学习者为主角的“体验式学习”方式应运而生，并形成一股潮流，对培养学生的学习能力起到了重要作用。

二、体验式学习的内涵

学习是指从阅读、听讲、研究、实践中获得知识或技能的过程。人的学习活动主要有三种形式：一是体验式学习；二是发现式学习；三是接受式学习。

体验式学习是人最基本的学习形式。它是指人在实践活动过程中，通过反复观察、实践、练习，对情感、行为、事物的内省体察，最终认识到某些可以或未必能够言说的知识，掌握某些技能，养成某些行为习惯，乃至形成某些情感、态度、观念的过程。

体验式学习的基础是在反复实践中的内省体察，是通过学习者不自觉或自觉的内省积累而把握自己的行为情感，认识外在世界。在中小学教育中，体验式学习主要应用于情感态度的学习、技巧的学习。体育、艺术、品德教育、文学等都包含大量体验式学习的内容，一些隐性课程、社会实践活动，也需要通过体验式学习来形成或深化其学习成果。这一过程只有通过亲身体验才能最终有效地完成。

语言教学中所指的体验是指教师以课堂为舞台，以任何可用感官接触的媒质为道具，以学生为主体，通过创造出值得学生回忆、让学生有所感受、留下难忘印象的语言活动。不难看出，以前的语言学习对学生来说都是外在的，而体验式学习却像生活中其他任何一种体验一样，是内在的，是个人在形体、情绪、知识上参与的所得。

体验是一种心智活动，真正有效的学习是一种心智活动，而不是单纯的记忆或理解。体验是用全部的心智去感受、关注、欣赏、评价某一事件、人物、事实、思想。只有经过体验，我们才能把一个陌生、外在、与己无关的对象变为熟悉、可以交流，甚至是融于心智的存在。

体验式学习是指学生作为学习的主体，以任何可用感官作为媒介，用全部的心智去感受、关注、欣赏、评价某一事件、人物、环境、思想等方面。体验式学习像生活中其他任何一种体验一样，是内在的，是基于个体认知图式而形成的学习过程，是个人通过一定的知识、技能和方法等方面的参与而获得的形体、情绪、情感、知识上的体验。体验式学习是知情合一的学习。在体验式学习中，学生有所感受，并对此留下了难忘的印象。

体验与实践是紧紧相连的。体验一般可以看成是亲身经历，并形成经验的过程。通过实践来认识周围事物，或者说，通过能使学习者完完全全地参与学习过程，使学习者真正成为课堂的主角。教师的作用不再是一味单方面地传授知识，更重要的是利用那些可视、可听、可感的教学媒体努力为学生做好体验开始前的准备工作，让学生产生一种渴望学习的冲动，自愿全身心地投入学习过程。生活中任何有刺激性的体验，如在蹦极中，被倒挂在空中飞速腾跃时所拥有的惊心动魄的体验，都是终生难忘的。

典型案例

“一叶知秋”秋天原创诗画学习

——初中语文体验式学习案例

济南市实验初级中学 /张 娜/

以学习者为主角的体验式学习，是学科德育的重要实现路径。语文学科的广阔外延，给体验式学习提供了诸多便利。授课中，紧贴真实生活，聚焦语文听说读写，用体验式学习引领学生在读写中漫溯。

学生在体验式学习中，浸润在自然与书籍之中，主动内省体察，感知诱发内心的真、善、美，更好地认识自我与外在世界。在感受、关注、欣赏和创造的过程中，把生活中司空见惯或书籍中陌生的事物，通过积极、主动的学习和探究创造，把真、善、美与生命思考镌刻于心田。

【激发阶段】

“一叶知秋”，又是一年秋天到！这个周末，请漫步林间，观察一下阳光下的叶子吧，挑选你喜欢的叶子，可以形取胜，可以色惊人，请来一首树叶画原创诗吧！

致远八班秋日原创诗召集令来了：我给秋天配首诗。A4纸或彩色卡纸上，找自己喜欢的一片树叶或树叶拼图，自定主题，自拟标题，原创一首小诗，可长可短。一个追求：自由创作，拥抱美好，放松心情，给你的读者们美好的享受。

【实践阶段】

学生周末挑选钟爱的树叶，创意搭配成画，作诗一首。

随时与语文老师和志趣相投的同学网络联系，推敲诗作，律诗绝句或现代诗，各取所爱，乐在其中。

【内化阶段】

第一步，星期一“一叶知秋”树叶画原创诗朗诵会。

学生准备好自己喜欢的背景音乐，登台朗诵自己的原创诗，大屏幕播放学生的原创诗画，乐享秋日美好。

第二步，“我为____点赞”互动交流。

生生互评诗画，教师点评，注意引导学生结合自己的生活体验。大家在陶醉中欣赏，点赞优点，推敲格律和合辙押韵问题。

【进阶阶段】

学生动笔现场修改自己的原创诗。

小组推选组内最美诗词，进行全班推广。

【评价阶段】

在风景的外在美基础上，引导学生挖掘内在的生命生活启示。

再次展评，从哲理思考角度点拨，引发深层次思考。

推选角度丰富，激励更多学生，如“一叶知秋”最美画作奖、“一叶知秋”最美诗词奖、“一叶知秋”最美格律奖、“一叶知秋”最美意境奖等。

三、体验式学习的本质

体验式学习是既令人兴奋又富有挑战性的，包括很多不同的内容，如针对个人或团队解决问题的行动、肢体上的挑战、游戏、仿真练习、组织练习、分享时间、有指引的冥想及有组织的互动。在所有的活动中，学生们主动参与学习的过程，并且能够从体验中产生有意义、相关的洞见，如下图所示。

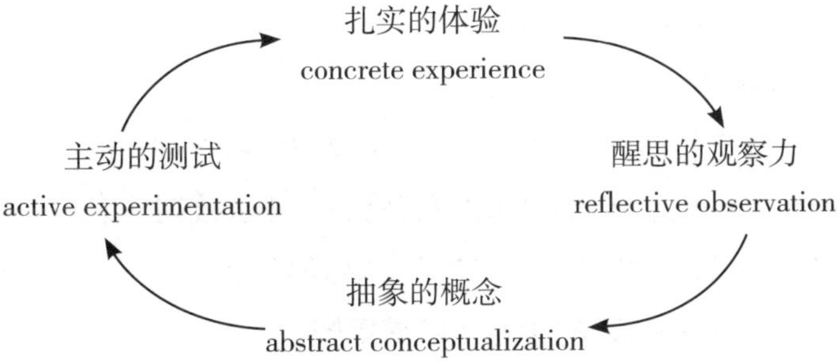

体验式学习的循环过程图

（一）体验式学习的四个主要特质

1. 学习者对正在发生的学习及过程是察觉的。

2. 学习者投入于省思的体验中，并且联结当下的学习到过去、现在和未来。

3. 体验和内容是独具个人意义的：对当事人而言，学到了什么和如何学到的，对个人而言特别重要。

4. 过程牵涉到完整的自己——身体、想法、感觉和行动，不是只关于心智，换句话说，学习者是整个人全然投入的。

这些原则造成以下主张：

1. 体验式学习关乎个人的体验，不只是他们的参与。参与者会被要求思考及运用自己的体验作为自我了解的基础和自己的需求、资源和目标的评估。

2. 参与者被视为是主动参与而不是被动参与，并实地练习这些具有教育性的课题与方法。

3. 透过学习的过程，力量（控制的位置）从教师转换到学习者。另一个说法是，在传统的学习法中，教师与学生的关系通常是不对称的，前者比后者拥有更多的力量，但在体验式学习中，这样的不对称减少了，学习者计划、实现及评估他们自己的学习。专家及学习者参与整个过程的重点不在于教师将信息灌输于学生，而在于引导学生主动学习。

4. 参与者为他自己的学习负责任。专家只是资源和架构的提供者，当学习者试着主动消化外在的知识，并内化为内在的参考资源时，学习就发生了。

（二）体验式学习的特征

体验式学习的特征是有活动、多样化和有方向性的。更明确地说，有六个特征区别于其他课程设计。

1. 内容程度适中

体验式学习拥有精简的课程，集中在重要的学习领域——其中的元素是未来所要建设的重要基础。当内容的水平维持在适中程度时，教师便有时间设计活动，去介绍、呈现、运用及反映出当下学生所学的。

2. 在情感、行为和认知的学习上取得平衡

体验式学习包括以下三个方法：（1）培养态度；（2）发展和练习技巧；（3）促进对主题概念及模式的了解。

有些训练课程倾向于专注某一个领域，排除其他领域，但体验式学习中，

教师要求参与者不只知道某些事，并且能够去实践它。再者，教师会要求参与者检视他们自己和正在教导之事之间的关系，并去体察这在参与者身上是如何运作的。

3. 参与团队的机会

在体验式学习课程里，参与团队都有很大的益处，会将训练课程从被动的位置移到主动的位置。团队活动促进参与者投入到学习的过程中，并让他们和教师成为伙伴。讲授的部分减到最少，高度参与是最大特色，如游戏、角色扮演、模拟练习和案例讨论等。

4. 运用参与者的专业知识

每名参与者在体验式学习中都带来了相关的经验，有些经验可直接应用，有些可能从之前的工作状况或遭遇牵涉到类似的经验。无论是哪种情形，大多数的学习是来自学生，可以建立自己的计划，提供很多机会让参与者彼此学习。

5. 实际生活问题的解决

体验式学习着重于现实世界。课程使参与者有机会运用课程内容解决生活中的实际问题。运用课程内容，不只是发生在训练之后，而且是在课程进行时的主要焦点。参与者学习得最好的时候是将所学运用在解决自己的状况和案例上。这给予参与者直接的实用信息，并赋予参与者在问题点上运用的能力。

6. 允许重新计划

任何训练课程的结论都会令参与者自然地问“接下来要如何”。要衡量体验式学习课程的成功与否，就看这个问题是如何被回答的。也就是说，如何将所学转换到工作或带回家。一个主动式的课程结束时，要考虑到参与者采取的下一步行动，以及他们实行新想法和技巧时将会面对的障碍。

（三）体验式学习的过程

从心理学的角度看，体验总是与个体的自我意识紧紧相连的。体验式学习的过程包括以下四个阶段：

1. 亲历的阶段

个体亲身经历某一件事或某一个情境的阶段，这是体验的第一过程。

2. 对上述亲历过程进行抽象、概括，形成概念或观念的阶段

其实，每个人都在经历着许许多多的事情，可是，各人的感受是不同的。作为体验式学习，不能仅仅停留在亲历的第一阶段，还应当上升到对亲历的反思，以形成人生经验的阶段。

3. 新情境中检验所形成的观念的适应性阶段

由于经验具有个体性、主观性，因此，只有在新情境中加以检验才能克服经验中的不足之处，或者巩固经验中的合理之处，同时，新的情境又会促进经验思维的灵活性。

4. 再反思，产生新经验的阶段

经验不断循环，不断体验，直至达到目标。由此可见，体验式学习是在实践活动中，促使学生不断产生新经验、新认识，并由此发展学生适应自然与社会的能力，形成积极的人生态度，促进个性成长的一种学习方式。

体验的主体是学生，教师是体验式学习的设计者，教师设计体验式学习的过程如下表所示。

体验式教学过程阶段表

启　动	导　入	关　键	调节控制
激发动机阶段	实践感受阶段	体验内化阶段	反馈外化阶段
动力、指向与选择	个体初步亲历	反思、同化或顺应	维持、强化与应用

在学生亲历之前，教师应该有一个启动体验式学习的阶段，即第一阶段。这个阶段主要是引导、促使学生开始亲历或选择亲历的方式。体验式学习的第二阶段相当于个体亲历的过程。第三阶段是体验的关键阶段，相当于个体体验的第二阶段，个体通过反思、同化或顺应等方式，将亲历中对事物、知识的感知或对情境、人物的情感体验内化为自身行为或观念的过程。第四阶段相当于个体体验的第三、四阶段，由于个体体验的程度或体验本身的内容不尽相同，有的经过一次体验与反思，就可以形成人生经验；有的需要反复体验，或者在不同的情境中反复体验，才可以形成人生经验。人生绝大多数经验属于后一种情况。因此，体验是需要经过不断外化、不断调节才能够形成的。教师应当深刻了解这一点，不要急于求成。

体验式学习对教师提出了更高的要求，需要教师在活动开展前，进行更加精心的思考与设计，需要教师必须具备教育心理学的实用知识与技能，必须具备生活中的智慧，也必须具备理解每一名学生独特的感悟能力。只有这样，教师才能设计出依据学生实际与社会实际的多样性体验活动，也才能在活动中时刻注意改变设计，或者增加活动内容，以促进学生理性认识的形成。因此，体验式学习的提出是对教师能力的一项挑战，促使教师进行知识更新与观念转变，从而促进教师队伍素质的提高。

典型案例

体验式学习在小学英语语法课中的应用体会

深圳市光明区爱华小学 / 刘福开 /

体验式学习强调以学生为学习主体，让学生通过充分参与课堂，全身心体验而习得经验与知识。众所周知，小学英语的语法教学在整个小学阶段的教学过程中是比较难突破的，原因在于小学阶段学生的英语思维还未完全成形，学习思维还停留在具象思维当中，加之英语学习经验不够丰富，无法比较系统地运用抽象思维去进行过多的概念性理解。因此，如何让学生通过充分的体验参与到学习中，在体验中激活学生有限的经验储备呈现语言点，进而让学生自行归纳总结，避开比较深入的概念性或比较抽象的意义解释，是小学英语语法课堂实施的一大关键点。下面以小学英语三年级 Things I like 语法复习课为例，浅谈体验式学习在小学英语语法课堂中的应用体会。

· 教学实录

本节课是小学英语三年级的专项复习课，属于上海牛津版 3B 教材中的语法复习课。从教材知识内容看，“sb.+like+ 名词 / 动名词”这个句型贯穿于上海牛津版 3B 教材，是三年级下册中句型语法的重点与难点内容，用于表达自己喜欢某事物。like 后接的事物若是可数名词，则可数名词要用复数形式。在三年级下册中，着重学习用句型 I like...（doing）表达自己的爱好。其中，这类句型涉及或可拓展的语法知识点相对较多，包括名词的可数与不可数的初步区分理解、可数名词复数形式的构词分类。同时，它对动词ing形式的构词法有一定要求，需要学生进一步理解以及掌握。本节语法复习课旨在让学生对不同知识模块中相类似的知识进行整合梳理，培养学生养成系统化梳理知识语言现象的习惯。如何让学生更好地通过体验式学习将语法教学扎实地落实于课堂呢？

1. 在体验中习得语法规律

针对小学英语学习中出现的语法现象，在日常的教学过程当中，因为其经验以及抽象理解能力限制，不应进行过多的概念性解释，以免增加学生的学习负担。本节课教师先以语篇的形式输入整个文本结构框架，让学生整体感知语法现象，然后通过下放回收等方式，让学生根据板书资源总结相应语法规律，发散学生思维，从而进行归纳总结。对于其中出现的可数名词与不可数名词以及动词ing形式的构词方法，同样是以学生的资源为主，引导学生进行思维反馈、总结，再辅以相应的练习，进一步检查与巩固，培养学生系统化整理知识语言的习惯。三年级的学生对概念的理解能力非常有限，通过语言点的呈现—体验归纳—整理总结—练习巩固等方式进行教与学，学生能非常迅速地在体验中进行旧经验的组织，从具象思维往抽象思维发展，符合学生的心理发展特点。

2. 多样化的练习深化学习体验

作为检查反馈以及巩固学生所学的一种方式，练习的设计需要兼顾多个维度与层次，进而加深学生学习体验。首先，练习的设计需要根据学生的学习情况以及复习内容尽量覆盖听、说、读、写四个方面；其次，练习需要有层次地落实，由易到难，兼顾每个学习层次的学生体验。本节课教师从带着问题听录音的整体感知开始，到学生讨论反馈，最后到笔试部分的分层练习，在练习的维度上基本涵盖了多个方面，由易到难。在练习体验的纵向空间上，主要由面—点—面组成。首先，通过整体的听力输入，引出问题；其次，通过名词中可数名词与不可数名词的易错练习区分理解这一语法点；再次，通过动词ing形式的分类进一步巩固知识；最后，通过综合的改错以及仿写，提升学生的写的能力。

3. 结构化的板书整合学习经验

如果说眼睛是人类精神的窗口，那么板书就是教师教学思维的体现。教学板书是教师针对学生资源的反馈与总结，是教学的重点与难点的展现。体验式学习强调学习思维与意识的培养，而结构化的板书更是引导学生沉浸于体验式学习的一大重点，对养成学生系统化理解语言知识的习惯尤为重要。有条理的整体布局能够真正凸显出教学的重难点。工整的书写会潜移默化影响学生的书写习惯；拥有整体意识的板书布局能够很好地引导学生整体把握学习内容，形成清晰的思维脉络。同时，也能够很好地养成学生系统化梳理知识的习惯。

·教学反思

让学生从已有知识经验出发，从做中学，以思导学，在不断的体验中，从感知到真正内化知识内容，形成相应的知识体系，从而获得学习能力的提升。体验式学习能够让学生更好地在语法复习中学会解构，进而建构，在习得经验的同时，逐渐形成自己的思维体系，更加符合小学阶段学生的认知规律。

四、体验式学习的分类

（一）户外体验式训练（outward bound）

主要是外展训练或生态自然体验，国外的户外学校 outward bound school 已有多年历史，短期训练有 3 天，完整课程为期 14 天，有陆地活动、海上活动、高山训练等活动，课程主要是结合自然生态环境而设计，强调生活体验，向大自然学习，让人有心灵的成长。

（二）PA（project adventure）主题式冒险

以美国基础教育法第三案为主，课程有低度、中度及高度冒险训练，多用于心理咨询方案或成长团体为主的心理治疗范畴，课程设计以经验学习圈为架构，以游戏教案引导学习，适时激发挑战冒险的精神。

（三）行动式学习（action-learning）

行动式学习多为人力资源或组织管理所采用，以彼得·圣吉的“第五项修炼”及“系统动态学”为专业知识领域，主要以协助企业员工培训、组织变革及构建学习型组织为主。

（四）情境仿真规划法（scenario planning）

情境仿真规划法是策略决策者训练所运用的工具。此法类似计算机角色动态仿真游戏，多用于虚拟情境的经营管理规划上。

（五）团队教练（team coach）

团队教练源于体育，作为一种管理技术从体育领域运用到企业管理或生涯规划范畴。团队教练着眼于激发学员的身体潜能与心灵动能，引导学员回归自我，使学员洞悉自己，进而处理自己的情绪、调整态度，认清生命中的真正需求与目标，以最佳状态创造成果。

（六）拓展培训

拓展培训源于英文 outward-bound，原意为一艘小船离开安全的港湾，驶向波涛汹涌的大海，去迎接挑战。在第二次世界大战时，大西洋上有很多船只因受到攻击而沉没，大批船员落水，由于海水冰冷，又远离大陆，因此，绝大多数的船员不幸牺牲了，但仍有极少数的人在经历了长时间的磨难后得以生还。当人们了解了这些生还下来的人的情况后，发现了一个令人非常惊奇的事实，就是这些生还下来的人不是人们想象的那样都是身体强壮的小伙子，而大多数是年老体弱的人。经过一段时间的调查研究、了解情况，专家们终于找到了这个问题的答案：这些人之所以能活下来，关键在于这些人有良好的心理素质。当他们遇到灾难的时候，首先想到的是我一定要活下去，有一种强烈的求生欲望。而那些年轻的海员可能更多想到的是：这下我可能就完了，我不能活着回去了。当时有个德国人库尔特·汉恩提议，利用一些自然条件和人工设施，让那些年轻的海员做一些具有心理挑战的活动和项目，以训练和提高他们的心理素质。后其好友劳伦斯在 1942 年成立了阿德伯威海上训练学校，以年轻海员为训练对象，这是拓展培训最早的一个雏形。第二次世界大战以后，在英国出现了一种叫作 outward-bound 的管理培训，这种培训利用户外活动的形式模拟真实管理情境，对管理者和企业家进行心理和管理两方面的培训。由于拓展培训具有非常新颖的培训形式和良好的培训效果，因此很快就风靡了整个欧洲的教育培训领域，并在其后的半个世纪中发展到全世界。

五、体验式学习的课堂教学评价

国家课程标准在课程目标上按结果目标和体验目标来进行描述。体验式学习的课堂教学目标则主要反映“过程与方法”“情感、态度与价值观”等目标领域的要求，分为经历（感受）、反映（认同）、领悟（内化），强调“操作”“实践”“考察”“调查”等活动。同时，各学科课程标准结合本学科的特点，都强调过程性、体验性目标，要求引导学生主动参与、亲身实践、独立思考、合作探究，发展学生搜集和处理信息的能力、获取新知识的能力、分析和解决问题的能力，以及交流合作的能力。详见下表。

体验一般可以看成亲身经历，从亲身经历中体会知识、技能的形成过程，学习者通过亲身实践来认识周围事物。

真正有效的学习是一种心智活动，而不是单纯的记忆或理解。体验是用全部的心智去感受、关注、欣赏、评价某一事件、人物、事实、思想。

体验式学习泛指学习者亲身介入实践活动，通过认知、体验和感悟，在实践过程中获得新的知识、技能、态度和方法。

体验式学习注重为学习者提供真实或模拟的环境和活动，让学习者通过个人在人际活动中充分参与来获得个人的经验、感受、觉悟，并进行交流和分享，然后通过反思再总结提升为理论或成果，最后将理论或成果投入到应用实践中。

体验式学习的常见形式有“视听欣赏”“角色表演”“情境模拟”“参观调查（实践活动）”“实验（实际操作）”“设计制作”等，通常是几种形式综合运用。

体验式学习的作用不只是让学生通过体验的过程理解知识、掌握技能，同时，还会让学生对这些科目产生学习兴趣，形成学习的主动性、实事求是的科学态度以及合作精神。因此，各个学科应结合本学科的特点及相关内容，深入挖掘体验式学习的切入点和不同的操作模式。

体验式学习方式课堂教学评价表

讲课教师________　　学科________　　时间____年____月____日

课题名称：________________

评价项目	评价要点	权　重	实得分数
教学目标	符合课程标准和学生实际的程度	5	
场景创设	环境的创设和学习资源的处理； 激发兴趣的有效措施，开创有利于学生热爱学习的氛围	5	

续表

评价项目	评价要点	权　重	实得分数
教学过程	恰到好处的环节设计，创设有利于学生思维发展的情境； 充分尊重学生的个性，打造有利于学生独立思考的课堂； 科学、有效的训练安排，拓宽有利于学生学会学习的途径	20	
指导调控	学习指导的范围和有效程度； 把握最佳的教育契机，形成有利于学生健康成长的教学	20	
学生活动	学生参与的态度、广度、深度	20	
课堂气氛	课堂气氛的宽松、融洽程度	10	
教学效果	达成教学目标、师生精神状态	10	
教学特色		10	

对此位教师的总体评价：________________

评委签字：

对评价要点的特征描述

1. 教学目标

考虑三个维度（知识与能力，过程与方法，情感、态度与价值观）与学生的心理特征和认知水平相适应。

2. 场景创设

有利于学生身心健康，有利于教学目标的实现，选择恰当的教学手段是激发学生兴趣的有效措施，开创有利于学生热爱学习的氛围。

3. 教学过程

恰到好处的环节设计，创设有利于学生思维发展的情境。

充分尊重学生的个性，打造有利于学生独立思考的课堂。

科学、有效的训练安排，拓宽有利于学生学习的途径。

4. 指导调控

为每名学生的合作、体验学习活动提供平等参与的机会，对学生的合作、体验活动进行有针对性的指导，根据教学目标和学生合作、体验需要创设问题情境，及时采用积极、多样的评价方式。教师语言准确，有激励性和启发性，能够根据反馈信息对教学进程、难度进行适当调控。把握最佳的教育契机，形成有利于学生健康成长的教学。

5. 学生活动

学生关注问题情境，参与活动积极、主动，参与活动的人数较多。学生能提出有意义的问题或能发表自己的见解，能够倾听、协作、分享。

6. 课堂气氛

学生人格受到尊重，学生的讨论和回答问题、质疑问难得到鼓励，课堂气氛活跃、有序，师生、生生交流平等、积极。

7. 教学效果

基本实现教学目标，多数学生能完成学习任务，每名学生都有不同程度的收获，能灵活解决教学任务中的问题，教师情绪饱满、热情，学生体验到学习和成功的喜悦，学生有进一步学习的愿望。

8. 教学特色

教师能创造性地使用教材，使学生取得良好的学习效果；在网络教学中，教师通过有效的指导策略促进每名学生自主学习，学生创造性地解决了问题，学生在解决问题或探究的过程中发现了教师或教科书不能解释的新问题等。

六、体验式学习的具体策略

在研究中，我们发现，体验式学习的类型大致有视听欣赏、角色表演、情境模拟、参观调查、实验、设计制作等。我们在开展体验式学习中分别就以上方面进行了尝试。

（一）体验式学习的视听欣赏策略

语文课程中体验式学习就是学生以教材为载体，在教师的指导、点拨下，自主参与、自我体验的一种阅读实践活动。它要求学生一定要通过参加各种教学活动，用眼、耳、鼻、手、脑多感官去体验，从而获得种种发现，继而进行各种思维活动，最后用语言表达出来。学生还能在特定的问题情境中，身临其境，发展思维，从体验中认识世界，形成正确的价值观。

典型案例

体验式学习的视听欣赏策略

——统编版语文七年级下册《紫藤萝瀑布》教学案例

济南市历城区第六中学 /刘 辉/

一、体验式学习的概念

所谓体验式学习是指基于互联网及背景资料的获取，并在多媒体技术手段的支持下，授课教师在事先备课阶段构建出所要学习知识的准真实情境，然后让学生对此知识发生的情境进行体验和感悟，并通过提出问题、问题探究、群体交流和总结提高等教学环节的实施，进而领会知识的产生、发展、形成与深化，从而实现对知识的体验式学习。体验式学习的实施主要是围绕学生的体验需要并通过创设准真实情境来实现。对学生来说，这是一个包含亲历体验、交流分享、总结提升，并尽可能进行应用实践的学习过程。体验式学习要求学生用全部的心智设身处地去理解、感受、欣赏和评价文本的内容、结构与表达，去与作者进行心灵上的深层次对话，并联系自身实际独立思考，获取主观感悟。

二、典型案例《紫藤萝瀑布》的教学设计与反思

《紫藤萝瀑布》是统编版语文七年级下册第五单元的第一篇课文。本单元课文或借景抒情，或托物言志，字里行间闪烁着哲理的光彩，带给我们启迪。本单元学习托物言志的手法，体会如何运用生动、形象的语言写景状物，寄寓自己的情思，抒发对社会人生的感悟。《紫藤萝瀑布》由紫藤萝瀑布的辉煌、藤萝的命运，感悟生命的长河是无止境的。一时的不幸、个人的不幸，都不足畏；人生应该是豁达、乐观、奋发、进取的。本文的韵外之旨和托物言志的方法是本节课的学习重点。

1. 课前准备

学新课前，教师利用大课间的时间带领全班同学认真观察了本校校园长廊的紫藤萝，学生提前写下了《我眼中的紫藤萝》。

2. 教学实录

活动一：初读，品紫藤萝之美

学生读文章，放一首优美的轻音乐，学生瞬间带入其中，陶醉在情境中。

（1）师：作者从哪几个方面描写盛开的紫藤萝树？

生：在颜色方面，一片辉煌的淡紫色；深深浅浅的紫；紫色的大条幅上，泛着点点银光，就像迸溅的水花。

生：在外形方面，“像一条瀑布，从空中垂下，不见其发端，也不见其终极”，“一树闪光的、盛开的藤萝。花朵儿一串挨着一串，一朵接着一朵”。

（2）师：作者是怎样描写紫藤萝花的？

生：先写花穗的色彩：“每一穗花都是上面的盛开，下面的待放。颜色便上浅下深。”然后写花的形状：“像是一个小小的张满了的帆，帆下带着尖底的舱。船舱鼓鼓的，又像一个忍俊不禁的笑容，就要绽开似的。”最后写花的香味：“淡淡的芳香，香气似乎也是浅紫色的，梦幻一般轻轻地笼罩着我。”

（3）师：作者描写紫藤萝的树和花运用了比喻、拟人等修辞手法，这样写有什么好处？

提示：小组讨论；先找出有关句子，有感情地朗读，用“形象、生动地描写了……”来回答。

1组：比喻

生：“只见一片辉煌的淡紫色，像一条瀑布，从空中垂下，不见其发端，也不见其终极”，形象、生动、具体地写出紫藤萝生长的繁茂。

生：“紫色的大条幅上，泛着点点银光，就像迸溅的水花”，形象、生动地写出紫藤萝色彩上的特点。

生：“每一朵盛开的花就像是一个小小的张满了的帆”，形象、生动、具体地写出盛开的紫藤萝花的形状。

2组：拟人

生：“只是深深浅浅的紫，仿佛在流动，在欢笑，在不停地生长”，把花的颜色写成人的动作行为，生动、形象地写出花的神态。

生：“才知道那是每一朵紫花中的最浅淡的部分，在和阳光互相挑逗”，把花的颜色写成人的动作行为，生动、形象地写出花色的耀眼与生机。

生：“花朵儿一串挨着一串，一朵接着一朵，彼此推着挤着，好不活泼热闹”，以动态写花的静态，生动地写出花开的繁盛。“‘我在开花！’它们在笑。‘我在开花！’它们嚷嚷”，生动地写出花开之闹，突出花的勃勃生机。

学生沉浸在《紫藤萝瀑布》的情景中了。

活动二：比读，再次体味紫藤萝之美

（1）学生对比阅读宗璞的《紫藤萝瀑布》和自己的《我眼中的紫藤萝》，找出相似处和不同处，体味紫藤萝别样的美。

（2）小组成员展示自己的习作，发现同伴习作的美。

活动三：赏读，感悟紫藤萝生命之美

课前，我搜集了不同季节里学校紫藤萝抽芽、开花、凋谢的照片，展示在大屏幕上，学生看了，非常震撼，惊讶于紫藤萝生命的强大，我看到同学们的表情，相机提问。

师：你感悟到了什么？

生：我感悟到“花和人都会遇到各种各样的不幸，但是生命的长河是无止境的”。不能让昨天的不幸把人压垮，每个人都应像紫藤萝花一样，以饱满的生命力投身到生命的长河中去，在闪光的花的河流上航行。

生：我明白了文章开头说“我不由得停住了脚步”，是被紫藤萝的繁茂旺盛所吸引，结尾说“我不觉加快了脚步”是被紫藤萝的生命活力所感染、所催促。

学生开始修改自己的习作，不再停留在自己浅层次观赏紫藤萝上，而是感悟它的变化，生命轮回。

三、教学反思

中国的文字曾经被刻在骨头上、石头上、木头上、竹片上，被铸在青铜上，最后才写在了纸上。对我们现代人来说消失了的，对它来说并没有消失，因为它本身就是岁月，就是几千年的时代。它的能量如同一支飞行的箭，它的历史便是那个被巨大的文化之手拉开的大弓，历史和文化的深厚使它的能量远远超过了我们任何一个有限生命的承载限度。宗璞的《紫藤萝瀑布》是绝美文章，因此，我们要教给学生带着审美的眼光去读文章。首先学会观察，本节课的视觉加上听觉的冲击带领学生走入美的殿堂，学生看到美的紫藤萝之貌，沉入文字的背后，进而感悟人生、生命。

典型案例

体验式学习的视听欣赏

——统编版语文七年级上册《再塑生命的人》教学案例

济南市历城区第六中学　/聂媛媛/

视听手段运用于语文课堂教学，不仅优化了课堂教学结构，而且使学生的多种感官都被调动，激活了语文课堂教学。

一、体验式学习的理论

体验式学习是指学习者完完全全地参与学习过程，真正成为课堂的主角的学习模式。教师的作用不再是一味地单方面传授知识，更重要的是利用那些可视 、可听、可感的教学媒体努力为学生做好体验开始前的准备工作，让学生产生一种渴望学习的冲动，自愿全身心地投入学习过程，并积极接触、运用所学知识，在亲身体验过程中掌握知识。生活中任何有刺激性的体验，如在蹦极中，被倒挂在空中飞速腾跃时所拥有的惊心动魄的体验都是终生难忘的。同理，体验式学习也会给学习者带来新的感觉、新的刺激，从而加深学习者的记忆和理解。

二、体验式学习的视听实践

1. 采用视听手段，发挥多媒体优势

运用视听手段来导入新课，能够充分发挥多媒体集画面、色彩、音乐和教师有声语言紧密结合起来的优势，不但可以使内容更加丰富，而且形式也更为多样。教师“导”得有声有色，学生“入”得兴趣盎然。师生紧密配合，这就为进一步到课文中探骊得珠，开辟了一条最佳通道。

在执教《再塑生命的人》一文时，笔者摒弃了枯燥的背景介绍，代之以《假如给我三天光明》的视频简介。低沉的音符叩动了学生的心弦，曲折的情节感染了学生的情怀，耳闻其声，眼观其景，学生的情感被调动起来了，进入了海伦·凯勒的世界。把枯燥乏味的文字介绍变成形声结合的视听画面，创设一种情景交融的氛围，课堂教学才能真正“活”起来。

2. 采用视听手段，构建问题情境

任何学习的愿望总是在一定的问题情境中发生的。学生不断质疑提问，才能让思维处于一种活跃的状态，促使其主动地去思考。构筑一个积极、活跃的

问题情境，首先要唤起学生对问题的注意。夸美纽斯说过：“教学艺术的光亮是注意，有了注意，学习的人才能保持心理不跑野马，才能分清眼前的一切事物。”电教媒体较传统的教学手段更能迅捷地吸引学生的注意，成功地构织出各个问题情境。

在《再塑生命的人》的教学过程中，笔者把文中有关安妮·莎莉文老师的内容绘制成相应图片，增强视觉感受。同学们通过有意注意，认识到安妮·莎莉文老师对海伦·凯勒的重要影响，更体会到了海伦·凯勒对老师的情感，达到了化难为易的艺术效果。

课文第三段至第十段是环境描写，渲染了安静祥和的氛围，推动了故事情节的发展。为了激发学生的共情性，设计了图文并茂的投影，辅之以流水声（文中“沿着小路散步到井房”），学生捂耳闭眼，体会海伦·凯勒失去视觉、听觉后学习“水”一词的情景，不仅凸现文字，而且把文字所描绘的形象进行了再现，极大地拓展了有形文字无法明示的境界，诱发了学生学习的内驱力。学生的思维与画面的情境达到了和谐统一，课堂教学活而不乱。

3. 利用视听手段，创设想象情境

古人云：“善教者，使人继其志，其言也约而达，微而臧。”长期的语文教学往往只重视学生的课堂学习，抑制了学生的灵气，泯灭了学生的创造性思维，窒息了学生的想象。科学地使用电教媒体，充分利用视听手段，则能假设想象情境。

在教学《再塑生命的人》时，为了分析人物形象，先让学生着重看安妮·莎莉文老师在喷水口下用手指教学“water（水）”一词的录像剪影，让学生揣摩人物发生这个动作的内心活动，并要求把自己的想象用第一人称的口吻表述出来。通过换位想象，激活了学生的创造性思维。然后，笔者以音乐及录音朗读组织教学，让声音负载着作者的思想感情，让音乐渲染、烘托、诠释主题，给学生巨大的震撼和感染。

三、体验式学习的教学实录（第一课时）

1. 导入

（1）“生命的奇迹”——海伦·凯勒及《假如给我三天光明》简介（视频导入）

海伦·凯勒，美国女作家、教育家。一岁半就失聪、失明。在大学期间写了第一本书《我的一生》，叙述她如何战胜病残，不仅给盲人，还给成千上万的正常人带来了鼓舞。这本书被译成50种文字，在世界各国流传。凯勒后来成了卓越的社会改革家，到美国各地，到欧洲、亚洲发表演说，为盲人和聋哑人的教育筹集资金。第二次世界大战期间又访问多所医院，慰问失明的士兵。她的精神受到人们的崇敬。1964年被授予美国公民最高的荣誉——总统自由勋章。次年又被推选为世界十名杰出妇女之一，被美国《时代周刊》评选为20世纪美国十大英雄偶像。

（2）"教育的奇迹"——莎莉文老师简介（出示图片简介）

1887年3月，莎莉文来到海伦·凯勒家做家庭教师。莎莉文用极大的爱心、耐心和毅力，在没有任何教育经验可以遵循的情况下，从尊重孩子的天性，引导孩子的兴趣出发，在摸索中成功地将海伦从一个心智未开、任性无知的小女孩逐渐培养成一个知书达理、才华横溢的少女，直至进入大学。

1936年10月19日，用全部心血培育了20世纪不朽奇葩海伦·凯勒的传奇女性莎莉文与世长辞。

2. 整体感知

这篇课文选编自《假如给我三天光明》一书，由"再塑生命""关于'爱'的含义"两部分组成。课文叙述了莎莉文老师高超的教育艺术，以及"对我启示世间真理，给我深切的爱"，同时，也表现了作者求知的热望及艰辛而愉快的生活经历。

（1）利用标题整体感知（出示莎莉文的图片）

①这篇课文的标题是"再塑生命的人"，请同学们联系作者生平想一想谁再塑了谁的生命？

"再塑生命"＝"再造"；"再造"：重新给予生命（多用来表示对重大恩惠的感激）。

"再塑生命的人"＝再生父母＝重生父母，指对自己有重大恩情的人。多指救命恩人。重音落在"再"字上。莎莉文老师再塑了海伦·凯勒的生命。

海伦·凯勒在这篇文章里把她的老师莎莉文称为"再塑生命的人"，言下之意是把莎莉文老师视作为重新给予她生命的人。

②莎莉文对海伦到底有什么恩惠呢？（出示莎莉文和海伦的图片。）

莎莉文老师教会了海伦这个既盲且聋的残疾人学习知识、认识世界、爱和被爱。

（2）用自己的话概括文章的主要事件

①主要写了两件事：

A. 老师教我认识具体事物。

B. 老师引导我认识“爱”的含义。

②文章的纲领句是“对我启示世间真理，给我深切的爱”。

（3）快速浏览课文，一起来见证“再塑生命”的历程

①生命的原貌——黑夜。

“我”的生命——“像大雾中的航船”。

“在我的那个寂静而又黑暗的世界里，根本就不会有温柔和同情。”

②生命的火光——莎莉文老师走进“我”的世界。

希望的起点：相识。

幸福的复苏：生命中拥有了文字。

③生命的光明——生命中拥有了爱。

（4）思考问题

刚才我们大家一起见证了“再塑生命”的历程，同学们现在对“再塑生命”是怎样理解的呢？

“再塑生命”从字面上来理解是“重新塑造生命，重新获得生命”的意思。在本文中，再塑生命是指我的灵魂被唤醒，莎利文老师让“我”认识了文字，再次拥有了光明、希望、快乐和自由，使爱的光明照到了“我”的身上。因此，莎莉文老师就是“我”的“重生父母”。

3. 品读——安妮·莎莉文老师教“我”学习“水”这个词

（1）以海伦学习“杯”和“水”的区别为例，说说“再塑生命”过程中遇到的挫折。（播放音乐，集体再读。）

①挫折：不能分清“杯”和“水”。

②海伦对待挫折：“我实在有些不耐烦了，抓起新布娃娃就往地上摔，把它摔碎了，心中觉得特别痛快。”

③莎莉文帮助海伦战胜挫折：

A.“把可怜的布娃娃的碎布扫到炉子边，然后把我的帽子递给我”——体现了莎莉文老师的爱心与耐心。

B.“把我的一只手放在喷水口下……她在我的另一只手上拼写‘water’——‘水’，起先写得很慢，第二遍就写得快一些。”——体现了莎莉文老师的教学技巧高超。

④效果：

“突然间，我恍然大悟……我一下子理解了语言文字的奥秘了，知道了‘水’这个词就是指正在我手上流过的这种清凉而奇妙的东西。水唤醒了我的灵魂，并给予我光明、希望、快乐和自由。”

四、体验式学习的教学反思

学生体验式学习是用心去感悟的过程，在体验中思考、创造，有利于培养创新精神和实践能力，提高学生的语文素养。传统的语文教学是学生被动吸收、机械记忆、反复练习、强化储存的过程，没有主体的体验。然而在新课程中，教师只不过是学生自我发展的引导者和促进者。学生学习语文是以积极的心态调动原有的认知和经验，尝试解决新问题、理解新知识的有意义的过程。

典型案例

《渡荆门送别》教学设计与反思

济南市历城区第六中学 /徐梦丽/

学诗歌，重在让学生感悟情景交融的意蕴。利用体验式学习策略设计诗歌新授课堂可以让学生充分调动感官，创设诗歌情境，让学生用“全部的心智去感受、关注、欣赏、评价某一事件、人物、事实、思想”，达到知其人、临其境、知情合一的目的。学习不再是单纯的背诵和理解，而是凭借难忘的体验，学生将通过千古回音与诗人产生心灵上的碰撞，油然而生新的体悟。

此诗系唐开元十二年（724 年），24 岁［一说开元十四年（726 年），26 岁］的李白离开蜀中舟行至楚地。蜀地交通闭塞，读书人为求取功名必出山，走水路先南入岷江，再顺流直下汇入长江“下渝州”，出三峡，直向荆门山之外驶去。此水路为出蜀必经之路，沿路山川形胜，耳目寓之，使无数名人留下墨迹。李白此去“仗剑出国，辞亲远游”，一叶扁舟行至湖北宜都荆门山处，此为吴楚古国地界之交，出此荆门，即入楚国故地。两岸虎牙山与荆门山两峰对峙，小舟冲出山口便流入平原地带，这意味着他真正离开家乡，踏入江汉平原了。李白眼前逐渐展开一望无际的平原沃土之景，犹如即将踏上的万里前程。《渡荆门送别》表达了内心激动、兴奋的感情和对故乡的顾眷。此诗是李白对故乡正式的告别，往后他怀揣志向，踏足挥剑，开启了他波澜壮阔的一生。诗中景色、意象的选择因他的豪情壮志而具备了磅礴阔达的气势，诗歌风格一如太白诗风，俱怀逸兴壮思飞，想象瑰丽，汪洋恣肆。基于诗人的文化人格和独特的诗歌背景，我确定了以“景”入情的授课思路，并确立以下教学目标。

1. 熟练诵读诗歌。

2. 通过交流讨论，掌握关键词的含义，梳通诗歌内容；赏析诗句，掌握诗歌写作手法。

3. 通过相类诗歌的联动、对比阅读，在熟读的基础上，学习运用想象，揣摩理解写景诗句含义。

4. 运用比较阅读和知人论世的方法，把握诗歌表达的情感，体会诗歌传递的复杂感情和诗歌的意境，激发学生热爱祖国河山、热爱家乡的情感。

随后将体验式学习的策略运用于每一个目标环节的达成。比如范读环节，播放李白人物动态幻灯片，展现行舟的景色等，为学生创设诗人创作时的场景；分析诗歌意象与手法时，展现地图，标记诗人出蜀路线。播放水流声、猿啼鸟鸣合辑的轻音乐，让学生闭眼联想诗人一路看到的景色，发挥联想和想象，用生动、形象的语言描绘李白乘舟一路经过峨眉山—渝州—三峡—荆门山—江汉平原看到的画面。让学生的想象成为诗人的眼睛。该单元第九课学过《三峡》，荆门一地正是在三峡尽头，赏析的景物风格和运用的手法也可以互相联系；在学习难点“第二联的理解”时，利用视频向学生展现“群山随着平坦广阔的原野的出现渐渐隐去，长江仿佛流进了广阔无际的原野”这一画面，学生能迅速理解此句所含之景，赏析诗句时学生能主动说出“行舟移动的是诗人，而群山跟原野是静的，但李白用‘随’‘尽’二字，让群山和原野动起来了，山好像活了”，并能体悟到诗人阔大的胸襟与对未来的无限展望。学生对这一幕留下深刻印象；最后一个自主展示环节，学生们自由创作“李白出远门”，因为对诗歌有体验式的理解，学生们手中的画中人与诗中画栩栩如生。

典型案例

看电影之后

——体验式学习的“视听欣赏”策略案例

济南市历城区第六中学 /周同莉/

《爸爸的花儿落了》这篇课文，是林海音所写的一篇自传体小说，选自《城南旧事》里的最后一篇。在该小说中，作者以参加小学毕业典礼的过程为主线，穿插了对往事的回忆，从中表现了父爱的伟大，抒发了对父亲的深切感激和怀念之情。全文哀而不伤，含而不露。

备课时，我决定：安排早读时间，让学生自读、预习课文，再用连堂课组织学生观看电影《城南旧事》，使学生在视听上得到拓展。

星期三下午组织学生在多功能室看电影，从四班学生的表现上来看，观看效果不理想：有些学生不感兴趣，趴在桌上做小动作或小声说话，对小偷对英子眨眼睛等情节有不恰当的理解。第二天早读，与四班学生交流，学生们对电影中的人物，如疯女人秀贞、小桂子等的关系、命运印象不深，不明所以。这次看电影活动对四班学生来说，是失败的。

失败在哪里？原因是什么？今后还组织看电影活动吗？

冰心说：“《红楼梦》是在我十二三岁时看的，起初我对它的兴趣并不大，贾宝玉女声女气，林黛玉哭哭啼啼，都使我厌烦。”《城南旧事》这部电影在我们这些语文老师眼里是经典，拍得很好。可是现在的学生对它感兴趣吗？学生们十三四岁的年纪，思想浅显，爱玩爱闹，爱看动画片，爱看热热闹闹的武打片、喜剧片、科幻片，爱听周杰伦等偶像的歌，他们对节奏比较慢、动不动就来人物脸部特写、伴奏音乐哀婉、画面色彩不艳丽的影片不感兴趣，也是正常的。关键是教师如何调动学生的兴趣，使他们自愿要求自己走入经典中汲取营养。

在三班看电影前，利用一点时间给学生们介绍了《城南旧事》的情节、人物，三班学生再看电影，在情节、人物、画面上的印象就深了。而在四班看电影前因时间关系省略了情节介绍，于是就出现了学生看不懂、看不明白的状况。由此看来，在组织看电影前，教师应该做好发动、铺垫工作，引导学生读原著或介绍一下剧情，让学生心里有数，再看电影来印证人物、情节，了解自然更深了一层，高层次的学生还会比较、赏析、评价，收获就更多了。

在看电影时，针对学生表现，教师还可以介入，适时做一点解说，这样可以帮助一些学生进入到状态中去，而在四班看电影过程中我注意了维持纪律，只充当了一个管理者，忽略了作为语文教师的引导作用。

看完电影后怎么办？很多学生厌烦在活动后写感受，教师要顾及孩子的感受，但并不意味着活动后的反馈交流就不进行了。教师可以根据学生的情况，在看电影后安排交流，如畅谈、提问解答，如果有学生愿意写，那么也可以让他们展示。观后交流对提高一些感知不强的学生的学习效果是很有必要的。试想，在四班观看后，我如果不抽出点时间来与他们交流，好多学生就真不知道影片中的那个牵毛驴的男人就是宋妈的丈夫，也不知道宋妈伺候别人的孩子，而自己的孩子死的死、丢的丢的悲惨。

想起自己在小学时看电影《第十个弹孔》，在观后感中写道："孩子又用枪在爸爸的身上打上了第十个弹孔。"这句话被老师用红线画出，表明是写得不对。长大了，再回忆电影情节，心中了然：是儿子错误的行为，给曾经经历了枪林弹雨的英雄父亲的心灵上增添了伤痛。相信学生对《城南旧事》的理解也会有如此经历的。有几名学生不认真看，但他们总会记得片子里的几个镜头，记得片子里的几句对白吧？在班级中喜欢看、认真看《城南旧事》的学生还是占很大比例的。他们也会像我一样，在少年时没有看懂影片或对影片只留下一点印象，但多年后，有些东西会因时因境在脑海中出现，给予帮助。因此，以后有机会，还会组织学生们看经典影片。只不过，以后要组织得更合理、更严密，让更多的学生主动走进来。

再强调几点：

1. 可以征求学生的意见，组织那些爱好强烈、有兴趣的学生形成社团，再慢慢带动、影响更多的学生。

2. 观看电影后，写出观后感，记录自己的感受，联想、质疑，如同看书勾画圈点一样，也是一种好习惯。

3. 要想达到预期目的，就要做好充分的教学准备，不要因为是一次小活动，就轻心随意。

（二）体验式学习的角色表演策略

语文课程丰富的人文内涵对学生精神领域的影响是深广的，学生对语文材料的反应又往往是多元的。因此，应该重视语文的熏陶、感染作用，注意教学内容的价值取向，同时也应尊重学生在学习过程中的独特体验。

典型案例

体验式学习的角色表演

——以《皇帝的新装》为例

济南市历城区第六中学 /李佳思/

·教材分析

《皇帝的新装》原本是从中世纪西班牙民间故事移植而来的。西班牙作家塞万提斯也曾在其戏剧中运用过这个素材。故事的结局是那个国王光着身子在朝臣和全城百姓面前走过，大家都噤若寒蝉、不吭一声。安徒生改写时，在结尾处让一个孩子喊出了“他没有穿衣服”这句真话。以上是《皇帝的新装》这篇课文的创作背景，故事最终表达的是人性弱点具有的普遍性，人性的弱点是超越地位、超越阶级的。作者安徒生让皇帝、大臣、官员、百姓共同促成这个骗局的安全着陆。他“以戏剧性的轻松活泼，以对话体的形式，说出一个爱慕虚荣的故事”，并不是单纯在于“讽刺了封建统治者的丑恶本质”，而是在坦陈人性的弱点，温情地给成年人上了一课。

·教学设计

【以虚拟安徒生的三则短信贯穿整个教学，注重学生的角色转换。】

导入新课后，让学生整体感知课文。要求学生自读课文，了解故事情节，复述课文。此时我出示了七个问题：

①皇帝有何嗜好？

②两个骗子怎样设的圈套？

③面对新装，老大臣有何心理活动？他回去如何对皇帝汇报的？官员有何心理活动？他又是如何汇报的？

④皇帝面对新装想了什么？说了什么？

⑤为新装举行的大典上，老百姓看到了什么？他们又是如何想、如何说的？

⑥最后谁说出了真话？

⑦最后的结果如何？

作为提示，让学生根据提示进行接龙复述，以便领会和掌握课文。熟悉故事情节后，我引入安徒生的短信一："尊敬的老师：你好！遥听我的《皇帝的新装》又走进了你们新课程标准下的语文课堂，不胜荣幸，你们能让那封建专政下的群丑图暴露在光天化日之下吗？如果能展现他们的丑陋嘴脸，那么我将感激不尽！"让学生当"演员"，表演课本剧。

在研读与赏析环节，引入安徒生的短信二："敬爱的女士：你好！遥看你们的精彩表演，我大饱眼福，真乃大快人心！你们还能挖掘其灵魂深处的肮脏，向世人昭示他们的性情，让人们领会我写作的意图吗？切盼！"然后提出三个问题：

①你能给课文加一个副标题吗？

②你知道各人上当受骗的原因了吗？

③你如果在场会怎么办？

让学生换角色做"专家"。在进行知识的迁移创造时，我又引入安徒生的短信三："可敬的朋友：我十二分地满意！此生还存在唯一遗憾：《皇帝的新装》极想来个后传，可年老眼花，一直未能动笔。期盼着您的学子仍保持我的风格，进行大胆、合理的想象续写结尾部分，了却夙愿。三十万分的感谢！"让学生当作家，完成安徒生的心愿——续写结尾部分。作为教学的一条主线，三条短信串起三个独立而又关联的教学板块。在这三个板块中，我分别设计并组织了三场活动：

1."演员"登场

让学生当演员，表演课本剧，要求学生以小组为单位，揣摩人物表情、心理、动作、语言，即兴改编并表演课本剧。学生的表演可以使人物形象得到淋漓尽致的再现，为人物分析奠定坚实的基础，使创新精神及创新能力的培养落到实处。

2."专家"点评

在学生过足了"演员"瘾后，让他们换角色做"专家"。在"专家"的精心点评中，学生既可以探究赏析童话，又可以明确文章主旨和写作意图，充实知识，净化灵魂，陶冶性情。

3.“作家”创作

学生对教材是否学得活，掌握得透，关键还在于学生能否进行迁移创造。因此，在结尾部分，我让学生当作家，续写结尾部分。续写只要合情合理即可。这样可以充分发挥学生的想象力，并培养学生的语言表达能力。

· 教学反思

在本节课的教学后，我想能否从另一方面来探究一下课文的内涵，让学生学会多角度理解问题。因此，在研读与赏析童话后，我提出了这样一个问题：皇帝喜欢新装有错吗？为什么？让学生进行讨论。通过讨论，让学生明确：喜欢新装本身是没错的，关键在一个“度”的把握上。任何事情要是做过度了就不是一件好事。我们现实生活中就有这样的例子，如那些狂热的追星族们。我们应该学会辩证地看待问题。

典型案例

体验式学习的角色表演策略

——以《皇帝的新装》为例

济南市历城区第六中学 /刘 旭/

体验式学习是使学习者通过实际的体验去感悟、理解、运用、学习与构建，是一种以学生为中心的学习方式，将学习内容具体化、形象化以促进理解与掌握。

· 课前分析

《皇帝的新装》是统编版语文七年级上册第六单元的第一篇课文。这是一篇想象奇特、寓意深刻的童话故事，通过一个昏庸无能又穷奢极欲的皇帝被两个骗子所骗，穿着根本不存在的新装游行的故事，揭露了皇帝和大臣自欺欺人的丑行，讽刺了统治阶级的愚蠢、虚伪和自欺欺人，并深刻地解剖了当时社会的病状。

这一单元课文有童话、诗歌等，都富有想象力，引人遐思，因此，需要学生调动自己的体验，发挥联想和想象，深入理解课文中的人物形象，了解故事的深层次内涵。如果课堂上只是单纯的说教，学生的认识就可能只停留在故事的表面，不能真正体会到故事的内涵。要让学生理解文本，必须让他们入情、入境，从内心引起震撼。

·教学实录

1. 感悟文本，梳理文章脉络，把握故事情节，尝试用自己的话简要复述文章

师：快速阅读全文，梳理文章脉络，把握故事情节，尝试用自己的话简要复述一下吧！

师：故事中出现了哪些人物，这些人物的活动围绕哪个字展开？

生：主要有皇帝、官员、骗子、小孩、百姓，全文围绕“骗”字展开，皇帝被骗、官员助骗、骗子行骗、小孩揭骗，以及百姓传骗。

师：阅读课文，找出在故事情节发展中起着关键作用的语句。

生：“任何不称职的或者愚蠢得不可救药的人，都看不见这衣服。”

师：这句话有什么作用呢？

生：这句话在故事情节发展中起着关键的推动作用。骗子的胡说不但抓住了皇帝保住皇位的心理，也抓住了大臣保住官位的心理，因而骗术行得通。它是贯穿故事始终的主线，作者展开情节、安排材料、刻画人物都是围绕这个主线进行的。

了解文章内容和大体脉络后，教师组织学生根据教材内容进行剧本的写作，让学生通过写剧本的过程对童话内容进行再读与分析，为之后通过模拟表演分析人物形象做准备。

2. 模拟表演，体验皇帝、大臣、官员、百姓及儿童动作与心理活动，分析人物形象

师：文中的人物各自具有什么特点？作者在塑造人物时运用了哪些描写方法？试做简要分析。我们以情景表演的方式，通过语言、动作等体悟人物形象。（表演本组所写剧本。）

【场景一】学生以大组为单位，推荐四名学生分别扮演皇帝、侍从甲、骗子甲、骗子乙，表演前学生以小组为单位讨论应以怎样的语气、动作表现人物特征。

（讲台上放着一把椅子，椅子旁边立着一面镜子，皇帝对着镜子试衣服。）

侍从甲（进门，低头作拜）：陛下，有两个裁缝求见！

皇帝（忙放下衣服，坐在椅子上，略激动）：快快宣见！

骗子甲、乙（行礼）：参见陛下！

皇帝：你们有什么特殊的本事吗？

骗子甲：我们能够织出世间最美丽的布料来。

骗子乙：它的色彩和图案都分外地美观。

骗子甲：而且缝出来的衣服还有一种奇怪的特性。

骗子乙：任何不称职的或者愚蠢得不可救药的人，都看不见这衣服。

皇帝（感叹）：那真是理想的衣服！（心想）我穿了这样的衣服，就可以看出在我的王国里哪些人是不称职的；我就可以辨别出哪些人是聪明人，哪些人是傻子。是的，我要叫他们马上为我织出这样的布来！

骗子甲：我们需要最细的生丝和最好的金子。

皇帝（急切）：没问题。来人呀！多多地给他们生丝和金子，让他们马上开工！

侍从甲：遵旨！

分析：通过演绎剧本，分析得出皇帝的人物特点为虚荣，骗子的人物特点为狡猾、阴险。

【场景二】

（两个骗子上场，一边做织布的动作，一边嘀咕。）

骗子甲：我们把金子对半分了，生丝先放在我这里……

骗子乙：不行，不行，生丝也作两份分了。

骗子甲：要是让人看出来怎么办？总得让人看到生丝呀！

骗子乙：你怎么忘了，我们织的布别人是看不见的。

骗子甲：好好好。

（骗子甲做分生丝的动作。）

骗子乙：快点收好，有人来了。

（老大臣上场，吃惊地看着。）

老大臣：愿上帝可怜我吧！我什么东西也没有看见！

骗子甲：您来了，您走近看看吧，这花纹多美丽，色彩多漂亮啊！

老大臣（仔细打量，随即面向台下观众）：我的老天爷！难道我是愚蠢的吗？我从来没有怀疑过这一点。（声音略低）这一点绝不能让任何人知道。

骗子乙：哎，您一点儿意见也没有吗？

老大臣（假装惊喜）：哎呀，美极了！真是美妙极了！我要呈报皇上，我对这布料非常满意。

（老大臣退场，官员上）

官员（吃惊，张嘴，揉眼）：咦？我并不愚蠢啊！这大概是因为我不配有现在这样好的官职吧？这也真够滑稽，但是我绝不能让人看出来！

骗子甲：您看这段布美不美？

官员：美！美！太美了！

骗子乙：您还满意吗？

官员：满意！满意！太满意了！我一定如实向皇上禀报。

分析：通过场景二的表演，学生可以感受到大臣的虚伪愚昧、自欺欺人的性格特征，也能体现出骗子的狡猾。

【场景三】

（皇帝做试衣的动作。）

侍从甲：老大臣、官员求见！

皇帝（从更衣室走出，回到椅子上）：宣！

老大臣、官员：参见陛下！

皇帝：新衣服做得怎么样啦？

老大臣：很快就要完工了！

官员：美丽得很，漂亮得很呢！

老大臣：陛下要能穿上它去参加游行大典，让所有的百姓都开开眼界，那可再好不过了！

皇帝：嗯，好！太好了！

侍从甲：裁缝求见！

（老大臣、官员退至两旁。）

（两个骗子做手托衣物状，上。）

骗子甲、乙：参见陛下！衣服做好了，请陛下过目。

骗子甲：这是裤子！

骗子乙：这是袍子！

骗子甲：这是外衣！

骗子乙：这些衣服轻柔得像蜘蛛网一样。

骗子甲：穿的人会觉得好像身上没有什么东西似的。

骗子乙：这也正是这些衣服的优点。

皇帝（心想）：这是怎么一回事呢？我什么也没有看见！这可骇人听闻了。难道我是一个愚蠢的人吗？难道我不够资格当皇帝吗？

（老大臣、官员上前。）

老大臣、官员：陛下您看，多么美的花纹！多么美的色彩！

皇帝：我十二分地满意！我要重重地奖赏你们！

骗子甲、乙：谢陛下。

（退场。）

分析：通过场景三的演绎，学生对皇帝虚荣、愚蠢的认识更加深刻，同时从演绎过程中体会到大臣阿谀奉承的性格特征。

【场景四】

（游行前，皇帝对着镜子换衣服，两个骗子在一旁帮忙。）

骗子甲：请陛下脱下衣服，好叫我们在这个大镜子面前为您换上新衣。

皇帝（做脱衣服的动作）：好！好！

（骗子装模作样地为皇帝穿衣服，皇帝对着镜子摆动作。）

众人：上帝，这衣服多么合身啊！裁得多么好看啊！

典礼官：大家都在外面等待，准备好了华盖，以便举在陛下头上去参加游行大典！

（游行大典开始。卫兵持刀在前，侍从甲举华盖在侧，侍从乙托后裙在后，绕场慢行。）

（观众甲、乙、丙、丁，小孩子上场。）

观众甲：乖乖！皇上的新装真是漂亮！

观众乙：看！他上衣下面的后裙是多么美丽！

小孩子：可是他什么衣服也没有穿啊！

观众丙：上帝哟，你听这个天真的声音！有一个小孩子说他并没有穿什么衣服啊！

观众丁：他实在没有穿什么衣服啊！

（皇帝颤抖，故作镇定，继续游行。）

分析：通过场景四的演绎，学生从中体会小孩及百姓的人物特征，即小孩的纯洁天真、诚实与百姓的胆小怕事、有私心。

·教学反思

童话是文学作品中的一种特殊的艺术形式，在现实生活的基础上，通过丰富的想象和幻想来表现事物或现象的本质。本课采取角色表演的方式进行教学，正是使学生的想象和幻想得以调动，达到学习者参与、体验课堂的目的，同时也提高了学生学习语文的积极性，正如学生在日记本中所写的："今天语文课我们演绎了《皇帝的新装》，同学们的表演太生动了，皇帝的虚荣、愚蠢，大臣的虚伪、阿谀奉承，骗子的狡猾阴险，表现得淋漓尽致，好期待下一节语文课。"兴趣是学生进一步学习的巨大动力，以体验式角色表演的方式进行教学极大地提高了学生的兴趣，使学生越来越爱学习，爱语文！

当然在教学过程在中，我的教学也存在一些问题：

1. 本节课的教学是让学生在熟读课文的基础上，培养学生的朗读与想象能力，并且了解本文是怎样运用想象和夸张塑造人物、表现中心的。我在教学中缺少了学生朗读这一教学环节。

2. 在上课过程中，由于容量大，剧本内容多，时间紧，讲得很匆忙，有的内容没时间展开。譬如，在表演后分析人物形象时，没有结合学生在演绎过程中的动作等进行详细分析。在表演过程中我只是简单地点评学生的表演，没有让学生进行自我评价，应让学生对表演进行相应的评价以及发表自己的看法，使表演更加生动、形象。因此，在以后的教学中，我要紧扣文本，精心设计好每一节课的内容，甚至每一个环节、每一句话，注意各个环节的衔接。

典型案例

体验式学习在文言文教学中的应用体会

——以《桃花源记》为例

济南市历城区第六中学 /寇晨阳/

阅读教学一直是初中语文教学中非常重要的组成部分，但长期以来，阅读教学多以教师的理性分析为主，忽略了学生的阅读体验，将学生从阅读中抽离出来，阅读流于形式，深度不够，成为“浅阅读”，造成学生学习效率低下、学习兴趣丧失。要改变这种现状，体验式学习成为可供选择的有效策略。阅读教学中的体验式学习是在教师的指导下，学生用全部的心智去感受、关注、欣赏、评价阅读文本，通过自己的身心体验，把陌生、外在、与己无关的阅读对象变得熟悉、可以交流，甚至是融于心智存在的语文学习活动过程。

文言文的阅读和学习对初中生来说一直是难点，文章的翻译和理解学习起来枯燥无味；学生与作者的生活距离遥远，无法体会作者当时的心境。因此，如何拉近学生与文本、学生与作者之间的距离成为亟待解决的难题。体验式学习为学生营造适宜的氛围，让学生身临其境地去了解、体悟，与文本对话，与作者对话，碰撞出不一样的火花。下面就以《桃花源记》为例，浅谈体验式学习在文言文教学中的应用体会。

· 课前分析

《桃花源记》是《桃花源诗》的序文，大约作于东晋末期，作者陶渊明从一条溪流写起，既写了小溪两岸的美景，又写了桃花源中的故事，男耕女织，老幼皆安，邻里欢愉，待客如家人。作者虚构这个故事是有寄托的，他生活在东晋末期战乱频仍的环境里，中年以后长期隐居农村，对农村的现实有更深的了解，对人民的愿望有更切身的体会，于是构想出他心目中的理想社会——世外桃源。在这个社会里，没有压迫，没有剥削，没有纷扰，人人各尽所能地参加劳动，老人和孩子都生活得幸福、愉快，人与人之间都极其融洽而友好。但作者又十分清楚地看到，在当时的条件下这样的理想社会是无法实现的。因此，在这篇文章里，他既通过渔人的眼睛把这个理想的社会标本展示出来，又以渔人的复寻而迷失否定了它的存在。由此看来，刘子骥之后而无人问津，似乎也表达了作者无可奈何的叹惋之情。基于文章背景和内容，我确定了如下教学目标：

1. 在理解课文大意的基础上熟读成诵。在学生通过注释和工具书初步理解文意之后，教师要加强对诵读的指导，引导学生通过把握语气、拿捏句式，感受音节的强弱、徐疾等变化，体会作者的心灵节奏及内在情怀。

2. 结合时代背景，充分调动学生参与课文解读的积极性，设置适当的情境和问题，激发学生的探究愿望，引导学生查阅作者生平及当时的社会背景，以便更加深入地理解文章内容。

· 教学实录

针对以上教学目标，在理解文章内容方面，我采用了以下体验式学习策略，设计了三个课堂活动。

首先，让学生化身导游，其余同学作为参观团，在导游的带领下走进桃花源，欣赏桃花源的美景，引导学生对“桃花源”这一标题进行解读，明确标题所隐含的意义，并且在诱导学生互动的基础上，调动他们的思维积极性，借助文章内容讲解桃花源的风土人情，使学生对文章内容有了更深的理解。

其次，为了加深学生对文本的理解，让学生从现实的“导游讲解”进入文本中，体验人物角色“渔夫”的亲身经历。通过师生之间、生生之间的对话、合作，“渔夫”将自己的奇遇详细地讲述了一遍，在这一过程中，学生会在无意识中将文言文翻译成白话文表述出来，使抽象而枯燥的语言文字转化为生动、形象的神情动作，不仅在快乐中完成了对课文的翻译，还加深了对文本内容的理解。

最后，在整篇文章讲述完毕时，为了让学生对作者及其心中的理想有深入的理解，我设计了一个记者招待会，由学生扮演作者陶渊明，接受教师所扮演的记者的提问。通过这种特殊的方式，学生展开了与作者的对话，与作者产生了情感上的共鸣，从而挖掘出作者创作桃花源的真实意义。

· 教学反思

要想变教师的“教”为学生的“学”，就必须让学生去接近文本、体验文本，这就需要教师设计各种可供学生参与和操作的活动。通过以上设计可以看出，在进行设计时，教师需要采用多种形式，及时变换教学方法，激发学生的学习兴趣，调动学生思维的积极性，以更好地促进学生的参与，同时活动设计还要具有可操作性，真正让学生有所体验、有所收获。

典型案例

一出好戏　非我莫属

——统编版语文教材九年级下册第五单元剧本群阅读教学案例

济南市历城区第六中学　/党现雯/

· 教学设计

任务一：深入剧本

以《天下第一楼》为例，节选部分先后有王子西、常贵、唐茂昌、玉雏儿、罗大头、克五、卢孟实、修鼎新、唐茂盛这9位主要人物出场，笔者要求学生自行分组，根据角色分工进行表演。为了能更出色地演好自己的角色，每个小组成员都各司其职，积极准备，认真阅读自己和其他人物的台词，然后分析台词中的京味方言、俗语，如何在表演中渗透京味文化、行业色彩等。甚至还有学生为自己表演的人物设计了面部微表情以及动作，精彩纷呈。在这个任务活动过程中，教师积极发挥主导作用，随时关注学生的疑问，并加以解答。

任务二：一出好戏

戏剧表演本身带有一定的娱乐性和审美性，符合学生喜欢游戏的天性，使学生在轻松愉快的氛围中入境动情，获得真切的角色体验和情感体验，从而实现对人物、主旨的深刻理解和对戏剧艺术魅力的体味。

1. 选定片段

教师要引导学生多方式、多层次读剧本、读人物，把握剧情的跌宕发展和人物的基本个性。然后教师和学生一起选择矛盾冲突激烈、人物性格典型的片段，由小组分别承担演出任务。

2. 课下准备

先要确定好导演，安排好角色和分工，统筹兼顾各项准备工作。教师要指导学生在体会人物性格和具体语言环境上下功夫，还可以创造性地进行合理改编，删减或加入一些动作或台词，以突出人物的个性特征。然后学生要在课余时间背诵台词，揣摩神态、动作，讨论剧情，准备道具，反复排练。

3. 课堂表演

剧组成员需要提前准备好道具，布置好场景。演员表演时，陶醉在“自己的身份”中，使得“角色”与“我”的距离缩短，乃至最后消失，在亲历人物的遭遇中，随人物情感一起起伏。

4. 品评演出

表演结束不是课程的结束。演员的演出为师生们提供了直观、形象的学习资源，演出结束之后要充分利用学生的观演感受，展开讨论、品评。可以围绕对原作人物的理解和把握是否准确，动作、台词是否体现了人物形象的性格，服装、道具是否符合原作内容涉及的时代背景，针对原作表演所做的创新是否合理等方面进行交流、切磋。

任务三：评价拓展

1. 演出评价

成果的展示是评价的主要依据。先由学生设计评价要点，从剧本的理解、舞台的表现等多角度设计评分细则，在评价的过程中要求学生秉持实事求是的态度，尽可能多元化地进行评价。另外，教师也应当看到学生在完成任务过程中的态度和努力，只要努力了，认真地去完成任务，这种态度就值得表扬。此外，对学生的评价还应遵循有利于学生发展的原则，帮助学生在互动活动中建立自信，维系良好的学习氛围。

2. 写作拓展

围绕戏剧这一话题创作一篇作文。例如：对一个典型人物的形象分析——《我为什么对“他”（她）印象最深》；对表演的独到理解——《肢体语言很重要》；对团队合作精神的亲身体验——《“好戏”是配合出来的》；等等。

戏剧是通过舞台展示在一定生活情境下的人物对话和活动的艺术，集文学、音乐、舞蹈、科技等因素于一体，用多种艺术手段来塑造人物形象，是集中、概括地反映生活及矛盾的舞台艺术。教育部审定、人民教育出版社出版的初中语文九年级下册教材编排了一个单元的戏剧。戏剧在全套教科书中是第一次也是唯一一次出现。其中，包括历史剧《屈原》、"京味"话剧《天下第一楼》、话剧小品《枣儿》。这些虽多是节选，篇幅少、比例小，但并不意味它的作用不大。作为九年级的学生初次接触到戏剧文学，我们应该帮助他们打好基础，培养兴趣，从而提升他们的审美鉴赏和创造能力，为以后学习和研究戏剧文学打好坚实的基础。

· 教学反思

剧本虽然更多地体现了文学性，但相较于小说、散文、诗歌，它的舞台性、情境性更加突出。在戏剧作品教学中重视情境创设，把剧本还原到一定的情境中，使学生在真实或虚拟想象的场景中"亲历"，既能凸显戏剧作品独特的艺术魅力，又符合在情境中体验的体验式学习本义，是一种重要的教学策略。这样的教学方法，使课堂摆脱了枯燥的说教，让学生在轻松、愉悦的氛围中获取知识，在客观知识中又加入了个性化的主观认识和感情投入，从而建立起对所学知识的兴趣和想象，创造出对知识的个性化理解。在任务的驱动过程中，学生通过戏剧表演还能够学会甄别、合作、发现问题、解决问题，从而真正地把语文和生活融合在一起。

在创作拓展任务中，一方面，学生通过规范化的表达，畅谈自己对剧本和戏剧表演的认识，从切身体验走向语言建构和运用，从而真正地提高语文核心素养；另一方面，教师还可以鼓励学生进行大胆的创新。教师应抓住戏剧文学的三个特点：剧本结构必须遵循空间和时间高度集中的原则、剧本必须有集中尖锐的矛盾冲突、剧本主要靠人物用自己的语言和动作来表现自己的性格，指导学生进行戏剧创作。历史剧《屈原》课堂教学结束之后，在笔者的鼓励下，有不少学生改写了《晏子使楚》《鸿门宴》《荆轲刺秦王》等。通过历史剧的创作改编，反映当下时代的问题，很多结局出人意料又在情理之中。在富有创意的改编和创编任务中，学生深化了对剧本的理解，进行了有意义的语言实践活动。

（三）体验式学习的情境模拟策略

《义务教育数学课程标准（2011 年版）》中明确指出："使学生感受数学与生活的密切联系，从学生已有的生活经验出发，让学生亲历数学的过程。""在教学中，要创设与学生生活环境、知识背景密切相关，又是学生感兴趣的学习环境，让学生在观察、操作、猜测、交流、反思等活动中逐步体会数学知识的产生、形成与发展的过程，获得积极的情感体验，感受数学的力量。"——这就是数学中的体验教学因素。数学中的体验式学习就是要求教师设法引导学生贴近生活实际，让学生结合自身的体验、经历，获得对数学事实和经验的理性认识和情感体验，建构起属于自己的知识体系，从而真切地感受到数学的魅力，体验到数学学习的无限乐趣。其他学科的教学同样如此。

典型案例

体验式学习的情境模拟策略

——写作课"写一个特点鲜明的人"教学案例

济南市历城区第六中学　/陶丽华/

《义务教育语文课程标准（2011 年版）》中明确指出："语文学习应注重听说读写的相互联系，注重语文与生活的联系。""多角度观察生活，发现生活的丰富多彩，能抓住事物特征，有自己的感受和认识，表达力求有创意。""在写作教学中，应注重培养学生观察、思考、表达和创造的能力。""要引导学生通过观察、调查、访谈、阅读等途径，运用多种方法搜集材料。"以上均是语文学科中的"体验"教学因素。教学中，教师要积极为学生创设真实的生活场景，让学生在情境中结合自身的生活经验和学习经历，获得对知识的理解和感悟，建构起属于自己的知识体系，从而更好地掌握和运用所学的知识，体会到学习语文的乐趣与价值。

·游戏导入

1. 做游戏：猜猜他是谁？

他个子不高不矮，身体不胖不瘦，皮肤不黑不白，眼睛不大不小，鼻子不高不低，嘴唇不薄不厚。身穿运动服，脚穿运动鞋。你猜他是谁?

2. 为什么同学们都猜不出他是谁呢？因为这个人的特点不鲜明，所以猜不出是谁。

3. 如何把人物写得具体、形象，就得抓住人物鲜明的特点来写，再来猜一猜。

他人高袍长，手瘦有劲，五十开外，红唇皓齿，眸子赛灯，下巴颏儿一绺山羊须，浸了油赛的乌黑锃亮。（苏七块）

这人足有六尺高，肩膀赛门宽，老脸老皮，胡子拉碴；那件灰布大褂，足够改成个大床单，上边还油了几块。（李金鳌）

此人个子高又瘦，手小脚小脑瓜小。圆圆小脑袋像杆子上挂的小灯笼，更怪的是——嘴大。他脑袋小嘴大，远看只剩下一张嘴了。（皮大嘴）

4. 我们要让别人一下子猜出写的是谁，就得抓住人物的特点。

刚刚我们猜的三段话，都是选自《俗世奇人》里人物外貌描写的句子。冯骥才先生抓住人物衣着或长相的特点进行描写，运用夸张或比喻的手法，使人物的特点更突出，形象更生动。今天这节课，我们就来写一个特点鲜明的人。

· 习作要求

特点鲜明的人，总是给人留下深刻的印象，即使偶然见上一面，他（她）的音容笑貌、举手投足也会留在心中，挥之不去。

1. 所写之人可以是身边熟悉的人，也可以是偶然见到的陌生人。
2. 写的时候，试着运用学到的一些写人的方法，写出人物某一方面的特点。
3. 写完以后，同学之间互相评一评，改一改，让人物特点更加突出。

· 组织素材

本次习作是写一个特点鲜明的人。从选材角度讲，如何才能将人物刻画得特点鲜明，跃然纸上呢?

1. 以貌传神，突出特点

外貌描写，又叫肖像描写，是指对人物体态、容貌、衣着、神情的描写。描写人物的外貌要抓住给人印象最深刻、最突出的特征来写。有些同学写人时缺乏细致的观察，把别人写过的东西直接拿过来用，描写的人物外貌往往千人一面，让人觉得乏味。只有抓住人物与众不同的特点，才能把人物栩栩如生地展现在读者面前。

他身材很高大；青白脸色，皱纹间时常夹些伤痕；一部乱蓬蓬的花白胡子。穿的虽然是长衫，可是又脏又破，似乎十多年没有补，也没有洗。

师：这是哪部作品中的人物形象？

生：鲁迅先生小说《孔乙己》中的主人公孔乙己。

师：作者抓住了人物身材、脸色、胡子、穿着四个方面描写了人物的外貌，句句含义丰富，刻画了一个穷困潦倒、常遭欺凌侮辱又懒惰的老书生的形象。

她个子高挑，身材匀称，圆圆的脸蛋上嵌着一对水汪汪的大眼睛，留着一头乌黑油亮的秀发，扎两条麻花辫垂在腰际，走起路来，两条麻花辫就左摇右摆地跳起舞来。

猜猜这是我们班的哪位同学？（欣悦同学。）

师：在描写欣悦同学时，抓住了她眼睛大、辫子长的特点来写，让人一下子就能猜出来。因此，我们在描写人物的外貌时，不一定要面面俱到，抓住人物最鲜明的特点来进行描写，就会给人留下深刻的印象。

2. 典型事例，折服读者

俗话说："滴水可以折射出太阳的光辉。"没有典型事例，写人的文章就会显得平淡无奇，"写人"就没有了真正的意义。所谓"事实胜于雄辩"，一个人有什么特点，不能靠空洞的词语去形容，而是需要通过一件件具体的事例反映出来。只有抓住最能反映人物特点的典型事例来写，才能让人物活灵活现，使人信服。

自此，严监生的病，一日重似一日，再不回头。诸亲六眷都来问候。……晚间挤了一屋的人，桌上点着一盏灯。严监生喉咙里痰响得一进一出，一声不倒一声的，总不得断气，还把手从被单里拿出来，伸着两个指头。大侄子走上前来问道："二叔，你莫不是还有两个亲人不曾见面？"他就把头摇了两三摇。二侄子走上前来问道："二叔，莫不是还有两笔银子在那里，不曾吩咐明白？"他把两眼睁的的溜圆，把头又狠狠摇了几摇，越发指得紧了。奶妈抱着哥子插口道："老爷想是因为两位舅爷不在眼前，故此记念。"他听了这话，把眼闭着摇头，那手只是指着不动。赵氏慌忙揩揩眼泪，走近上前道："爷，别人都说的不相干，只有我晓得你的意思！你是为那灯盏里点的是两茎灯草，不放心，恐费了油。我如今挑掉一茎就是了。"说罢，忙走去挑掉一茎。众人看严监生时，点一点头，把手垂下，登时就没了气。

教师：文段中严监生这一人物描写主要集中于眼睛、头和手等方面，随着答案的一一被否定：伸着两个指头——把头摇了两三摇——两眼睁的的溜圆，把头又狠狠摇了几摇，越发指得紧了——把眼闭着摇头，那手只是指着不动——点一点头，把手垂下……文中通过他临终前这一典型事件，生动、形象地刻画出他的吝啬鬼形象。

3. 多种描写展示个性，写活人物

写人，关键是要抓住人物的特点，而人物的特点又是通过具体事例中人物的语言、动作、神态、心理活动等反映出来的。因此，写人时要抓住人物的语言、动作、心理进行描写，令读者如见其人、如闻其声。

我吃了一吓，赶忙抬起头，却见一个凸颧骨，薄嘴唇，五十岁上下的女人站在我面前，两手搭在髀间，没有系裙，张着两脚，正像一个画图仪器里细脚伶仃的圆规。

我愕然了。

"不认识了么？我还抱过你咧！"

我愈加愕然了。幸而我的母亲也就进来，从旁说：

"他多年出门，统忘却了。你该记得罢，"便向着我说，"这是斜对门的杨二嫂，……开豆腐店的。"

哦，我记得了。我孩子时候，在斜对门的豆腐店里确乎终日坐着一个杨二嫂，人都叫伊"豆腐西施"。但是擦着白粉，颧骨没有这么高，嘴唇也没有这么薄，而且终日坐着，我也从没见过这圆规式的姿势。那时人说：因为伊，这豆腐店的买卖非常好。但这大约因为年龄的关系，我却并未蒙着一毫感化，所以竟完全忘却了。然而圆规很不平，显出鄙夷的神色，仿佛嗤笑法国人不知道拿破仑，美国人不知道华盛顿似的，冷笑说：

"忘了？这真是贵人眼高……"

"那有这事……我……"我惶恐着，站起来说。

"那么，我对你说。迅哥儿，你阔了，搬动又笨重，你还要什么这些破烂木器，让我拿去罢。我们小户人家，用得着。”

“我并没有阔哩。我须卖了这些，再去……”

“阿呀呀，你放了道台了，还说不阔？你现在有三房姨太太；出门便是八抬的大轿，还说不阔？吓，什么都瞒不过我。”

我知道无话可说了，便闭了口，默默的站着。

“阿呀阿呀，真是愈有钱，便愈是一毫不肯放松，愈是一毫不肯放松，便愈有钱……”圆规一面愤愤的回转身，一面絮絮的说，慢慢向外走，顺便将我母亲的一副手套塞在裤腰里，出去了。

师：这是哪部作品中的人物形象？

生：鲁迅先生《故乡》中的杨二嫂。

师：二十余年前的杨二嫂年轻美丽，因此，她的豆腐店的买卖非常好，人称“豆腐西施”；二十余年后，她成了“凸颧骨，薄嘴唇”“细脚伶仃的圆规”，变得自私、尖刻、贪婪、势利，爱搬弄是非，爱唠叨，想方设法从“我”的搬家中捞点东西。杨二嫂是庸俗的小市民的典型形象。作者在描写这一人物时，抓住了人物的外貌、语言、动作、神态等进行综合刻画，让人印象深刻。

·学生创作片段

1. 妹妹今年十岁，读小学三年级。她那红扑扑的脸蛋上，一双水灵灵的大眼睛透着聪明伶俐的神色。乌黑的头发下，两条弯弯的眉毛，像那月牙儿。她那一排雪白的牙齿当中，缺了颗门牙，一笑起来，就成了个豁牙巴，十分逗人喜欢。

2. 下课了，他像一阵旋风似的从桌旁急走而过。胖乎乎的身体，又圆又大的脑袋，短而黑的眉毛下镶嵌着一对机灵的大眼睛，总让人感到是那样的俏皮、活泼。如果他发现一件有趣的事，立刻发出一阵欢叫，那欢叫声是那样清脆、响亮。一次，他在课堂上不遵守纪律了，老师让他到前边站着。他挺起胸脯，来到教室中央，向全班同学做了个鬼脸，然后似羞似愧地笑着。窗外明媚的阳光斜照在他的脸上，像一只调皮的小企鹅！

3. 由于多年的操劳，爷爷的手背粗糙得像老松树皮，裂开了一道道口子，手心上磨出了几个厚厚的老茧；岁月无情地在他那绛紫色的脸上刻下了一道道深深的皱纹，他原来乌黑乌黑的头发和胡子也变成了灰白色，只有那双眼睛依旧是那么有神。

·教学反思

在以往的作文教学实践中，我深深地感觉到，方法的指导非常重要，盲目的写作往往会缺乏必要的表现力与感染力。对此，在本节课的教学流程设计上，我试图通过让学生在掌握外貌描写的基本方法的基础上进行情境的创设、写作思路的开放性引导。课堂上，通过材料的整合，由浅入深传递给学生关于人物外貌描写方法的有关信息，通过猜猜看的活动形式，创设一种愉悦的学习氛围，激发学生学习的兴趣，发挥学生的主体能动性，改变老师单一的知识传授模式，使师生在共同探究中找寻规律。通过创设情境这种体验式学习方式，学生对人物描写的方法有了清晰的认识，也更清楚地体会到了写人的文章应该如何去写，创造出了大量优秀的作品，达到了学习和运用的目的。

（四）体验式学习的参观调查策略

体验与实践是紧紧相连的。体验式学习注重为学生提供实践的环境和活动，让学生通过在实践活动中充分参与来获得个人的经验、感受、觉悟，并进行交流和分享，然后通过反思再总结提升为理论或成果，最后将理论或成果应用到实践中。

典型案例

“济南市发展工业的有利条件”个别辅导设计

济南市历城区第六中学 /李凤云/

在地理教学中，非常注重培养根据已有资料提取信息解决地理问题的能力。大多数学生习惯了熟悉的知识简单问答、看课本中常见的地图作答，以致在答卷中经常出现“只见填空问答，不见图文资料”的作答误区，这与我们培养学生地理核心思维的初衷是不相符的。

因此，我设计了一次据图文资料答题的专题辅导，化解学生心中对陌生材料的畏难情绪，理解地理知识与现实生活的紧密联系，学会细心地从材料中获取有效信息。

学习课题：济南发展工业的有利条件有哪些?

参观调查："窥斑见豹"，从身边入手。

任选你身边的一家工厂，如纺织厂、钢铁厂、电器厂等，利用查阅资料、实地采访、调查问卷、街头走访等多种形式，收集答案——该厂是看中了这里的哪些条件而将厂址选在这里的呢?

汇总成果：选址一般考虑的有利条件——有开阔平坦的空地、便利的工业用水，附近有可以提供丰富原材料的产地，有便利的交通工具运送原料和产品，靠近人才市场，用工方便，附近有广阔的市场以换取经济效益等。

由此得出，发展工业的有利条件需要从生活实际出发，有理有据，不可天马行空，要充分考虑土地、水源、原料、交通、劳动力、市场等因素。

学以致用：根据教师提供的济南矿产资源分布图、交通线路图、河流分布图、城镇分布图，分析提炼济南发展工业的有利条件。

经过对身边实例的分析，学生都敢于大胆读图，纷纷表示有了现成的资料，比参观调查后才能得出来的信息更加直观、系统、详细。原来，从图文资料中获取信息竟然是如此简单，很快便得出结论：济南铁、花岗岩等资源丰富；铁路、公路、航空等交通便利；有黄河、小清河等流经，水资源丰富；有全福立交桥劳务市场等多个人才市场，劳动力丰富；济南人口稠密，市场广大……

典型案例

"气象灾害之寒潮"教学案例

济南市历城区第六中学 /徐优越/

在人教版地理八年级上册第二章第四节《自然灾害》的教学内容中，关于气象灾害的认知和影响部分，我们可以从学生的亲身体验入手，针对学生的实际生活体验，通过感受引导学生主动参与、独立思考、合作研究，发展学生搜集和调查相关资料、处理信息的能力，获取新知识的能力，分析和解决问题的能力，以及交流合作的能力。

教师组织学生进行两个实践活动。

第一个实践活动，2021年1月7日，济南迎来了有记录历史以来的最低气温（莱芜区 −24 ℃）。学生记录自己在上学路上的体验感受，并调查济南近几年的最低气温记录。

第二个实践活动，引导学生探究寒潮的发源地和影响途径、造成的不利影响。学生通过学习和搜集资料，交流合作，发现：冷空气发源于西伯利亚、蒙古一带（亚欧大陆中部），一路南下，性质寒冷干燥，影响我国大部分地区，尤其是北方地区，带来大风降温天气。寒潮更使天气呈现断崖式降温，给农业生产带来低温冻害。学生可以展示交流低温冻害的相关图片。

寒潮的主要危害

1. 寒潮是一种大型天气过程，会造成沿途大范围的剧烈降温、大风和风雪天气。由寒潮引发的大风、霜冻、雪灾、雨凇等，对农业、交通、电力、航海和人们的健康都有很大的影响。寒潮和强冷空气通常带来的大风、降温天气，是中国冬半年主要的灾害性天气。寒潮大风对沿海地区的威胁很大。

寒潮带来的雨雪和冰冻天气对交通运输危害不小，如1987年11月下旬的一次寒潮过程，使哈尔滨、沈阳、北京、乌鲁木齐等铁路局所管辖的不少车站道岔冻结，铁轨被雪埋，通信信号失灵，列车运行受阻。雨雪过后，道路结冰打滑，交通事故明显上升。

2. 寒潮大风是由寒潮天气引起的大风天气。寒潮大风涉及面较广，中国北方地区的内蒙古、甘肃、宁夏、陕西北部、山西北部、河北、河南北部，以及黑龙江、吉林和辽宁等地均是寒潮大风频发的地区，淮河以南到中国南海中部海域也会出现寒潮大风。寒潮大风主要是偏北大风，风力通常为5～6级，当冷空气强盛或地面低压强烈发展时，风力可达7～8级，瞬时风力会更大。

3. 寒潮冻害，寒潮天气的一个明显特点是剧烈降温，低温导致作物霜冻害、河港封冻、交通中断灾害，常会给工农业带来经济损失。寒潮冻害特指冬季严寒对越冬作物的冻害。

寒潮天气过程是高纬地区大规模的强冷空气南下，使经过之地出现剧烈降温和大风的天气过程。当气温下降到0 ℃（冰点）以下或较长时间持续在0 ℃以下，就会引发越冬作物的植株体结冰而丧失一切生理活动，造成植株枯萎或死亡，严重的低温也能引起牲畜患病或冻死。

4. 寒潮雪灾，在寒潮过程中，最突出的天气是降雪（雨）、大风和剧烈降温。

冬季适量的积雪覆盖对农作物越冬、增加土壤水分、冻死害虫卵、减轻大气污染等是有益的，但寒潮带来过多的降雪，甚至连续数天或十多天的暴风雪，就会造成灾害。

预防措施

1. 高度重视，及时做好各项防御工作。各地、各有关部门应该高度重视，立即行动，采取有力应对措施，及时、负责地组织好防御工作。同时，要利用新闻媒体、电子商务、手机短信等，迅速将天气变化过程及其有关消息和防御措施向社会发布，以便广大群众和有关单位及时开展防御工作。

2. 采取措施，确保农业生产安全。各县（市、区）和市农业局要组织农技人员深入一线，积极指导和帮助群众采取各项防御和补救措施，最大限度地减少灾害损失。以设施农业为防御重点，认真做好棚体加固、压紧棚膜、保温防冻等防御工作。加强圈舍加固、畜禽免疫等工作，做好幼仔畜的保暖，提高畜禽抗寒抗病能力，确保畜禽安全。

3. 立即行动，切实做好其他方面工作。各地、各有关部门要迅速行动，明确责任，落实任务，对大风可能影响的建筑工地、户外广告、电力设施、城乡危房等重点部位，认真排查，对可能出现的问题要提早预防，采取强有力的措施，确保人民群众生命财产安全。

4. 交通安全。大风对海、陆、空交通的运营影响都比较大，从事海上作业的人员，应根据天气预报情况采取停止作业、回港避风、加固船只和钻井平台等措施；加强船舶动态监管，做好现场巡查和现场检查工作；密切关注天气变化，严格执行抗风等级的规定，严禁超抗风等级冒险航行。加强值班，保持正规瞭望，谨慎驾驶；加强船岸联动，企业的主要管理人员积极、主动、全面地掌握船舶状况，及时消除潜在的不安全因素。在风力很强的情况下，应关闭机场和高速公路，特殊情况下，客运列车也要停运，以防止大风引发交通事故。

5. 品种培育。植物冻害是在强冷空气爆发南下产生剧烈的降温时引起越冬作物和果树受冻，造成植株死亡或部分死亡。因此，防御冻害，一方面要设法提高越冬作物和经济果木抗御低温的能力；另一方面要采取措施阻挡寒风入侵，减小降温强度。

扩展资料

寒潮的爆发在不同的地域环境下具有不同的特点：在西北沙漠和黄土高原，表现为大风少雪，极易引发沙尘暴天气；在内蒙古草原则为大风、吹雪和低温天气；在华北、黄淮地区，寒潮袭来常常风雪交加；在东北表现为更猛烈的大风、大雪，降雪量为全国之冠；在江南常伴随着寒风苦雨。

每年9月到次年5月均可能发生寒潮，集中于3、4月，我国大部分地区受到影响。

典型案例

“地球的运动”教学案例

济南市历城区第六中学 /李迎迎/

“地球的运动”这部分内容，对七年级学生来说既是地理学习的重点，又是难点。单纯的课堂讲解，以学生目前的认知水平来说，他们很难理解。就拿地球运动与影子的关系这个知识点来说，如果只是单纯地告诉学生，一天中不同时刻影子的方向和长短是不一样的，学生有一半以上是懵的。哪怕你告诉他们影子的方向是和太阳相反，他们中也会有一部分人不明白。后来我意识到，学生的生活常识非常少且思维能力差，需要改变教学策略，让学生亲自去动手操作、动眼观察，学生才会理解。

对于地球自转产生的时间差异，我让学生动手操作地球仪，在地球仪上找到一条纬线，然后在这条纬线上找两个存在一定距离的A、B两点（比如北京和乌鲁木齐），然后让这两个点同时处于眼睛看不到的地方。眼睛代表太阳，按地球自转方向转动地球仪，观察先看到了哪个点，当看到这个点的时候表明这个点是清晨，而另一个看不到的点就是黑夜。随着地球的自转，会慢慢看到另一个点，说明另一个点是清晨，而此时第一次看到的点早已经进入了白天，这说明了位置偏东的地方先看到太阳，时间早；位置偏西的地方后看到太阳，时间晚，时间有早有晚就产生了时间差异。这样学生通过自己的动手操作就理解地球自转产生了时间差异这个地理现象了。

对于影子这个问题，我让学生分别在上午、正午、下午去观察教学楼外面的灯杆，观察灯杆的影子方向和长短变化。学生观察后会发现，三个时间点影子的方向不一致，长短也不一样。比如，上午时影子朝向西北，这时可引导学生想太阳在哪，学生会说在东南，所以影子方向和太阳方向相反。学生通过观察还发现，正午时刻影子是一天中最短的，上午、下午会比正午时刻长，并且时间越靠前、靠后，影子越长。教师进一步引导学生思考一天中不同时刻太阳光线和地面的夹角，即太阳高度，让学生意识到太阳高度越高，影子越短这个现象，从而也为后面学习地球公转打下基础。

很多时候我们以为很简单的知识，并非学生就觉得简单，他们的认知水平目前还是有限，并且很少关注生活，此时我们就需要引导学生通过亲身体验让枯燥无味的知识活起来，产生学习的兴趣，这也是我们为之努力的方向。

典型案例

“济南市的经纬路与地理的经纬差异”实践活动

济南市历城区第六中学　/郭京红/

一、活动设计背景

地理课程是七年级学生新学习的一门课程。在人教版地理七年级上册第一章第一节《地球和地球仪》教学内容中，关于地球仪上的经线和纬线的知识点，是学生学习地理以来的第一个重点和难点，比较抽象，这对七年级学生来说非常容易失去学习地理的兴趣。济南市的一些街道以经纬命名，学生耳熟却不详，部分学生知识和思维视野局限于课本知识、校园和家庭生活，对身边的事物和现象还不能有效连接、联系。鉴于此，在学生学习地理初始，设计此实践活动，就是基于利用学生身边的地理资源，拓宽学生的学习空间，引导学生与身边的地理事物相联系，增加学生地理学习兴趣，落实义务教育地理课程的基本理念；学习对生活有用的地理；学习对终身发展有用的地理；构建开放的地理课程。

二、活动目标

1. 了解济南市以经纬命名的街道走向，比较其与地理上经纬线指示方向的差异。

2. 学会在实际生活中辨别东、西、南、北方向。

3. 通过了解济南市城区经纬路，了解济南发展历史，增强学生热爱家乡、热爱祖国的情感。

三、活动问题的提出

地球仪上的经纬线有无数条，经线指示南北，纬线指示东西。同学们知道济南市的一些街道是以经纬命名的吗？比如“经几路”和“纬几路”？全国最长的城市主干道经十路全长90余公里，横跨济南七个区，你知道经十路的延伸方向吗？它和地球仪上经线指示的方向一样吗？为什么济南市的一些城市街道以经纬命名呢？（设此问，可以引发学生的认知冲突，激发学生探究欲望和兴趣。）

四、活动过程

第一阶段，搜集信息，提前感知。通过网络、书籍等查阅济南市城市交通地图，搜集信息，调查完成以下实践活动任务。

1. 济南市以经纬命名的街道有哪些？这些经纬路在济南市的分布范围如何？

2. 经一路、经二路直到经十路的道路延伸方向是怎样的？纬一路、纬二路直到纬十二路等的道路延伸方向是怎样的？

3. 济南市经路和纬路的延伸方向和地球仪上的经线和纬线指示的方向有无异同？

4. 为什么济南市老城区的城市街道以经纬命名？（济南市老城区街道以经纬命名的缘由。）

第二阶段，实地探访经纬路。准备好指南针，也可以利用手机方向定位功能，实地参观经纬路的延伸方向。

要求：1. 四人一小组，利用星期六或星期日的时间，选择相邻近的一条经路和一条纬路。

2. 利用指南针或手机的方向定位功能，辨别出小组所处位置的东、西、南、北方向，确定小组所在经路和纬路的大致走向。

3. 手绘一张实地探访地的部分路线图。纸张大小自己选，写上所选道路名称和方向。

第三阶段，撰写实践活动报告或实践活动结论。

实践活动反思：课下与学生交流发现相当一部分学生不知道实际生活中的东、西、南、北方向，不知道如何关注身边的地理事物和现象。通过此次实践活动，绝大部分学生基本能在实际生活中辨别东、西、南、北方向，了解济南市老城区街道以经纬命名的缘由，经纬路的延伸方向与所学的地球仪上的经纬线指示方向的差异，既巩固学习经纬线知识，又与身边的地理环境相结合。以此活动为契机，引导学生逐步养成善于把所学的知识与生活中的地理现象和地理事物相联系的意识，增强学生对地理事物和现象的好奇心，增强学生对泉城济南的热爱，对祖国的热爱。

（五）体验式学习的实验策略

在教学中，教师在弄清学生已有知识经验的基础上，应抓住学生的好奇心，激发探究欲，以探究为中心，通过运用多种探究手段，让学生通过亲身体验来建立与知识的联结。

典型案例

“流体压强与流速的关系”教学案例

济南市历城区第六中学 /唐 杰/

与“流体的流速越大，压强越小”有关的现象和应用在日常生活中很多，但这一知识点比较抽象，因此，本节课主要采用实验教学，让学生利用生活中常见的器材，亲身经历观察、操作等探究活动，获得最直观、最生动的现象，从而全方位、多角度地体验流体压强与流速的关系。

·教学过程

1. 创设情境，导入新课

演示实验：用漏斗向下吹乒乓球。

实验前先让学生猜想乒乓球会怎样运动，然后进行实验，与学生的猜想冲突，激发学生的好奇。

教师提问：

（1）联系大气压强的知识，思考：支撑乒乓球不下落的无形力量是什么？

（2）吹气时，乒乓球哪个位置的空气流速发生了变化？

（3）气体压强与空气流速有什么关系？

通过分析，初步猜想：流速大的地方压强小，流速小的地方压强大。

2. 探究活动，获得体验

学生分组实验，用准备好的实验器材验证刚才的猜想。

[实验 1] 纸条一端贴近下嘴唇，用力向纸条上方吹气，观察现象。

[实验 2] 用手拿两张纸，让纸自由下垂，在两张纸中间向下吹气，观察两张纸怎样运动。

[实验 3] 在两根固定好的筷子两端放置两个乒乓球，用吸管向两球中间吹气，观察现象。

[实验 4] 把一根吸管 A 插在水杯里，另一根吸管 B 的管口贴在吸管 A 的上端，向吸管 B 中吹气，观察现象。

[实验 5] 把两个纸杯套在一起，用手握住外面的纸杯，在靠近杯口上方用力平行吹气，观察里面的纸杯有什么变化。

[实验 6] 把两条小纸船放入盆中，用注射器向两条小纸船之间注水，观察两条小纸船如何运动。

教师提示：哪个位置流体的流速大？哪个位置的压强大？

3. 展示交流，增强体验

小组代表展示实验，介绍并解释实验现象及结论。

得出结论：在流体中，流速大的地方压强小，流速小的地方压强大。

4. 学以致用，丰富体验

出示图片，解释现象：

（1）在车站候车时，为什么规定乘客必须站在安全线以外？

（2）“过堂风”让我们凉爽不已，可是风经常把门给关上。你能解释原因吗？

（3）窗外有风吹过，窗帘飘向窗外。你能解释原因吗？

（4）“八月秋高风怒号，卷我屋上三重茅”包含什么物理知识？

比一比哪个小组思路清晰，语言简练，说理透彻。

· 教学反思

本节课采用体验式学习，以实验为中心，让学生一起动手操作、一起讨论。实验比较简单，给学生提供随手而来的实验器材，完全放手给学生，只有学生亲身体验过，他们才会理解，才会应用。让学生在兴趣中学习，在兴趣中寻找规律，理解规律。

典型案例

“声音的产生与传播”之“声音的产生环节”教学设计

济南市实验初级中学　/刘文秀/

本环节在讲明声音的产生时采用了体验式学习，环节流程包括声音的魔力—“看到”声音—感受声音—交流声音的产生—声音的能量。在整个过程中，教师与学生一起体验、一起感受，鼓励学生大胆发表自己的看法，让学生始终处于一种由趣生疑、由疑解惑的体验中。

1. 声音的魔力

开篇带着大家聆听一首很治愈的新单曲《说好不哭》，告诉学生声音是有魔力的。早在我国古代，人们就知道音乐具有影响人的精神与治疗某些疾病的功能，《春秋》中就记载了用音乐为人治病的情况。元代名医朱震亨认为：“乐者，亦为药也。”在国外，中世纪天主教寺院曾用圣歌治疗疾病。美国在现代也建有音乐治疗这一门独立的学科。但是，声音也是有危害的，高强度的噪声对人的神经系统、心血管系统、内分泌系统、消化系统以及视觉、智力等都有不同程度的影响。

2. “看到”声音

提问学生：声音是怎么产生的呢？你想不想看一看？如下图所示，利用激光笔、镜子、纸杯等器材制作一个演示教具，让几个学生使用它把发声体的振动变为光斑的晃动，让所有学生实景体验声音的产生来自发声体的振动。

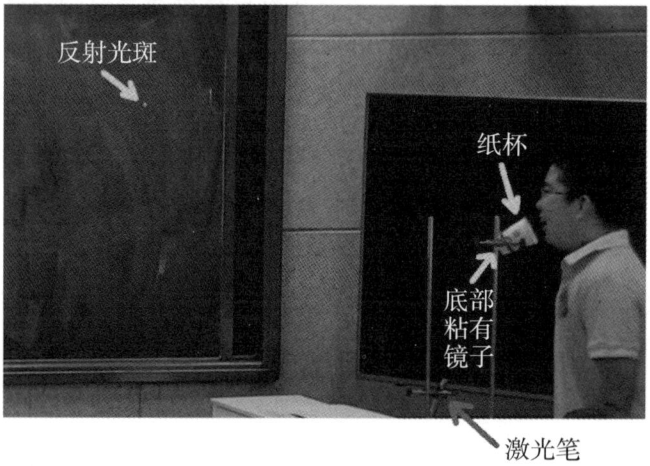

3. 感受声音

根据刚才看到的现象，同学们猜想一下，是不是所有的发声物体在发出声音的时候都有同样的特点呢？下面大家齐动手共探究：

（1）选取：你的文具或身体的局部或老师准备的材料袋中的物品。

（2）操作：让你选取的物品发出声音。

（3）猜想：该物品发出的声音是怎么产生的。

（4）设计：利用实验向其他同学证明你的猜想。

（各组进行自己的实验方案。）

4. 交流声音的产生

同学们探究得这么投入，一定有不少体会吧。哪些小组愿意上前来与大家交流分享一下。（如下图所示，各组拿所选实验器材展示，与其他学生交流分享，其他组有不同看法可随时质疑，教师根据交流情况整理板书。）

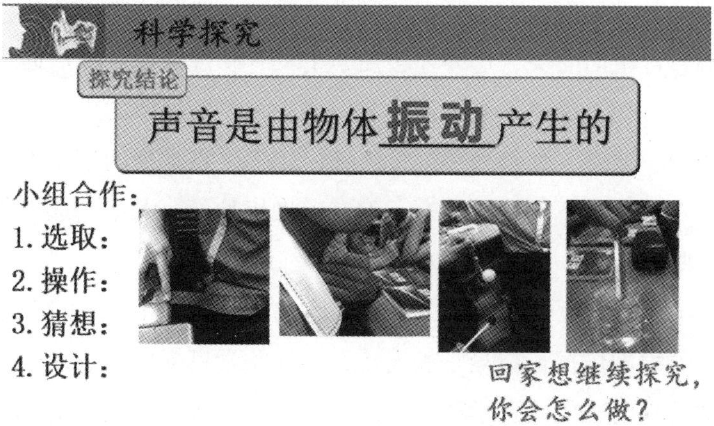

5. 声音的能量

同学们探究出了声音是由振动产生的，不要小瞧这微小的振动，它也是蕴含能量的。下面我们就来制作一个神奇的风车体验一下振动的能量吧。（如下图所示，播放制作流程的视频，各小组制作完成后，展示给大家利用声音让风车转动起来。）

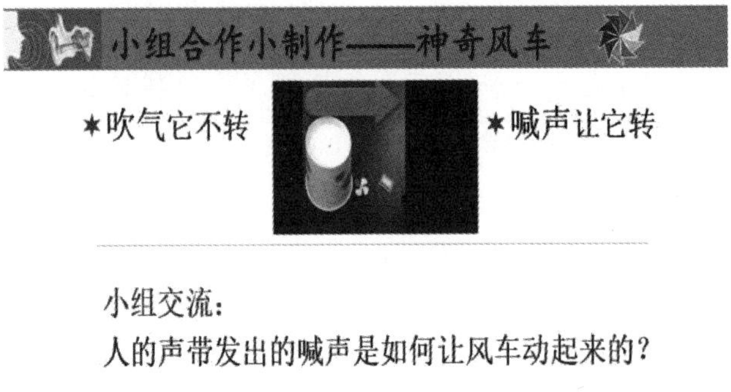

（六）体验式学习研究与推行中应注意的问题

第一，体验式学习在不同学科的应用是不同的，即使在同一学科，也要选择合适的教学内容。

教学模式与教学内容有着紧密的联系。例如，体验式学习所适合的知识往往与学生的日常生活有关，这样才会使学生具有感性认识，然后通过设计操作实验完成体验过程。如在《小蝴蝶花》一课中，根据具体的内容适宜选择在情境模拟中体验，课堂上教师通过创设情境，让学生在虚拟的情境中去体会、感悟小蝴蝶花不同情况下的不同心态；而在《将相和》一课中，选择角色表演体验更合适一些。

体验式学习一定要选择合适的课题内容进行利用，不能盲目照搬照抄。选择教学方式的根本依据，应当是确定什么样的教学目标、完成什么样的教学任务。具体的选择则必须结合学科的特点、教学的内容、学生的实际发展水平来进行。

第二，作为多种学习方式的补充，体验式学习同样有着自身的特点与优势。这些特点与优势该如何与不同学科、不同年级整合则是我们研究的重要议题，即在不同的年级、不同的学科该怎样去实施体验式学习方式呢？有没有一定的规律可循？

与其他新学习方式一样，体验式学习方式不是万能的，无论哪种教学方式，是否适合教学，都是要讲条件的，不能空说理念。所有的教学方式都不是万能的，我们在实际教学中应该分清实际情况，明确哪一种方式在什么情况下用，不要盲目追风，只想到是新的就要用，而不考虑这种新的方式是否能够解决问题，如学生要学习一些较难掌握的基础知识和基本技能，就离不开教师的讲授，而不能只靠自己的研究或探究。学生要形成良好的情感、态度和价值观，就必须依靠学生在实践活动中的亲身感受、体验和领悟，而不能只靠讲授。

第三，在运用体验式学习方式的时候，不仅仅是关注形式，更重要的是关注学生的学习效果和学生的发展。那种只图形式，课堂上热热闹闹，下课后学生一无所获的体验式学习是没有意义的。

第四，体验式学习方式的评价问题有待于深入研究。什么样的体验式学习是有效的？有什么样的评价标准？这是急需解决的问题。

第五，体验式学习方式期待学校相关制度的保障。

提供学生实践的机会和场所。体验式学习模式的重点之一是让学生在实践中得到提高，从而培养其创新能力、合作能力等多方面能力。为此，教师、学校要为学生提供实践的机会和场所，从而达到教学目的。

典型案例

人教版英语九年级 Unit 14 Section A 1a—2d 教学案例

济南市历城区第六中学 /王培培/

· 案例背景

本单元是本学年最后一个单元，也是初中学段最后一个单元。本单元设计的目的旨在复习巩固初中学段一些重要语法项目，同时让学生回顾和总结初中三年美好时光。Section A 通过回忆初中毕业生的在校时光，在语言上让学生回顾和加深对 remember doing、现在完成时及固定搭配的理解及运用，在情感上让学生珍惜中学美好时光。

2a 活动呈现了本单元的核心话题及动词 remember 加动词 -ing 形式的用法。通过主题图中两名初中毕业生的对话，激活学生关于初中生活的背景知识，同时导入本单元话题之一——回顾过去时光。1b 活动通过与主题图匹配的听力输入，让学生再次熟悉“在校时光”这一话题，并激发学生表达自己回忆和体验的愿望。1c 活动让学生谈论记忆深刻的事情或经历，在复习动词词组的基础上复习现在完成时。

2a—2c 是一组完整的听说练习，听力对话内容除回忆和体验初中生活之外，还引入对未来生活的讨论。2d 示范对话集中体现了 2a—2c 听说任务部分所使用的语言，涵盖了 Section A 中重点时态及从句的用法，本部分输入的语言更加丰富，为学生提供了示范，旨在培养学生在活动中使用语言的能力。2d 对话中，两名学生谈论各自最难忘的老师，表达自己对老师的感谢之情，让学生学会感恩。

· 案例描述

针对这样的教材内容，我把本节课按照听、说、读、写的技能训练设计为四个环节：想回忆，听回忆，说回忆，写回忆，每个环节完成任务的情况对应学生熟悉的游戏等级，即青铜、白银、黄金、王者。

环节一：想回忆。通过学生们的照片引入他们的回忆，进而引出 1a 图片，呈现教材主题图，感知、理解、运用目标语言 remember doing。

环节二：听回忆。在听力 1b、2a、2b 中分别设计五道中考听力 C 篇选择题，这些题目要精心设计，避免和教材重复。在听之前做好听力策略指导，通过预测、速记、笔记等方法完成听力任务。听后做好听力输出，1c 通过两个主题句 I remember doing... 和 I have learned to ... 来巩固目标语言。

环节三：说回忆。导入话题 2d 图片，设置阅读问题来解读对话。通过对长句及重点短语的分析和文本的理解，进行模仿表演展示。

环节四：写回忆。引出话题：Which teacher will you miss the most after your junior high school？进行写作：My favourite teacher。作文写作设置两个等级。B 等级是改写 2d，A 等级可参照作文结构和所学句型及词汇，自行构文。教师给予相应的要求和指导、作文的评分标准，以及生成的作文范文。

通过以上活动，完成本节课的教学任务，在此过程中，学生们回忆满满，对老师、学校满是感恩的心情，同时，他们也体会到珍惜时光，努力创造未来的重要性。本节课收到良好的教学效果。以下是教学设计。

· 案例分析

教材与学情分析	教材分析： 1.Words and expressions survey，standard，row，keyboard，method，instruction，double，shall，in a row，remember doing 2.Target language of listening1b，2a/2b （1）Topics 1）Share past memories：Do you have any special memories ? I remember doing .../I remember + 从句 2）Share experiences：I have learned to... 3）Look ahead to the future：I am going to do/I will do/I want to do... （2）Useful expressions 1）Word groups：school survey/in a row/meet the standard/take a break/clear instructions/play the keyboard/teaching method 2）The long sentences ① 1b：I always did my homework carefully to meet his standards. ② 2a/2b： He gave us really clear instructions so that we'd be safe when playing sports. My best memory is when That's Life played at school . Remember we wrote a letter to the band about our dream of hearing them play，and they offered to come ? 3.Some key structures Simple past/Present progressive/Present perfect/Simple future/Simple present/used to do Target language of conversation 1c，2c：语言输出 （1）I remember scoring two goals in a row during a soccer competition. （2）I have learned to play the keyboard in music class. （3）Do you remember Mr.Hunter ? ——He gave us really clear instructions during P.E.class. 4.Target language of conversation 2d （1）Useful expressions：miss the most/be patient with sb./work out the answers/no matter how/guide sb. to do sth. /take the time to do.../explain sth. to sb. clearly/put in more effort/encourage sb.to do.../scores doubled/

续表

<table>
<tr>
<td>教材与学情分析</td>
<td>（2）Sentence structures
1）I know that Ms. Lee was always patient with you in math class.
2）She helped you to work out the answers yourself no matter how difficult they were.
3）He always took the time to explain things to me clearly whenever I couldn't understand anything.
4）Shall we get each of them a card and gift to say thank you？
学情分析：
本单元的话题贴近学生实际，尤其是当学生面临毕业，回忆三年时光时会有很多话说，能够强烈地引起学生的兴趣。学生已经学习了用一般过去时、现在完成时描述过去发生的事情，用一般将来时表达要发生的事情，但是还存在以下的障碍：
1. C 层同学不能利用语音知识正确地拼读、理解和运用本节个别词汇。
（1）对 standard/keyboard/instruction 等长单词不具备自然拼读的能力。
（2）对单词 instruction 的词义“指示，命令，说明”的具体语境还不能很准确地运用。
（3）对 in a row 的理解不准确：连续地。
2. 部分同学无法借助预测、速记等方法，正确地获取人名听力信息。
（1）不能够全部选出 2a 中的 facts。
Someone liked Mr. Hunter's teaching methods.
（2）综合概括听力信息的能力还是不强。
3. 1c/2c 的主句型输出受词汇量的限制而表达有限，学以致用的现象不会立竿见影。
（1）个别学生对 remember doing 和现在完成时的理解及运用不准确。
（2）C 层同学 2c 的 role play 很生硬，具体来说就是不具备长句输出的能力。
4. 2d 中学生对长句的理解及运用阻碍了学生对话的开展。</td>
</tr>
</table>

续表

<table>
<tr><td>教学重难点</td><td>教学重点：
1. 能理解下列词汇和句型：
survey，standard，row，keyboard，method，instruction，double，shall，in a row
I remember doing.../I have learned to do...
2. 能利用抓关键词，速记获取 1a，2a，2b 中听到的人名和相关信息。
3. 能通过跟读、角色扮演等方法巩固在对话中学到的句式结构，进而复习各种时态和句型。
教学难点：
1. 能在 1b 听力中应用前后信息，综合分析新单词 standard，确定事物的逻辑关系，把 names 和 memories 匹配，能通过听关键词攻克 2a 中最后一条 facts。
2. 能根据 2d 的对话内容，学习掌握关键句型并描述自己的老师。
3. 本节课的最终输出：书面表达，运用主句型和各种时态及句型，修改润色作文：回忆自己的老师。</td></tr>
<tr><td>教学目标</td><td>听力过程性目标 1
能理解生词和重点句型：
survey，standard，method，instruction，remember doing
Do you have any special memories？
I remember doing.../I remember + 从句
听力过程性目标 2
能根据听前活动 1a 和插图中对应的听力题目处理信息，以及获取四个人名。
1b 的听力内容是谈论 sharing memories of junior high。
听力过程性目标 3
能借助速记关键词法获取 2a，2b 中听到的人名及关键词：study，take a break，hurt，concert，the best memory。
听力终结性目标
借助预测，速记关键信息，听懂关于最美回忆的讨论，完成模拟中考 C 篇的五个小题。
对话过程性目标 1
能理解生词和主句型：
survey，standard，row，keyboard，method，instruction，double，shall，in a row
I remember doing.../I remember + 从句 /I have learned to...</td></tr>
</table>

续表

教学目标	对话过程性目标 2 能用“I remember doing / I have...”句型谈论 memories and experiences，能用目标语言谈论自己的老师。 Do you remember Mr.Hunter ?　　——He gave us really clear instructions during P.E.class. 对话过程性目标 3 能通过模仿、朗读 2d 的对话，将对话改编复述。 对话终结性目标 能够运用教材结构和词汇对 2d 的对话进行改编创造形成作文。
教学过程	活动一：想回忆 活动目标：学生能理解生词和新句型 survey，standard，method，instruction，remember doing。 对应教学内容 1a，达成教学目标中对话过程性目标 1。 1. 构建动场 创设情境导入： I remember meeting all of you in Grade 7. Enjoy the photos of Grade 7 and the song. 2. 自主学习 （1）1a 情景：Look at the picture：At a party，what are they talking about ? （2）学生根据图片和语境，理解主句型： Do you have any special memories ? I remember meeting all of you in Grade 7. 理解 doing a school survey 等词汇的意义。 3. 交流探究—综合建模 （1）学生通过图片进行问答 What do you remember about junior high school ? I remember doing... （2）学生勾出 1a 中自己的回忆，并进行头脑风暴，补充书上未提到的自己的 special memories。 活动二：听回忆 活动目标：学生借助听前题目内容来速记、分析关键信息，对应听力材料 1b、2a、2b，完成相应练习中模拟中考 C 篇的五道小题。

续表

教学过程

1. 构建动场—自主学习

（1）教师提供听力策略，让学生进行听前听力题目分析，引导学生完成五道学考听力题型。

（2）教师播放 1b 的录音，引导学生完成听音练习任务。

（3）Listen again and fill in blanks.

Retell：What do they remember？

（4）听 2a 录音，引导学生完成五道学考听力题型。

（5）教师再次播放 2a 录音，引导学生完成 2a、2b。

（6）Listen again and fill in the blanks.

2. 交流探究—综合建模

（1）1c：学生两人一组就 memories and experiences 以及 remember doing 结构进行反复操练。——1b 结束之后。

（2）2c：Role-play a conversation in groups.——2a/2b 结束之后。

活动三：说回忆—写回忆

活动目标：学生能够运用教材结构和词汇对 2d 的对话进行改编创造，并进行人物回忆描写。

1. 构建动场—自主学习

（1）Read for the main idea of 2d.

（2）Read and answer 4 questions.

Students	Teachers	What subject	Why
Clara	Ms. Lee	math	patient, helped her to work out the answers
	Mr. Brown	science	took the time to explain things clearly
Judy	Ms. Griffin	English	encouraged her a lot

（3）Listen and repeat

2. 交流探究—综合建模

（1）Role-play the conversation.

学生分层次进行 Role-play 活动，A 层同学根据框架分角色进行对话活动；B 层同学自己设置情景，结合自身英语学习情况把对话进行改编创新，适当添加交际用语，并进行表演。

（2）通过本节课的学习最终输出作文：My favourite teacher。

续表

当堂检测	1. Level B 根据 2d 改写成文。 2. Level A 完成中考作文。 （1）谋篇：总分总。 （2）时态：用对时态，写对动词。 （3）句式：短句和高级句子相结合，好词好句增光彩。 （4）书写：认真最美。 Everyone has his or her favourite teacher at school, and so do I.(引出话题) My favourite teacher ××× is...（对老师的相貌描写） Maybe you'll wonder why...Well, as our English teacher, I remember...I can easily understand everything...Another example is that ... I have learned to...We（especially I）like to...Some even asks...（喜欢老师的原因） All in all, ...Whenever I think of her, ...（我的感受）
作业布置	1. 完成 2d 的复述和改写。 2. 润色修改作文。 3. 每日阅读。

·结论与思考

课后反思：本节课是九年级最后一个单元，地位举足轻重，教师通过引导学生回忆七年级的美好生活，用贴近学生的情境导入教学话题，激发了学生的兴趣，同时也能够使学生更好地接受和理解本单元的内容。本节课主要讨论怎样表达自己的回忆，语法重点为 remember doing，这一结构并不复杂，学生不难掌握，因此，将教学的重点放在让学生进行实践操练上，通过所学时态和句型结构描述和记叙自己做的事情和印象深刻的老师。教学形式上，结合听力训练、pair work、小组活动、角色扮演等，充分调动学生的积极性，促进教学的顺利进行，在写作输出这一块应当设置好分层。

·板书设计

课堂评价	Task	Level
	想回忆——	青铜
	听回忆——	白银
	说回忆——	黄金
	写回忆——	王者

典型案例

体验式学习在初中英语读写一体课中的应用教学案例

济南市历城区第六中学　/牛余婷/

体验式学习是指学生作为学习的主体，以任何可用感官作为媒介，用全部的心智去感受、关注、欣赏、评价某一事件、人物、环境、思想等方面。体验式学习与生活中其他任何一种体验一样，是内在的，是基于个体认知图式而形成的学习过程，是个人通过一定的知识、技能和方法等方面的参与而获得的形体、情绪、情感、知识上的体验。与传统的以教师为主体的讲授式教学相比，学生在体验式学习中更具有参与感、获得感。真正有效的学习是一种心智活动，而不是单纯的记忆或理解。我们以往的阅读教学往往更加关注词汇或语法，久而久之，学生不会阅读、无法自主阅读，在学习中积累了大量的词汇，但面临写作时无话可写、行文没有逻辑。英文阅读文本为英语写作提供了有效的文体、逻辑、句式等支撑。因此，通过以读促写、读写一体、以写促读的读写体验式学习，我们可以让学生基于个体认知图式形成自主阅读、读写迁移的学习过程。

· 教学实录

本节课是人教版英语九年级 Unit 13 的阅读课“Rethink, Reuse, Recycle!”。从教材内容上看，文章介绍了三个在环保再生方面有突出贡献的人物，以及他们的做法。本部分的重点是让学生了解环境保护的方式，并通过积极的体验落实到日常行动中去。教学的难点是阅读后让学生思考周围的环境状况，完成写作任务。本节课在教学设计上主要有以下亮点和不同：

首先，通过大量的视音频材料激发学生对周围环境的认识。

其次，翻转课堂，将写作任务前置——学校绿色星球组织正在招募志愿者，请你发出倡议。通过真实的情境将全体学生带入教学情境，目的是激发学生阅读的兴趣，让学生产生一种渴望学习的冲动，自愿全身心地投入接下来的学习过程。

再次，整体设计阅读环节、自主阅读过程，内化体验，并形成概念或观念。

最后，讨论、反思、写作应用。

本节体验式读写课对我们以后的阅读写作教学有以下启示：

1. 整体阅读学习文本写作手法

针对学生不能自主阅读、教师只关注文本词汇和语法的现象，整体设计阅读任务、阅读情境，能激发学生的阅读兴趣和强烈的动机。整体设计阅读任务具体包括领会文章主旨、段落主旨、段落联系、文章功能、段落功能等问题。通过不打断学生的阅读方式，让学生带着问题阅读，这是概念和观念形成的阶段。在这个阶段，教师只是资源和架构的提供者，当学生试着消化阅读文本为内在概念时，体验式学习就发生了。

2. 小组讨论深化学习体验

在小组讨论整体阅读阶段，学生通过他人的案例分析和参与讨论进一步深化对文本概念和行文逻辑的理解，小组讨论阶段甚至鼓励组内分角色表演，并跨组展示，通过不断的反思、同化和顺应，达成新的目标。在这个阶段，学生通过参与、评价他人的展示，形成积极的感悟。在分析语篇时可以按照“分析语篇总体结构—分析段落结构—分析段落细节—分析写作意图—同类型作文训练”的步骤展开读写训练。从阅读的角度看，解读语篇类型分析文本框架能帮助学生整体理解文本，把握逻辑关系。从写作的角度看，改变学生写作无序的状况最好的方式就是让学生做到有章可循，注意表达的层次性和逻辑性。作文的逻辑性不仅仅表现在连接词的使用，更重要的是文章的逻辑关系。

3. 通过缩写、仿写、续写等实现阅读迁移

此阶段是反馈外化阶段，体验式学习着重在现实世界。当学生能将所学知识运用在解决自己的状况和案例上时，是他们学得最好的时候。体验式学习的读写一体化就是要在学生搭建起文章整体支架后去应用，缩写和续写是建立在对文本充分理解的基础上，用自己所学的语言知识进行简短的概述。文章的续写能够激励学生更好地把握文本的内涵和作者的意图，同时，可以有效锻炼学生的联想能力。最终目标是实现学生更高级的话题或主题情境式写作。

· 教学反思

体验式学习在读写一体课上有较为积极、高效的实践效果。通过以读促写、读写一体、以写促读的读写体验式学习，我们可以让学生基于个体认知图式形成自主阅读、读写迁移的学习过程。在实践过程中，我们改变了读写分离的教学现状，在实现学以致用的同时，培养了学生的阅读能力和思维品质，同时，也提高了学生有效输出和表达的能力。在日常教学中，教师要树立读写一体的意识，深挖教材中的写作知识，为培养学生综合语言运用能力和人文素养打下基础。

典型案例

体验式学习在英语口语教学中的应用

济南市历城区第六中学　/孙海霞/

初中生英语学习始终以词汇和语法的学习为主，忽视口语的重要性，导致许多学生在遇到具体情境时无法用英语交流表达。现阶段，对初中生来说，课堂教学是英语口语教学基本且主要的组织形式。学生要学好口语一定要立足校园、立足课堂。这就要求教师在课堂上要以学生为主体，为学生的充分表现和自我发展留出足够的时间和空间。体验式学习以学习者为中心、强调行动学习、“在做中学”这些特点恰恰满足了口语学习的需要。

在具体的课堂口语教学中，教师应该为学生创设一个自由、开放的情境，让学生自由发挥，尽情展示自我，表达自己的想法。学生有了各种体验，才能加深对理论知识与周围环境、世界的理解与感悟，这样，学生的思维才能得到有效锻炼，内在动力和潜能才能得到不断开发。例如，教师可以进行情境交际。为了提高模拟情境的真实性，教师还可以事先从学生手中收集一系列物品，如带有包装袋的各种食品、各种文化用品、衣物等，这样，能使学生产生一种更加客观、真实的情境交流状态。

以人教版七年级上册第七单元为例。本单元的话题目标是让学生学会用“How much...？ It is...”“They are...”句型来询问物品的价格是多少。在对本校英语教师进行调研后，发现教师的口语教学过程均体现了体验式学习模式，学生在教师创设的具体情境中进行体验式学习。

活动程序如下：

1. 构建动场（创境）

话题：假如你是 Mike，你需要到商场购物买衣服。将学生按 6 人一组对全班进行分组。小组成员需要呈现提前准备好的衣物作为道具。一人扮演 Mike，其余同学扮演不同商店的售货员。Mike 需要用目标语言询问不同店员衣物的价格是多少，店员给出相应回答。

2. 自主学习（感悟）

给学生 8 分钟在情境中角色扮演，口语练习基本句型“How much...？ It is...”“They are...”。

3. 交流探究（生成）

教师邀请不同小组上台展示，进行评比。全班学生组间相互展示。

4. 综合建模（升华）

组间学生依据对话评价标准进行相互评价，能说出询问价格单复数用法的不同。

在这样的课堂上，学生不再沉默不语，而是积极、踊跃地回答同学之间提出的问题。在这样一种真实的讨论场景中，学生的语言输出能力被激发，英语语句逐渐脱口而出，而不再是被一点点地逼出来、挤出来，因而课堂教学效率也得到了提高。从课堂反馈来看，这些活动深受学生的喜爱，改变了以前枯燥、乏味的口语练习，学生们开始习惯主动地去表达自己的思想。总之，体验式学习在英语口语教学中被证明是成功的。这种教学方式改变了传统的被动学习方式。真实、有意义的任务有利于激发学生主动参与、亲身实践、独立思考和全面探究。

典型案例

人教版英语八年级上册 Unit 3 Section A 1（1a—1c）教学案例

济南市历城区第六中学 /燕 军/

·教学目标

1. 语言知识目标

（1）能掌握以下单词：outgoing，better，loudly，quietly，hard-working，

longer，thin，short，clearly，win。

能掌握以下句型：

① Tina is taller than Tara.

② Sam has longer hair than Tom.

③ She also sings more loudly than Tara.

（2）能掌握以下语法：

① 形容词或副词比较级形式的构成。

② 表示两者进行比较的句式结构。

2. 情感、态度与价值观目标

能对人物的外表进行描绘，个性进行比较。

·教学重难点

1. 教学重点

（1）形容词或副词比较级形式的构成。

（2）表示两者进行比较的句式结构。

2. 教学难点

He has shorter hair than Sam.

Is Tom smarter than Tim？

She also sings more loudly than Tara.

·教学过程

Ⅰ. Lead-in

Enjoy a wonderful video and think about what's the song about？ Then Ss have a free talk to share their classmates' appearances or personalities.

Ⅱ. Presentation

Show some different pictures to students. And ask them to use as many adj. about people as possible. Check the adj. Ss write and we can group them into some pairs, like：[Section A 1a]

Tall—short；thin—heavy，long hair—short hair，quietly—loudly

Give Ss an example by comparing Pan Changjiang and Liu Xiang.

e.g. Pan Changjiang is shorter than Liu Xiang .

Liu Xiang is taller than Pan Changjiang.

Summarize the comparatives. Group competition.

A + be（V.）+ 比较级 + than + B.

Ⅲ. Listening

Then listen to the recording. When students listen to the tape for the first time, they should know about the main idea. For the second time, everyone must underline more details of the listening materials. Meanwhile, ask Ss to number the twins.

Check the answers together .

Ⅳ. Game（Who can say it quickly？）

Divide Ss into 3 groups and point out the comparative forms of these words. Sum up which group is the winner.

Ⅴ. Pair work

Point out the sample conversation in activity 1c. Three persons in a team and the team leader describes one of them. Then others guess who is he or she.

Ask several pairs to make one or more of their conversations.

Ⅵ. Chant together

Pay attention to the rhyme and pronunciation with background music.

Two Big Trees, Two Big Trees,
taller than the house.
The trees are tall.

Two Big Trees, Two Big Trees,
older than the house.
The trees are old.

Two Big Trees, Two Big Trees,
stronger than the house.
The trees are strong.

Two Big Trees, Two Big Trees,

The trees are big.

The trees are old.

The trees are strong.

Ⅶ. Finish exercises

1.Tina is shorter (short) than Jill.

2.His nose is bigger (big) than hers.

3.This bag is larger (large) than that one.

4.My father is busier (busy) than my mother.

5.Kate is more beautiful (beautiful) than Lily .

Ⅷ. Summary and Homework

Conclude what we have learned this class and finish the homework. Describe the similarities and differences between you and your best friend with the comparative forms.

·板书设计

Section A (1a—1c)

tall—taller, long—longer

thin—thinner, heavy—heavier

expensive—more expensive

competition, fantastic, which, clearly, win

句型:

① Tina is taller than Tara.

② Sam has longer hair than Tom.

③ She also sings more loudly than Tara.

典型案例

体验式学习的光彩

济南市历城区第六中学　/刘月菊/

在日常教学过程中，体验式学习非常受学生欢迎，我在《我爱这土地》这节课中，尝试着使用多媒体技术辅助学生学习，让学生体验到学习的快乐，现将课堂实录整理如下：

师：请大家齐读这首诗。

（学生齐读。）

师：同学们确实读了一遍（有意强调“读”字），但大家有没有注意老师之前讲过的朗诵艺术和技巧呢？我们知道，朗读和朗诵的概念不同，希望同学们能在实际运用的时候做到真正理解和区分。

（学生齐读，总体音量明显提高，并且注意了强调部分字词。）

师：好，大家这一次读的比第一次有进步了。因此，在朗诵时，一定要处理好重音，这对我们理解文章有很大的帮助。比如，“激怒的风”中“激怒”就要用悲伤、有力的语调来读，“温柔的黎明”中“温柔”二字则应该用温和、满怀爱意的声音。再读一遍，要注意正确处理重音。

（学生齐读，并刻意强调了某些句子的重音。）

师：可以听出来，这一次的朗读确实比上一次还要好，但是，有一些老师没有提示的地方，大家就没有注意到。比如，读到“嘶哑”时，就不能太清脆。

（教师范读“我也应该用嘶哑的喉咙歌唱”。）

师：有一些与情绪和情感相关的词语，本身就具有表现力，如悲愤、深沉等，我们在读的时候，不仅要读出它们本来的意义，还要读出它们在诗篇中表达的意义。请大家先自读一遍，同时要圈出每个句子的重音，仔细揣摩如何才能读出诗人在诗句中传达给我们的情感。

（学生自读，教师巡视。）

师：大家读得都很认真。再来齐读一遍，争取读出诗歌的情味。

（学生齐读，读完自发鼓掌。）

师：同学们经过一遍遍的朗读，基本上能正确地处理重音了。但是，老师还是要提示大家一点，关于标点符号，也要注意对它们的把握，主要包括省略号、破折号和问号。比如，“然后我死了”之前是破折号，标志着语意的转折，与前一句不能衔接太快，要做较长的停顿……（学生边听边做笔记）好，根据提示，请大家再自读一遍。

（学生自读，教师巡视。）

师：好，请认真观看视频朗读，模仿诵读，再请同学们有感情地齐读一遍。

（学生齐读。）

师：真棒！看来，通过诵读，大家已经慢慢理解了诗歌。但是，如果我们放慢语速，在两节之间多停顿一点的话，效果会更好。接下来，大家来一遍最棒的。

（学生读完，师生齐鼓掌。）

师：同学们，要想更好地理解作品，就必须有坚实的诵读基础，只要有心、用心，大家都可以成为朗诵家。

（学生含笑，面露自豪。）

在上述案例中，我是运用诵读的基本技巧来指导学生的阅读学习的。整个诵读过程以学生反复朗读为主，教师在适当的时候范读，因而取得了很好的教学效果。

第一，教师采用让学生朗读的方式——齐读来营造良好的课堂氛围。我们知道，学生的朗读水平参差不齐，可能会在一些字词上把握不准，齐读时会出现滥竽充数的现象，但这并不会妨碍学生的初步阅读体验，而且有利于教师进一步引导学生。在诵读的过程中，运用一些基本的诵读技巧是很有必要的。教师在学生初读文本后，要及时提醒学生注意朗诵艺术及技巧，注意对某些字词的强调，也就是引导学生在朗读时要注意重音的运用，以突出某种特殊情感或意义。教师的适时指导使学生的第二遍朗诵比初朗诵有所进步，这种诵读过程中的肯定评价使学生对自己充满信心，对他们的继续诵读有明显的积极作用。在强调了字词的重音之后，教师还引导学生注意一些句子重音的刻意强调和语调的表达，需要重读的部分一定要重读出来，带有情感色彩的句子要区分语调，不同的情感表达要用不同的语调。

第二，虽然学生在教师的步步引导下，逐步纠正了朗诵过程中的一些错误，但是在某些晦涩难读的部分还是突破不了，这就需要教师的示范朗读，如案例中教师处理“我也应该用嘶哑的喉咙歌唱”这一句时，就使学生能够直接领悟教师的语感和情感，从而对所读文本有所感悟。教师在范读之后，又让学生各自朗读，体会与情绪和情感有关的词语的意义。学生在不受其他人影响的情况下经过反复朗读，深入体会文本意蕴，与作者产生情感上的共鸣，更容易获得阅读体验。在充分感悟、体会文本意义和情感的基础上，学生又进行了齐读，读完之后还自发鼓掌，说明学生的自我评价发挥了作用，掌声是对自己的肯定和鼓舞。

第三，重音处理好了，还有停顿、语调和语速的把握。一般情况下，语句的停顿时间和标点符号有关，如破折号与上句之间的停顿时间要较长，教师还就语调的高低升降和语速的快中慢做了解释。学生在教师的细心指导下各自朗读，并在朗读多遍、准确把握作者思想情感的基础上有感情地齐读了一遍。教师在学生读后又适时地提了一些建议，使学生的朗诵技巧更为熟练。

第四，教师做了简短的点评和小结，再一次鼓励学生，使学生信心满满。可以说，在教师的引导下，学生采用齐读、各自朗读的方式，反复品味文本所表达的意义和情感，不仅在诵读中获得了情感体验，还提高了阅读水平，语文素养也得到提升。

这一节课，我深深地体会到教师在进行诵读引导时，要注意：首先，要使学生从整体上理解和把握文本的情感基调，才能在自读过程中充分调动自己的情感积累，同时更好地运用诵读技巧感知文本；其次，学生在采用多种方式进行诵读时，包括齐读、自由朗读等，教师要适时地提示学生对重音、停顿、语速等的运用，并在必要的时候范读；最后，教师要给予学生及时的反馈和评价，不仅可以使学生纠正诵读过程中的错误，而且中肯的评价可以鼓励学生，使他们信心满满，这对体验式学习的顺利进行和体验的获得有极大的促进作用。本节课中，学生在教师的层层提示下，经过反复朗读，已经取得了较好的学习效果，获得了深刻的情感体验，可以说，教师对诵读的引导做得非常到位。但是，仅靠学生的一遍遍朗读和教师的范读，而没有更为标准的示范朗读，就显得较为单薄，因此，在学生自读或教师范读前，可以播放诗歌的原声录音，使学生边听边体会，边体会边感悟，在体会和感悟中习得相关诵读技巧。在学生的自由朗读过程中，教师组织学生讨论诗歌的整体情感基调，只有真正理解了诗歌所表达的情绪、情感，学生才能在朗读时有所依靠，同时，教师也可以请几名朗读较好的学生为全班做示范朗读。还有，教师在教学过程中尤其要注重重音的强调，但对停顿的重视不够，这对学生朗读诗歌也是至关重要的。因此，笔者认为，教师还要多加强调停顿，最好让学生在自由朗读过程中用符号划分出诗歌的停顿，如“假如/我是一只鸟，我也应该/用嘶哑的喉咙/歌唱……”。只有这样，学生的诵读技巧才能真正得以成熟，阅读水平才能有所提高，也才能获得更多的情感体验，并获得阅读体验的升华。

典型案例

体验式学习在初中作文课中的应用

济南市历城区第六中学 /孟秀华/

【教材分析】

写作是运用语言文字进行表达和交流的重要方式，是认识世界、认识自我、创造性表述的过程。写作能力是语文素养的综合体现。

首先，读写结合，强化指导，力求“一课一得”，是统编教材的主要特点及创新设计。不同年级有不同的写作要求，尽可能与阅读配合又自成系统。

七年级	八年级	九年级
写作兴趣、写作习惯、一般的记人写事	文体写作，如说明文、消息、演讲；改编式写作，如仿写、改写	议论文、文学创作尝试、扩写和缩写；作文程式学习，如审题立意、布局谋篇

其次，这套教材在写作的编排上力求调动学生的兴趣，改变学生害怕写作的现状，鼓励学生热爱生活，细致观察；力求“一课一得”，避免笼统和大而无当，要写清楚，有感情；同时加强灵活性和指导性，提供方法技巧。

七年级重点培养学生的写作兴趣和良好的写作习惯，在此基础上初步培养写人记事的能力。七年级上册的写作安排如下：

第一单元	第二单元	第三单元	第四单元	第五单元	第六单元
热爱生活，热爱写作	学会记事	写人要抓住特点	思路要清晰	如何突出中心	发挥联想和想象

专题独立又相互配合，形成系统，循序渐进，提升写作能力。“如何突出中心”是七年级上册第五单元的写作训练。本单元的写作练习，旨在引导学生从熟悉的校园生活、家庭生活、社会见闻中选择有感触的场景、人物、事件，或者触动过内心、引发过思考的物品等，想清楚自己要表达怎样的情感、体悟或思考，然后围绕中心立意设计线索、组织材料、安排详略。

【学情分析】

优势：有小学六年写话和习作经验的积累，又经过七年级上册前四个单元“热爱生活，热爱写作”“学会记事”“写人要抓住特点”“思路要清晰”的专题写作训练，具备一定的写人记事的能力。

不足：对写作存在畏难情绪；围绕中心写作的能力不足，不能根据中心选择合适的材料，舍弃无关的内容，并对选定的材料进行一定的剪裁和加工，安排好先后的顺序，需要教师进行重点指导。

【教学目标】

1. 借助课文，学习并体会如何提炼中心、梳理线索、安排详略。

2. 评改例文，理解并运用精心选材、巧设线索、安排详略等方法突出中心。

3. 写作实践，掌握并运用突出中心的写作方法，培养写作习惯，提高写人记事的能力。

【教学过程】

一、构建互动场，导入新课

在课前，我收集了学生关于本次作文训练的问题和困惑，典型问题如下：

老师给我的作文评语是“中心不明确”，我该怎么做才能让我的作文中心突出呢？

今天，老师就送你几个锦囊，助你写出中心突出的佳作！

二、自主学习

活动一：经典重温，读中悟写

1. 请同学们阅读课本的短文——《如何突出中心》，思考：

（1）什么是中心？中心的作用是什么？

（2）回顾一下，本单元各篇课文的中心分别是什么？

中心，是文章中传达出来的作者的基本观点、态度、情感和意图，也就是作者写作文章的主旨。

写文章一定要有中心，有了中心，文章也就有了主心骨；没有中心，或者中心不明确，文章就像一盘散沙，杂乱无章，叫人不知所云。

《猫》：主要通过三次养猫并最终失去猫的故事，表达了凡事要实事求是，对人、对事都别存偏见、私心，要宽容，要仁爱。

《动物笑谈》：通过讲述“我”与小凫、可可的趣事，表现了作者对动物发自内心的热爱、对自己事业的热爱，还让读者感受了他严谨的科研态度。

《狼》：说明狼无论多么狡诈也不是人的对手，终归会为人的勇敢智慧所战胜。

2. 你能以《猫》为例说说文章是如何突出中心的吗？

（1）锦囊一：主旨明确

学生概括《猫》的中心：主要通过三次养猫并最终失去猫的故事，表达了凡事要实事求是，对人、对事都别存偏见、私心，要宽容，要仁爱。

（欲画竹，就要做到心中有竹，这样才能画出形神兼备的竹子。写文章也是同理，动笔之前，心中一定要明确文章想要表达什么样的中心。）

（2）锦囊二：巧设线索

学生分析:《猫》一文围绕着“猫带给人的情感波澜”这一线索，叙写了三次养猫的经历，叙述清晰，不蔓不枝，有效地突出了猫的命运带给“我”和家人的感情冲击。

（突出中心可设置一条贯穿全文的线索。若把文章比作一条珍珠项链，素材如一颗颗美丽的珍珠，线索就是串起美丽珍珠的那根线，把文章素材有机串联起来。线索的合理设置会让文章结构严谨、条理清晰。）

（3）锦囊三：精心选材

《猫》一文围绕中心，写了三个故事，每个故事都有相对完整的得猫、养猫、失猫的过程，但是每个故事又各不相同，各有特点，引人入胜。

（4）锦囊四：详略得当

《猫》一文中写了三次养猫的经历，但并未平均用力。前两次略写，后一次详写。为什么这样处理？前两只猫虽然可爱，但它们的亡失都是偶然因素，对我的情感冲击较小，所以略写；而第三只猫的受屈和死亡却引起我的自责和反思，情感冲击最强，所以用最多的笔墨来写。这样有主有次、有详有略地选择材料，中心就会突出。

（突出中心就要安排好材料的详略，最能突现中心的材料要写得具体一些、细致一些、生动一些。与中心关系较远的或不太典型的内容要写得简略一些。）

《猫》这一课为我们提供了很多突出中心的锦囊妙计。除此之外，还可以用哪些方法来突出中心呢？

（5）锦囊五：巧写头尾

《雨的四季》一文的开头“我喜欢雨，无论什么季节的雨，我都喜欢。她给我的形象和记忆，永远是美的”起到了开篇点题、引起下文的作用。

《狼》一文叙述了屠户智斗恶狼的经过，结尾“狼亦黠矣，而顷刻两毙，禽兽之变诈几何哉？止增笑耳”画龙点睛，以议论的形式点题，突显了人的智慧。

（突出中心要善用技法点明中心。开头可以开门见山，点题点旨；结尾画龙点睛，点明中心或深化中心，或者点题，或者首尾呼应，结构严谨。）

3. 小结：突出中心的锦囊妙计

锦囊一：主旨明确。

锦囊二：精心选材。

锦囊三：巧设线索。

锦囊四：详略得当。

锦囊五：巧写头尾。

三、合作探究

活动二：运用锦囊，案例诊断

学生默读作文，小组合作，运用学到的锦囊，评议学生作文或提出修改意见。

方法提示：

（1）默读，圈点勾画，对照锦囊进行评价。

（2）合作，将你的修改建议和小组成员交流。

（3）展示，小组代表展示本组的修改成果。

出示学生作文：

成长遇到爱

还记得那次，我独自坐在窗边，望着窗外，想了好久。我之所以这样，是因为我面临一个大问题：是否继续坚持我的爱好——古筝。

我已经是一名初中生了，学习占用的时间越来越多，平时只能挤占自己休息娱乐的时间来练习古筝。随着学习负担的加重，我的内心开始纠结：在学习之余，是继续练习古筝，还是娱乐休息？

散落的回忆在我的脑海浮现，那些记忆的碎片关乎之前的艰辛与收获。

记得那一年古筝三级考试后，我因为考得很好，身心都特别懒散，以致一首特别简单的曲子，练了将近半个月也没有成型。老师对我很失望，严厉地批评了我。面对老师的批评，我选择用不上课不练琴的方式来逃避。老师一遍遍地打来电话叮嘱：如果长时间不练琴，那么手会生。可我没有听进去，依旧我行我素。直到那次与母亲的谈心后，我选择重新练习古筝。

后来，古筝五级考试，需要双手合奏。我练了一遍又一遍，可还是不熟练，是妈妈在我身边陪伴我，鼓励我。在辅导班，我休息时给我递上水果和水，带我去咨询老师；回家后，陪我一遍遍地听老师示范弹奏的录音。终于，在母亲的帮助下，我努力渡过了这个难关。

想起了这些，我又重拾了练习古筝的信心。我决定直面困难，因为我相信，在爱的鼓励下，没有什么事情是做不好的。

也许这就是母爱吧，无声但温暖。

教师预设：

1. 本文线索清晰——以“学习古筝的经历”为线索，意在表现母爱这一中心。

2. 文章围绕中心选择了三则材料：眼前是否坚持学古筝的矛盾、古筝三级考试之后选择坚持的经历、古筝五级考试挑战困难的经历。

3. 本文的中心是想表现母爱，但是在文章主体部分，对母亲的描写仅仅一笔带过。内容的主次和详略不当，建议“直到那次与母亲的谈心，我选择重新练习古筝”和“是妈妈在我身边陪伴我，鼓励我。在辅导班，我休息时给我递上水果和水，带我去咨询老师；回家后，陪我一遍遍地听老师示范弹奏的录音”这两个最能体现母爱的力量促“我”成长的主题的地方，应描写得更具体、细致、生动一些。

4. 结尾有点题意识，但是还可以更鲜明。点题对应上面两个事例，从母亲对“我”成功后的引导和困难时的陪伴促进我的成长，从而体现母爱的主题。

展示修改后的片段：

原文：可我没有听进去，依旧我行我素。直到那次与母亲的谈心后，我选择重新练习古筝。

改文：可我没有听进去，依旧我行我素。妈妈看出了我的心思，晚饭后走进我的房间。我赶紧停下手中的作业，低下头，不敢正视妈妈的眼睛。妈妈坐在了我的身边，轻轻为我拢了一下散乱的鬓发，我慌乱地抬起头看了妈妈一眼。妈妈的眼里没有一丝责怪，我不再躲避，轻轻唤了一声“妈妈”。妈妈深深叹了一口气：“闺女，我在小学三年级的时候，有一次，我考了全班第一名。老师表扬，父母也是不停地赞美。于是，我飘飘然了，上课的时候，眼睛盯着老师，但是心思早跑到课堂外去了。下了课就和同学去操场上做游戏、到麦田里玩耍。老师狠狠地批评了我，但是，我并没有听进去。时间很快来到了期末，考试成绩可想而知了。看到成绩的那一刻，我的脸感觉发烫。我将头深深地埋进了臂弯里。我暗暗下决心，这样的事，以后绝不能再出现。”妈妈说完，拉过我的手，轻轻拍着，“孩子，我知道你现在心里很难受。我相信你能够挺过去。”听了妈妈的话，我再也控制不住自己的情绪，投进妈妈的怀里“呜呜”哭了起来。第二天，优美的古筝乐曲又在我家里响起。

1. 小组交流探讨，以《餐桌前的谈话》为题，进行实践训练。（课本写作实践二）

我们每天都和家人一起吃饭，在餐桌前，大家都在谈论些什么？也许是当天发生的事，也许是正在看的电视节目……请以《餐桌前的谈话》为题，自定立意，写一篇作文。

教师预设：

（1）练习审题

①审题目的限定性：参与的人有谁？是多个人，而非一个人。地点限定在“餐桌前”；时间限定在人们聚集在“餐桌前”的时段。

②审题目的开放性：“时间”的开放度比较大，可以是一年中的任何一天，具体的时段也不一定。“人物”的开放度在于题目没有限定重点表现的人物。“事件”的开放度最大，内容是“谈话”。谈话的内容是什么？是一次内容宽泛的

聊天，还是一次有针对性的谈话？

（2）提炼中心

内容确定了，需要考虑你想表现什么，也就是立意的问题。可以表现亲人之间相互关爱、分享、欣赏、无私奉献的可贵；也可以表现两代人之间相互沟通、理解、体谅、包容的必要。比如，要写爸爸在餐桌前跟你语重心长地谈话，纠正你的错误，立意就可以放在生活的启示上；要写一家人热烈地讨论电视节目，立意可定在展现温馨的家庭氛围上。

（3）选材组材

确定中心之后，对写作素材进行进一步的筛选和组织，确定人物主次，围绕中心，详写什么，略写什么，最后通过什么方式点明中心。

2. 学生充分交流后，范文展示，学生简评。

餐桌前的谈话

生活如同一张餐桌，餐桌上布满了各式各样的菜，坐在餐桌前偶然夹起一道名为爱的美食，那滋味令人回味无穷……

爆竹一声声响起，除夕夜处处洋溢着喜庆。“来喽！”随着妈妈的声音，两盘水灵灵的元宝饺子上了餐桌。奶奶发话了：“大孙子，你妈为了家里忙里忙外，真辛苦。这第一个饺子就给她，好吗？”我点点头，奶奶麻利地夹起饺子送到妈妈碗里。我看了看，那个饺子好特别啊！半圆的饺子边上细细地捏了花边。这里面一定是奶奶做了手脚！正当我思索的时候，妈妈也发现了端倪，说：“这第一个饺子应该长辈吃啊！妈，给你！”但在奶奶的坚持下，饺子还是进入了妈妈碗中，但她没舍得吃。我猜到了，那一定是奶奶视为福音的“钱饺子”！电视里春节晚会开始了，全家人都看得喜笑颜开，餐桌上一片祥和的欢乐。突然，一个饺子飞了过来，滑进我的碗里。这不正是那个花边饺子吗？我瞧向妈妈，妈妈悄悄指着奶奶，对我使了个眼神。我明白了！这是让我把饺子给奶奶呀！

怎么才能让她老人家接受呢？我苦思冥想，终于有了好主意：奶奶历来喜欢节俭，我就好好利用她这个习惯吧。

我不动声色。在奶奶看向我的时候，我就飞快地往自己碗里夹了一个又一个饺子。奶奶急了，说：“能吃得了吗？吃一个夹一个吧，别剩！”我大声说：“好吃！好吃！一定能吃完！”奶奶心疼地望着满碗的饺子，生怕我吃剩了扔掉。

我心里可乐开了花——我的计划完成一半啦！我开始细细品尝着饺子，还不时与家人品评着节目，故意放慢了吃的速度。

只剩下三个了！我偷偷瞧了瞧奶奶，便把手放在肚子上，大叫道：“吃不了了！我快成皮球啦！”

奶奶习惯地板起脸：“叫你少夹，你偏不！这回咋办？”我可怜兮兮地对奶奶说：“奶奶，我错啦！要不您吃了吧？”——果不其然，奶奶马上夹走了全部饺子，好像刚开饭似的，吃得津津有味。我得意地看着妈妈，妈妈笑了，用眼神鼓励我，好似在说：“你真棒！”“嘣！”一声清脆的硬币声响起，大家都不约而同地看向奶奶，我大笑着说：“奶奶吃到钱啦！来年定有好运啰！”奶奶笑得更是灿烂，脸上的道道皱纹也舒展开来，像一朵幸福绽放的菊花。她笑着吐出硬币，说：“来年大家都会有好运气的。”全家人都看着硬币，互相对视着，心领神会地笑了。

家，永远是温馨的避风港。不管是老人，还是孩子，都会眷恋着那餐桌旁的幸福。

（1）概括这篇范文的中心。

本文通过写餐桌前妈妈、奶奶和我互相推让饺子的场景，突出了一家人互相关爱、尊老爱幼的美好家风。

（2）试分析范文为了突出中心，用到了哪些方法？

锦囊一：主旨明确。

锦囊二：精心选材。

锦囊三：详略得当。

锦囊四：巧写头尾。

·教学反思

本节课我和学生一起探讨了写文章怎么突出中心的问题。通过学习，学生切实体会到，要突出中心，首先，要有贯穿全文的线索；其次，要注意安排好内容的主次和详略。围绕中心写作是作文的基本要求，而突出中心则是更高层次的目标。学生认识到写作能力的提升绝非一朝一夕，需要在平时多观察、多体会、多读书、多练笔，持之以恒。

学生从已有知识经验出发，在不断的体验中生成新知识，从感知到真正内化知识内容，形成写作中如何突出中心的知识体系，获得学习力的提升。体验式学习方式让学生更好地在经典课文的解读中，对知识进行建构，在习得写作经验的同时，逐渐形成了自己的思维体系，更加符合初中阶段学生的认知规律。

典型案例

数学体验式学习教学案例

济南市历城区第六中学 /彭年泰/

现结合北师大版数学八年级上册第二章第二节《平方根》第二课时，探讨一下体验式学习的方法。本节课从算术平方根入手，学生很容易走进我所创设的情境之中，既复习了前一节算术平方根的概念，又为引出本节课所学平方根埋下伏笔。这种承前启后的动场设计，使得后面的学习内容变得顺理成章，学生学得轻松、愉悦，充满信心。环节设计注重激发学生的学习兴趣，发展学生的思维。通过具体例子让学生体验什么是算术平方根，而后类比算术平方根引入平方根的概念，紧接着用练习让学生体会平方根的概念，从特殊到一般再到特殊，符合学生的认知规律。研究平方根的性质时，提出开放性问题：一个实数有几个平方根？让学生思考交流，从思维碰撞中体会分类讨论思想，有助于学生发散思维的培养。面向全体学生，使不同的学生得到不同的发展。为了满足所有学生学习数学的愿望，教学中采用了从简单到复杂、由易到难层层递进的方式进行。学生对平方根的概念、性质、符号很陌生，分散突破效果较好。

【教学过程】

一、复习旧知，导入新课

师：上节课我们学习了算术平方根，那么9的算术平方根是多少？

生：9的算术平方根是3。

师：还有其他的数，它的平方也是9吗？

生：$(-3)^2=9$。

师：我们将这两个式子合在一起就得到$(\pm3)^2=9$，上节课我们知道了$3^2=9$，3称为9的算术平方根，$(\pm3)^2=9$，±3称为9的什么呢？这就是我们今天要学习的平方根。

师：大家看一下什么叫平方根？

师：如果一个数 x 的平方等于 a，即 $x^2=a$，那么这个数 x 叫作 a 的平方根，也叫作 a 的二次方根。

师：让我们求下列各数的平方根：64，$\frac{9}{16}$，0.04，0。

生：64 的平方根是 ±8。

师：怎样表达？

生：$\because (\pm 8)^2=64$，$\therefore$ 64 的平方根是 ±8。

师：非常好。

生：$\because (\pm \frac{3}{4})^2=\frac{9}{16}$，$\therefore \frac{9}{16}$的平方根是 $\pm\frac{3}{4}$。

师：对不对？

生：对。

生：$\because (\pm 0.2)^2=0.04$，$\therefore$ 0.04 的平方根是 ±0.2。

师：非常好。

生：$\because 0^2=0$，$\therefore$ 0 的平方根是 0。

师：0 有几个平方根呢？

生：一个。

师：是几呢？

生：0。

二、聚焦问题，自主体验

师：让我们再看一下 −4 的平方根是多少？

（此处有疑问，学生陷入思考。）

师：大家可以讨论一下。

（学生热烈讨论。）

师：哪个小组同学能回答一下 −4 的平方根是多少？

生：−4 没有平方根。

师：为什么？你是怎样想的？

生：没有一个数的平方是负数，正数的平方是正数，0 的平方是 0，负数的平方还是正数，所以负数没有平方根。

师：大家说他说的对不对？

生：对。

师：一个实数到底有几个平方根？举例说明，小组交流。

（学生热烈讨论。教师参与学生的讨论，指导学生对实数进行分类。）

生：正数有两个平方根，0有一个平方根，负数没有平方根。

师：你能举例说明吗？

生：4的平方根是 ± 2，有两个；0的平方根就是0，只有1个，没有一个数的平方等于负数，所以负数没有平方根。

师：刚才这名同学运用了什么数学思想？

生：分类讨论思想。

师：非常好。

师：上节课我们知道 $3^2=9$，9的算术平方根是3，用数学符号怎样表示呢？

生：$\sqrt{9}=3$。

师：那么9的平方根怎样表示呢？

师：让我们一起来表示一个正数 a 的平方根。

正数 a 有2个平方根，

一个是 a 的算术平方根，记作 $\sqrt{a}$。

另一个是 a 的算术平方根的相反数，记作 $-\sqrt{a}$。

这两个平方根合起来可以记作 $\pm\sqrt{a}$，读作“正负根号 a”。

师：9的平方根怎样用符号表示？

生：$\pm\sqrt{9}=\pm 3$。

师：如果 $x^2=a$，那么 a 的平方根怎样表示？

生：$x=\pm\sqrt{a}$。

师：学习数学要有符号意识。

三、概念辨析，深度思考

师：非常好，平方根和算术平方根到底有什么区别和联系呢？大家先独立思考后小组交流。

（学生讨论，教师指导。）

师：正数 a 的平方根与正数 a 的算术平方根有什么区别和联系呢？

生：正数 a 的平方根有两个，正数 a 的算术平方根只有一个。

师：这叫什么不同？

生：数量不同。

生：平方根包含算术平方根。

师：这说的是平方根与算术平方根的联系。很好，区别是什么？

生：符号不同，平方根的符号是正负号，算术平方根的符号是正号。

师：为什么平方根与算术平方根的个数与符号不同，终归是定义不同。什么是平方根？什么是算术平方根？看一下黑板。

典型案例

音乐学科体验式学习教学案例

——《G大调弦乐小夜曲》教学设计与反思

济南市实验初级中学　/翟羽佳/

什么是音乐学科体验式学习？一是音响形式的体验，即各种音乐要素、表现形式、风格特征面貌的聆听、感知与辨识；二是情感、美感的反应与捕捉。当这两者同时存在、相互作用时，才能产生真正的音乐体验。

过　程	内　容
导　入	莫扎特的地位
正文讲解	莫扎特的重要作品《小星星变奏曲》《土耳其进行曲》
	欣赏主题一，并模唱、自主体验与小组合作活动，体会它的节奏特点
	欣赏主题二，模唱、分辨主题二较主题一的区别，自主体验与小组合作活动，体会旋律的连贯性
	完整体验两个欣赏主题，感受节奏、旋律的发展及变化
结　尾	总结小夜曲音乐体裁，学会赏析、体验音乐，聆听《G大调弦乐小夜曲（第一乐章）》的其他主题

·教学设计

师：同学们，大家好，众多周知，莫扎特是一位古典主义时期的伟大音乐家。他3岁弹琴，6岁作曲，8岁时创作的乐曲数量已超过绝大多数音乐家，被誉为“音乐神童”。他创作的乐曲细腻典雅、风格清新、充满诗意，为世界音乐宝库留下了太多珍贵的音乐遗产，著名的音乐作品有《小星星变奏曲》《土耳其进行曲》。

今天我们一起来学习他创作的另一首经典作品《G大调弦乐小夜曲》。

1. 欣赏与模唱主题一

首先，我们一起来欣赏主题一，他给我们留下了怎样的印象？

生：在主题一中，我们能感受到旋律明快的感觉，音色比较厚重。

师：请同学们跟随老师的琴声，用“bong”来对旋律进行模唱。

我们发现这段旋律分成两个乐句，一上行，一下行，采用了“问答式”的创作手法，给人雄壮有力的规整之感。

2. 体验主题一与设计活动

师：为了更好地体验主题一的特点，下面我们为这段旋律加入击掌的动作，并再次体验和感受主题一中巧妙的休止符以及一问一答的明朗与欢快。开始！

（学生一边聆听一边跟随主题一击掌，体验节奏特点。）

（小组交流节奏特点，合作设计实践活动，如敲击凳子、出拳肢体表现等。）

3. 欣赏与模唱主题二

师：接下来，乐曲进入主题二，请大家边听边分辨，主题二较主题一来说，有什么区别？

生：整体来听，我们会发现主题二的旋律要流畅、连贯一些，具有很强的舞蹈性。

师：下面我们用衬词“la”来对旋律进行模唱。

（通过模唱主题二熟悉旋律。）

4. 体验主题二与设计活动

师：为了更好地体验主题二音乐的魅力，我们伸出右手，一边听，一边尝试画出前面旋律的旋律线。

（通过画旋律线的方式体验旋律的特点。）

（小组交流节奏特点，合作设计实践活动，如宫廷古典舞蹈动作、脱帽、拎裙子屈膝礼等。）

5. 完整体验两个主题

师：我们知道，室内乐最初是指在贵族客厅里演奏的音乐，是演奏家们演奏给王公贵族的绅士、淑女聆听的。现在我们完整聆听《G大调弦乐小夜曲（第一乐章）》的主题一、二，让我们身体坐直，在这两个主题中分别加入我们刚才的实践活动，更好地体验古典音乐的魅力，想象你心目中当时的情景，体验一下18世纪绅士、淑女的风度吧！

· 教学反思

本节课在实际应用中学生能够很好地体验与学习《G大调弦乐小夜曲（第一乐章）》主题一、二在音乐特点上的区别，通过肢体语言、敲击物品、画旋律线、模仿表演舞蹈动作、合作展示等方式浸入音乐之中，完整体验音乐。

尤其是在体验主题二时，通过画旋律线，学生能够准确地表达出主题二较主题一有更强的旋律连贯性，而后通过模仿欧洲古典舞蹈动作，与音乐融合在一起，合二为一地体验音乐的完整性以及旋律的特点。在启发展示主题一、二的合作实践活动时，学生能够不同程度地展示小组创编的实践活动，以达到较好的学习效果。

课后询问几名学生，他们表示很喜欢这种上课形式，觉得很有趣，还希望老师制作的画面可以再多一点好玩的装饰。

本节课在应用中侧重通过体验旋律与节奏启发学生的自主探究与体验，避免形式化，真正做到在课堂中激发兴趣，引导学生乐于思考、感性体验、主动交流，以提高对音乐要素的赏析能力，用自己喜爱的方式充分体验音乐带给我们的情绪和情感、节奏与旋律特点，发挥自己的想象力，感受高雅音乐的魅力，以丰富情感提升音乐审美观。

典型案例

践行体验式教学，探寻音乐课美感
——以体验式音乐《小小的船》为例

深圳市光明区爱华小学 /谢秀君/

《关于深化教育教学改革全面提高义务教育质量的意见》要求重视情境教学，这与体验式教学不谋而合。“体验”一词，在《现代汉语词典》（第7版）

中解释为“通过实践来认识周围的事物；亲身经历”。体验式教学是指根据学生的认知特点和规律，通过创造实际的或重复经历的情境和机会，呈现或再现、还原教学内容，使学生在亲历的过程中理解并建构知识、发展能力、产生情感、生成意义的教学观和教学形式。《义务教育音乐课程标准(2011年版)》提出“感受与欣赏”是音乐学习的重要领域，是整个音乐学习活动的基础，是培养音乐审美能力的有效途径。由此我们可以看出，音乐教学的根本目的不是说出音乐表现的是什么，而是引导学生获得和体验听觉的美感和个人情感与心灵的体验。因此，在音乐学科中，体验式教学就是提供音乐体验的机会，让学生用内心的体验与创造去学习音乐，从根本上体现出音乐教学过程以审美为核心的美育过程。

当前，在传统的音乐课堂教学中不难发现，传统的音乐课固定播放音乐或介绍作曲家背景，忽视学生的主体地位，使学生成为被动接受的机器，学生聆听体验的时间却所剩无几；传统的音乐教学往往片面地强调理论知识及技能技巧，过于功利和有目的性，忽略了扩展出来的对生命意义的影响，而且教学过程机械、单一，缺乏灵性及情感表达，不能引起学生思想上的共鸣。在此现状下，如何让学生积极参与、体验音乐？这是一个亟待解决的难题。根据多年的教学实践经验，我认为“体验学习”是小学生感受音乐、参与音乐课堂教学行之有效的方法。下面谈谈我的一些做法和体会。

实践是检验真理的唯一标准。只有通过实践，在实际的教学中运用、改进，才能够对这种教学模式、教学方法、教学策略有充分的了解，并归纳、总结出运用的效果，提升为理论。正是在教学中进行了教学实践，聆听了同行的教学，研究了教学案例之后，才感受到体验式教学的魅力，发现了体验式教学对于课堂教学的实效性。

在《小小的船》这一课中，我以在玩中学、在玩中感受音乐的方式作为主要教学手段，再结合听、拍、读、唱、敲、演等手段，让孩子们在活动中主动体验音乐学习。主要体现在：(1)激发学生的学习兴趣。在教学过程中，首先创设情境，激趣导入，运用打电话的方式和月亮小朋友对话，利用学生的好奇心，激发他们学习音乐的兴趣。(2)重视音乐实践，鼓励音乐创造。通过“听听、拍拍、敲敲、玩玩”，让学生在音乐中感受和体验。在创编三拍子动作活动中，大胆放手让学生自由创编三拍子动作，不断通过音乐实践，增强学生音乐表现的自信心。（3）以美感人、以美育人。在初听音乐“让学生驾着小船遨游夜空”这一环节中，让学生感受意境之美；通过学唱《小小的船》，充分表达了孩子们渴望探索宇宙奥秘的美好愿望和对大自然的热爱之情。

1. 创设情境，引导学生体验音乐学习

情境体验，对小学生融入音乐体验学习活动中具有直接促进作用。在小学音乐课堂中有效创设情境，调动学生的情绪，有利于满足学生对于音乐的好奇之心，让学生得到精神上的享受，提高课堂教学质量。

· 教学实录

一年级学生活泼、好动、爱玩。在教学中，应注意教学方法的趣味化和游戏化，注重情境的创设，注重对音乐的体验和感受，让学生动起来，主动参与音乐活动，让学生在玩中学，在乐中学。比如在《小小的船》这一课中，教师首先通过设置悬念，激趣导入，创设一个神秘的与月亮小朋友对话的体验式情境，同时引领学生静静地听音乐，加强对学生聆听音乐习惯的教育。通过月亮小朋友的邀请，引领学生进入一个奇妙的太空世界，使他们展开丰富的想象，激发他们对音乐的求知欲和表现欲，让整个课堂气氛活跃起来。

孩子善于模仿，通过听音乐，感知三拍子。教师在拍手欢迎中加入了强弱变化，引导学生分别用不同的力度拍手，这样既调动了学生的学习兴趣，又为后面的教学做了准备，还解决了歌曲中节奏的学习部分。通过练习，学生对新歌《小小的船》中的节奏有了基本的印象。

安静的聆听给学生提供充分的想象空间，引导学生学会思考，提升专注力。融入多感官体验的聆听则能让学生在体验与感受中，享受音乐审美过程的愉悦，理解音乐的感性特征和精神内涵。通过想象创设个性化的音乐学习情境，将歌曲作为学生想象的辅助工具，引导小学生在自己创设的故事情境中体验音乐作品的美，促进他们在真实的情境中体验音乐作品，参与到音乐体验学习活动中，在多样的聆听体验活动中自然地有“感”而发，获得丰富的审美体验。

2. 关注学生，促进学生参与音乐体验活动

参与体验，最重要的一点就是让学生参与音乐体验学习活动。关注小学生在音乐课堂中的主体地位，才能让学生学习音乐的积极性大大提高。在实施小学音乐教学时，教师要关注学生的情感，更要重视感性引导。利用科学的方法让小学生参与音乐体验活动，获得情感体验。学生在音乐体验活动中理解、感知音乐作品，方能与音乐作品合二为一。

·教学实录

在核心推进环节中，学生的主体地位应得到充分的体现。教师主要通过带领学生分段体验歌曲、深入完整学习歌曲，让学生参与音乐体验活动。通过听音乐，感知三拍子。教师启发学生感受三拍子、创编三拍子动作。学生聆听音乐，通过踏步整理队伍、边听音乐边自由做划船的动作，再到进行踏步并进行比较。学生在音乐中感受三拍子，能够说出三拍子的特点并创编三拍子动作。除此之外，教师还启发学生静静地听音乐，加强学生聆听音乐习惯的教育。整个核心推进环节呈现出自由、宽松的氛围，使学生在体验中学，在体验中乐，身心得到和谐发展，感受美的熏陶。

通过聆听、演唱进行音乐片段的对比，在比较中去发现节奏、力度、速度和旋律在音乐中的表现力，来形成学生对《小小的船》在节奏、力度、速度和旋律上的不同表现的感知。

从教学效果来看，学生在聆听、演唱的比较中去学习音乐知识的效果明显好于教师先讲授音乐知识再去聆听的方式，此方式加深了学生对音乐形式要素的感知和深入理解，音乐聆听中的直观性音响呈现也让学生对音乐的节奏、力度、速度和旋律有了深入的认识。总之，聆听体验是我们通向音乐审美的必经之路，掌握聆听的方法对于音乐鉴赏能力的培养非常重要，教师在教学中应当积极关注聆听体验的方法。

3. 渲染氛围，推动学生沉浸于音乐体验活动

渲染体验，让学生沉浸在音乐学习活动中，使学生乐于安静地坐下来欣赏音乐作品或者活跃地参与到音乐表达之中，才能实现小学音乐体验式教学的最终目标。

·教学实录

在学唱歌曲环节中，教师启发学生聆听音乐，感受情景，要求学生学读歌词、朗读课文《小小的船》，让学生说出感受和不同之处，并在唱后评价，根据学生的情况找到进行下一环节的突破口。当然，在此过程中，也会找出学生歌曲唱得不够好的地方，请学会的学生做小老师来教唱，以达到突破歌曲的音准、节奏的目的。除此之外，教师还会运用师生对唱、歌曲接龙等多种学习方法巩固歌曲，让学生体会和体验音乐丰富的表现手段。学生在这个过程中通过听音乐，感知三拍子、学读歌词、学唱歌曲，能够完整地演唱歌曲，并选择自己喜欢的乐器、加入自己喜欢的动作和表情，用优美的声音演唱歌曲。通过营造气氛，鼓励学生伴随自己喜欢的动作，自信地演唱，充分调动了学生自主参与的积极性，发挥他们的想象力和创造力。学生通过参与音乐体验活动，增强音乐表现的自信心。在渲染的氛围下，学生沉浸于音乐体验活动之中，在演唱中进一步感受歌曲的美。

渲染氛围、情境创设能激发学生参与体验的热情，促使学生身临其境地感受音乐所渲染的空间，了解音乐所蕴含的文化背景，达到对音乐艺术的深层次感知与感悟，提高学生对音乐“意”境的深入理解与表达，从而提升学生的音乐素养。

4. 创造音乐，让学生成为音乐创作体验者

创作，是音乐学习的最高形式。让小学生掌握必要的音乐基础知识与音乐学习技巧，是小学音乐教学的基本目标。实施体验式教学，鼓励小学生在音乐学习中积极去创造音乐，会转变音乐学习的性质，使小学音乐教育不断深化。

· 教学实录

在《小小的船》一课中，教师通过创设情境：神奇的宇宙中还有许多秘密等待你们去揭开，老师相信在不久的将来，你们也能坐上飞船去探索宇宙的奥秘，实现自己畅游太空的理想，并对学生的学习态度、学习方法以及今天所学到的知识等方面进行积极评价。孩子们充分表达了渴望探索宇宙奥妙的美好愿望和对大自然的热爱之情，激发内心美好的愿望。

这种由虚入实的情景，会给学习带来更直接的视觉冲击及情景代入感，使感觉更加真实，让音乐的知识走出课本。通过这样的方式激发学生的创造潜质，鼓励学生大胆展示、积极参与课堂，打破传统的思维方式。让学生在体验中学习，带给他们无穷的乐趣，也让他们从中感受到创作成功带来的喜悦。除此之外，教师应善于倾听学生的回答，细心观察学生的课堂表现，并用智慧的语言给予评价，也营造出一个生动活泼的课堂教学氛围，使每一位学生都能体验到成功的喜悦，享受到音乐的乐趣，让“乐”于参与的心情持续涌动。

5. 结语

一个好的教学模式的实施必然提高学生的学习兴趣与学习效率，这也是笔者在进行体验式教学的初衷。

一是体验式教学本身所具备的特性能够吸引师生的共同参与。体验式教学在音乐中运用是可行且行之有效的，而且这种教学方式的教学效果也是很好的。通过体验式教学实施，学生在课堂的参与度较传统教学更广、更深。

二是体验式教学的模式更加深入。之前的体验式教学无不从体验的情感、情景教学入手。在笔者的教学中，让体验更加直接地从学生直观的感受开始，通过活动体验、创作体验等方式，将体验式教学引向了更深入的学科渗透与融合、学生创造和想象的培养中。

三是体验式教学促进了学生创造力的发展。模仿是音乐创作的重要手法，通过对音乐作品的模仿，培养学生的创作能力，促进其创造力的发展。

四是体验式教学促进了学生想象力的拓展。音乐是通过听觉发展想象的艺术，想象是音乐带给人最美好的享受。通过语言的、联想的表达等方式，使学生形成非音乐形象思维表达方式，这不仅是音乐教学的拓展，也为学生想象力的发展提供了良好的途径。

音乐作为一种听觉艺术，参与音乐、表现音乐、体验音乐环环相扣，缺一不可。而音乐体验教学正是让学生通过亲身聆听、欣赏、演奏等形式来提升音乐技能，深化音乐知识的，将音乐教学的过程变成一个精神的成长过程，是不可或缺的教育模式。音乐体验式教学最关注的是人，回归到音乐本质，让学生成为教学过程的主体，在体验过程中，完成“情”“美”“德”的塑造。

因此，对小学音乐教师而言，不仅要传授音乐技能，更重要的是培养学生感知、欣赏、创造、交流、合作等综合能力，在体验式学习过程中促使他们爱上音乐，感受艺术之美，尽享快乐！当然，在研究的过程中，由于笔者精力有限，对于体验式教学的研究也有不足之处，期待研究能够继续深入下去。

典型案例

在体验中认识图形

——“认识图形”教学案例

深圳市光明区爱华小学 /杨清霞/

· 案例背景

体验教育可以追溯到卢梭和杜威的一些教育思想中，法国教育家卢梭的自然主义教育思想的一个基本点是“以行求知，体验中学”；美国教育家杜威提出“从做中学”，它们是体验教育最直接、最重要的理论来源。传统的教学模式是以教师为主体，教师站着讲，学生坐着听，也就是填鸭式的教学，学生对知识本质往往理解不深刻，多是死记硬背。立体图形的认识是具象的，在生活中是可触摸的，但单纯通过课堂上的讲和听来认识就比较抽象了。而体验式学习恰恰相反，它以学生为学习的主体，通过多种感官去感受和学习。体验和实践是密不可分的，学生通过亲身体验来丰富实践经验，主动参与学习，认识周围的事物。本课结合体验式学习方式，让学生真正地融入课堂，通过多种方式认识立体图形。

· 教材分析

本课是北师大版数学一年级上册的内容，属图形与几何领域，是学生认识立体图形的第一课。本课非常注重通过实物和模型加强对各种形体的直观感知，积累感性认识，这些也是课标中指出的要求。另外，本课对立体图形的初步认识也是后续学习从立体图形上剥离出平面图形的基础，为今后进一步学习立体图形打下基础。

· 学情分析

在此之前，学生已经学习了分类的知识，也接触过各种形状的物体，不同程度地积累了一些关于几何体的经验，但由于学生生活背景的不同，他们对这部分知识的认识会有很大差异，比如图形和名称对不上号，有的叫不出几何体的名称，有的知道名称却不清楚具体样子，还有的对图形的认识似懂非懂，他们对于到底具有何种特征的几何体才叫作长方体、正方体、圆柱和球是模糊的。

基于以上分析，我对这节课做了如下设计：

1. 物品分类，认识名称

本环节从学生十分熟悉的生活中的物品入手，通过分一分活动，在体验中积累和形成对物体形状的初步感知；根据共同的形状特点认识图形名称，培养初步的观察能力和抽象思维能力，发展初步的空间观念。

2. 动手操作，认识特征

本环节设置了一系列动手摸一摸、推一推、滚一滚等实际操作，让学生在亲身体验中从多方面直观感知四种立体图形，在“玩”中提升对这些几何体形状特点的认识；同时通过比较区分长方体和正方体以及圆柱和球的异同，加深对图形的认识，也有助于发展学生的空间观念。

3. 趣味游戏，巩固新知

本环节设计了“我说你举”和“yes or no”两个游戏，寓教于乐，提高学生学习的积极性和主动性，变被动学习为主动学习，让他们在全身心投入学习的体验过程中强化巩固对四种立体图形的认识。

4. 联系生活，总结课堂

本环节联系生活实际，让学生寻找生活中的长方体、正方体、圆柱和球，从中体验立体图形与生活的密切联系，体验数学在生活中应用广泛，同时培养学生用数学眼光观察周围事物的意识，体验几何美和数学美；最后，引导学生回忆总结本节课所学知识，加深印象，同时获得良好的情感体验，增强其学好数学的自信心，提高学习数学的积极性。

· 教学过程

1. 物品分类，认识名称

活动 1：分一分

师：小朋友们，老师今天带来了这些东西（把物品放在讲台上，包括牙膏盒、订书机盒、小长方体积木、小正方体积木、魔方、笔筒、胶水、水杯、网球、乒乓球、弹珠），请 4 人为一小组，合作把这些东西分分类，分完之后，跟同组同学说说为什么这样分。

（学生小组内合作动手分类。）

师：谁愿意到上面来分一分？（请学生到讲台上对物品进行分类）同意吗？

生：同意！

师：你们是按什么来分类的？

生：形状。

师：原来你们都是按物体的形状把这些东西分成了这样的四类（课件出示分类结果）。其实，每一类都有它们自己的名字，第一类长长方方的，我们把它们叫作长方体；第二类方方正正的叫作正方体；第三类也有自己的名字，叫圆柱；最后这类叫作球（边说边板书）。

2. 动手操作，认识特征

师：这四种图形都有什么特征呢？我们一起来认识这四种图形。

活动 2：摸一摸，推一推，滚一滚

师：请你动手摸一摸，推一推，滚一滚这四种图形（拿着物体边说边示范），把自己的发现跟同组同学说一说。

（学生动手操作体验。）

师（手举长方体）：你们都摸过了，有什么发现？

生：长方体上有尖尖的。

师：尖尖的摸起来有什么感觉？

生：刺刺的。

师：还有什么发现吗？

生：长方体的面摸起来都是平平的。

生：长方体不能滚动，因为放在桌面推它不会滚动。

师：有多少个这样平平的面？一起数数（边数边用手指着每一个面，按顺序数）。

生：6 个。

（课件小结长方体特征。）

师：刚刚有同学说正方体跟长方体好像啊，像吗？

生：像！

师：哪里像？

生：摸起来都有平平的、尖尖的。

师：放在桌面上推呢？

生：都不能滚动。

师：既然这么像，为什么刚刚分类的时候不把它们放在一起呢？它们有什么不同？

生：一个是长长的，一个是方方的。

师：长方体前面这个面和右边这个面大小一样吗？

生：不一样。

师：正方体呢？

生：都一样。

师：这就是长方体和正方体不一样的地方。（课件出示不同点。）

师（手举圆柱）：关于圆柱，大家有什么发现？

生：可以滚动。

师（躺着放圆柱）：这样可以滚动吗？（站着放圆柱）这样呢？

生：站着不能滚动。

师：为什么呢？

生：因为下面是平平的。

师：有几个这样平平的面？

生：2个。

师：你们摸了圆柱侧面的上面和下面，有什么发现？

生：滑滑的，上下一样粗。（课件小结圆柱特征。）

师（手举球）：这个摸了有什么发现，滚了又有什么发现？

生：圆圆的，可以滚动。

师：怎么放都可以滚动，可以向各个方向滚动。（课件小结球特征。）

3. 趣味游戏，巩固新知

活动3：游戏“我说你举”

第一个：它有6个平平的面。（大部分学生已经举起了长方体。）

并且这6个平平的面都一样大。（学生马上换成了正方体。）

第二个：它能滚动。（大部分学生还没动。）

并且它的上下一样粗。（学生马上拿出了圆柱。）

第三个：它随便怎样放都能滚动。

第四个：它有 6 个平平的面，但是有的面大，有的面小。

活动 4：游戏“yes or no”

教师以圆柱为例示范游戏规则。（课件出示游戏规则。）

一个学生手举圆柱，老师背对着提问：它能滚动吗？

生：Yes！

师：它是不是有两个平平的面呢？

生：Yes！

师：它是圆柱吗？

生：Yes！

（同桌两人进行游戏。）

4. 联系生活，总结课堂

活动 5：寻找生活中的长方体、正方体、圆柱和球

师：只要细心观察，就会发现生活中有很多物体的形状是长方体、正方体、圆柱或球，你能找到吗？

生：西瓜是球，魔方是正方体，灯管是圆柱，数学书是长方体，空调是长方体，等等。

师：今天这节课你都学到了什么？

（学生畅谈收获。）

· 教学分析

1. 重视动手操作，实践体验

体验与实践是紧密联系的。体验式学习是基于个体认知图式而形成的学习过程，是个人通过一定的知识、技能、方法等方面的参与而获得的形体、情绪、情感、知识上的体验。本节课设计了分一分、摸一摸、推一推、滚一滚等实际操作活动，给学生提供了充分的操作体验的机会，让学生从多方面直观感知、充分体验四种立体图形的特征，积累感性认识，为后面学习抽象立体图形的特征做铺垫，同时初步发展了学生的空间观念。

2. 积累表象，抽象概括

作为体验教育，不能仅仅停留在感性认识阶段，应当对积累的表象进行抽

象概括。本课中，学生通过一系列的实际操作和直观感知，已经对四种立体图形积累了丰富的感性认识，在此基础上，再引导学生抽象概括出长方体、正方体、圆柱和球的特征，形成图形的概念，这样的认知会更加深刻到位。

3. 寓教于乐，主动学习

体验式学习提倡寓教于乐，希望学生能主动学习。一年级的学生活泼好动，喜欢做游戏，本节课结合体验式学习的理念，基于低年级学生的特性，设置两个游戏环节，在“玩”中巩固对四种立体图形特征的认识，学生在课堂上能学得快乐。这不仅能激发学生的学习兴趣，调动其学习的积极性，变被动学习为主动学习，而且使他们在无形中强化了对四种立体图形的认识，真正成为学习的主体。

第九章

参与式教学

参与式教学，既是一种教学理念，又是一种教学方法。从理念上讲，它强调以学生为中心，通过营造一种民主、平等的课堂氛围，鼓励学生积极参与教学活动与过程，加强教师与学生之间，以及学生与学生之间的信息交流与反馈，并采用灵活多变、直观、形象的教学手段，使学生能深刻地理解、掌握和运用所学的知识。[①] 从方法上讲，参与式教学是最基础的教学策略。此策略以激发学生的学习兴趣为前提，以学生的主动参与为教学的主要过程和关键环节。可以说，没有学生的学习过程，一切教学都无从谈起。教师如何通过各教学环节鼓励学生参与，以及参与的力度、准确性、丰富性等，已成为衡量现代教学的重要标准。

第一节　参与式教学的概述

在课堂教学中，教师往往重视知识的传授，而忽略激发和促进学生学习潜能的发挥。教师对自己作为“帮助者、指导者、组织者、促进者”的角色认知还不够充分。参与式教学就是要把学生从被动学习中解放出来，让学生敢于展现自己的学习优势，遇

① 刘拓知．西方经济学中的参与式教学方式探索［J］．学理论，2014（21）：181–182.

到困难和阻碍时能够主动求助，并敢于发表自己的见解。特别是在当前新课程改革的背景下，教师更要在创新教学模式、提升教学质量的同时，注重培养学生独立学习和探究知识的能力。

在核心素养导向的学习方式下，在现代信息技术环境中，学生在教室中不仅仅是为了获取知识，也是在从事创造知识、参与人类实践的活动。在课堂教学过程中，教师应为学生创造参与学习的条件和机会。学生只有参与了学习过程，才有更大的活动空间和思考空间，学生的认知、情感、动机才能够被激发，学生的积极性才会更好地被调动起来。学生在参与中体验、确定自我价值感，在参与中磨砺思维品质。

一、参与式教学的界定

参与式学习的最早应用领域是在社会学，其理论依据主要是心理学的内在激励与外在激励关系的理论，心理学认为人的需要可分为外在性需要与内在性需要两种。内在性需要的满足和激励的动力主要来自当事者所从事的工作和学习本身。这一理论被引入教育教学领域后，逐渐形成了参与式教学模式。与传统的学习相比，无疑更符合人类学习的心理学规律，有助于学生在学习过程中，培养发现问题、分析问题和解决问题的能力。

建构主义教学理论认为，学习是获取知识的过程，但知识不是通过教师传授得到的，而是学习者在一定的情境，即社会文化背景下，借助其他人（包括教师和学习伙伴）的帮助，利用必要的学习资料，通过意义建构的方式而获得的。

当代认知心理学派和结构主义教育思想的代表人物——杰罗姆·布鲁纳曾说:“学习者不应是信息的被动接受者，而应该是知识获取过程的主动参与者。”我国伟大的教育家陶行知先生也从王阳明的“知行合一”中引出了“行知论”，提出:“行是知之始，知是行之成。”作为其教育理念的核心，强调课堂应该以学生的知识、能力、情感三方面作为课堂教学的参考点和落脚点。参与式教学突出教师在教学活动中的指导作用，而其指导的目的又在于促进学生独立自主的学习，即教师如何进行有效的指导。

二、参与式教学的意义

中共中央、国务院印发的《中国教育现代化 2035》提出：要“强化实践动手能力、合作能力、创新能力的培养”，“创新人才培养方式，推行启发式、探究式、参与式、合作式等教学方式以及走班制、选课制等教学组织模式，培养学生创新精神与实践能力”。

促使学生学习方式的变革是新课程改革的一个重点，参与式教学不仅是一种教学理念，也是一种教学方法，强调以学生为中心，将学生放在教学的主体位置，学生的自主构建应成为教师价值引导的基础。整个教学过程应该帮助学生不断提升独立性和自主性，帮助学生以更积极的态度应对、参与学习。教师应在明确的教学目标指导下，促使学生们积极主动地参与到教学活动的每一个环节。只有学生自主参与的学习活动，才能发挥学生自我学习意识和自主学习精神，也才能激发其学习兴趣和创新意识，从而达到理想的教育效果。因此，学生积极、主动地参与学习，真正做学习的主人，对学生的身心健康、学习效果、学习品质、个性发展都有着积极的意义。

第二节　参与式教学的特征

参与式教学的主要特征是教师的支持和学生的参与。它强调教师设计课堂教学，为学生积极、有效地参与学习创造条件。

第一，教师要根据学生的不同特点指导学生确定适当的学习目标。适当的学习目标是学生能够顺利开展学习活动的基础，避免了学生学习的畏难情绪，成为学生付出一定努力之后能够摘到的“桃子”。

第二，教师要指导学生学会对学习资源进行获取、运用的能力，并帮助其设计合适的学习活动。整个过程要以学生为中心，将学生放在教学的主体位置，教师以平等的身份参与到教学活动中。

第三，教师要善于创设适合的教学情境，运用项目式小组学习、教育叙事等形式与学生互动，从而激发学生的学习兴趣和学习积极性。

第四，教师要善于引导学生主动探索，使学习过程变成学生不断提出问题、解决问题的过程。通过课堂讨论、案例分析、讲故事、辩论等形式，让全体学生动起来。教师要在课堂上和学生建立相互信任的关系，营造支持学生学习的积极的心理氛围，烘托出互动、宽容的课堂气氛。

第五，教师要善于帮助学生对学习过程和结果进行评价。教师应精心设计，启发引导学生积极参与目标的制定，参与教学反馈，参与教学评估、教学监控与教学小结。

典型案例

参与式教学在道德与法治课中的应用

温州市瓯海区外国语学校　/何优优/

参与式教学旨在帮助学生在教学开始之前，明确本次学习的目标，开展学习活动指导，帮助学生进行自主性、开放性的学习。我在小学道德与法治课中，试用参与式教学，培养学生自主学习能力和信息的采集、分析、归纳、整合能力。首先，课前阐明将开展的学习活动，并为学生设计生动、有趣的学习活动单，使学生围绕学习主题进行课前的开放性学习。其次，课堂中充分利用课前预学进行深化，利用自主且有效的课堂学习活动，让学生在充分开放的学习空间中提高学生的综合能力。最后，继续以体现学生学习主体进行活动性的拓展，实现学习是为了更好的生活。

下面以浙江省小学道德与法治优秀展示课“传统游戏我会玩”为例来说明。

·教学目标

使学生在课前调查与自主学习中，了解一些传统游戏的玩法。

使学生在课堂游戏中产生对传统游戏的兴趣，愿意在生活中玩一些传统游戏。

让学生在讨论与交流中初步感受传统游戏和传统文化的魅力。

·教学流程

课前活动

小游戏：一二三，木头人。

聊游戏：你们最喜欢什么游戏？平常在家里都玩什么游戏？

（出示：二年级学生最喜欢的游戏排行榜。）

教师提前对二年级学生进行一个最喜欢的游戏小调查，通过前期调查，掌握不同学生的喜好，设置学习目标。

引话题：说起游戏，你们一个个乐得合不拢嘴。今天这节课我们就来聊聊游戏。

一、学游戏：传统游戏种类多

1. 引发冲突

爷爷奶奶小时候和我们一样吗？（刚刚我们聊的这些游戏，爷爷奶奶小时候有吗？）

2. 场景再现

课前老师让你们进行一个小采访，问一问爷爷奶奶小时候玩什么，学一学他们小时候的游戏，做一做游戏材料。（展示爷爷奶奶和孩子、父母与孩子游戏场景的图片或视频。）我们来看看这几个小朋友在做什么游戏？

3. 交流要点

预设 1：踢毽子，猜猜看，他们在做什么？一起看——奶奶还跟你说什么了？

预设 2：滚铁环，你知道这是什么游戏吗？你爷爷小时候常玩这个吗？

预设 3：抬轿子，原来玩过吗？好开心呀！

4. 小结过渡

看来呀，同学们跟家里的长辈学会的游戏还真是不少。还有很多同学特别喜欢这些神奇的小游戏！

【设计意图】在课前创设了轻松愉悦的游戏氛围之后，开启课堂学习。注意引出爷爷奶奶小时候丰富的传统游戏。可提前一个星期让孩子向大人学习传统游戏，以便学生主动获取学习资源，运用会玩的能力，了解传统游戏。

二、玩游戏：同伴游戏快乐多

1. 师生抓沙包

（1）激发兴趣

这个游戏我们那儿也玩，不过有点儿不一样——看看我带了什么？（沙包。）

（2）变法儿玩

抓沙包好玩，如果没有沙包，也可以用小石子来代替，小石子没有呢？还可以怎么办？想试试吗？

2. 游戏博览会

（1）开启活动

除刚刚的小石子之外，这些东西又是怎么玩的？（出示大屏幕：小石子、弹珠、毽子、陀螺、花绳、小棒。）哪些小朋友从爷爷奶奶那里了解过，可以简单介绍一下。想不想玩？

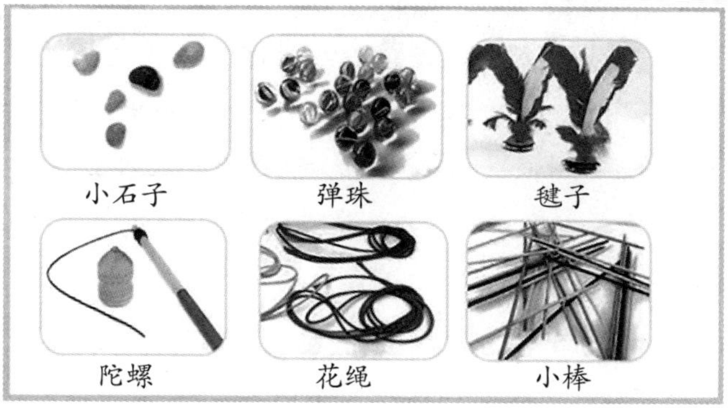

（2）准备活动

①学一学，真好玩：组长负责解说。

②玩一玩，点个赞：你要是觉得这个游戏好玩，就用点赞贴点个赞，看看哪一组最后得到的点赞最多，这一组将获得老师赠送的神秘礼物。

③想一想，有发现：认真地去玩一玩这些传统游戏，看看聪明的你们在玩这些游戏的过程中有什么发现，分组进行汇报。

（3）畅玩游戏

请各小组解说员到位，我们的游戏博览会马上就要开始啦！

快乐游戏时间，六个游戏点开展游戏活动。

【设计意图】本环节先是由教师带着孩子们玩，其中“游戏博览会”是重要内容，也是创设的教学情境，课前依据兴趣爱好编成六个小组，分别设置六个展览点，运用项目式小组学习方式，通过向同伴学习、“给喜欢的传统游戏点赞”等活动激发学生对传统游戏的兴趣。

三、聊游戏：传统游戏好处多

1. 感受传统游戏的快乐

热热闹闹的游戏博览会暂时结束啦！

（1）你玩了几种游戏？最好玩的是什么？（打弹珠、抽陀螺等。）你又新学会了哪一种游戏？

（2）请学生谈感受，与学生比赛编花绳。

（3）看来刚刚玩的游戏都是超级好玩呀，现在要来揭开我们的谜底啦，到底是哪个游戏获得了最多的点赞呢？

现在我宣布本次游戏博览会排名第一的游戏。（张贴海报，宣布结果。）

2. 发现传统游戏的优点

（1）各种各样的陀螺

现在来看老师变个魔术！（出示彩色陀螺、旋转陀螺等。）这些是什么呢？你有什么发现？（列举游戏的优点、游戏的演变、创意玩法等。）你更喜欢玩哪个？

（2）小组讨论

抽陀螺的游戏古已有之。大家想一想：为什么像这样的游戏一直到现在都还有那么多人在玩呢？这些游戏有什么优点呢？请你先和旁边的同学说说自己的想法。

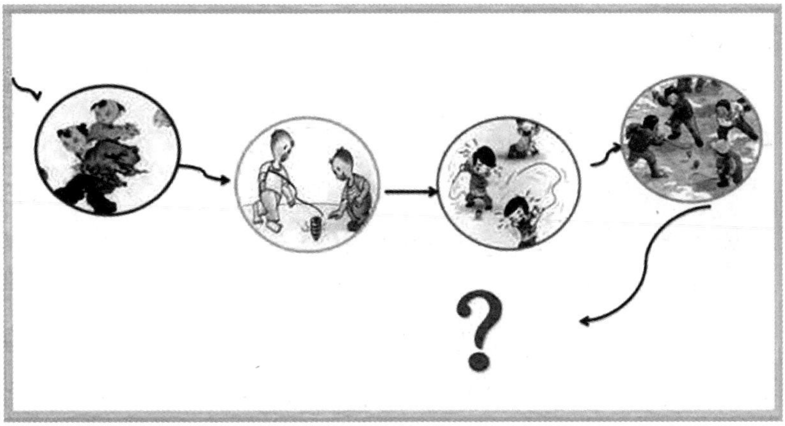

（3）交流预设

预设 1：用的材料——你看，有石子儿啦，绳子啦，弹珠啦——贵不贵？咱们身边这些材料多不多？——是呀，多方便。还有呢？

预设 2：带来快乐——是的，这些游戏给人们带来了很多的快乐！

预设 3：锻炼身体——打陀螺还是一项强身健体的游戏呢！

预设 4：收获友谊——听到你们刚刚在玩的时候，笑声一片，是不是让好朋友之间的关系更好啦？

在交流与对比中体会传统游戏的优点：健身、团结、方便、快乐、创意……

看来，都不能小瞧这些小小的游戏，还真是“小小的游戏，大大的智慧”！

3. 懂得传统游戏的传承

同学们，像这样的游戏，很早很早就有人开始玩，爷爷奶奶玩，爸爸妈妈玩，我和伙伴也一起玩；我们以后的孩子呢？也玩。像这样一代一代的延续，就叫作传承。

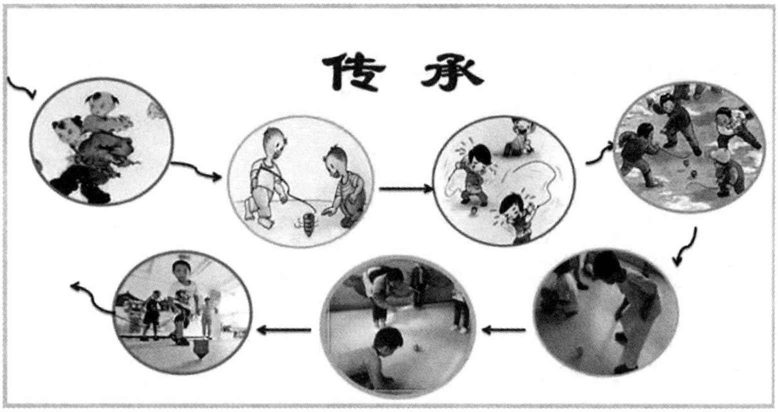

4. 课后实践

教同伴一项传统游戏。

了解国外的传统游戏。

【设计意图】学游戏、玩游戏、谈游戏，实现了学生从“去学”到“学会”的过程，无形中形成了一条传统游戏传承的清晰脉络，通过“传承”升华到文化意义和社会意义层面。

评析：该案例充分体现了参与式教学的四大特征。第一，教学开始之前，明确本次教学的目标，开展参与式教学指导，进而让学生围绕目标、带着问题积极主动地参与到学习活动中。第二，从课前向爷爷奶奶学一项游戏的真实生活，到课堂上一个浓缩的游戏博览会，再到课后实践，让孩子充分感受学习与生活的联系，每个环节都是对学习资源的主动获取过程，再现了生活的“现场”。第三，以游戏博览会为承载目标，创设适合的教学情境，始终运用项目式小组学习方式，打造学习的“现场”。第四，整个教学过程，教师充分发挥主导作用，从传统游戏工具的演变引导到“传承”的文化层面。只有引领学生经历真实的学习过程，学生的心灵才会真正参与，而教师正是这场心灵“现场”的导航者。

第三节　参与式教学的基本操作程序

一、如何在实践中实施参与式教学

参与式教学的基本操作程序主要分为三个环节：

第一，前期准备：教师在准备阶段要重视并强调参与式教学活动的目的，引导学生明确要实现的目标，引领学生重温已学过的相关背景知识，对学习任务所涉及的方法进行示范，为学习任务提供有效的信息。

第二，教学活动中：教师的监督、指导与反馈环节。

第三，教学活动后：讲评环节。教师和学生应共同就任务完成情况进行讲评，这一环节的重点任务是检查教学目标的达成，评议教学效果，检查学生对任务的完成情况，进一步明确学习的重点。在该环节还应注意，教师要引导学生主动提出问题，对本节课的体验进行互动交流。由此，引导学生在学习过程中追求更高目标，并能在学校以外的社会生活中进行实践。

（一）前期准备环节

该环节主要强调让学生提前预习，了解教学目标，设计学习方案。

明确学习目标能更有效地调动学生的学习积极性。学生了解学习目标可以了解即将要学习的重点内容和学习所需要达到的程度。同时，在预习的过程中，学生会提出问题，为在课堂上带着问题学习做好准备。

学习目标不仅仅是指一节课的总目标，每个教学环节的具体目标也应让学生清晰、明了。在开始新章节的教学时，教师对教学的重点、难点、预期目标，以及学生学习需要的背景知识等进行准备，以便于学生制订科学的学习计划。学生只有在掌握了这些具体的信息之后才可能制订出详细的学习计划，且学生也愿意依据学习计划，选择即将采取的学习策略，积极投入到新的学习活动中去。

（二）教学活动环节

学生做好了参与的前期准备环节之后，就进入到实质性的环节，即教学活动环节。该环节可以从以下三个方面着手：激发学生兴趣，并调动学生参与的积极性；教学过程中的适时指导；活动结束时给予总结讲评。

学生学习任何事情的最合适时机都是基于兴趣的，在教学中积极诱发学生学习的兴趣，能充分调动他们学习的积极性和主动性。

兴趣是最好的老师，学习兴趣能有效地诱发学习动机，激发学习动力。教师在课堂教学中，要“以学生为本”，以培养学生的学科素养为主要思路。在教学过程中，能处处为学生着想，让学生能主动、积极地学习新知识。从教学角度来考虑，也只有让学生积极参与课堂学习，才能打造出高效课堂。这个过程中，教师要充分相信、尊重学生，从而调动学生的学习积极性。

如何调动学生的学习积极性呢？

1. 精心设计导入环节

好的导入不仅能够很快吸引学生的注意力，而且能够帮助学生瞄准活动的关键目标，引导学生随着教学过程渐入佳境。从多节教学过程的实践经验可以得出：激起学生的学习好奇心，让学生对学习知识产生疑问；让学生产生不协调感或认知冲突；采用学用结合的教学资源，使抽象的内容具体明晰化、形象直观化，都有利于激发学生的学习动机。

（1）教师可以通过讲故事、做趣味实验、运用电教媒体、举实例等教学手段导入课堂教学。单一化的教学模式中，学生难以真正融入课堂，传统的“满堂灌”，以及略带启发式的“满堂问”这两种方式的适用性、可行性已呈下降趋势。作为教师，必须重视起教学模式的科学应用与创新，在实践教学中，尤其要重视导入环节。一场灵动、新颖的导入，将使课堂更具活力，引导学生参与到互动学习中，充分发挥学生自主学习能力。

（2）教师可以将创设情境引入教学活动。通过创设情境，让学习环境具有真实性，让知识学习与生活经验相结合，通过创设有针对性的情境，为学生提供明确的指向，并在此过程中提出种种假设，调度出有利于解决问题的原有知识，并不断地进行尝试性的参与。教师可多创设直观情境、交流情境、问题情境，引导学生主动参与课堂学习，积极动手实践，借助操作启动思维，使学生变被动接受知识为主动获取知识，实现自主探究式学习。面对事件或问题情境，学生可以通过参与学习的方式，参与体验教育情境，完成对新知识的意义建构，而不仅仅是倾听教师关于知识的讲授。

无论采取何种导入方式，要想达到预期效果，教师都必须从学生的实际出发，使知识点与学生个人的经历和经验相联系。只有充分运用知识的迁移规律才能对学生学习新知识起到促进作用，使学生的学习主体性得到充分体现，教师的教学才能有事半功倍的效果。

2. 设计有效的问题链

有的教师在教学实践中存在一些无效的随意提问，这些问题之间的逻辑关系混乱，并非围绕教学目标而设定，在课堂提问时也没有达到预期的效果。面对这类问题，学生可能只会机械地应答。而且这种应答往往是封闭式的，比如只有“是”“不是”等答案。“满堂问”的课堂是被切割成碎片的，并没有发挥启发作用。围绕教学活动目标设计真正有效的问题链是非常关键的，这样的问题能够启发学生去思考，而不是随口附和。因此，设计的问题要具有针对性与开放性。

典型案例

纸牌桥项目中“有效的问题链”教学案例

北京第二实验小学怡海分校 /陶嘉翔/

· 教材分析

本课程是跨多个学科（科学、技术、工程、数学）的一个 STEM 课程，适用于小学二年级，此次案例中节选出两个课时的内容，从纸牌桥的设计过程，梳理教师如何设计有效的问题链。

· 设计理念

生活中有很多常见结构，先带领学生了解不同的结构稳定性的差异，以及纸牌桥的基本搭建方法和技巧。从“如何过河”的问题导入，拓展到不同过河方式的利弊，再到不同环境下需要造什么样的桥。这些问题伴随着学生的讨论展开，再由纸面上的设计图变成搭建的实物，教师在这个过程中可通过问题链来引导，给予学生更多的发挥空间。

· 教学目标

第一，通过讨论不同的过河方式以及利弊，引导出造桥的意义。

第二，通过欣赏中国桥以及世界各地的桥，拓展学生的视野，同时对桥的外形、作用有进一步的了解。

第三，在讨论与教师引导中，学生对纸牌桥的设计有更深入的认识。

第四，通过作品的分享，鼓励学生改进自己的设计。

·教学重难点

在一系列的提问中，让学生自己归纳出桥的构造与特征；利用纸牌的长、宽作为桥的尺寸设计参照物，并通过集体研讨，让学生设计的纸牌桥更具合理性。

·教学过程

教学大纲	教学步骤	教学内容	教学目标	教学时间
课程导入（第一课时）	1. 问题互动	1. 探究问题：三种过河方式的利弊。 （1）大象和小象蹚过河，需要什么条件？会有危险吗？ （2）猴子游过河，方便吗？安全吗？冬天怎么办？ （3）划独木舟过河，各有什么利与弊？人多呢？发大水呢？…… 通过探究得出造桥的方式相比之下是最安全、最方便的。 2. 引导问题：不同的环境应该建造什么样的桥？ 3. 发散问题：介绍不同的桥。 （1）介绍中国古代的桥，从外形、地理环境、历史等入手，说说古人的智慧，同时提升民族自豪感。 （2）介绍世界上的桥，从视觉、作用、技术等方面介绍。	通过一系列问题的设计，让学生自主分析桥结构的用途、功能，激发学生的学习兴趣。	20 分钟

续表

教学大纲	教学步骤	教学内容	教学目标	教学时间
设计（第一课时）	2. 设计图纸	情境：一条不是很宽的小河，要从河的一端往另一端运送货物，你要怎么设计桥来解决这个问题呢？ 各组设计纸牌桥，教师说明长、宽、高的要求。（桥的跨度固定，即 3 张纸牌长度，其余不限要求，学生自己设计。） 建议：每组发 5 张纸牌给学生对比长度，作为设计参考尺寸。	根据实际材料设计方案，引导学生设计要有所依据，培养工程意识。	25 分钟
任务挑战（第二课时）	展示与分析	1. 各组设计作品投影分享，讨论哪组设计最合理，以稳定性作为主要评价标准。 2. 教师与学生共同讨论几种搭建的方式。	以实际功能——稳定性作为评价标准，为后面搭建纸牌桥明确核心目标。	40 分钟
	学生活动	1. 学生小组分工合作尝试根据设计图搭建纸牌桥，教师巡视，个别小组提出指导建议。 2. 挑选搭建最高的两组，放置瓦片承重，测试稳定性，10 秒不倒即为成功。		
分享总结（第二课时）	总结	1. 成功的小组分享经验，教师予以补充总结。 2. 挑选学生进行递进式提问，如：这节课你们在活动当中遇到了什么困难？你们是怎么解决的？对今天的纸牌桥，你们还有什么想知道的？你是怎么想到这个方法的？如果有更多时间，你会做哪些改进？	培养学生总结与表达能力。	5 分钟

评析：

1. 二年级学生倾向于模仿教师的方法解决问题，缺乏自主思考的能力，因此，教师在主题明确后要设计有效的问题链，引导学生产生自己的疑问和想法。此外，学生自主评价容易主观，教师在评价环节要引导学生围绕核心问题，以及用依据来证明自己的观点和想法。

2. 教师要对学生的参与学习给予适时的指导，提升学生参与学习的能力。学生参与学习要有积极情感的投入，他们的学习能力是影响学习质量的重要因素，因此，只有教会学生正确的学习方法，才能从根本上提高学生的学习质量，打造出高效课堂。

教师在教学中要授之以渔，教会学生学习，如如何科学用脑、如何利用记忆规律学习等，使学生在潜移默化中逐渐掌握科学的学习方法。又如，教师在课堂上开展学习方法交流活动，比一比谁的方法好，鼓励学生之间充分互动。当学生在认知活动中出现障碍时，教师要善于综合运用各种教学手段来激活学生的思维。

教师指导时注意：

1. 准。要找准困扰学生思维的关键点，并予以指导、梳理。

2. 巧。在学有困难的学生茫然不知所措的时候，在中等生差一点就要"摘到桃子"的时候，在学有余力的学生希冀创造性地发挥其才智的时候，教师巧妙助力和点拨，帮助学生达到茅塞顿开的状态。

3. 温故而知新。所有知识都是有系统、有规律、由浅入深的。利用旧知识学习新知识是一种认知规律，学习本身就是以学生已有的知识和经验为基础的主动建构的过程，孔子所说的"温故而知新"就是这个道理。因此，学生在自主学习新知识时，切记要与旧知识建立联系，利用好旧知识、旧经验。

4. 组织练习要及时。教师每教完一个知识点应及时安排学生练习，找准新旧知识的连接点，做到一练一得，要保证每节课有足够的练习时间，练习的难易程度要得当。教师要面向全体，兼顾差异，做到既确保绝大多数学生的学习需求，又要实施差异化练习，使全班学生通过练习都得到发展。

5. 分层要求，分类指导，分层参与。承认差异、正视差异是现代教育的一个重要观点。教师要尊重每名学生的特点，运用不同的方式使他们都能自主参与，各有所得，让不同层次的学生在参与学习中都得到最佳发展。

典型案例

科技探索类参与式教学教师指导案例

中国人民大学附属中学丰台学校 /金 鑫 郭子叶 何 涛/

·案例简介

课程项目主题为“让世界充满爱——手语翻译大师”，旨在通过对听障人士沟通过程的深入探究，通过教师指导，引导学生通过合作探究理解科技与人文融合的重要性，让学生以团队的形式主动参与，并动手制作调试完成小组作品。

·教学过程

1. 课程前测

由于该课程为科技类选修课，为了使课程能顺利进行，课前教师需对学生进行知识技能前测。

2. 课程实施

（1）课前

a. 确定学习目标，组建学生团队

本课程旨在使学生通过项目式合作探究学习，对传感器系统有一定的了解，并根据项目需求设计并搭建一套手势识别的传感器冗余系统。

b. 设计项目任务，制作学习资料

确定了本节课的任务后，教师与学生合力在网上搜索手语翻译相关设计和方法。同时，学生将网络上搜集到的与“听障人士”“手语翻译”“智能手套”等相关的学习资料（不限于网页、文献、图片、影像记录等资源）打包成资源包，为团队自主设计手语翻译手套提供学习资源支持。

c. 团队自主学习

团队自主学习的设定依据是督促学生完成自主学习与小组讨论。在设计自主学习学案时，教师要考虑学生团队在学习了学习资源后开展的对应活动，让学生团队通过学案反馈学习情况。

各小组完成产品分析学案后提交给教师。教师通过学案完成情况安排课堂教学活动。

（2）课中

学生团队在课中进行的活动主要是对课前尚未解决的问题进行处理，完善和补充学案，之后完善功能思维导图，并进行展示。教师在课中的主要任务是给予学生辅助引导，以帮助学生高效地完成课程。本节课各小组完成思维导图绘制后，需要针对各项功能选择实现方法，课中活动安排如下：

a. 项目牵引，激发思考

在课中学习开始阶段，教师先向学生展示各小组找到的具有代表性的产品，并进行产品介绍，通过介绍激发学生的学习兴趣。

b. 合作探究，方案拟定

通过第一阶段活动的开展，学生对自己小组的设计所存在的问题有初步的解决方案。之后由教师引导学生开始进行合作探究。第一，引导学生对课前调研的信息进行分析处理，结合课前自主学习学案开展小组讨论，确定听障人士的真实需求及手语翻译手套需解决的真实问题。第二，引导学生结合第一阶段介绍的代表性产品及课前阶段调研的市面上已有的相关产品进行讨论，确定产品的共性和差异性，分析各项产品的优缺点，得到产品的发展趋势。

c. 团队项目展示

经过前两个阶段的活动后，学生小组已经形成了初步的制作方案，并绘制了思维导图。每个小组推举一位小组成员对自己的手语翻译手套功能思维导图进行解释说明。

d. 总结评价

各小组完成思维导图展示后，教师组织学生进行多元化多主体化评价，包括自我评价、组员互评、小组互评、教师评价。

（3）课后

学生团队需要完善学案，根据功能思维导图拟定项目制作方案，并进行功能实现方式的调研。如果对思维导图存在疑问可向教师寻求帮助，教师给予适时指导。

“让世界充满爱——手语翻译大师”课程项目的完整实施流程如下图所示。

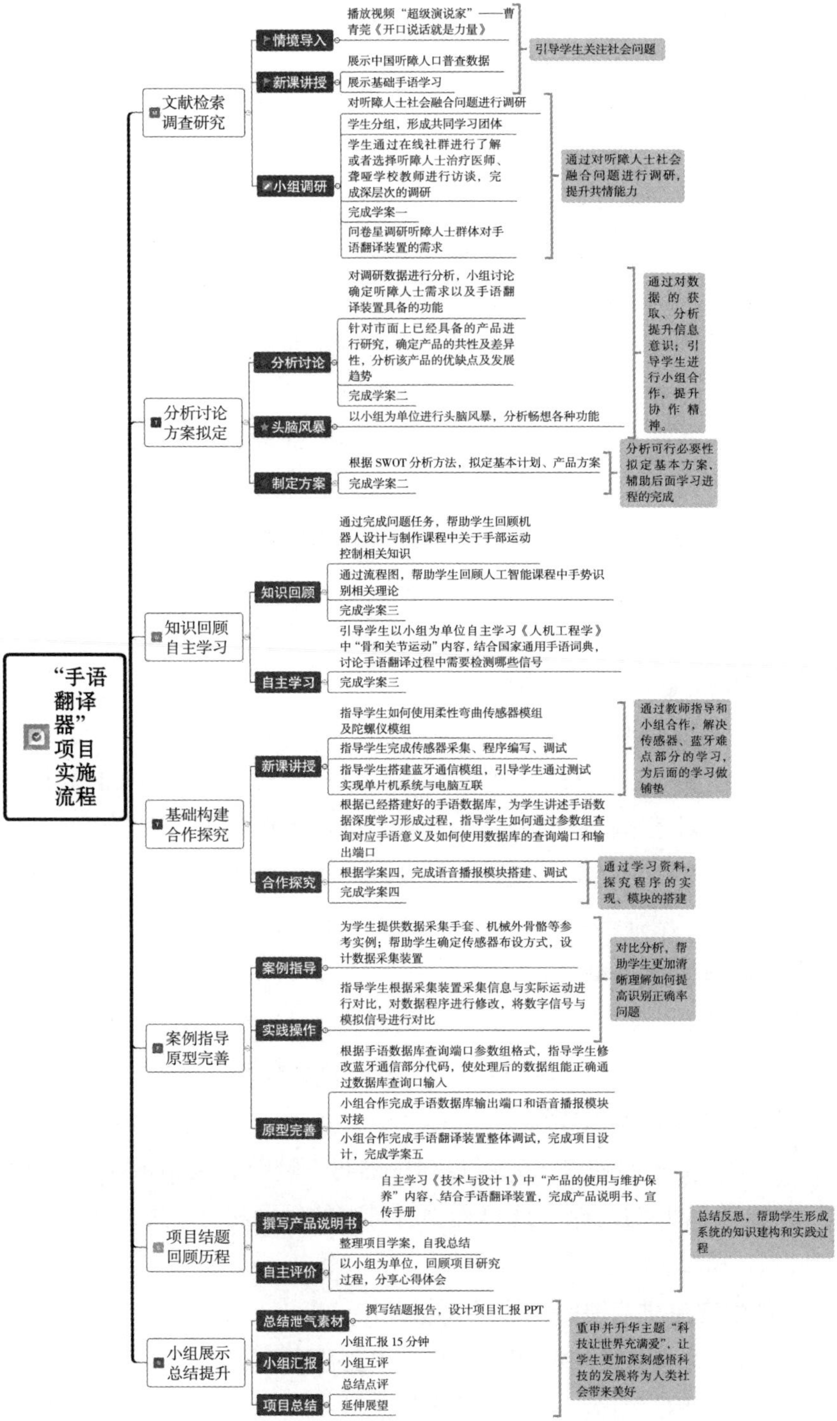
"手语翻译器"项目实施流程
文献检索调查研究
情境导入
播放视频"超级演说家"——曹青莞《开口说话就是力量》
展示中国听障人口普查数据
新课讲授
展示基础手语学习
引导学生关注社会问题
小组调研
对听障人士社会融合问题进行调研
学生分组，形成共同学习团体
学生通过在线社群进行了解或者选择听障人士治疗医师、聋哑学校教师进行访谈，完成深层次的调研
完成学案一
问卷星调研听障人士群体对手语翻译装置的需求
通过对听障人士社会融合问题进行调研，提升共情能力
分析讨论方案拟定
分析讨论
对调研数据进行分析，小组讨论确定听障人士需求以及手语翻译装置具备的功能
针对市面上已经具备的产品进行研究，确定产品的共性及差异性，分析该产品的优缺点及发展趋势
完成学案二
头脑风暴
以小组为单位进行头脑风暴，分析畅想各种功能
通过对数据的获取、分析提升信息意识；引导学生进行小组合作，提升协作精神。
制定方案
根据SWOT分析方法，拟定基本计划、产品方案
完成学案二
分析可行必要性拟定基本方案、辅助后面学习进程的完成
知识回顾自主学习
知识回顾
通过完成问题任务，帮助学生回顾机器人设计与制作课程中关于手部运动控制相关知识
通过流程图，帮助学生回顾人工智能课程中手势识别相关理论
完成学案三
自主学习
引导学生以小组为单位自主学习《人机工程学》中"骨和关节运动"内容，结合国家通用手语词典，讨论手语翻译过程中需要检测哪些信号
完成学案三
基础构建合作探究
新课讲授
指导学生如何使用柔性弯曲传感器模组及陀螺仪模组
指导学生完成传感器采集、程序编写、调试
指导学生搭建蓝牙通信模组，引导学生通过测试实现单片机系统与电脑互联
通过教师指导和小组合作，解决传感器、蓝牙难点部分的学习，为后面的学习做铺垫
合作探究
根据已经搭建好的手语数据库，为学生讲述手语数据深度学习形成过程，指导学生如何通过参数组查询对应手语意义及如何使用数据库的查询端口和输出端口
根据学案四，完成语音播报模块搭建、调试
完成学案四
通过学习资料，探究程序的实现、模块的搭建
案例指导原型完善
案例指导
为学生提供数据采集手套、机械外骨骼等参考实例；帮助学生确定传感器布设方式，设计数据采集装置
实践操作
指导学生根据采集装置采集信息与实际运动进行对比，对数据程序进行修改，将数字信号与模拟信号进行对比
对比分析，帮助学生更加清晰理解如何提高识别正确率问题
原型完善
根据手语数据库查询端口参数组格式，指导学生修改蓝牙通信部分代码，使处理后的数据组能正确通过数据库查询口输入
小组合作完成手语数据库输出端口和语音播报模块对接
小组合作完成手语翻译装置整体调试，完成项目设计，完成学案五
项目结题回顾历程
撰写产品说明书
自主学习《技术与设计1》中"产品的使用与维护保养"内容，结合手语翻译装置，完成产品说明书、宣传手册
自主评价
整理项目学案，自我总结
以小组为单位，回顾项目研究过程，分享心得体会
总结反思，帮助学生形成系统的知识建构和实践过程
小组展示总结提升
总结泄气素材
撰写结题报告，设计项目汇报PPT
小组汇报
小组汇报15分钟
小组互评
项目总结
总结点评
延伸展望
重申并升华主题"科技让世界充满爱"，让学生更加深刻感悟科技的发展将为人类社会带来美好

课程实施流程图

3. 课程后测

“让世界充满爱——手语翻译大师”经过了7周的学习，对学生进行课程后测。教师指导时应注重后测，让学生进行知识迁移，让手语翻译器能完成简单语句式手语翻译。

评析：该案例中项目的设置参考了《普通高中通用技术课程标准（2017年版）》，知识点涵盖电子控制技术领域中的多项科学知识，本案例的节选去除了技术层面的表述，重点展示教学环节中教师指导的作用及途径。参与式教学的效果由教师和学生共同作用决定，教师的角色不易把握，要做到在不降低学生参与度的情况下对学生有效的指导有很大难度。以此案例为例，通用技术课程的开展，如果教师的支持与辅导不到位，在项目进展上无法把关，那么项目的完成度会大打折扣，反而起到负面效果；如果教师参与过多，那么会剥夺学生的发挥空间，无法达到最佳学习效果。总之，教师要善于运用各种教学手段给予学生适当的指导。

（三）检查与评价学习结果

1. 运用好表扬和批评

教师对学生在学习中取得的进步和成绩要给予充分肯定和及时表扬，使学生产生荣誉感。对于落后的学生，教师更要细心挖掘其优点，发挥其长处，经常给予鼓励；对学生取得的点滴进步都要及时给予赞扬。适当的表扬和鼓励能够给学生成就感，增强学生的自信心。批评学生时，教师一定要注意策略。

2. 引导学生查缺补漏

学生通过自测，了解自己掌握知识的情况，然后进行分析评价，弄明白自己哪些地方掌握得好，哪些地方掌握得不好，查缺补漏，使自己不断提高。

3. 指导学生进行反思和总结

教师要指导学生回顾自主学习过程中的每一环节，包括最初的目标设置、选择学习策略等，通过总结在此过程中所付出的努力和所获得的成绩，不断进行学习反思，积累经验。

4. 对学生自主学习进行积极评判与评价

教师应在评判、评价中给予学生更多的鼓励；在评判、评价中对学生的知识接受程度和能力培养的提升进行阶段性总结；在评判、评价中不断启发学生继续学习，不断探索新知识。

二、在运用该策略时注意的问题

1. 营造平等、民主、互动、开放的学习氛围

要想让学生积极、有效地参与学习，营造一种平等、民主、互动、开放的氛围是前提条件。要让学生敢于质疑、提问，能够畅所欲言。因此，教师应给予学生更多的鼓励和引导，尊重、理解学生，鼓励学生提出疑问、异议，甚至反驳，要致力于建设一个没有“恐惧”的课堂，使学生在课堂上敢于表达自己，有困难时敢于向教师或同学求助。

2. 给学生充分的自主空间

参与式教学，尤其是学生参与的学习过程，意味着要给学生创造充分的自主空间。这就要求教师要创造学生参与的机会，激发学生自主参与的热情，激励学生认真思考、投入操作、勇于质疑，并善于提出问题和解决问题。教师还要避免学生在教师的“控制下”流于表面的被动参与。

在教学中，教师还可以根据不同的具体任务和学生的个体差异，让学生自主选择学习方法；根据教学内容和学生实际情况，让学生自主选择数量适当、难易适度的练习，充分考虑学生学习态度的主动性、学习能力的潜在性和学习个体的差异性。同时，还可让学生根据各自的兴趣和特长自选作业的形式和完成的方法。

典型案例

参与式教学方式英语课堂初探

深圳市光明区爱华小学 /刘华君/

摘要：参与式教学方式是创新人才培养的一种教学方式，在参与式教学中，学生能进行有意义的参与、反思和评价，从而促进英语课堂育人价值的实现。

关键字：参与式　意义化　英语课堂　育人本位

一、新时代人才培养的方向

《中国教育现代化 2035》中明确提出，要创新人才培养方式，推行启发式、探究式、参与式、合作式等教学方式以及走班制、选课制等教学组织模式，培

养学生创新精神与实践能力。大力推进校园文化建设。重视家庭教育和社会教育。不断创新人才培养方式和创新型人才培养方式是实施《中国教育现代化2035》的重要着力点。

《国家中长期教育改革和发展规划纲要（2010—2020年）》中明确提出：注重学思结合。倡导启发式、探究式、讨论式、参与式教学，帮助学生学会学习。激发学生的好奇心，培养学生的兴趣爱好，营造独立思考、自由探索、勇于创新的良好环境。

综上可以看出，国家未来培养人才的方向不再是“唯知识论”的“人才”，在新时代背景下，国家需要的是有创新精神和创新能力的新型人才。这也给我们的教育改革指明了方向，我们的教育不能只停留在知识层面的“灌输”，更要关注人的发展。人的潜能的激发，各有所长的“因材施教”，尊重学生的个性化等都更能站在人学视角上培养人的全面发展，调动学生的学习动力和学习积极性，鼓励学生的探索精神和求知精神，培养学生的反思能力和批判性思维，为国家培养创新型人才打好基础。

二、参与式教学方式概论

1. 什么是参与式教学方式

参与式教学方式的“灵魂”是学生的主动性，学生是课堂的主体，参与者而不是被动接受者。学生在学习过程中主动学习、主动建构，培养自己的理解能力和分析能力，在学习过后能够对学习的内容进行反思和评价，培养自己的批判性思维和创新精神。学生在学习的过程中既是参与者，又是反思者和评价者。

2. 参与式教学中师生所扮演的角色

（1）学生的角色

传统教学中，学生习惯于被动接受，整个教学过程中学生的参与是机械性的，师生互动往往朝着“正确答案”或者“老师要我说什么”的方向进行。而在参与式教学中，学生的参与是“意义化”的，是符合教学情境的意义化思考和表达，不再是“老师要我说什么”或者“我说得对不对”，而是学生是否敢于说出自己真实的想法，也就是化被动为主动，化机械为意义，从而调动学生的学习兴趣和学习积极性。

（2）教师的角色

在现代教学改革中，我们倡导把课堂还给学生，强调学生的主体地位，那是否意味着教师就可以在课堂教学中消失了？当然不是，首先，在大多数情况下，教师是教学活动的创建者和启动者，整节课的教学设计体现教师的教育思想和教学方法。再者，学生作为学习者，不管在知识领域还是在学习经验、学习方法和学习策略上，还存在不足。在学生努力过后仍无法全面达到要求时，教师就成为知识或经验的提供者；在学生学习遇到困难时，教师还是学习方法和学习策略的引导者。

三、参与式教学方式与英语学科育人价值的结合

1. 新时期英语课堂的育人价值

参与式教学方式强调学生参与课堂的主动性，激发学生的学习兴趣和学习积极性，学生在课堂中主动建构知识，主动反思和评价，从而培养学生学习品质和思维品质。这与新时期英语课堂所追求的育人价值不谋而合。

2016 年 9 月公布的《中国学生发展核心素养》总体框架，标志着基础教育课程改革一个新阶段的开始，其核心关注是“培养什么样的人”，它超越了学科本位，走向育人本位。

英语学科的本质属性是工具性和人文性的统一，这个本质属性也决定了英语学科承担着培养学生语言素养、发展学生语言交流能力和开拓学生国际视野、了解鉴别中外文化的作用。

此外，语言跟思维密切相关，教育部颁布的《义务教育英语课程标准（2011 年版）》在谈到英语课程性质中工具性的内涵时，提到“就工具性而言，英语课程承担着培养学生基本英语素养和发展学生思维能力的任务”。

综上可知，英语学科除了培养学生的语言素养、文化视野，还应走向“育人本位”，站在人学视角上培养学生的思维能力、学习品质和勇于创新的精神。

2. 英语学科育人视角下参与式教学的本质

参与是方式，那参与式教学的目的是什么？结合英语学科的育人价值，笔者认为参与式教学的目的是在参与的过程中通过激发学生的兴趣、调动学生的思维、促进同学间的合作，在生生互动或师生互动中建构生成，从而达到培养学生的语言能力、文化意识、思维品质和学习能力的目的。

四、教学案例

【片段一】意义化参与促进语言真实表达。

此片段中，老师通过创设 Kitty 到 Peter 家做客的情境，通过问题“What will Peter and Kitty talk？”让学生与同桌讨论。

以下是学生的回答：

S1：Who is he？ He's my father.

S2：Who is she？ She's my mother.

S3：Who is he？ He's me.

T：Look at here. “He's me.”，any problem？

S4：“He's me.”应该改成“This is me.”。

T：“He's me.” 应该改成“This is me.”。Maybe you want to say “this is me”. Right？

【评析】学生首先通过理解语境进入语境，接着老师通过开放性问题“What will Kitty and Peter talk？”让学生与同桌讨论，学生在语境中进行角色换位思考。从学生的回答可以看出，他们的参与是在意义化的语境载体中主动参与的。比如，有个学生的回答是“He's me.”。学生的回答很真实，这句话在英语语法中是不正确的，但是放在语境中却是契合的。由此可见，真实的语境创设可以有效调动学生的参与，学生在参与过程中的积极性和真实性得以实现。

【片段二】在参与中解构文本。

（1）Listen and fill the blank.

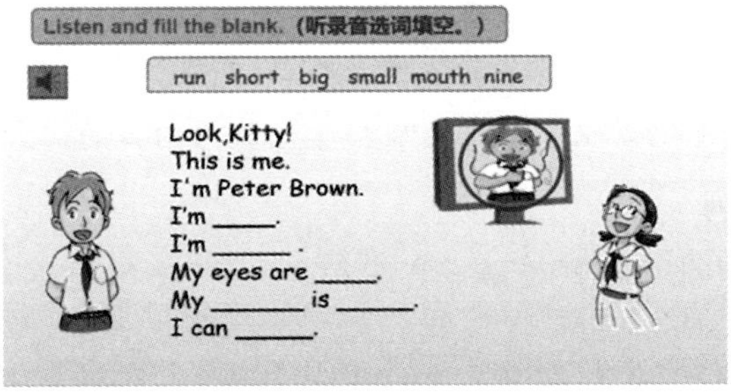

（2）Make a mind map.

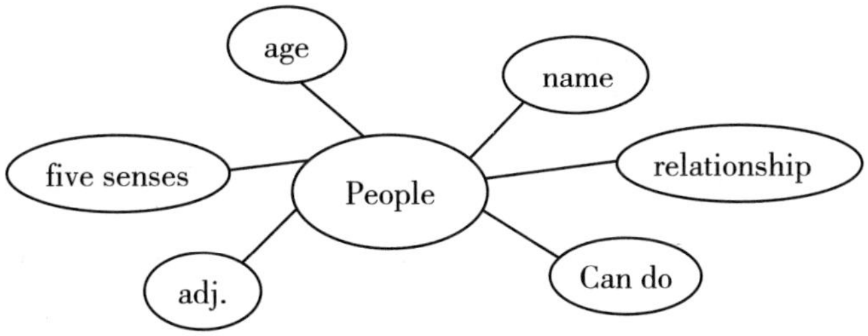

学生首先通过听录音完成短文填空，然后再通过同桌讨论分析 Peter 是从哪些方面来介绍自己的，以下是学生的回答：

S1：Peter 是从他的五官和他喜欢的运动来介绍自己的。

S2：还有，Peter 介绍了自己的名字。

S3：还有身高和年龄。

T：表示身高的同类词有哪些?

S3：tall，short 等。

T：我们把这些词叫形容词。表示年龄的词有哪些?

S3：9，1，10，2，7 等。

T：还有要补充的吗?

S4：还要补充名字，Mrs Wang.

T：Ok，look at here，what are they？（黑板上展示学生在这节课中分好类的词。）

S：家庭成员。

T：是的，Peter 还介绍了家庭成员的称谓。

【评析】首先学生通过听录音完成了短文填空，然后通过讨论开放性问题 Peter 是从哪些方面来介绍自己的，学生之间互相补充，最终得出 Peter 是从六个方面来介绍自己的，从而解构了文本。在此过程中，学生的合作是先自主思考再与同桌合作，在合作的过程中互相激发、互相补充。学生不再朝着“老师要我说什么”或“我说得对不对”的方向回答，而是在文本的意义载体中进行分析和判断，这也是参与式教学中意义化的体现。

同时，我们可以看出，当学生能力不足的时候，教师应成为学习资源的引导者，这也充分体现了教师在参与式教学中引导者的角色。

【片段三】在参与中建构文本。

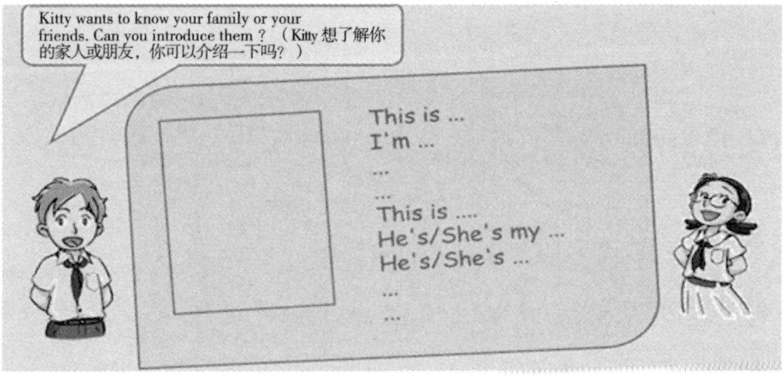

在经过前面的语境创设和文本解构后，学生在最后又用自己的语言对文本进行了重构。以下是学生的部分作品：

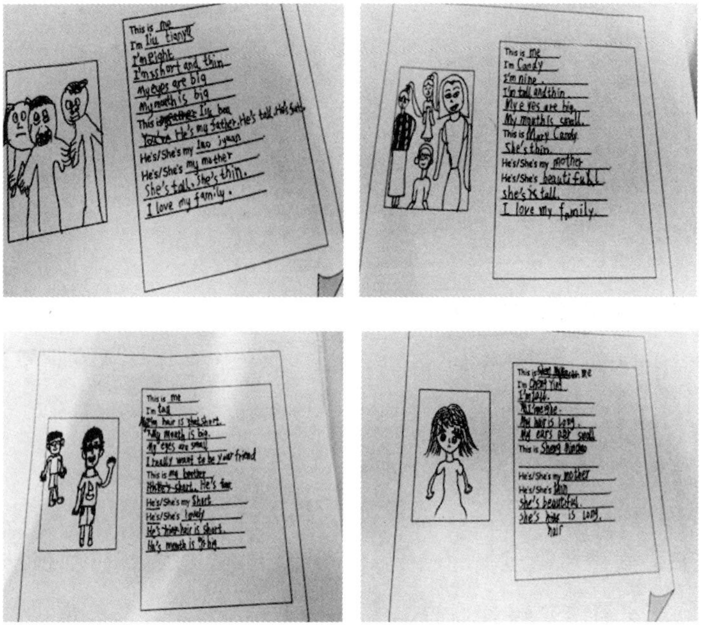

【评析】在参与式教学中，学生既是参与者，又是反思者和评价者。在介绍完 Peter 的家人后，回到现实中介绍自己和自己的家人，

联系实际进行反思和评价，学生的语言迁移能力和联系生活的反思能力得以培养。

参与式教学方式的有效实施离不开课堂语境设计的意义化，在意义化的参与中，学生的积极性和主动性得以调动。在师生互动和生生互动的过程中，学生的学习策略、思维品质、个性化表达得以提升，参与式教学方式对英语学科育人价值的实现提供了有效途径。

典型案例

小学英语课堂的情境教学

——参与式教学在小学英语课堂中的应用初探

深圳市光明区爱华小学　/张成娣/

摘要：参与式教学主张以学生为课堂主体，充分发挥学生参与课堂的主观能动性。情境教学也是参与式教学的重要方法之一，对于英语课堂的作用不言而喻。通过推进全英教学、积极开展角色扮演活动和日常英语对话渗透等策略，笔者意在为学生的英语学习创设全方位的语言环境，让学生在积极主动的对话和学习中实现“在学中用”，从而提高英语学习的效率。

关键词：参与式教学　小学英语　情境教学

一、引语

中共中央、国务院印发的《中国教育现代化2035》提出了十个战略任务，其中，“发展中国特色世界先进水平的优质教育”居第二位。学校教育应当推行启发式、探究式、参与式、合作式等创新型教学方式，以适应未来对人才培养的需求。然而，当前课堂教学中仍然大量存在教师“一言堂”和“满堂灌”的现象，学生在知识学习上仍处于被动接受的状态。知识的被动输入极大地降低了学生的学习效率，也不利于知识的内化和转化输出。

《参与式教学：参训教师用书》将参与式教学定义为：以学习者为中心，充分应用灵活多样、直观形象的教学手段，鼓励学习者积极参与教学过程，让不同层次的学生都拥有参与和发展机会的一种有效的学习方式，是一种合作式或协作式的教学法。参与式教学以学生为主体，充分发挥学生的主观能动性，将学生的学习状态从被动接受知识转变为主动获取知识。

国内参与式教学研究最早始于20世纪90年代，二十多年来逐渐得到发展。在现有的文献研究中，参与式教学在小学英语课堂中应用较少，大部分研究探讨的是其他学科课堂中参与式教学法的运用，如窦树梅关于立足于教学实践，探索小学数学课堂中开展参与式教学的策略。对于英语课堂上参与式教学法的应用研究也主要集中在高职、技校、大学等较高阶段，如焦霞关于以二连浩特国际学院为例，探讨参与式教学在教学前、教学中、教学后三个不同阶段的运用。然而，在语言学习中，尤其是在前期的学习中，学生参与的作用是至关重要的。参与式教学关注学习情境的创建，只有充分调动学生的学习热情和提高学生的参与感，学生的认知、情感和学习动机才能够化被动接受为主动输入。情境对于语言学习的作用不言而喻。著名的美国语言学家乔姆斯基主张人类大脑里具有一个与生俱来的语言学习的机制，即所谓的“语言习得机制”（Language Acquisition Device）。在这个机制的作用下，幼儿可以根据日常所接受的语言片段生成所输入语言的一定语法知识，从而在正式进入学校课堂之前就能够流利有效地输出该语言。换言之，如果一个中国孩子从一开始就处在英语的环境中，他在正式进入课堂教学环节之前就可以拥有相对流利且地道的英语口语。因此，在英语课堂甚至是在日常的语境中，创建外语环境对提高学生掌握英语知识的能力及有效性至关重要。

参与式教学强调情境的建构，与情境教学理论的重心不谋而合。欧阳静在《论情景教学理论与英语教学》一文中谈到，知识只有在应用的情境中才能产生意义，学习是个体参与实践活动并与环境相互作用的过程。英语知识的学习应在一定的情境下进行。

二、研究框架

本文以案例分析为主要研究方法，通过分析课堂教学实例，以情境教学为切入点，探讨如何在英语教学课堂创设语言情境，增加学生的课堂参与度，让学生逐渐成为课堂的主导者。

1. 推进全英教学和师生对话，创设语言输入环境

语言环境的创设应当渗透到整个教学过程中。由于学生的语言知识有限，小学英语课堂在很多情况下都要用汉语进行辅助。但是，全英教学是可实现的，并且也应该是要达成的。

教师在课堂中高频率使用英语发出相关指令，尽管有些词汇和句型超出学生所在的语言学习阶段，但是通过教师日复一日的重复和汉语意义的补充阐述，学生可以逐步掌握某一特定英文指令或某些高频出现的单词、句子的意义。在学生掌握意义以后，教师不需要再加以汉语解释。这个过程的原理和乔姆斯基

主张的幼儿语言学习机制的原理相似。同样地，在无法完整地发出某一语言的语音并准确表达自我意愿之前，幼儿是通过观察周围环境，结合父母（一般情况下）的语言输入来自主学会母语的发音规则和句法规则的。教师使用全英指令创设了相似的语言情境，学生在这种情境下会努力揣测教师的英文指令里每一个单词的意义。

例：

T：Now，take out your English book and open it. Please turn to page 38. / Close your book，please.

S：（动作：打开书翻到相应页码。/ 合上书。）

在不断的渗透中，学生能听懂的指令越来越多，也越来越复杂。学生可能仍未掌握生词的正确拼写，但他们已经掌握了其读音与意义。

笔者所教授的年段为小学四年级，学生在课堂上回答教师的问题时习惯于使用单词或短语，而不输出完整的句子。通过不断的引导和强调，现在师生已经可以进行完整的对话。

（1）使用单词或短语回答问题：

T：Who is he？

S：Jill's father.

T：Whole sentence，please. He is...

S：He is Jill's father.

（2）使用完整的句子回答问题：

T：How many rectangles are there？

S：There are three rectangles.

2. 充分开展角色扮演活动，创设语言输出情境

知识的有效输出是表明我们充分掌握知识的最直接、最高效的方式。作为一门外语，英语的教学不可避免地缺乏充足的语言环境，这不仅仅体现在输入上，更体现在输出上。如何有效地为学生创造语言输出的环境，让学生有代入感和参与感，是英语课堂教学面临的重要命题之一。角色扮演（role play）是外语教学常用的手段和策略之一，同时也是参与式教学的典型教学方法。沪教牛津英语深圳版教材的设置尤其注重故事文本，为学生的实际语用提供了充分的机会和空间。以下是四年级上册课堂教学中的角色扮演实例，故事文本来自

Module 3 Unit 8 的 Enjoy a story：The Panda's glasses shop（熊猫的眼镜店）。

本节课的教学目标：培养学生语言输出的能力；增强学生对故事文本的理解能力；激发学生的学习兴趣。

教学环节：

Step 1：看图说话。引导学生观察图片，通过问题带动学生推测故事情节的发展。设计的目的在于培养学生的观察力、想象力、思维能力和英语运用能力。

Step 2：通过对每一幅图的对话和旁白进行进一步的解读，增进学生对整个故事的理解。

Step 3：下放讨论。让学生以小组为单位，4 人一组，自由选择旁白、熊猫、大象和老鼠 4 个角色之一，进行故事的扮演，鼓励学生利用已有知识对故事进行补充。

Step 4：邀请几组学生上台展示。

在整个展示过程中，笔者发现学生在展示中存在的一些亮点：（1）利用已有知识对某些句型进行了变换，课文原文是"I have an idea"，其中一个学生转化为了"I have a wonderful idea"；（2）充分利用道具，例如某一小组中有 3 位同学戴眼镜，他们便把眼镜变成了角色扮演中的道具；（3）声音模仿：有学生生动形象地模仿出老鼠的声音，赢得了全班同学的掌声。

根据教学内容的不同，角色扮演可以常做常新。笔者在参加佛山市南海区"新基础教育"中期评估的过程中看到了角色扮演的一种新模式。南海区旗峰小学使用的是人教版英语教材。在五年级上册 Unit 5 的课上，教师由学习课本上的"rooms in my home"延伸到实际中的"rooms in my school"。将对话输出推进到篇章输出，最后一个环节是让学生扮演小导游，向在场的听课专家和老师介绍学校的不同课室。这一形式在语言层面实现了迁移输出，在能力层面实现了流利表达，在素质层面实现了自信大方。

角色扮演提高了学生对文本的理解程度和课堂参与度，通过实际操练进行语用输出，让学生完成从知识输入到知识输出的转型，锻炼了学生的综合能力，同时也提高了学生对知识的兴趣，增强了学生的自信心，让学生获得了成就感。

3. 进行日常英语对话，创设渗透式语言环境

开展日常英语对话不仅能多方位渗透语言的应用，也有利于提高学生的自